7급 PSAT 하주응 상황판단 실전 모의고사

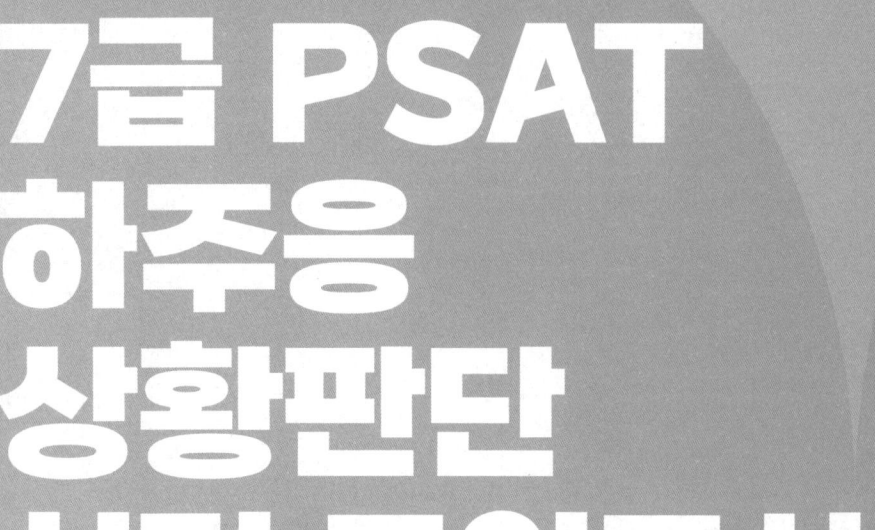

Intro 머리말

이 책에는 국가공무원 7급 공채, 민간경력자 채용 등의 1차 필기시험으로 시행되는 PSAT 상황판단영역의 모의고사 12회분이 수록되어 있습니다. 시험을 앞둔 마지막 단계에서 자신의 실력과 실전 전략을 최종 점검하는 데에 활용하면 좋을 것입니다.

수록된 대부분의 문제는 제가 직접 출제하고 수차례의 철저한 검토 및 수정을 거친 문제들이며, 일부의 문제는 PSAT 실력을 인정받은 합격생에게 의뢰하여 출제된 문제를 다시 수차례 재출제 수준의 철저한 수정 작업을 거쳐 완성한 문제들입니다. 또한 실제 모의고사를 거치며 오류 없음이 확인된 문제들이므로, 상황판단영역을 학습하는 수험생 여러분에게 충분한 도움을 줄 것이며, 최대 1,200여명 응시생의 답안지 분석을 통해 확보한 문항별 정답률 및 회차별 평균 정답률도 제공되므로 수험생 여러분의 객관적 자기 실력 평가를 위한 좋은 자료가 될 것입니다.

상황판단영역은 쌓아가는 영역이 아니라 덜어내는 영역입니다. 처음 공부할 때에는 문제유형과 접근법 등을 익혀야 하지만, 이것이 완료된 후에는 접근법을 숙달시키고 실수를 덜어내는 훈련이 필요할 뿐 더 많은 것을 쌓을 필요가 없습니다. 시험장에 들어가 실전에 임했을 때에도 더 많은 문제를 풀려고 욕심을 내면 안 됩니다. 부주의와 실수를 더 많이 덜어내서 적게 풀더라도 푼 문제는 다 맞힌다는 생각으로 시험에 임해야 합니다. 조금 더 주의를 기울이고, 조금 더 차분함을 유지하고, 조금이라도 더 실수를 적게 하려는 노력과 훈련이 여러분의 점수를 올려줄 것입니다.

이 책을 활용한 학습과 실전적 훈련을 통해 수험생 여러분들의 실력이 한층 더 향상되기를, 그리고 열심히 준비해 온 수험생 여러분들에게 좋은 결과가 있기를 바랍니다.

2025년 5월

하주응

Contents 차례

상황판단 핵심정리

7급 PSAT 하주응 상황판단
실전 모의고사

기본이론 핵심정리

1. 상황판단

- 상황판단영역은 판단력을 평가하는 영역이다.
- 판단이란 어떤 대상을 기준과 비교하여 그 대상의 성격·특징 등을 판정하는 사고행위이다.

2. 판단과 구조

- 판단은 기준을 필요로 한다.
- 기준이 설정되면 분류가 되며, 이것을 경우가 나뉜다고도 한다.
- 경우를 계속 나누면 트리구조가 형성되며, 구조를 이루는 각각의 항목들 사이에는 관계가 형성된다.
- 나누어진 경우에 의무·금지·허용 등의 효과를 부여하면 규칙이 된다.
- 기준과 트리구조 등의 개념은 넓게 확장하여 이해할 필요가 있다.
  - 기준은 크게 나누어 '척도'와 '규칙' 2가지로 이해할 수 있다.
  - 단계, 순서, 배수구조, 단위 등도 모두 트리구조로 이해할 수 있다.
- 경우를 따지는 사고는 상황판단영역에 필요한 기본적인 사고방식이다.

3. 문제풀이의 기본 도구

- 구조적 독해와 직관적 독해(행간읽기 : 표현바꾸기, 내용조합, 이미지 연상)를 실천해야 한다.
- 시각화는 문제풀이에 필요한 필수 도구이다.
- 시각화 작업은 구조 파악을 용이하게 해주고, 이 2가지는 작업기억의 효과적 활용을 돕는다.

4. 문제풀이의 기본자세

- 전형적인 상황의 구조와 자주 출제되는 질문의 내용, 유형별 특성 등을 숙지하고 항상 염두에 둔다.
- 발문은 무슨 일이 있어도 꼼꼼히 읽는다.
- 상황의 전제가 되는 사실, 작업의 목적 등 기본적인 사항은 문제풀이가 끝날 때까지 잊지 않도록 한다.
- 언제든지 경우를 따질 준비가 되어 있어야 한다.
- 손을 부지런히 움직이며(시각화) 정확성을 우선시한다.
- 시키는 대로 한다.

5. 효율적 문제풀이 방법

- 순서·절차·단계에 따라 작업하여 문제를 푼다.

순서·절차·단계에 따라 문제 풀기

※ 선행 작업

(1) 문제 전체의 구성 파악
- 제시된 자료의 형태(TEXT, 법, 표, 등등) 확인
- 선택지의 형태 확인
  • 보기형, 문장형 선택지, 조합형 선택지 등
  • 문장형, 수치형(정확한 결과값 요구), 비교형(대소·순서 등의 비교만 요구) 등

(2) 발문을 정확히 읽기

(3) 제시된 상황의 내용구조를 파악

※ 속행 작업

1. 문제에 제시된 상황의 구조가 전형적인 트리구조이거나 단계·절차를 포함한 규칙 등인 경우, 즉 문제 내에 이미 구조가 정리되어 있는 경우에는 그 제시된 구조를 이용하여 문제를 푼다.

2. 이미 정리된 구조가 눈에 띄지 않으면 직접 순서·절차·단계를 설정하여 문제를 푼다.

3. 예시
- 구조를 먼저 파악 → 항목 사이의 관계를 이용하여 먼저 검토 → 개별 항목의 특성을 사용하여 검토
- 큰 틀 → 작은 틀 → 개별 항목 순으로 선택지를 확인하며 오답 걸러내기
- 1 → 2 → 3 → … 단계의 순서대로 선택지를 확인하며 오답 걸러내기
- 자격 검토 → 자격 없는 대상 제외 → 나머지 대상들만 점수(금액) 계산 → 순위 선정
- 수의 특성(짝, 홀, 음, 양) 파악 → 구체적 수치 확인
- 수식의 이해, 변형 → 수식의 특성만으로 오답 선택지 걸러내기 → 필요시 구체적 수치 확인
- 최종결과(값) 도출 전 공통된 부분 먼저 소거 → 비교 → 필요시에만 결과(값) 도출
- 수식 상태에서 비교 → 필요시에만 최종 계산하여 수치 비교
- 기준이 여러 개일 경우 1개의 기준만으로 선택지 검토 → 선택지 걸러낸 후 다음 기준 적용
- 전체적인 상황을 먼저 확인하여 윤곽 잡기 → 세부적인 조건 확인하며 짜 맞추기
- 1차적으로 확인·확정된 사항을 먼저 적용하여 답이 될 수 없는 선택지 걸러내기
- 〈보기〉형 문제, 〈선택지〉형 중 ‘개체 조합형’ 문제에서 선택지 걸러내기

유형별 핵심정리

◆ 규칙·지침형

제시된 규칙을 그대로 적용하는 것으로 답을 찾을 수 있는 상황판단영역의 기본 유형

1. 겉모습이 퍼즐형과 비슷하지만 내용은 규칙·지침형인 경우가 있으니 성급하게 PASS하지 말자.
2. 규칙을 정확히 파악하고 시키는 대로 작업한다.
3. 익숙한 분류와 지시사항 등에 적용되는 기준이 무엇인지를 정확히 확인한다.
   ex〉 무엇을 기준으로 좌우? 사칙연산의 적용 순서는?
4. 예외적인 규칙 등에 의해 경우가 나뉘는 것에 주의한다.

◆ TEXT 소재 부합·추론

1. 빈출 구조 : 트리구조, 대비구조, 병렬구조, 직렬구조
2. 기본 접근
   (1) 형식구조 파악 : 문단 등의 개수 확인
   (2) 내용구조 파악 : 반드시 구조적 독해 + 소재·항목의 관계 파악(직관적 독해)
   (3) MAPPING : 주요 정보의 위치를 파악
3. KEYWORD
   ① 필수 KEYWORD : 분류체계 상의 각 항목을 지칭하는 단어들
   - 제시문의 내용을 트리구조로 표현했을 때 항목명이 될 만한 단어들
   - 제시문의 내용을 표로 정리했을 때 표의 가로·세로 항목명이 될 만한 단어들
   - 남·여, 암·수, 진·위, 가·부, 선·악, 찬·반, 상·하, 좌·우, 유·무 등 일상적인 이분법에서 쓰이는 단어들

   ② 기타의 KEYWORD
   ※ 소재·항목 간의 관계를 알려주는 조사, 어미, 부사어에 주의할 것.
   - 객관적 기준이 될 수 있는 것들 : 수치, 숫자 (개수, 비율[%] 등)
   - 기준(분류항목)의 추가, 예외를 의미하는 단어들 : 다만, 단, 예외적으로
   - 비교·대조를 의미하는 단어들 : 마찬가지로, 동일하게, ~와 같이, ~보다, 상대적으로, ~와 달리, 반면에, 그러나
   - 유일함을 의미하는 단어들 : 오직, 유일하게, ~만, ~뿐, ~밖에
   - 예외 없음을 의미하는 단어들 : 모두, 모든, 100 %, 반드시, 항상
   - 극단을 의미하는 단어들 : 가장, 최대, 최소, 처음, 시초, 시작, 마지막, 종료, 완료, ~부터, ~까지
   - 범위를 나타내는 단어들 : 이상, 이하, 초과, 미만, ~부터, ~까지
   - 기타 특이점이 될 수 있는 단어들 : 중앙, 평균
   - 내용 조합의 열쇠가 되는 단어들 : 두 개 이상의 문단에 중복되어 언급되는 단어

◆ 법조문 소재 부합·추론

1. 빈출 구조 : 트리구조, 대비구조 - TEXT형과 유사. 아래 3번 내용 주목
병렬구조 - 요건[호]가 많이 나열된 경우
직렬구조 - 행정절차 등 시간적 선후나 단계를 생각할 수 있는 경우 (특히 계산형에서 계산 순서에 주의)

2. 기본 접근
(1) 형식구조 파악 : 조, 항의 개수 확인 (조에 제목이 있으면 반드시 체크)
(2) 내용구조 파악 : 반드시 구조적 독해 + 소재·항목의 관계 파악(직관적 독해)
제목, 주어, 서술어는 기본적으로 강세를 두며 읽자. → 3-(1), (3)
조·항에 2개의 문장이 있을 때에는 2번째 문장의 내용에 주목하자. → 3-(2), 4.
(3) MAPPING : 주요 정보의 위치를 파악

3. 일반적인 트리구조 외에 법조문에서 추가로 주목할 내용구조
(1) 요건과 효과
- 효과가 상위 항목
- 제 1 요건인 주어와 효과를 나타내는 서술어는 반드시 주목
- 요건이 여러 개일 때에는 and와 or에 주의

	요건	효과
체계	시행령, 시행규칙	법률
형식	호, 목	조, 항
문장	주어부 부사어 (구·절), 목적어	서술부 목적어, 보어

(2) 원칙과 예외
(3) 기속과 재량 (의무와 선택[허용])
- 서술어의 어미에 주목

4. 예외나 추가 요건이 잘 나타나는 위치
(1) 2번째 문장 : 다만, 단, 이 경우 등
(2) 괄호 : (…)
(3) 다음 조나 항 : 전조(前條)에도 불구하고, 제1항에도 불구하고 / 전조(前條)의 경우에, 제1항의 경우에
(4) 조문 중의 서술어 부분 : ~을 제외하고, … / 제1항의 규정을 적용하지 아니한다.

5. 기타
(1) 의사정족수, 의결정족수 등 '인원수'를 파악할 때에는 범위 내의 자연수로 파악.
(2) 기간의 기산점과 만료점, 기간 그 자체, 인원수나 금액 또는 % 등의 기준점 등은 주요 출제 포인트.
- 극단과 범위에 주의 : ~부터, ~까지, 이상, 이하, 초과, 미만, …
- 기간 계산은 '초일(初日)' 산입 여부에 주의. (초일 산입 여부가 제시되어 있지 않으면 느슨한 문제)
(3) 계산형의 경우 'A의 n %의 m %'와 유사한, 단계별로 계산값을 축소시키는 구조가 많음.
〈예〉 소득금액 〉 과세표준 〉 소득세
(4) 계산형에서 '소수점'의 처리 방식에 주의.

◆ 계산·비교형

1. 선행 작업

- 계산형인지(정확한 결괏값을 도출해야 하는지) 비교형인지(크기·순서 등을 비교만 하면 되는지) 확인

: 발문의 내용, 선택지의 형태나 선택지(보기) 문장에 사용된 표현(~보다, 더, 가장, 최대, 최소)으로 확인 가능

2. 빈출 구조·내용

(1) 단순 규칙 적용형 계산 : 점수 계산·비교, 세금·벌금 등의 금액 계산 등

(2) 비율, 비례 : A의 m%의 n% 등

(3) 배수 구조 : A는 B의 n배, B는 C의 n배... → 단위 변환

(4) 시간, 날짜 계산

(5) 인원 수 파악 : (특히 법조문에서) 구성원 수, 정족수 등

3. 접근법

(1) 제시된 규칙을 정확히 확인한다.

- 이때 내용 구조를 파악한다.
- 제시된 자료에서 규칙성 등이 발견되는지도 살핀다. (ex : 구간별 점수 사이의 간격)

(2) 시키는 대로 작업한다. (계산·비교형은 규칙·지침형의 확장형태일 뿐)

(3) 작업의 효율성을 높일 수 있으면 더욱 좋다.

- 순서·절차·단계에 따라 검토한다.
  - 제시된 규칙에 설정된 단계를 지켜주며 불필요한 대상(또는 오답임이 확실한 선택지)을 걸러낸다.
  - 내용상 관련이 있는 것들끼리 묶어서 직접 작업 단계를 설정하여 문제를 푼다.
    - * 비교 대상이나 선택지를 연관성 있는 것들끼리 묶어서 순서를 정하여 판단한다.
    - * 계산을 하지 않고도 판단할 수 있는 부분(선택지)부터 판단한 후 반드시 필요한 계산만 한다.
  - 짝수·홀수, 자릿수, n의 배수 등 큰 틀을 먼저 보고 정답 후보를 압축한다.
- '비교'를 요구하는 문제에서는 비교에 꼭 필요한 만큼의 계산만 한다. 정확한 값을 구할 필요가 없다.
  - 공통적으로 적용되는 계산과정이 있다면 이것은 생략해도 좋다.
  - 제시된 수치가 크고 복잡한 경우에는 수치의 크기를 줄여서 비교할 수 있는지 검토해 보자.
  - 시각화 작업 등으로 최종 결괏값을 계산하지 않고도 비교할 수 있는지 시도해 보자.
- 계산식(수식)이 제시된 경우, 식을 더 간단하게 변형할 수 있는지 검토하자.
- 제시된 계산 규칙의 의미를 이해하고 이를 더 간단한 방식으로 변형할 수 있는지 검토해 보자.

  ex〉 만점을 확인할 수 있는 점수 계산의 경우, 만점에서 감점하는 방식으로 변환하면 편리하다.
- 기준을 통일하거나 치환하여 비교·판단이 편해지도록 한다.
- 시각화 작업을 통하여 내용을 정리하고 규칙성이 발견되는지 확인해 보자.

4. 기타

(1) 비율(% 등)을 다룰 때에는 무엇을 전체로 한 비율인지에 주의한다.

(2) 익숙한 10진법 구조가 아닌 단위를 다룰 때에는

최저 단위로 총합(환산)하여 계산 후, 필요에 따라 단위를 재조정하는 것이 편할 수 있다.

(3) 법조문 계산형은 대개 법조문에 글로 적혀 있는 순서에 따라 계산하면 되므로 미리 겁먹지 말자.

(4) 법조문에 계산형은 대개 계산의 대상이 되는 수치를 단계별로 줄여나가는 경우가 많다.

ex〉 전체금액 → 기준금액[과세표준] → 배분[순서, 비율 등에 주의] → 최종금액[세금, 보조금, 우선변제 등]

(5) 단계가 설정된 계산 구조에 %, ×, ÷ 등이 섞여 있을 때에는 계산 순서에 특히 주의하자.

◆ PUZZLE형

1. 정의

논리성·규칙성·관계성 등을 이용하여 단편적인 정보들을 짜 맞추고, 경우의 수를 줄여나가 최적의 경우를 찾아내는 사고과정 또는 그것을 평가하는 문제

2. 기본적인 주의사항

(1) 발문은 반드시 꼼꼼하게 읽자.

- 발문에 주요 정보(전제조건, 전체조건)가 있는 경우가 있다.
- 발문에 '항상', '반드시' 등의 단어가 쓰인 경우에는 경우가 확정되지 않는 문제일 가능성이 높다.

(2) 전체상황(기본조건, 전제조건)은 매우 중요한 조건이다.

- 전체상황을 확인하는 것에서 출발하자. (순서·절차·단계에 따라 큰 틀에서부터 풀기)

  ex〉 총점, 총 인원수, 짝/홀수, 규칙성 등을 먼저 파악

- 풀이 진행이 막힐 때에는 전제조건을 깜박 잊지 않았는가를 점검하자.

(3) 세부 유형별로 유용하게 쓰이는 시각화 및 정보 정리 방식

- 순서관계 : 수직선, 부등호
- 대응관계 : 표, 관계도
- 리그전 : 승패표, 관계도
- 최적화 : PERT 도표, Ghantt Chart

(4) 주어진 그림이나 표 등을 잘 활용한다.

(5) 개체(항목)들의 조합으로 선택지가 구성된 경우, 선택지를 활용하는 것이 좋다.

→ 선택지를 그림이나 표처럼 활용할 수 있다.

→ 확실한 오답을 걸러내면서 문제를 풀 수 있다.

(6) 전후좌우·사칙연산 등 익숙한 규칙이 제시된 경우, 기준을 분명히 확인하고 규칙의 변형이 없는지에 주의한다.

(7) 집합, 명제, 경우의 수(사전식 배열법, 합·곱의 법칙), 조합($_nC_r$), 순열, 확률, 기하 등, 수학의 기본적인 부분은 다시 분명하게 확인해둔다.

(8) 짝수·홀수, 약수·배수, 소수, 제곱수, 주기 등의 수와 관련된 기본적인 특징들을 미리 생각해 두자.

→ 실전에서 규칙성 파악 등에 도움이 되며, 순서·절차·단계에 따른 검토의 기준으로 사용할 수도 있다.

※ 제약이 가장 많이 걸려있는 항목은 **항상 문제 해결의 실마리가 된다.**

3. PUZZLE 세부유형별 주목할 만한 사항들

(1) 경우 따지기

- 문제에 따라 선택지와 비교하여 필요한 경우만 찾아 따질 수도 있으나, 가능한 경우를 모두 적어놓고 판단하는 것이 편할 수도 있다. (나타나는 경우의 수는 많아야 6개 ~ 8개 정도)

(2) 수리퍼즐, 경우의 수, 단위변환 등

- 기본적으로 수리퍼즐에는 '합분해'와 '연립방정식'이 많이 사용된다.
- 사용되는 숫자에 '0'이 있는지 확인한다.
- 사용되는 숫자가 미리 정해져 있는 경우, 각 숫자를 '중복'하여 사용할 수 있는지 여부를 확인한다.
- 확률에서는 무엇을 전체(분모)로 두는지에 특히 주의하자.
- 단위변환 : 가장 작은 단위의 수로 모두 변환하여 계산한 후 다시 요구되는 형태로 변환하는 것이 편할 수 있다.
- 시차·달력·날짜·요일 : 시각화하자. (지구와 태양, 달력 등을 그려놓고 생각하자.)
- 주기 : n과 m의 최소공배수 (개체가 조합되는 과정의 규칙성에도 주목하자.)
- 규칙성 : 규칙성은 대개 숫자로 표현된다. (n개당 m개 등)
  반드시 적어서 확인하고, 각 단계별 변화와 단계간의 차이값에 주목한다.
  대칭성 → 합이 같은 수의 쌍, 평균.
- 짝수·홀수, 자릿수, n의 배수 등 큰 틀을 먼저 보고 정답 후보를 선별한다.

(3) 규칙·게임·투표

- 게임의 규칙(점수계산) : 동점 시 순위 결정 방법, 부전승 등의 예외 사항에 주의한다.
  승·패는 게임당 1개씩, 무승부는 게임당 2개씩 발생한다.
- 리그전 : 소재가 게임이 아니더라도 '1:1'의 관계이면 리그전의 형태일 가능성이 높다.
  항목·경우가 적을 것 같으면 관계도로 정리. 대개의 경우 '승패표'를 이용하면 편리하다.
  n개의 팀이 다른 모든 팀과 각각 1번씩 경기하는 리그전의 총 경기 수 : ${}_{n}C_{2} = (n-1) + \cdots + 1$
- 토너먼트 : n개의 팀이 참가하는 토너먼트의 결승전까지 총 경기 수 : n-1
  부전승, 패자부활전 등의 변수 유무에 주의.

(4) 대응·위치·순서관계

- 그림이 있으면 그림을 활용한다. 선택지를 활용할 수도 있다.
- 대응관계는 표로 정리하는 것이 편리하다.
  경우에 따라서는 각 개체를 선으로 이어 관계를 확인하는 것이 편할 수도 있다.
- 순서관계는 수직선을 그리거나, 부등호를 이용하여 정리한다.
  순서가 간단히 파악이 안 될 때에는 임의의 기준을 설정하고 강제로 정리해 본다. (ex : 평균 = 0)

(5) 최적화

- '목적 달성'이 전제조건임을 잊지 말자.
  최솟값을 찾았더라도 그 경우에 목적이 달성되지 않는다면 찾아낸 최솟값은 아무 의미도 없는 것이다.
- PERT, Ghantt Chart, 수형도 등을 이용한다.
- 최댓값, 최솟값을 요구할 때에는 가능한 최대·최소 쪽으로 몰아붙이며 아날로그적인 사고를 하는 것이 요구되는 값을 빨리 찾는 방법이 될 수도 있다.
  - 최댓값 : 가능한 최댓값을 찾아놓고 제약조건을 검토하며 필요시 차선책 등으로 조정.
  - 낭비가 되는 요소를 최소한으로 줄인다는 취지로 상황을 검토.

(6) 참·거짓

- 가장 많이 언급이 되어 연결성이 좋은 항목이나,
  유독 혼자만 다른 것들과 성격이 다른 항목 등에 주목하여 시작지점을 설정한다.

제 1 회

7급 PSAT 하주응 상황판단
실전 모의고사

상황판단영역

1. 다음 법령을 근거로 판단할 때, 농림축산식품부장관의 법령 위반행위가 아닌 것은?

> 법 제00조 ① 농림축산식품부장관은 간척지의 농어업적 이용을 체계적이고 효율적으로 하기 위하여 5년마다 간척지의 농어업적 이용을 위한 종합계획(이하 “종합계획”이라 한다)을 수립·시행하여야 한다.
> ② 종합계획에는 다음 각 호의 사항이 포함되어야 한다.
> 1. 간척지별 농어업적 이용에 따른 기본방향 및 목표
> 2. 농어업의 국내외 여건 변화와 전망
> 3. 농어업적 이용의 용도별 위치 및 면적
> 4. 사업시행방법
>
> ③ 농림축산식품부장관은 종합계획을 수립하거나 변경하는 경우에는 해양수산부장관 등 관계 중앙행정기관의 장 및 지방자치단체의 장과 미리 협의한 후, 간척지운영위원회의 심의를 거쳐 확정하고 고시하여야 한다. 다만, 대통령령으로 정하는 경미한 사항을 변경하는 경우에는 그러하지 아니하다.
> ④ 농림축산식품부장관은 종합계획에 따라 매년 간척지의 농어업적 이용을 위한 시행계획을 수립·시행하여야 한다. 다만, 간척지의 어업적 이용에 관하여는 해양수산부장관과 미리 협의하여야 한다.
>
> 시행령 제00조 법 제00조 제3항 단서에서 “대통령령으로 정하는 경미한 사항”이란 다음 각 호의 어느 하나에 해당하는 사항을 말한다.
> 1. 간척지별 농어업적 이용에 따른 기본방향이 변경되지 아니하는 범위에서 그 사업의 시행방법을 변경하는 경우
> 2. 농어업적 이용의 용도별 면적을 100분의 10 범위에서 변경하는 경우

① 간척지의 농어업적 이용을 위한 종합계획을 수립하면서, 계획의 탄력적 시행을 위하여 사업시행방법을 계획의 내용에 포함시키지 않았다.
② 친환경 농업단지를 조성하기로 계획하였던 간척지 700 ha 중 100 ha의 용도를 관광농업단지 조성용으로 변경하면서, 해당 지방자치단체의 장과 협의를 거치지 않았다.
③ 간척지의 농어업적 이용을 위한 종합계획을 수립한 후, 간척지운영위원회의 심의를 거치지 않고 그 내용을 고시하였다.
④ 간척지의 농업적 이용을 위한 2020년 시행계획을 수립하는 과정에서 해양수산부장관과의 협의를 거치지 않았다.
⑤ 2019년 3월에 처음 종합계획을 수립한 후 변화된 실태를 기초로 하여 2025년 3월에 두 번째로 종합계획을 수립하였다.

2. 다음 글을 근거로 판단할 때, <보기>에서 옳은 것만을 모두 고르면?

> 제00조 ① 국민권익위원회(이하 ‘위원회’라 한다)가 공익신고를 받은 때에는 공익신고자의 인적사항, 공익신고의 경위 및 취지 등 신고내용의 특정에 필요한 사항 등을 확인할 수 있다.
> ② 위원회는 제1항의 사항에 대한 진위여부를 확인하는 데 필요한 범위에서 공익신고자에게 필요한 자료의 제출을 요구할 수 있다.
> ③ 위원회는 제2항에 따른 사실 확인을 마친 후에는 바로 해당 조사기관이나 수사기관에 이첩하고, 그 사실을 공익신고자에게 통보하여야 한다.
> ④ 제3항에 따라 공익신고를 이첩받은 조사기관이나 수사기관은 조사·수사 종료 후 조사결과 또는 수사결과를 위원회에 통보하여야 한다. 이 경우 위원회는 조사결과 또는 수사결과의 요지를 공익신고자에게 통지하여야 한다.
> ⑤ 위원회는 제4항에 따라 조사결과를 통보받은 후 공익침해행위의 확산 및 재발 방지를 위하여 필요하다고 인정하면 해당 조사기관이 조사결과에 따라 취한 필요한 조치 외에 관계 법령에 따른 다음 각 호의 조치에 관한 의견을 제시할 수 있다.
> 1. 제품의 제조·판매중지, 회수 또는 폐기 등
> 2. 영업정지, 자격정지 등
>
> ⑥ 제4항의 통지를 받은 공익신고자는 위원회에 조사결과 또는 수사결과에 대한 이의신청을 할 수 있다.
> ⑦ 위원회는 조사기관이나 수사기관의 조사·수사가 충분하지 아니하였다고 인정하거나 제6항에 따른 이의신청에 이유가 있다고 인정하는 경우 조사기관이나 수사기관에 재조사·재수사를 요구할 수 있다.

<보 기>

ㄱ. 위원회는 공익신고자의 인적사항을 확인하기 위하여 공익신고자에게 필요한 자료의 제출을 요구할 수 있다.
ㄴ. 공익신고를 이첩받은 수사기관은 수사 종료 후 수사결과의 요지를 공익신고자에게 통지하여야 한다.
ㄷ. 위원회는 공익침해행위의 재발 방지를 위하여 영업정지 등의 조치를 취할 수 있다.
ㄹ. 공익신고자가 조사결과에 대해 이의신청을 하더라도, 위원회는 조사기관에 재조사를 요구하지 않을 수 있다.

① ㄱ, ㄹ
② ㄴ, ㄷ
③ ㄷ, ㄹ
④ ㄱ, ㄴ, ㄷ
⑤ ㄱ, ㄷ, ㄹ

3. 다음 글과 <상황>을 근거로 판단할 때 옳지 않은 것은?

제1조(해외공사 상황의 통보) 해외건설사업자는 해외공사를 수행하는 경우에는 그 수주활동 및 시공 상황에 관하여 국토교통부장관에게 통보하여야 한다.
제2조(응급의료시설의 설치 등) 해외건설사업자는 수주신고액이 미화 5억불 이상인 해외건설공사가 시행되는 현장에 응급의료시설과 의료진을 갖추어야 한다. 다만, 현장으로부터 50킬로미터 이내의 지역에 의료시설이 소재하고 있는 경우에는 그러하지 아니하다.
제3조(대리시공) 국토교통부장관은 해외건설사업자의 부실시공으로 인하여 대외적인 공신력이 떨어질 우려가 있고 발주자의 의사에 반하지 아니하는 경우에는 다른 해외건설사업자에게 그 공사를 대리(代理)하여 시공하게 할 수 있다.
제4조(과태료) 제2조에 따른 응급의료시설과 의료진을 갖추지 아니한 자에게는 1천만 원 이하의 과태료를 부과한다.
제5조(벌칙) 제3조에 따른 대리시공의 원인을 제공한 자는 10년 이하의 징역 또는 1억 원 이하의 벌금에 처한다.
제6조(양벌규정) 법인의 대표자나 법인 또는 개인의 대리인, 사용인, 그 밖의 종업원이 그 법인 또는 개인의 업무에 관하여 제5조에 해당하는 위반행위를 하면 그 행위자를 벌하는 외에 그 법인 또는 개인에게도 해당 조문의 벌금형을 과(科)한다.

<상 황>

해외건설사업자인 甲법인은 쿠웨이트에서 미화 8억불 규모의 A호텔 건설공사를 수주하여, 해당 수주금액을 신고하고 시공을 하고 있다. 한편, 甲법인은 종업원 乙이 감독 및 시공한 부분이 부실하게 시공된 것을 발견하였다.

① 甲법인은 A호텔 건설공사의 시공 상황에 대하여 국토교통부장관에게 통보하여야 한다.
② 해당 부실시공을 이유로 다른 해외건설사업자가 대리하여 시공을 하게 되었다면, 甲법인의 대표자는 10년 이하의 징역에 처해질 수 있다.
③ A호텔 공사 현장으로부터 20 km 떨어진 곳에 병원이 있다면, 甲법인은 현장에 응급의료시설을 설치하지 않아도 된다.
④ 국토교통부장관이 해당 부실시공으로 인해 대외적 공신력이 떨어질 우려가 있다고 판단하더라도, 발주자가 거부하는 경우 국토교통부장관은 A호텔 건설공사를 다른 해외건설사업자에게 대리하여 시공하게 할 수 없다.
⑤ A호텔 공사 현장으로부터 50 km 이내의 지역에 의료시설이 없음에도 현장에 응급의료시설을 설치하지 않았다면, 甲법인에게는 1천만 원 이하의 과태료가 부과된다.

4. 다음 글과 <상황>을 근거로 판단할 때 옳은 것은?

제00조(구성원) 법무법인은 3명 이상의 변호사로 구성한다.
제00조(구성원 아닌 소속 변호사) 법무법인은 구성원 아닌 소속 변호사를 둘 수 있다.
제00조(업무 집행 방법) ① 법무법인은 법인 명의로 업무를 수행하며 그 업무를 담당할 변호사(이하 "담당변호사"라 한다)를 지정하여야 한다. 다만, 구성원 아닌 소속 변호사를 담당변호사로 지정하고자 할 때에는 1명 이상의 구성원을 공동으로 지정하여야 한다.
② 법무법인이 제1항에 따라 담당변호사를 지정하지 아니한 경우에는 구성원 모두를 담당변호사로 지정한 것으로 본다.
③ 법무법인은 제1항 및 제2항의 규정에 따라 담당변호사를 지정한 경우에는 지체 없이 이를 수임사건의 위임인에게 서면으로 통지하여야 한다. 담당변호사를 변경한 경우에도 또한 같다.
④ 법무법인이 그 업무에 관하여 작성하는 문서에는 법인명의를 표시하고 담당변호사가 기명날인하거나 서명하여야 한다.
제00조(구성원 등의 업무 제한) ① 법무법인의 구성원 및 구성원 아닌 소속 변호사는 자기나 제3자의 계산으로 변호사의 업무를 수행할 수 없다.
② 법무법인의 구성원이었거나 구성원 아닌 소속 변호사이었던 자는 법무법인의 소속 기간 중 그 법인이 수임을 승낙한 사건에 관하여는 변호사의 업무를 수행할 수 없다.

<상 황>

법무법인 甲에는 구성원인 변호사 A, B, C와 구성원이 아닌 소속 변호사 D, E가 있다. 한편, 3년 전부터 계속하여 법무법인 甲의 구성원이었던 변호사 F는 1개월 전에 법무법인 甲을 탈퇴하였다.

① A는 자기의 계산으로 변호사의 업무를 수행할 수 있다.
② 甲이 B가 담당한 업무에 관하여 작성한 문서에는 B의 명의를 표시하고 甲의 인감을 날인하여야 한다.
③ 甲이 업무를 담당할 변호사를 지정하지 않은 경우에는 A, B, C, D, E 모두를 담당변호사로 지정한 것으로 본다.
④ 甲은 D와 E 두 명만을 하나의 업무를 담당할 변호사로 지정할 수 있다.
⑤ F는 甲이 3개월 전 수임을 승낙한 사건에 관하여 변호사의 업무를 수행할 수 없다.

5. 다음 글을 근거로 판단할 때 옳은 것은?

> 야드파운드법의 질량 단위인 '파운드'는 킬로그램과 그램을 질량의 단위로 써온 문화권에서는 생소한 단위이지만, 권투 선수의 몸무게를 소개하는 대목 등에서 심심치 않게 접할 수 있는 단위이기도 하다. 파운드에는 귀금속이나 약재의 무게를 재는 데 사용하는 트로이파운드가 있고, 이를 제외한 나머지 것들의 무게를 재는 상용파운드가 있다. 트로이파운드는 1584년 영국 엘리자베스 여왕이 도량형을 통일할 때 제정되었다가 1878년에 폐지되었다. 1트로이파운드(bt)는 373.24177 g이고 1상용파운드(b)는 453.59237 g이다.
>
> 야드파운드법의 다른 질량 단위인 '온스'도 귀금속의 무게를 잴 때 쓰는 트로이온스(oz.t.)와 약품을 계량할 때 쓰는 약용온스(oz.ap.), 식료품 등의 무게를 잴 때 쓰는 상용온스(oz)로 구분된다. 상용온스는 파운드로 정의할 수 있는데, 1파운드의 16분의 1이 1상용온스(oz)이며 28.35 g에 해당한다. 1약용온스는 31.1 g이다. 한편 '금 시세가 온스당 몇 달러다'할 때의 온스는 트로이온스를 줄여 말하는 것으로, 이때의 1온스는 약용온스와 같이 31.1g이다. 트로이파운드는 폐지되었지만 트로이온스는 현재에도 귀금속의 무게를 표시할 때 사용되고 있다.
>
> 한편 온스는 질량뿐만 아니라 액체의 부피 단위로도 사용되는데 질량을 재는 온스와 구별하기 위해 '액량온스'라고 부르고 단위 기호는 'fl.oz.'를 써서 구분한다. 영국의 1 fl.oz.는 28.41 ml이고, 미국의 1 fl.oz.는 29.57 ml이다.

① 파운드 단위에는 귀금속용으로 쓰이는 것과 약재용으로 쓰이는 것, 그 외의 상용으로 쓰이는 것, 총 3가지가 있다.
② 1트로이온스는 1트로이파운드의 16분의 1 질량이다.
③ 트로이온스는 1878년 폐지된 이후 사용되지 않는다.
④ 영국의 1 oz.ap.가 미국의 1 oz.ap.보다 가볍다.
⑤ 온스는 질량 단위와 부피 단위로 모두 쓰이기 때문에 단위 기호를 다르게 써서 구별한다.

6. 다음 글을 근거로 판단할 때, <보기>에서 반드시 옳은 것만을 모두 고르면?

> ○ A, B, C 3개의 상자가 있다.
> ○ 상자의 부피는 동일한 크기의 '칸'을 단위로 표시하는데, A의 부피는 4칸, B는 6칸, C는 8칸이다.
> ○ a타입 블럭 하나는 1칸의 부피를 차지한다.
> ○ b타입 블럭 하나는 2칸의 부피를 차지한다.
> ○ 현재 A상자는 2칸, B상자는 2칸, C상자는 5칸이 블럭으로 채워져 있다.
> ○ A상자에는 1개의 블럭이 담겨 있고, B상자와 C상자에 담긴 블럭의 개수는 알 수 없다.

<보 기>

ㄱ. 3개의 상자에 담긴 블럭의 총 개수는 최소 5개이다.
ㄴ. 전체 블럭 중 a타입 블럭의 개수와 b타입 블럭의 개수가 동일하다면 C상자에는 4개의 블럭이 담겨 있다.
ㄷ. A상자와 C상자에서 각각 블럭을 1개씩 꺼내 B상자로 옮겼을 때 B상자가 가득 찼다면, 최초 C상자에 담긴 블럭의 개수는 3개이다.
ㄹ. A상자에서 B상자로 1개의 블럭을 옮기고 C상자에서 A상자로 2개의 블럭을 옮겼을 때 A상자가 가득 찼다면, 최초 C상자에 담긴 블럭의 개수는 3개이다.

① ㄱ, ㄴ
② ㄱ, ㄹ
③ ㄷ, ㄹ
④ ㄱ, ㄴ, ㄷ
⑤ ㄴ, ㄷ, ㄹ

7. 다음 글과 <상황>을 근거로 판단할 때, <보기>에서 옳은 것만을 모두 고르면?

○ 시험은 5문제로 실시하며, 채점위원은 3명으로 한다.
○ 문제별 합격선
- 각 채점위원은 자격을 획득하기 위해 필요한 최소한의 능력이 있는 응시자가 각 문제에서 취득할 수 있을 것으로 예상되는 점수(최소 능력 점수)를 문제별로 작성한다.
- 문제별 합격선 = 채점위원들의 최소 능력 점수의 평균
○ 문제별 통과 기준
응시자가 각 문제에서 취득한 점수가 문제별 합격선 이상일 때, 해당 문제를 '통과'한 것으로 한다.
○ 합격자 결정
통과한 문제의 개수가 3문제 이상인 응시자를 합격자로 한다.

<상 황>

○ 3명의 채점위원이 작성한 문제별 최소 능력 점수

구분	채점위원 A	채점위원 B	채점위원 C
문제 1	5	10	6
문제 2	20	25	18
문제 3	30	30	30
문제 4	20	40	24
문제 5	50	40	45

○ 응시자(甲, 乙, 丙)의 각 문제별 획득 점수

구분	甲	乙	丙
문제 1	7	10	3
문제 2	25	20	30
문제 3	33	27	25
문제 4	32	35	25
문제 5	30	45	50

<보 기>

ㄱ. 甲은 문제 2를 통과했다.
ㄴ. 문제 4를 통과한 사람의 수는 3명이다.
ㄷ. △△자격시험의 합격자 수는 2명이다.

① ㄱ
② ㄴ
③ ㄱ, ㄷ
④ ㄴ, ㄷ
⑤ ㄱ, ㄴ, ㄷ

8. 다음 글을 근거로 판단할 때, 나영이 처음으로 단어를 전달한 게임의 결과가 될 수 없는 것은?

○ 가영, 나영, 다영은 제시된 단어를 다음 순서의 참가자에게 전달하는 게임을 한다.
○ 가영은 전달받은 단어의 첫 번째 글자와 마지막 글자를 바꾸어 말한다.
○ 나영은 전달받은 단어의 두 번째 글자와 세 번째 글자를 바꾸어 말한다.
○ 다영은 전달받은 단어의 첫 번째 글자와 세 번째 글자를 바꾸어 말한다.
○ 세 참가자는 무작위로 일렬로 서서 전달받은 단어를 다음 사람에게 전달하며, 마지막 순서의 사람이 전달받은 단어를 말하면 게임은 종료된다.
○ 마지막 순서의 사람이 말한 단어가 게임의 결과가 된다.

	제시된 단어	게임의 결과
①	자린고비	비자린고
②	금시초문	시초문금
③	정의구현	현구정의
④	인재육성	재육성인
⑤	재능기부	부기재능

[9 ~ 10] 다음 글을 읽고 물음에 답하시오.

보톡스는 보툴리눔 독소(botulinum toxin)가 주성분인 의약품이며, 미국 제약 회사에서 사용하는 제품명이다.

보툴리눔 독소는 단백질의 한 종류인데, 의학적으로는 비뚤어진 눈(사시)과 통제할 수 없는 눈의 껌벅거림(눈꺼풀 경련)을 치료하는 약물로 미국 식품의약국에서 1989년에 처음 허가되었다. 목이나 어깨 근육이 굳어지는 근육경직에도 일시적인 치료 효과가 있으며, 손발이 떨리고 걸음걸이가 어눌해지는 증세로 잘 알려진 파킨슨병의 치료에도 보툴리눔 독소를 이용한다. 보툴리눔 독소는 아세틸콜린이 분비되는 것을 막는 역할을 한다. 아세틸콜린은 근육이 수축되도록 하는 화학물질로, 보톡스를 주사하여 일시적으로 근육을 마비시켜 효과를 보는 것이다.

보톡스 주사는 주름살을 없애는 미용 목적으로도 사용된다. 표정이 없을 때는 잔주름처럼 보이고 표정을 지을 때 뚜렷해지는 주름을 의학적으로는 동적 주름(dynamic wrinkles)이라고 한다. 이러한 잔주름 있는 얼굴에 보톡스 주사를 맞으면 주름살을 만드는 근육을 일시적으로 마비시키고, 그 근육 위의 피부가 펴지면서 주름살이 없어지는 것이다. 지속적인 효과를 내기 위해서는 보통 3 ~ 6개월마다 해당 부위에 주사를 맞아야 한다. 그러나 주름이 깊게 팬 사람들은 피부의 탄력이 떨어져 있어 근육을 마비시키더라도 깊게 파인 피부의 골이 펴지지 않는다. 이런 주름은 정적 주름(static wrinkles)이라고 하며, 보톡스 주사를 맞아도 효과가 없다.

오늘날 생산되는 보톡스는 치료 목적보다 미용 목적으로 사용되는 양이 훨씬 많다. 피부과와 성형외과 병원에서 사용하는 보톡스 한 병의 용량은 100단위(100U)이며, 미용 목적으로 주사할 때는 보통 1회에 보톡스 20단위 정도를 사용한다. 보톡스 주사에 의한 치사량은 70 kg 성인 1명을 기준으로 3,500단위이다. 따라서 보톡스를 주사하여 독성을 일으키거나 사망에 이를 일은 거의 없다. 보톡스 100단위에 포함된 보툴리눔 독소의 양은 0.4 ~ 0.6 나노그램이다.

9. 윗글을 근거로 판단할 때 옳은 것은?

① 보툴리눔 독소는 아세틸콜린의 분비를 촉진시켜 근육이 수축되는 것을 일시적으로 막는다.
② 보툴리눔 독소는 현재에도 미국 식품의약국에서 최초로 허가받은 용도로 가장 많이 사용된다.
③ 3 ~ 6개월마다 보톡스 주사를 맞으면 정적 주름이 없어지는 효과를 지속적으로 볼 수 있다.
④ 보톡스 주사의 근육 마비 효과는 목이나 어깨 근육 같은 큰 근육에는 잘 나타나지 않는다.
⑤ 미용목적으로 사용하는 경우, 일반적으로 1회 주사에 보톡스 한 병을 모두 사용하는 일은 없다.

10. 윗글을 근거로 판단할 때, 60 kg 성인 1명을 사망에 이르게 하는 보툴리눔 독소의 치사량은?(단, 치사량은 체중에 비례하여 달라진다)

① 4 ~ 6 나노그램
② 8 ~ 12 나노그램
③ 12 ~ 18 나노그램
④ 14 ~ 21 나노그램
⑤ 24 ~ 36 나노그램

11. 다음 글을 근거로 판단할 때 옳은 것은?

> ○○법 제00조 "화물자동차 운송사업"이란 국토교통부령으로 정한 화물자동차를 사용하여 다른 사람의 요구에 응하여 화물을 유상으로 운송하는 사업을 말한다. 이 경우 화물의 중량, 용적, 형상 등이 국토교통부령으로 정하는 기준에 따라 여객자동차 운송사업용 자동차에 싣기 부적합한 것이고 국토교통부령으로 정하는 대상차량에 해당하는 때에는 화주(貨主)가 화물자동차에 함께 탈 수 있다.
>
> ○○법 시행규칙 제00조 ○○법 제00조 전단에 따른 화물자동차란 일반형 · 덤프형 · 밴형 및 특수용도형 화물자동차를 말한다. 이 경우 밴형 화물자동차는 다음 각 호의 요건을 모두 충족하는 구조여야 한다.
> 1. 물품적재장치의 바닥면적이 승차장치의 바닥면적보다 넓을 것
> 2. 승차 정원이 3명 이하일 것. 다만, 다음 각 목의 어느 하나에 해당하는 경우는 예외로 한다.
>   가. 호송경비업무 허가를 받은 경비업자의 호송용 차량
>   나. 2001년 11월 30일 전에 화물자동차 운송사업 등록을 한 6인승 밴형 화물자동차
>
> 제00조 ① ○○법 제00조 후단에 따른 화물의 기준은 다음 각 호의 어느 하나에 해당하는 것으로 한다.
> 1. 화물의 중량이 20킬로그램 이상일 것
> 2. 화물이 다음 각 목의 어느 하나에 해당하는 물품일 것
>   가. 불결하거나 악취가 나는 농산물 · 수산물 또는 축산물
>   나. 기계 · 기구류 등 공산품
>   다. 합판 · 각목 · 벽돌 등 건축기자재
>   라. 폭발성 · 인화성 또는 부식성 물품
>
> ② ○○법 제00조 후단에 따른 대상차량은 밴형 화물자동차로 한다.

① 자가용 화물자동차를 사용하여 자신의 화물만을 운송하는 경우, 화물자동차 운송사업을 하는 것으로 본다.
② 승차장치의 바닥면적이 물품적재장치의 바닥면적보다 넓은 밴형 자동차는 화물자동차 운송사업에 사용할 수 없다.
③ 5인승 일반형 화물자동차는 화물자동차 운송사업에 사용할 수 없다.
④ 밴형 화물자동차로 화물자동차 운송사업을 하는 甲이 乙의 요구에 따라 중량 15 kg인 인화성 물품을 유상으로 운송하는 경우, 乙은 甲의 화물자동차에 함께 탈 수 없다.
⑤ 벽돌 등의 건축기자재를 덤프형 화물자동차로 운송하는 경우, 화주는 해당 화물자동차에 함께 탈 수 있다.

12. 다음 글을 근거로 판단할 때, <보기>의 ㉠과 ㉡에 알맞은 수는?

> 한 개의 수정란은 제일 처음 수직으로 분열하여 똑같은 크기의 두 개의 세포로 나누어진다. 그 다음 최초의 수직 분열과 90도를 이루며 다시 수직 분열하여 네 개의 세포를 만든다. 다음 단계는 수평 분열이다. 한 번의 수평 분열로 8개의 세포가 만들어진다. 이후 수직 분열과 수평 분열이 한 번씩 반복된다. 즉, 다음 단계에서는 다시 45도씩 나누는 수직 분열을 동시에 하여 16개의 세포가 되고, 그 다음에는 3단계에서 행했던 수평 분열을 위치를 기준으로 윗부분과 아래 부분의 수평 분열이 동시에 이루어져 32개의 세포를 만든다. 다음 단계는 22.5도씩 나누는 수직 분열을 동시에 하고, 그 다음 단계는 수평으로 나누어진 모든 부분을 다시 반으로 나누는 수평 분열이 동시에 이루어진다. 이와 같이 계속 수직 분열, 수평 분열이 반복적으로 이루어져 세포구를 형성하고 여러 발생 부위로 나뉘어 결국 여러 조직이나 기관이 형성된다.

<보 기>

> 수정란이 분열하여 256개의 세포가 만들어지기 위해서는 총 (㉠)회의 수직 분열이 이루어져야 하고, 총 6회의 수평 분열이 이루어지면 (㉡)개의 세포가 만들어진다.

	㉠	㉡
①	4	2,048
②	4	4,096
③	5	4,096
④	5	8,192
⑤	6	8,192

13. 다음 글과 <상황>을 근거로 판단할 때, <보기>에서 옳은 것만을 모두 고르면?

> 제3자 또는 공동채무자의 1명 등이 채무자를 위하여 변제하면 그 변제자는 채무자 또는 다른 공동채무자에 대하여 구상권을 취득하게 된다. 민법은 이 변제자의 구상권을 확실히 하기 위하여 변제자는 변제를 받은 채권자가 가지고 있는 권리를 대위하여 행사할 수 있다고 정하고 있는데, 이를 대위변제 또는 변제에 의한 대위라고 하며, 채권을 대위하여 행사할 수 있게 된 변제자를 대위자라고 한다.
>
> 대위변제가 성립하는 기본 요건은 제3자 또는 공동채무자의 1명 등이 채무자를 위하여 변제를 하는 것이다. 변제를 함에 있어서 정당한 이익을 가지고 있는 자, 예컨대 물상보증인・담보부동산의 제3취득자・보증인・연대채무자 등에 대하여는 위의 요건만으로 대위변제가 성립하는데, 이를 법정대위라 한다. 그러나 그 밖의 자는 변제와 동시에 채권자의 승낙을 얻어야만 대위변제가 성립하는데, 이를 임의대위라 한다.
>
> 변제자가 일부만 변제를 하는 경우에는 일부의 대위가 성립한다. 즉, 채권의 일부를 변제한 대위자는 그 변제한 가액에 비례하여 채권자와 함께 그 권리를 행사할 수 있다. 그러나 이 경우 채권 발생의 원인인 계약을 해지 또는 해제할 수 있는 권리는 채권자에게만 있다. 또한 채권자가 계약을 해지 또는 해제한 때에는 채권자는 대위자에 대하여 변제받은 금액과 이자를 상환해야 한다.

<상 황>

> 甲은 乙과 체결한 계약에 의하여 乙에 대해 10만 원의 채권을 가지고 있었는데, 乙의 물상보증인 丙이 이 중 5만 원을 변제하였다.

<보 기>

> ㄱ. 丙은 乙에 대하여 甲의 채권 중 5만 원에 대한 채권만을 대위하여 행사할 수 있다.
> ㄴ. 丙이 甲의 채권을 대위하여 행사하기 위해서는, 甲의 승낙이 있어야 한다.
> ㄷ. 甲이 乙과의 계약을 해제하면 甲은 丙에게 변제받은 5만 원과 이자를 상환하여야 한다.
> ㄹ. 乙이 계속하여 10만 원을 변제하지 않는 경우, 丙은 甲과 乙간의 계약을 해제할 수 있다.

① ㄱ, ㄷ
② ㄴ, ㄷ
③ ㄴ, ㄹ
④ ㄱ, ㄴ, ㄹ
⑤ ㄱ, ㄷ, ㄹ

14. 다음 글을 근거로 판단할 때, ㉠, ㉡, ㉢에 들어갈 숫자들의 합은?

> ○ 甲 ~ 丁 4명이 4가지 종류(커피맛, 누룽지맛, 연유맛, 자두맛)의 사탕을 각자 10개씩 나누어 가졌다.
> ○ 네 사람은 각자 자신의 선호에 따라 종류별로 1개, 2개, 3개, 4개의 사탕을 가져갔다.
> ○ 이들이 가져간 사탕을 종류별로 합산한 개수는 연유맛 > 커피맛 > 자두맛 > 누룽지맛 순으로 많았다.
> ○ 아래는 네 사람이 가져간 사탕의 종류와 개수를 일부 정리한 표이다.

사탕 사람	커피맛	누룽지맛	연유맛	자두맛
甲	1		3	4
乙		4	3	㉢
丙		㉡	3	
丁	㉠		3	

① 4
② 5
③ 6
④ 7
⑤ 8

15. 다음 글을 근거로 판단할 때, ㉠에 들어갈 숫자는?

> ‘해상도’란 화면 또는 인쇄 등에서 이미지의 정밀도를 나타내는 지표이다. 단위로는 1인치당 몇 개의 픽셀(pixel)이 존재하는지를 나타내는 ppi(pixel per inch)와 1인치당 몇 개의 점(dot)이 존재하는지를 나타내는 dpi(dot per inch)를 주로 사용한다. ppi와 dpi는 근본적으로는 차이가 없으나, ppi는 모니터 등 화면의 이미지 해상도를 나타내며, dpi는 인쇄물의 해상도를 나타낼 때 쓰인다. 주의할 점은 가로×세로가 1인치×1인치인 사각형 안에 있는 픽셀의 수가 아니라, 1인치의 길이 안에 있는 픽셀의 수로 ppi를 표기한다는 것이다.
>
> 한편, ‘모니터 해상도’는 직사각형 모니터의 화면에 몇 개의 픽셀이 존재하는지를 말하는 것으로, 가로의 픽셀 수와 세로의 픽셀 수를 곱한 형태로 나타낸다. 즉, 1,024×768은 가로 1,024개, 세로 768개의 픽셀이 화면에 있다는 표시이다.
>
> 따라서 모니터 해상도와 모니터 화면의 규격을 알면 그 모니터의 픽셀 해상도를 알 수 있다. 예를 들어, 모니터 해상도가 120×100인 직사각형 화면의 가로 길이가 1.2인치이고 세로 길이가 1인치라면 픽셀 해상도는 100 ppi가 된다. 다른 예로, 모니터 해상도가 1800×960인 직사각형 화면의 대각선의 길이가 17인치인 경우 픽셀 해상도는 (㉠)ppi가 된다.

① 72
② 96
③ 112
④ 120
⑤ 136

16. 다음 글을 근거로 판단할 때, <보기>에서 옳은 것만을 모두 고르면?

> ○○중학교의 수학 시간에 선생님이 다음과 같은 제안을 하였다.
>
> “여러분, 오늘은 다음과 같은 등식을 만족하는 두 개의 수를 찾아보려고 해요. 먼저, 좌변에는 똑같은 자연수 3개, 우변에는 똑같은 자연수 2개가 들어가야 합니다. 이때 우변에 들어가는 수는 좌변에 들어가는 수보다 자릿수가 하나 더 많아야 하고, 좌변의 합과 우변의 합은 같아야 해요. 예를 들어 볼까요? 『6 + 6 + 6 = 9 + 9』는 안 됩니다. 등식은 성립하지만 6과 9는 모두 한 자리 수이기 때문이죠. 그렇지만 『8 + 8 + 8 = 12 + 12』는 괜찮습니다. 자, 그럼 이 등식을 만족하는 수의 조합들을 찾아보세요.”

<보 기>

ㄱ. 130은 우변에 들어가는 수가 될 수 있다.
ㄴ. 좌변에 들어가는 수는 반드시 짝수여야 한다.
ㄷ. 우변에 들어갈 수 있는 세 자리 수 중 가장 작은 수는 105이다.
ㄹ. 좌변에 들어가는 수가 한 자리 수인 경우는 1가지뿐이다.

① ㄱ, ㄴ
② ㄴ, ㄷ
③ ㄴ, ㄹ
④ ㄱ, ㄴ, ㄷ
⑤ ㄴ, ㄷ, ㄹ

17. 다음 글을 근거로 판단할 때, 가장 먼저 기상해야 하는 사람과 그의 기상시각을 바르게 짝지은 것은?

> ○ 사무관 甲, 乙, 丙은 셰어하우스에서 함께 거주하고 있다.
> ○ 셰어하우스에는 샤워실과 거울이 각각 한 개씩만 있으며, 둘 모두 한 번에 한 명씩만 사용할 수 있다.
> ○ 甲, 乙, 丙 세 명은 모두 샤워실과 거울을 순서대로 사용하여 오전 8시까지 출근준비를 마쳐야 하나, 수면시간을 최대한 확보하고 세 명 모두의 출근준비에 소요되는 시간을 최소로 하기 위하여 먼저 기상한 사람이 샤워실 사용을 마치면 다음 순서의 사람이 샤워실을 사용할 수 있도록 깨워주기로 하였다.
> ○ 샤워실 사용을 마치면 바로 거울을 사용하는데, 샤워실 사용을 마친 순서대로 거울을 사용하며, 자신보다 먼저 샤워실 사용을 마친 사람이 거울을 사용하지 못한 경우에는 순서를 기다려서 사용해야 한다.
> ○ 다른 사람을 깨워주는 데 걸리는 시간이나 이동 시간 등은 고려하지 않는다.
> ○ 甲, 乙 丙이 각각 샤워실과 거울을 사용하는 데 걸리는 시간은 다음과 같다.
>
> | 구분 \ 사무관 | 甲 | 乙 | 丙 |
> |---|---|---|---|
> | 샤워실 | 30분 | 10분 | 20분 |
> | 거울 | 20분 | 35분 | 25분 |

	가장 먼저 기상해야 하는 사람	기상시각
①	甲	오전 6시 10분
②	乙	오전 6시 30분
③	乙	오전 6시 40분
④	丙	오전 6시 20분
⑤	丙	오전 6시 40분

18. 다음 글과 <진술>을 근거로 판단할 때 반드시 거짓인 것은?

> ○ 연말을 맞아 갑순은 자신의 친구들인 을돌, 병순, 정돌, 무순을 불러 파티를 했다.
> ○ 갑순, 병순, 무순의 성별은 여자이며, 을돌, 정돌은 남자이다.
> ○ 파티는 친구 중 한 명이 MC를 맡아 진행했으며, 다섯 명이 서로 투표하여 세 가지의 상(우정대상, 우정상, 친구상)을 세 명의 친구에게 하나씩 시상했다.
> ○ 파티를 마친 후 다섯 명이 한 <진술> 중 남자인 친구들의 진술은 모두 참말이다. 반면, 여자인 친구들 중 두 명은 참말을 하고 한 명은 거짓말을 했다.

<진 술>

> 갑순: 나는 파티를 개최한 사람이라서 MC를 맡게 됐어.
> 을돌: 병순은 상을 받지 못했고, 우정상은 남자가 받았어.
> 병순: MC를 맡은 친구는 상을 받지 못했어.
> 정돌: 나와 무순 중 한 명만 상을 받았는데, 그 상은 친구상이었어.
> 무순: 정돌은 상을 받았어.

① 갑순은 우정대상을 받았다.
② 을돌은 MC를 맡았다.
③ 병순은 거짓말을 했다.
④ 정돌은 MC를 맡지 않았다.
⑤ 무순은 거짓말을 하지 않았다.

19. 다음 글을 근거로 판단할 때, 토끼가 잠들어 있던 시간은?

> 토끼와 거북이는 500 m 달리기 시합을 했다.
>
> 같은 출발선에서 출발한 토끼가 100 m 지점에 도착했을 때, 거북이는 40 m 지점에 도착하였다. 이후, 토끼는 300 m 지점에 도착해서 거북이가 한참 뒤쳐져 있는 것을 보았고, 방심한 나머지 그 자리에서 바로 잠들었다.
>
> 얼마간의 시간이 지난 후, 토끼는 잠에서 깨어 거북이가 자신보다 앞서 있는 것을 보았고, 즉시 뒤쫓아 달리기 시작했다. 결국 토끼와 거북이는 동시에 결승선에 도착하였다.
>
> 거북이는 100 m를 25분에 달리는 속도로 쉬지 않고 계속 달렸으며, 토끼와 거북이는 모두 달리는 동안에는 일정한 속도를 유지했다.

※ 토끼의 행동·상태가 변하는 과정에 걸리는 시간은 고려하지 않는다.

① 55분
② 60분
③ 65분
④ 70분
⑤ 75분

20. 다음 글과 <상황>을 근거로 판단할 때, 甲 ~ 戊 중 연수원 성적이 가장 높은 사람은?

○ 연수원 성적 산출방법
- 성적 = 직무평가시험 점수의 50 % + 해외연수보고서 점수의 50 % + 가점 및 감점(최대 2점)
- 직무평가시험 점수가 70점 미만이면 재시험에 응시해야 하며, 재시험에서 받은 점수의 80 %를 직무평가시험 점수로 인정

○ 해외연수보고서 점수
- 보고서 검토 후 분임별로 점수를 부여
- 분임 내 개인은 분임별 점수와 동일한 점수 획득

○ 가점 및 감점
- 한자능력: 한자능력검정시험 2급 이상 획득 시 + 0점
  3급 이하 획득 또는 미획득 시 - 0.5점
- IT능력: 컴퓨터활용능력 1급 획득 시 + 1.2점
  워드프로세서 1급 획득 시 + 0.5 점
  MOS엑셀 획득 시 + 0.4점
- 분임장: 분임장 역할 수행시 + 0.7점
- 국무총리상 수상: + 1.5점
- 가산점은 획득한 항목 점수의 합으로 결정되며 최대 2점을 넘을 수 없음

<상 황>

○ 분임별 해외연수보고서 점수

분임	1분임	2분임	3분임	4분임
점수	84	78	81	92

○ 직무평가점수 및 소속분임

이름	甲	乙	丙	丁	戊
소속 분임	2분임	3분임	1분임	3분임	1분임
직무평가시험	90점	75점	78점	73점	95점
재시험 여부	○	×	×	×	○

○ 가점 및 감점 항목

이름	자격능력
甲	한자능력 2급, 워드프로세서 1급
乙	한자능력 1급, 컴퓨터활용능력 1급
丙	한자능력 2급, 컴퓨터활용능력 2급
丁	한자능력 3급, MOS엑셀, 워드프로세서 1급
戊	한자능력 1급, 컴퓨터활용능력 1급

- 분임장: 甲, 丁, 戊
- 국무총리상 수상: 丙

① 甲
② 乙
③ 丙
④ 丁
⑤ 戊

21. 다음 글을 근거로 판단할 때, 여행기간과 가이드 담당자 및 회계 담당자를 바르게 짝지은 것은?

> 가인, 나리, 다은, 라영은 겨울방학에 함께 배낭여행을 가기로 했다. 여행기간은 총 4주이며, 영국·러시아·독일·스위스 4개 국가에 각각 1주씩 체류할 예정이다.
> 네 사람은 한 사람이 한 나라씩 맡아서 일정을 짜고 가이드 역할을 담당하기로 하고, 가이드를 제외한 나머지 세 사람 중 한 명이 해당 국가에서의 비용을 관리하는 회계 역할을 담당하기로 하였다. 다음은 네 사람이 여행과 관련하여 약속한 내용이다.
>
> ○ 첫째 주에는 영국을 여행하며, 러시아는 스위스를 여행한 이후에 여행한다.
> ○ 가인은 독일에서 가이드를 역할을 담당하며, 가이드 역할을 담당한 이후에 회계 역할을 담당한다.
> ○ 라영은 스위스에서 회계를 담당한다.
> ○ 가인과 다은이 한 국가에서 가이드나 회계 역할을 함께 담당하지 않도록 한다.
> ○ 네 사람은 모두 가이드 역할과 회계 역할을 한 번씩 담당하되, 역할을 2주 연속 담당하지 않도록 한다.

	여행기간	가이드 담당자	회계 담당자
①	첫째 주	나리	다은
②	첫째 주	다은	라영
③	셋째 주	나리	라영
④	넷째 주	나리	가인
⑤	넷째 주	라영	가인

22. 다음 글을 근거로 판단할 때, <보기>에서 옳은 것만을 모두 고르면?

> ○ 수학경시대회에 甲, 乙, 丙이 참가하였다.
> ○ 수학경시대회에는 총 10문제가 출제된다. 각 문제의 정답을 맞히면 3점을 받고, 틀리면 －1점을 받는다. 답을 기입하지 않으면(무응답) 1점을 받는다.
> ○ 수학경시대회의 모든 문제는 O·X 문제이다.
> ○ 다음은 甲, 乙, 丙의 수학경시대회 답안이다.

문항 \ 참가자	甲	乙	丙
1	O	?	X
2	O	X	O
3	O	O	O
4	O	O	?
5	O	O	X
6	?	O	O
7	O	?	O
8	O	O	X
9	O	O	O
10	X	X	X

> ※ '?'는 응답 상태가 확인되지 않은 경우이다. 즉, 해당 문제에 대한 응답이 O, X, 무응답 중 어느 것이었는지 알 수 없다.
> ○ 乙의 수학경시대회 점수는 26점이다.

<보 기>

ㄱ. 乙이 틀린 문제가 없다면 乙만이 맞힌 문제가 있다.
ㄴ. 乙이 응답하지 않은 문제가 없다면 甲의 점수는 최소 12점 최대 30점이다.
ㄷ. 乙이 틀린 문제가 없다면 丙의 점수가 甲의 점수보다 높을 수 있다.

① ㄱ
② ㄴ
③ ㄱ, ㄷ
④ ㄴ, ㄷ
⑤ ㄱ, ㄴ, ㄷ

23. 다음 글과 <진술>을 근거로 판단할 때, 사물함과 그 사물함을 사용하는 사람으로 반드시 옳은 것만을 나열한 것은?

○ 甲, 乙, 丙, 丁, 戊는 3×3 형태로 배치된 사물함 중 한 개씩을 사용하고 있다.

	1	2	3
A			
B			
C			

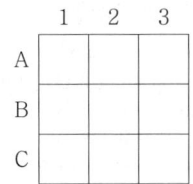

○ 행은 위에서부터 A, B, C로, 열은 왼쪽부터 1, 2, 3으로 정하고, 사물함의 위치는 행-열의 순서로 표시한다. 예를 들어 A행 3열에 있는 사물함은 A3로 표시한다.

○ 각 행 또는 각 열에 있는 사물함이 모두 사용될 수는 없다. 예를 들어, A1, A2, A3이 모두 사용되거나 A2, B2, C2가 모두 사용될 수는 없다.

○ 사물함 사이의 거리는 두 개의 사물함 사이를 행과 열의 방향으로만 최단 거리로 이동했을 때 경유하는 다른 사물함의 개수를 말한다. 예를 들어 A1과 B1의 거리는 0이며, A3와 B2의 거리는 1이다.

<진 술>

甲 ~ 戊는 사물함에 대해 다음과 같이 진술했는데, 이 중 단 한 명만이 거짓을 말했다.

甲 : 나는 C행 3열의 사물함을 쓰고 있어.
乙 : 丁의 사물함은 甲의 대각선 위치 중 가장 가까운 곳에 있어.
丙 : 나와 거리가 0인 위치에 2명이 사물함을 쓰고 있네.
丁 : 내 사물함은 甲과 거리가 3인 위치에 있어.
戊 : 내 사물함은 甲과 같은 행에 있고, 乙과는 거리가 1인 같은 열에 있어.

① A1 : 乙, B3 : 甲
② A2 : 丙, B2 : 丁
③ B2 : 丁, C2 : 戊
④ B3 : 丙, C2 : 戊
⑤ C1 : 戊, C3 : 甲

24. 다음 글을 근거로 판단할 때, 만들 수 있는 비밀번호의 최대 가짓수는?

○ 비밀번호는 네 자리 수로 만든다.

○ 각 숫자를 만들 때에는 아래와 같이 정해진 형태로만 만들어야 한다.

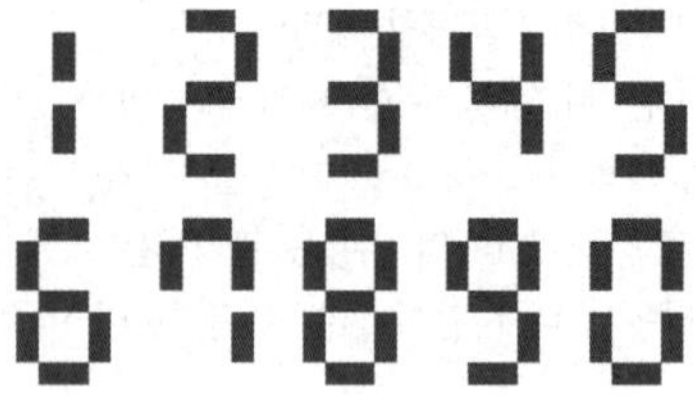

○ 비밀번호의 오른쪽 끝에 거울을 두고 비춰보았을 때, 거울에 비친 상과 실제 비밀번호가 동일해야 한다.

○ 네 자리 수를 만들어야 하므로 천의 자리에 0을 사용할 수 없다.

○ 천의 자리와 백의 자리에 동일한 숫자를 사용할 수 없다.

① 9가지
② 12가지
③ 16가지
④ 20가지
⑤ 25가지

25. 다음 글을 근거로 판단할 때, <보기>에서 옳은 것만을 모두 고르면?

○ 甲교사는 '○○시 과학경진대회'에 참가할 학생 1명을 선발하고자 한다.
○ 현재 후보 학생은 A ~ D 네 명이며, 물리·화학·생물·지구과학 과목 점수의 합이 높은 학생을 선발한다.
○ 동점자가 나오는 경우에는 물리, 화학, 생물, 지구과학 순으로 우선순위를 부여하고, 우선순위가 높은 과목에서 점수가 더 높은 학생을 선발하며, 해당 과목에서 동점인 학생이 2명 이상인 경우에는 그 학생들만을 대상으로 다음 우선순위 과목의 성적을 비교하여 선발한다.
○ 하나의 과목을 지정하여 n배의 가중치를 부여할 수 있으며, 이 경우 해당 과목 원점수의 n배를 그 과목의 점수로 한다. 또한 동점자를 비교할 때에는 가중치가 부여된 과목의 우선순위를 가장 높은 것으로 하고, 나머지 과목의 우선순위는 그대로 하여 비교한다.
○ 다음은 A ~ D의 성적(원점수)이다. 각 과목의 만점은 100점이며, 성적은 모두 5점 배점의 20문항으로 구성된 시험에 의해 산출되었다.

학생	물리	화학	생물	지구과학
A	90	(　)	90	95
B	80	95	(　)	90
C	95	90	95	90
D	(　)	90	80	(　)

<보 기>

ㄱ. 별도의 가중치를 부여하지 않고, 어떤 과목에도 100점을 받은 학생이 없다면 A가 선발될 수도 있다.
ㄴ. 물리에 2배의 가중치를 부여하는 경우 D가 선발된다면 D의 물리 과목 원점수는 100점이다.
ㄷ. 화학에 2배의 가중치를 부여하는 경우 A가 선발된다면 A는 4과목 원점수의 합이 C보다 높다.
ㄹ. 생물에 2배의 가중치를 부여해도 B가 선발되지 못한다면, B의 생물 과목 원점수는 95점 이하이다.

① ㄱ, ㄷ
② ㄱ, ㄹ
③ ㄴ, ㄹ
④ ㄱ, ㄴ, ㄷ
⑤ ㄴ, ㄷ, ㄹ

MEMO

제 2 회

7급 PSAT 하주응 상황판단
실전 모의고사

상황판단영역

1. 다음 글을 근거로 판단할 때 옳은 것은?

제00조 ① 누구든지 가정폭력범죄를 알게 된 경우에는 수사기관에 신고할 수 있다.
② 다음 각 호의 어느 하나에 해당하는 사람이 직무를 수행하면서 가정폭력범죄를 알게 된 경우에는 정당한 사유가 없으면 즉시 수사기관에 신고하여야 한다.
1. 노인복지시설, 아동복지시설, 장애인복지시설의 종사자와 그 기관장
2. 다문화가족지원센터의 전문인력과 그 장
3. 국제결혼중개업자와 그 종사자
4. 구조대·구급대의 대원
5. 사회복지 전담공무원

③ 아동상담소, 가정폭력 관련 상담소, 성폭력피해상담소에 근무하는 상담원과 그 기관장은 피해자 또는 피해자의 법정대리인 등과의 상담을 통하여 가정폭력범죄를 알게 된 경우에는 가정폭력피해자의 명시적인 반대의견이 없으면 즉시 신고하여야 한다.
제00조 ① 피해자 또는 그 법정대리인은 가정폭력행위자를 고소할 수 있다. 피해자의 법정대리인이 가정폭력행위자인 경우에는 피해자의 친족이 고소할 수 있다.
② 가정폭력행위자가 자기 또는 배우자의 직계존속인 경우에도 고소할 수 있다. 법정대리인이 고소하는 경우에도 또한 같다.
③ 피해자에게 고소할 법정대리인이나 친족이 없는 경우에 이해관계인이 신청하면 검사는 10일 이내에 고소할 수 있는 사람을 지정하여야 한다.

① 옆집에서 가정폭력범죄가 발생한 사실을 알게 되었더라도, 그 이웃은 피해자나 법정대리인이 아니기 때문에 수사기관에 신고할 수 없다.
② 아동과의 상담 과정에서 가정폭력범죄를 알게 된 아동상담소의 상담원은 피해아동이 신고를 반대하더라도 수사기관에 신고할 의무가 있다.
③ 자신의 중개로 결혼한 가정에 가정폭력범죄가 발생한 사실을 알게 된 국제결혼중개업자는 정당한 사유가 없으면 즉시 가정폭력행위자를 고소하여야 한다.
④ 자신의 시어머니에게 가정폭력 피해를 당한 며느리는 가정폭력행위자인 시어머니를 고소할 수 있다.
⑤ 가정폭력 피해아동에게 고소할 법정대리인이나 친족이 없다는 사실을 안 아동복지시설의 종사자가 신청하면, 관할법원은 10일 이내에 고소할 수 있는 사람을 지정하여야 한다.

2. 다음 글을 근거로 판단할 때, <보기>에서 규정된 최고속도를 위반한 경우만을 모두 고르면?(단, 제시된 상황만을 고려한다)

제00조 ① 자동차등의 운행속도는 다음 각 호와 같다.
1. 일반도로(고속도로 및 자동차전용도로 외의 모든 도로를 말한다)에서의 최고속도는 매시 60킬로미터. 다만, 편도 2차로 이상의 도로에서의 최고속도는 매시 80킬로미터
2. 자동차전용도로에서의 최고속도는 매시 90킬로미터
3. 고속도로
가. 편도 1차로 고속도로에서의 최고속도는 매시 80킬로미터
나. 편도 2차로 이상 고속도로에서의 최고속도는 매시 100킬로미터. 다만, 화물자동차(적재중량 1.5톤을 초과하는 경우에 한한다)·특수자동차·위험물운반자동차 및 건설기계의 최고속도는 매시 80킬로미터

② 비·안개·눈 등으로 인한 악천후 시에는 제1항에도 불구하고 다음 각 호의 기준에 따라 감속운행하여야 한다.
1. 최고속도의 100분의 20을 줄인 속도로 운행하여야 하는 경우
가. 비가 내려 노면이 젖어 있는 경우
나. 눈이 20밀리미터 미만 쌓인 경우
2. 최고속도의 100분의 50을 줄인 속도로 운행하여야 하는 경우
가. 폭우·폭설·안개 등으로 가시거리가 100미터 이내인 경우
나. 노면이 얼어붙은 경우
다. 눈이 20밀리미터 이상 쌓인 경우

<보 기>

ㄱ. 적재중량 1.6톤의 화물자동차를 운전하는 甲은 편도 2차로인 자동차전용도로에서 95 km/h로 주행하였다. 비나 눈은 내리지 않았으며 가시거리는 150 m였다.
ㄴ. 승용차를 운전하는 乙은 편도 3차로인 일반도로에서 35 km/h로 주행하였다. 전날 내린 눈이 10 mm 정도 쌓여 있었으며 일부는 녹아 노면이 얼어붙어 있었다.
ㄷ. 위험물운반자동차를 운전하는 丙은 편도 4차로인 고속도로에서 45 km/h로 주행하였다. 아침에 내린 눈이 5 mm 정도 쌓여 있었고, 안개가 끼어 가시거리가 80 m였다.
ㄹ. 특수자동차를 운전하는 丁은 편도 1차로인 일반도로에서 50 km/h로 주행하였다. 주행 중에도 계속 비가 내려 노면이 젖어 있었다.

① ㄱ, ㄴ
② ㄴ, ㄷ
③ ㄷ, ㄹ
④ ㄱ, ㄴ, ㄹ
⑤ ㄱ, ㄷ, ㄹ

3. 다음 글과 <상황>을 근거로 판단할 때, 옳지 않은 것은?

제00조 공익사업에 필요한 토지의 취득으로 인하여 토지소유자가 입은 손실은 사업시행자가 보상하여야 한다.
제00조 사업시행자는 해당 공익사업을 위한 공사에 착수하기 이전에 토지소유자에게 보상금 전액을 지급하여야 한다.
제00조 사업시행자는 보상시기를 달리하는 동일인 소유의 토지가 여러 개 있는 경우, 토지소유자가 요구할 때에는 한꺼번에 보상금을 지급하도록 하여야 한다.
제00조 사업시행자는 동일한 소유자에게 속하는 토지의 일부를 취득하는 경우, 해당 공익사업의 시행으로 인하여 잔여지(殘餘地)의 가격이 증가하거나 그 밖의 이익이 발생한 경우에도 그 이익을 그 취득으로 인한 손실과 상계(相計)할 수 없다.
제00조 ① 사업시행자는 토지에 대한 보상액을 산정하려는 경우에는 감정평가업자 3인(제2항에 따라 시・도지사 또는 토지소유자 어느 한쪽 또는 모두가 감정평가업자를 추천하지 아니하는 경우에는 2인)을 선정하여 토지의 평가를 의뢰하여야 한다.
② 제1항에 따라 사업시행자가 감정평가업자를 선정할 때 해당 토지를 관할하는 시・도지사와 토지소유자는 감정평가업자를 각 1인씩 추천할 수 있다.

※ 잔여지 : 동일인 소유의 하나의 토지 중 사업시행자가 취득하고 남은 토지의 일부분.
※ 상계 : 채권자와 채무자가 서로 동종의 채권·채무를 가지는 경우에 그 채권·채무를 대등액에서 소멸시키는 것.

<상 황>

사입시행자 甲은 공익사업을 위하여 乙 소유의 토지A($200\,m^2$) 전부와 토지B($150\,m^2$) 중 일부($100\,m^2$), 丙이 소유하고 있는 토지C($300\,m^2$) 전부를 취득하려고 한다.

① 甲은 공익사업을 위한 공사에 착수하기 전에 乙과 丙에게 보상금 전액을 지급하여야 한다.
② 토지A를 관할하는 시・도지사와 乙이 모두 감정평가업자를 추천하지 않는다면, 甲은 1인의 감정평가업자에게 토지A에 대한 평가를 의뢰할 수 있다.
③ 토지A와 토지B에 대한 보상시기가 다르더라도, 乙의 요구가 있으면 甲은 두 토지에 대한 보상금을 한꺼번에 지급하여야 한다.
④ 공익사업에 의해 토지B 중 잔여지의 가격이 증가하더라도, 乙은 최초에 산정된 보상금 전액을 지급받을 수 있다.
⑤ 토지C를 관할하는 시・도지사와 丙은 토지C에 대한 보상액 산정을 위하여 각각 감정평가업자 1인씩을 추천할 수 있다.

4. 다음 글을 근거로 판단할 때 옳은 것은?

제00조 다음 각 호의 어느 하나에 해당하는 공무원이 그 직무집행에서 헌법이나 법률을 위반한 경우에는 국회는 헌법 및 「국회법」에 따라 탄핵의 소추를 의결할 수 있다.
1. 대통령, 국무총리, 국무위원 및 행정각부의 장
2. 헌법재판소 재판관, 법관 및 중앙선거관리위원회 위원
3. 감사원장 및 감사위원, 그 밖에 법률에서 정한 공무원

제00조 ① 탄핵소추의 발의가 있은 때에는 국회의 의장은 본회의에 보고하고, 본회의는 의결로 국회 법제사법위원회에 회부하여 조사하게 할 수 있다.
② 본회의가 제1항에 의하여 법제사법위원회에 회부하기로 의결하지 아니한 때에는 본회의에 보고된 때로부터 24시간 이후 72시간 이내에 탄핵소추의 여부를 무기명투표로 표결한다. 기간 내에 표결하지 아니한 때에는 그 탄핵소추안은 폐기된 것으로 본다.
제00조 탄핵소추의 의결이 있은 때에는 국회의 의장은 소추의결서의 정본을 소추위원에게, 그 등본을 헌법재판소와 피청구인 및 그 소속기관의 장에게 송달한다.
제00조 ① 탄핵심판에서는 국회 법제사법위원회의 위원장이 소추위원이 된다.
② 소추위원은 헌법재판소에 소추의결서의 정본을 제출하여 탄핵심판을 청구하며, 심판의 변론에서 피청구인을 신문할 수 있다.
제00조 소추의결서가 송달된 때에는 헌법재판소의 결정이 있을 때까지 피청구인의 권한행사는 정지되며, 임명권자는 피청구인의 사직원을 접수하거나 해임할 수 없다.
제00조 탄핵심판 청구가 이유 있는 경우에는 헌법재판소는 피청구인을 해당 공직에서 파면하는 결정을 선고한다.
제00조 ① 탄핵결정은 피청구인의 민사상 또는 형사상의 책임을 면제하지 아니한다.
② 탄핵결정에 의하여 파면된 사람은 결정 선고가 있은 날부터 5년이 지나지 아니하면 공무원이 될 수 없다.

① 헌법재판소는 대통령이 직무집행에서 법률을 위반한 경우 헌법 및 「국회법」에 따라 탄핵의 소추를 의결할 수 있다.
② 국회 본회의는 법제사법위원회의 조사를 거치지 않으면 탄핵소추의 여부를 의결할 수 없다.
③ 헌법재판소의 탄핵심판은 헌법재판소가 국회의 의장으로부터 소추의결서의 정본을 송달받은 때로부터 개시된다.
④ 헌법재판소의 탄핵심판이 진행 중인 경우, 공무원의 임명권자는 탄핵심판의 피청구인이 된 공무원을 해임할 수 없다.
⑤ 탄핵의 결정으로 파면된 공무원은 그가 위반한 법률에 의한 민・형사상의 책임을 면제받는다.

5. 다음 글을 근거로 판단할 때, <보기>에서 옳은 것만을 모두 고르면?

> 1945년 처음 핵무기를 만든 뒤 70년이 넘는 기간 동안 전 세계에서 이 무기가 제대로 작동하는지 시험한 건 2,000번 정도였으며, 이 중 4분의 3 정도가 지하 핵실험이었다.
>
> 핵실험을 하면 순간적으로 '인공 지진'이 일어나고 다른 지진과 마찬가지로 '리히터 규모'를 측정할 수 있다. 리히터 규모는 찰스 리히터 미국 스탠퍼드대 교수가 1935년 처음 고안했다. 리히터 규모는 진앙(震央)에서 100 km 떨어진 지점에서 측정한다. 이때 지진계가 진폭 1 mm인 파형을 그리면 리히터 규모 3이라 한다.
>
> 진폭이 1 mm일 때의 리히터 규모가 1이 아니라 3인 이유는 지진계가 1,000분의 1 mm인 미크론을 단위로 쓰며, 리히터 규모는 상용로그값을 사용하기 때문이다. 1 mm는 1,000미크론이며 상용로그는 밑을 10으로 하는 로그값이므로, 즉 $1,000 = 10^3$이고 $\log 10^3 = 3$이기 때문에 진폭이 1 mm일 때의 리히터 규모를 3으로 하는 것이다.
>
> 리히터 규모 5.7인 지진의 에너지는 TNT 50 kt(= 50,000톤)이 폭발할 때의 파괴력과 맞먹으며, 규모 6.3인 경우에는 TNT 290 kt의 파괴력과 동등하다. 한편, 1945년 히로시마에 투하된 원자폭탄의 파괴력은 TNT 15 kt으로 환산된다. 따라서 핵실험으로 인한 인공 지진의 규모가 6.3이라면, 해당 실험의 핵폭발 파괴력은 히로시마에 투하된 원자폭탄의 (㉠)배 정도라고 추정되는 것이다.

<보 기>

ㄱ. 1945년 이후, 약 1,500번 정도의 핵실험이 지하에서 시행되었다.
ㄴ. 리히터 규모 4의 지진이 발생하면 진앙에서 100 km 떨어진 지점에 설치된 지진계에는 진폭 10 mm인 파형이 그려진다.
ㄷ. ㉠의 값은 20보다 크다.

① ㄱ
② ㄷ
③ ㄱ, ㄴ
④ ㄱ, ㄷ
⑤ ㄴ, ㄷ

6. 다음 글과 <상황>을 근거로 판단할 때, B정당과 C정당, D정당이 각각 지급받는 경상보조금의 금액으로 옳은 것은?

> 제00조 국회에 20인 이상의 소속의원을 가진 정당은 하나의 교섭단체가 된다.
>
> 제00조 ① 경상보조금은 전조의 규정에 의하여 교섭단체를 구성한 정당에 대하여 경상보조금 총액의 100분의 50을 정당별로 균등하게 분할하여 배분·지급한다.
>
> ② 제1항의 규정에 의한 배분·지급대상이 아닌 정당으로서 5석 이상의 의석을 가진 정당에 대하여는 경상보조금 총액의 100분의 5씩을 배분·지급한다.
>
> ③ 정당의석이 없거나 5석 미만의 의석을 가진 경우, 최근에 실시된 임기만료에 의한 국회의원선거에 참여하고 당해 국회의원선거의 득표수 비율이 100분의 2 이상인 정당에 한하여 경상보조금 총액의 100분의 2씩을 배분·지급한다.
>
> ④ 제1항, 제2항 및 제3항의 규정에 의한 배분·지급액을 제외한 잔여분 중 100분의 50은 국회의석을 가진 정당에 그 의석수의 비율에 따라 배분·지급하고, 그 잔여분은 각 정당에 국회의원선거의 득표수 비율에 따라 배분·지급한다.

<상 황>

○ 경상보조금의 총액은 400억 원이다.
○ 총 국회의석 수는 200석이다.
○ 최근에 실시된 임기만료에 의한 국회의원선거에는 정당 A, B, C, D가 모두 참여하였다. 그에 따른 결과는 다음과 같다.

정당	A	B	C	D
의석수	100	90	10	0
득표수 비율	40 %	40 %	15 %	5 %

	B	C	D
①	177억 4천만 원	24억 3천만 원	12억 3천만 원
②	173억 1천만 원	37억 2천만 원	12억 3천만 원
③	177억 4천만 원	37억 2천만 원	12억 3천만 원
④	173억 1천만 원	37억 2천만 원	8억 원
⑤	143억 원	24억 3천만 원	8억 원

7. 다음 글을 근거로 판단할 때, <보기>에서 옳지 않은 것만을 모두 고르면?

○ 고추장, 된장, 간 마늘의 3가지 재료만을 다양한 비율로 혼합하여 6가지 종류(A ~ F)의 쌈장을 만들었다.

○ 6가지 쌈장에 포함된 고추장과 된장의 비율은 각각 다음과 같다.

고추장 \ 된장	30 %	40 %	50 %
35 %		A	B
40 %	C		D
45 %	E	F	

<보 기>

ㄱ. 간 마늘의 비율이 가장 낮은 쌈장은 F이다.

ㄴ. 6가지 쌈장에 포함된 간 마늘의 비율은 모두 다르다.

ㄷ. 쌈장 A, B, E, F 중 2개를 골라서 1 : 1 비율로 혼합하면 3가지 재료의 혼합 비율이 C와 같은 쌈장을 만들 수 있다.

ㄹ. 쌈장 C와 F를 1 : 2의 비율로 혼합한 쌈장에 포함된 간 마늘의 비율과 동일한 비율의 간 마늘을 포함하고 있는 쌈장은 A, B, D, E 중에는 없다.

① ㄱ, ㄷ

② ㄴ, ㄹ

③ ㄷ, ㄹ

④ ㄱ, ㄴ, ㄷ

⑤ ㄱ, ㄴ, ㄹ

8. 다음 글과 <상황>을 근거로 판단할 때, 손실보상금 지원 대상이 아닌 사업자만을 모두 고르면?

□ 소상공인 손실보상금 지원 대상

① 대상 기간 동안 ② 방역조치를 이행하여 ③ 경영상 손실이 발생한 ④ 소기업

□ 기준

① 대상 기간 : △△년 7월 1일부터 9월 30일까지

② 방역조치 : 방역조치별 이행 대상 시설은 아래와 같음.

방역조치	사회적 거리두기 단계		
	2단계	3단계	4단계
집합금지			주점 클럽 콜라텍
영업시간 제한	식당 카페 노래방	식당 카페 노래방 수영장	식당 카페 노래방 수영장 학원 독서실 PC방 미용실

※ 단, 미용실은 △△년 8월 9일부터 이행 대상에서 제외함

③ 손실 : 전년 동기 대비 영업 이익의 감소

④ 기업 규모 : 5인 이하의 근무자, 매출액 120억 미만

<상 황>

△△년 7월에는 사회적 거리두기 2단계, 8월에는 3단계, 9월에는 4단계가 시행되었으며, 해당 방역조치를 이행한 사업자 A ~ D의 상황은 아래와 같다.

사업자		A	B	C	D
손실 발생 기간		7.1. ~ 9.14.	7.1. ~ 9.30.	7.1. ~ 8.25.	7.20. ~ 9.30.
업종		학원	수영장	카페	미용실
영업이익 (단위: 원)	전년	1억	4억	2억	1억
	△△년	8천만	1억	9천만	5천만
매출액 (단위: 원)		3억	11억	14억	3억
근무자 수		3명	8명	4명	2명

① A, B

② A, C

③ A, D

④ B, C

⑤ B, D

[9 ~ 10] 다음 글을 읽고 물음에 답하시오.

학명(學名)이란 생물의 각급 분류군에 붙여진 명칭 중에 생물학에서 쓰이는 세계 공통적인 명칭을 의미한다. 학명은 현재 서식하고 있는 생물뿐만 아니라 멸종된 후 화석으로 발견되는 것들에도 붙여진다. 학명 중에 기본적인 것은 종(種)단계의 분류군명, 즉 종명(種名)이다. 종명은 식물에 대해서는 린네(Carl von Linne)가 1753년에 저술한 『식물의 종』, 동물에 대해서는 린네가 1758년에 저술한 『자연의 체계』 제10판에 실려 있는 것부터 유효하다.

학명은 린네가 확립한 이명식(二名式) 명명법에 따라 작성된다. 이명식 명칭이란 생물의 각 종의 이름을 그 종이 속하는 속명(屬名)과 그 종의 이름(種名)을 병기하여 2단어로 구성하는 명칭이다. 예를 들면, 사람의 학명은 *Homo sapiens*인데, *Homo*는 속명이고, *sapiens*는 종명이다. 이 예와 같이 속명의 머리문자는 대문자로, 종명의 머리문자는 소문자로 표기한다. 종명 다음에는 명명자의 이름과 명명 연도를 표기하기도 한다. 명명자의 표기는 식물에서는 필수적이지만 동물에서는 필수적이지 않다.

한 종이 둘 이상의 아종(亞種)으로 나뉠 때에는 반드시 아종의 이름을 종명 다음에 표기하여 3단어로 표시하는 삼명식 명칭을 사용하는데, 삼명식 명칭은 아종이 발견된 경우 외에는 사용되지 않는다. 예를 들어 '울도박새'는 박새류의 아종 중 하나인데, 그 학명은 *Parus major dageletensis* Kuroda & Mori이다. 종이나 속보다 더 큰 범주인 과(科)를 명명함에도 규칙이 있는데, 동물은 끝에 ~idae, 식물은 끝에 ~ceae를 붙인다. 예를 들어 동물인 개과는 *Canidae*, 식물인 장미과는 *Rosaceae*로 명명한다.

학명 중 속명과 종명은 오른쪽으로 기울어진 이탤릭체로 표기하는 것이 원칙이지만 이탤릭체 표기가 불가능한 경우에는 밑줄을 사용해 구별하기도 한다. 단, 명명자의 이름은 이택릭체로 쓰거나 밑줄을 치지 않는다. 예를 들어, 린네가 명명한 개과 개속 회색늑대의 학명은 *Canis lupus* Linne 또는 Canis lupus Linne로 표기한다.

9. 윗글을 근거로 판단할 때, <보기>에서 옳지 않은 것만을 모두 고르면?

<보 기>

ㄱ. 멸종된 생물에는 학명을 붙이지 않는다.
ㄴ. 식물은 반드시 삼명식 명칭으로 표기한다.
ㄷ. 종(種), 속(屬), 과(科) 중에서 종(種)이 가장 작은 범주의 분류이고, 과(科)가 가장 큰 범주의 분류에 해당한다.
ㄹ. 한 사람의 학자가 여러 종의 동·식물에 대해 학명을 붙인 경우, 그 학자의 이름이 학명에 표기되지 않는 경우도 있을 수 있다.

① ㄱ, ㄴ
② ㄱ, ㄷ
③ ㄷ, ㄹ
④ ㄱ, ㄴ, ㄹ
⑤ ㄴ, ㄷ, ㄹ

10. 윗글을 근거로 판단할 때, <보기>의 학명에 대한 설명으로 옳지 않은 것은?

<보 기>

a. Panthera tigris tigris Linne, 1758
b. Panthera tigris altaica Temminick, 1884
c. Ailuropoda melanoleuca, 1869
d. Canis lupus familiaris Linne, 1758
e. Pinus densiflora Siebold

① a와 b는 같은 속에 속하는 한 종의 아종들이다.
② a와 d를 명명한 사람의 이름은 동일하다.
③ a ~ d 중 가장 늦게 명명된 것은 b이다.
④ c는 식물의 학명일 수 있다.
⑤ e는 아종이 발견되지 않은 종이다.

11. 길동이는 6주간의 체계적인 훈련을 거친 후, 10월 18일에 열린 마라톤 대회에 출전하였다. 다음 <6주 훈련 일정표>를 근거로 판단할 때 옳지 않은 것은?

<6주 훈련 일정표>

주차	월	화	수	목	금	토	일
1	5 km 훈련	6 km 훈련	휴식	8 km 훈련	6 km 훈련	7 km 훈련	휴식
2	6 km 훈련	11 km 훈련	11 km 훈련	10 km 훈련	8 km 훈련	11 km 훈련	휴식
3	3 km 훈련	11 km 훈련	휴식	10 km 훈련	6 km 훈련	10 km 훈련	15 km 훈련
4	휴식	5 km 훈련	휴식	10 km 훈련	6 km 훈련	5 km 훈련	10 km 훈련
5	5 km 훈련	6 km 훈련	13 km 훈련	5 km 훈련	7 km 훈련	18 km 훈련	휴식
6	11 km 훈련	휴식	12 km 훈련	10 km 훈련	휴식	5 km 훈련	마라톤 당일

① 길동이는 9월 7일부터 훈련을 시작하였다.
② 길동이가 10월 중에 휴식을 취한 날은 총 3일이다.
③ 길동이가 10월 4일부터 10월 10일까지 뛴 거리는 총 54 km이다.
④ 9월 17일과 24일에 길동이가 훈련한 거리는 동일하다.
⑤ 9월 15일이 포함된 주차의 총 훈련 거리가 다른 주차에 비해 가장 길었다.

12. 다음 글을 근거로 판단할 때, 지원금을 가장 많이 받는 단체와 가장 적게 받는 단체의 지원금 차이는?

甲시는 시민들의 문화생활 향유를 촉진하기 위해 시내 광장에 예술품을 전시하는 단체에게 다음의 기준에 따라 지원금을 지급하기로 하였다.

○ 활동 지원비(소속 예술가 1인당)
- 5 ~ 6인 단체 : 50만 원
- 7 ~ 8인 단체 : 60만 원
- 9인 이상 단체 : 70만 원

○ 전시 지원비(소속 예술가 1인당)
- 4점 미만 : 20만 원
- 4점 이상 5점 미만 : 30만 원
- 5점 이상 : 40만 원

※ 소속 예술가 1인당 평균 출시 작품 수 기준

○ 단체에 대한 전문가 평가가 '우수'인 경우 위의 지원금을 합산한 금액의 120 %를 지급받고, '보통'인 경우 100 %를 지급받으며, '미흡'인 경우 70 %를 지급받는다.

<참가 예술단체 현황>

단체	소속 예술가	출시 작품	전문가 평가
A	7명	27점	보통
B	6명	28점	우수
C	9명	34점	미흡
D	5명	29점	우수
E	8명	44점	미흡

① 9만 원
② 16만 원
③ 20만 원
④ 27만 원
⑤ 36만 원

13. 다음 글을 근거로 판단할 때, 甲이 가장 먼저 방문하는 곳은?

> 甲은 여섯 개의 시설을 연이어 방문할 계획이다. 방문하려는 각 시설은 일렬로 줄지어 있으며, 모든 시설은 바로 옆의 시설과 1 km씩 떨어져 있다. 방문하려는 여섯 개의 시설 사이에 다른 시설은 존재하지 않는다.
>
> ○ 甲이 방문할 곳은 학교, 구청, 쇼핑몰, 공연장, 카센터, 주유소이다.
> ○ 학교에 가장 먼저 방문하지는 않는다.
> ○ 공연장은 여섯 개의 시설 중 가장 끝에 위치해 있다.
> ○ 카센터는 가장 먼저 방문할 곳과 2 km 떨어져 있다.
> ○ 쇼핑몰과 공연장 사이의 거리는 3 km이다.
> ○ 주유소와 카센터 사이의 거리는 3 km이다.
> ○ 학교와 공연장 사이의 거리는 4 km이다.
> ○ 주유소는 甲이 가장 먼저 방문할 곳의 바로 오른쪽에 있다.

※ 각 시설의 면적은 고려하지 않는다.

① 구청
② 쇼핑몰
③ 공연장
④ 카센터
⑤ 주유소

14. 다음 글을 근거로 판단할 때, 군복무를 마쳤고 컴퓨터활용능력 자격증을 소지하고 있으며 어학연수 경험이 있는 학생의 수는?

> ○○대학교의 취업상담실에서 13명의 남학생을 대상으로 군복무 여부, 컴퓨터활용능력 자격증 소지 여부, 어학연수 경험 유무를 조사했더니, 그 결과가 다음과 같았다.
>
> ○ 군복무를 마쳤고 컴퓨터활용능력 자격증을 소지한 학생이 5명이었다.
> ○ 군복무를 마쳤거나 어학연수 경험이 있는 학생이 8명이었다.
> ○ 컴퓨터활용능력 자격증을 소지했지만 어학연수 경험이 없는 학생이 5명이었다.
> ○ 세 가지 조건을 하나도 갖추지 못한 학생이 3명이었다.

① 2명
② 3명
③ 4명
④ 5명
⑤ 6명

15. 다음 <상황>과 <조건>을 근거로 판단할 때, <보기>에서 옳은 것만을 모두 고르면?

<상 황>

○ 제67차 △△위원회 X의제 표결 결과

이사국	의사	이사국	의사	이사국	의사
미국	찬성	카타르	기권	호주	?
한국	?	중국	찬성	핀란드	찬성
투발루	기권	가봉	반대	러시아	기권
영국	찬성	프랑스	찬성	알제리	찬성
수단	찬성	멕시코	찬성	브라질	반대

○ 결과표시기의 오류로 한국과 호주의 의사는 알 수 없음.
○ X의제는 '△△위원회 이사국 추가에 관한 건'임.

<조 건>

○ △△위원회 이사국(15개국) 중 과반수가 찬성하는 경우 의제가 통과되는 것을 원칙으로 한다. 단, 5개 상임이사국(미국, 영국, 중국, 프랑스, 러시아) 중 한 국가라도 반대 의사를 표시하는 경우 통과되지 않는다.
○ 의제의 제목에 '평화'나 '안보'가 포함되는 경우 이사국 3분의 2 이상의 찬성으로 의제가 통과된다. 이 경우에도 상임이사국의 반대 의사가 없어야 한다.

<보 기>

ㄱ. X의제는 통과된다.
ㄴ. '기권' 의사를 표시한 1개 국가가 '반대'로 의사를 변경해도 X의제는 통과된다.
ㄷ. 'U국의 안보에 관한 건'인 Y의제가 새로이 상정되고 표결 결과가 X의제에 대한 표결 결과와 동일했다면, Y의제는 통과될 수도 있다.

① ㄱ
② ㄴ
③ ㄱ, ㄷ
④ ㄴ, ㄷ
⑤ ㄱ, ㄴ, ㄷ

16. 다음 글과 <상황>을 근거로 판단할 때, <보기>에서 옳은 것만을 모두 고르면?

○ A대학교는 취업 프로그램을 이수한 학생에게 포인트를 부여하고, 획득한 포인트에 따라 장학금을 지급한다. 취업 프로그램에 따라 부여되는 포인트와 각 프로그램 이수에 소요되는 시간은 다음과 같다.

취업 프로그램		부여 포인트	소요 시간
취업 클래스	이미지 메이킹	1점	2시간
	자기소개서	1점	2시간
	PPT	1점	2시간
취업 관련 특강		3점	4시간
취업설명회 및 박람회		5점	6시간
취업 캠프		10점	24시간

※ '취업 클래스'의 경우, 3가지 세부 프로그램 중 일부만을 이수할 수도 있다.
※ 일단 프로그램에 참여하면 이수하기 전에 그만둘 수 없다.
※ 동일 프로그램을 2회 이상 이수할 수 없다.

○ 포인트에 따라 지급되는 장학금은 다음과 같다.

포인트	장학금
20점 이상	3,000,000원
15점 이상 20점 미만	1,000,000원
10점 이상 15점 미만	500,000원
5점 이상 10점 미만	200,000원
5점 미만	50,000원

<상 황>

甲, 乙, 丙 세 명의 학생이 취업 프로그램을 이수하기 위하여 사용한 시간은, 甲의 경우 총 10시간이었고 乙은 총 24시간, 丙은 총 14시간이었다.

<보 기>

ㄱ. 甲이 획득한 포인트는 丙이 획득한 포인트보다 적다.
ㄴ. 乙은 취업 클래스를 이수했다.
ㄷ. 丙은 취업 관련 특강을 이수했다.
ㄹ. 甲, 乙, 丙이 받는 장학금의 총합은 1,200,000원이다.

① ㄱ, ㄴ
② ㄱ, ㄹ
③ ㄴ, ㄷ
④ ㄱ, ㄷ, ㄹ
⑤ ㄴ, ㄷ, ㄹ

17. 다음 글을 근거로 판단할 때, 결승전의 순위를 1위부터 5위까지 순서대로 바르게 나열한 것은?

쇼트트랙 세계선수권대회에서 한국, 일본, 미국, 중국, 체코의 선수 각 1명이 결승전을 치렀다. 甲과 乙은 중계방송을 보며 순위를 다음과 같이 예측했다.

순위	1위	2위	3위	4위	5위
甲의 예측	미국	중국	한국	체코	일본
乙의 예측	일본	미국	체코	중국	한국

경기 결과 동순위 없이 1 ~ 5위가 결정되었는데, 모든 국가의 순위가 甲의 예측과 2순위 이상씩 차이가 났으며, 乙은 단 한 국가의 순위만 맞혔다.

① 한국 - 체코 - 일본 - 중국 - 미국
② 한국 - 일본 - 체코 - 미국 - 중국
③ 한국 - 체코 - 미국 - 일본 - 중국
④ 미국 - 일본 - 중국 - 체코 - 한국
⑤ 미국 - 중국 - 일본 - 체코 - 한국

18. A, B, C, 3명이 다음 <규칙>에 따라 게임을 할 때, <보기>에서 옳은 것만을 모두 고르면?

<규 칙>

○ 0부터 9까지의 숫자가 하나씩 적힌 10장의 카드 2벌을 섞어서 안이 보이지 않는 상자에 담아 놓는다.
○ 각 라운드마다 A, B, C 모두 동시에 카드를 2장씩 뽑아, 적혀 있는 숫자 2개를 곱한 값을 해당 라운드의 점수로 받는다.
○ 한 번 사용된 카드는 해당 라운드는 물론 다음 라운드에서도 다시 사용하지 않는다.
○ 각 라운드에서 획득한 점수의 총합이 100점 이상이 되는 사람은 벌칙에서 제외되며 다음 라운드부터는 게임에 참여하지 않는다.
○ 단 한 사람만 남으면 게임을 종료하고, 마지막까지 남은 사람이 벌칙을 받는다.
○ 카드가 모두 소진되거나 남아있는 카드의 개수가 적어서 카드를 배분할 수 없는 경우에는 게임을 종료하고, 그때까지 얻은 점수의 총합이 가장 낮은 사람이 벌칙을 받는다.

<보 기>

ㄱ. A가 2라운드까지 총점 144점을 얻어 벌칙에서 제외되고 B의 3라운드까지의 총점이 99점이었다면, 3라운드까지 C의 총점으로 가능한 최고 점수는 37점이다.
ㄴ. B와 C가 모두 2라운드까지 102점씩을 얻어 동시에 벌칙에서 제외되었다면, A는 2라운드까지 5나 6이 적힌 카드를 뽑지 않았다.
ㄷ. 3명이 모두 100점 이상의 점수를 얻어서 아무도 벌칙을 받지 않는 경우가 있을 수 있다.

① ㄱ
② ㄷ
③ ㄱ, ㄴ
④ ㄴ, ㄷ
⑤ ㄱ, ㄴ, ㄷ

19. 다음 글을 근거로 판단할 때, ㉠으로 옳은 것은?

> ○ 원 모양 평지의 외곽 경계선(원주) 위에 10개의 도시 A ~ J가 순서대로 위치해 있으며, 이 도시들 외에 다른 도시는 없다.
> ○ 이 10개의 도시들 중 이웃하고 있는 두 도시를 임의로 지정했을 때, 그 사이의 거리는 항상 모두 동일하다.
> ○ 이 10개의 도시 중 서로 이웃하지 않은 2개의 도시를 임의로 지정하여, 그 두 도시를 연결하는 직선의 도로를 건설하는 방법의 수는 (㉠)가지이다.

① 24
② 35
③ 45
④ 70
⑤ 90

20. 다음 글을 근거로 판단할 때, ㉠으로 옳은 것은?

> '123'에서 숫자 한 개를 지워 '13'을 만들 수 있다. 이와 같이 어떤 수에서 숫자 한 개를 지워 다른 수를 만드는 방법으로 '200'을 만들 수 있는 네 자리 자연수는 모두 (㉠)개이다.

① 36개
② 37개
③ 38개
④ 39개
⑤ 40개

21. 다음 글과 <상황>을 근거로 판단할 때, 옳지 않은 것은?

○○국에는 A, B, C, D 4개의 정당이 있으며, ○○국 의회의 비례대표의석은 총 6개이다. ○○국 의회에서 비례대표의석을 배분하는 방법은 다음과 같다.

1단계 : 각 정당의 득표수를 비교하여 가장 득표수가 큰 정당에 1석을 배분한다.
2단계 : 다음 의석 배분을 위하여 아래와 같은 방법으로 각 정당의 '현재 수치'를 산출한다.
① 각 정당의 득표수(직전 수치)에 자기 정당의 최초 득표수를 더한다.
② 직전 단계에서 의석을 배분받은 정당만 ①의 수치에서 모든 정당 최초 득표수의 총합을 뺀다.
3단계 : 2단계에서 산출한 현재 수치를 비교하여 현재 수치가 가장 큰 정당에 1석을 배분한다.
4단계 : 모든 의석이 배분될 때까지 2 ~ 3단계를 반복한다.

<상 황>

투표 결과 A정당은 280만 표, B정당은 190만 표, C정당은 90만 표, D정당은 40만 표를 득표했다. 아래의 표는 의석 배분이 진행 중인 중간까지의 상황을 기록한 것이다.

(단위 : 만 표, 석)

의석	단계	구분	A정당	B정당	C정당	D정당
1	1	득표수	280	190	90	40
		획득 의석수	1	0	0	0
2	2	현재 수치	- 40	380	180	80
	3	획득 의석수	1	1	0	0
3	2	현재 수치	240	- 30	270	120
	3	획득 의석수	1	1	1	0
4	2	현재 수치	520	160	- 240	160
	3	획득 의석수				
5	2	현재 수치				
	3	획득 의석수				
6	2	현재 수치	㉠	㉡	㉢	㉣
	3	획득 의석수				

① A정당은 총 3석의 의석을 배분받는다.
② ㉠은 ㉣의 2배이다.
③ ㉡은 ㉢보다 크다.
④ 5번째 의석은 B정당이 배분받는다.
⑤ D정당은 의석을 배분받지 못한다.

22. 다음 글과 <상황>을 근거로 판단할 때, 여름이의 생일과 봄이의 사물함 번호를 바르게 짝지은 것은?

가을이와 겨울이는 서로에게 숫자를 알려줄 필요가 있을 때, 다음과 같이 정해둔 둘만의 방법을 이용한다.

○ 한글의 자음 10개와 모음 10개를 각각 0부터 9까지의 숫자에 하나씩 대응시킨다.

숫자	0	1	2	3	4	5	6	7	8	9
자음	ㄱ	ㄴ	ㄷ	ㄹ	ㅁ	ㅂ	ㅅ	ㅇ	ㅈ	ㅊ
모음	ㅏ	ㅑ	ㅓ	ㅕ	ㅗ	ㅛ	ㅜ	ㅠ	ㅡ	ㅣ

○ 사칙연산은 자음과 모음을 네 가지 방법으로 조합하여 나타낸다.

＋ : 자음, 모음
－ : 모음, 자음
× : 자음, 자음
÷ : 모음, 모음

위와 같이 조합했을 때, 완성된 글자의 조합이 되도록 숫자에 대응되지 않는 자음 'ㅎ'과 모음 'ㅚ'를 필요한 곳에 사용한다. 예를 들어, '7 - 5'를 표현하려면 'ㅠㅂ'이라고 써야 하지만 완성된 글자가 되지 않으므로 'ㅎ'을 추가하여 '흅'이라고 쓰고, '4×3'을 표현하려면 'ㅁㄹ'이라고 써야 하지만 완성된 글자가 되지 않으므로 'ㅚ'를 추가하여 '뫼뢰'라고 쓴다. 또, '9 ÷ 3'을 표현하려면 'ㅣㅕ'라고 써야 하지만 완성된 글자가 되지 않으므로 'ㅎ'을 추가하여 '히혀'라고 쓴다. 따라서 '흅'은 2가 되고, '뫼뢰'는 12, '히혀'는 3이 된다.

<상 황>

○ 가을이가 겨울이에게 여름이의 생일을 알려달라고 하자, 겨울이는 '가죄뇌월 냐호허일'이라고 알려줬다.
○ 겨울이가 가을이에게 봄이의 사물함 번호를 알려달라고 하자, 가을이는 '흐흐흔두'라고 알려줬다.

	여름이의 생일	봄이의 사물함 번호
①	6월 12일	178
②	6월 12일	184
③	8월 12일	188
④	8월 22일	178
⑤	8월 22일	184

23. 다음 글을 근거로 판단할 때, 피아노를 연주하는 인형과 2번 자리에 진열된 인형을 순서대로 바르게 나열한 것은?

> 기념품 판매점에 5개의 오르골 인형(A ~ E)이 진열되어 있다. 오르골 인형들은 바이올린, 첼로, 비올라, 콘트라베이스, 피아노 중 하나씩을 연주하고 있다.
>
> ○ 피아노를 연주하는 인형은 1번 또는 5번 자리에 진열되어 있다.
> ○ C는 A 또는 B의 옆자리에 진열되지 않으며, 바이올린이나 피아노를 연주하지 않는다.
> ○ A와 E는 비올라를 연주하는 B의 바로 옆자리에 진열되어 있다.
> ○ 3번 자리에 진열된 인형은 바이올린을 연주하고 있다.
> ○ 첼로를 연주하는 인형은 C이나 E가 아니다.
> ○ 바이올린을 연주하는 인형은 E가 아니다.
> ○ 4번 자리에 배치된 인형은 첼로나 콘트라베이스를 연주하지 않는다.

1번	2번	3번	4번	5번

① A, B
② C, B
③ C, D
④ E, A
⑤ E, D

24. 다음 글과 <상황>을 근거로 판단할 때, ㉠과 ㉡ 각각의 최솟값을 바르게 짝지은 것은?

> 독서모임 BOOKS의 회원 수는 총 30명이며, 매주 토요일마다 독서토론의 날을 갖는다. 독서토론의 날에는, 1차로 스터디 룸을 빌려 토론을 한 이후에, 2차로 저녁식사를 함께 하고, 3차로 카페에서 커피타임을 갖는다.
>
> 1차 토론은 회원이 25명 이상 참석할 때만 시작되며, 2차 저녁식사는 16명 이상, 3차 커피타임은 7명 이상이 참석할 때에만 이어진다. 만일 최소 인원이 충족되지 않으면, 해당 차수의 모임은 열리지 않으며 그 날의 독서모임은 그 즉시 해산한다.
>
> 1차 토론에 참가한 회원은 2차 저녁식사에의 참석여부를 자율적으로 결정할 수 있다. 2차 저녁식사에 참석한 경우에도 역시 3차 커피타임에의 참석여부를 자유롭게 결정할 수 있다.
>
> 1차 토론에 불참한 회원은 2차 저녁식사부터 합류하는 것이 허용된다. 단, 1차 토론에 불참한 후 2차 저녁식사부터 합류한 회원은 3차 커피타임에도 반드시 참석해야 한다. 1차 토론과 2차 저녁식사에 모두 불참한 회원이 3차 커피타임부터 합류하는 것도 허용된다.

<상 황>

> 이번 주 독서토론의 날 모임은 3차 커피타임까지 진행되었다. 1차 토론과 2차 저녁식사에 모두 참석한 회원은 (㉠)명이었고, 1차부터 3차까지 모두 참석한 회원은 (㉡)명이었으며, 3차 커피타임부터 합류한 회원은 4명이었다.

	㉠	㉡
①	14	2
②	15	2
③	15	3
④	16	2
⑤	16	3

25. 다음 글과 <상황>을 근거로 판단할 때, 甲국 제23대 국회의원선거의 후보자 등록마감일과 선거일을 바르게 짝지은 것은?

> 제00조 기간을 일, 주, 월 또는 연으로 정한 때에는 기간의 초일은 산입하지 아니한다. 기간을 역산할 때에도 이와 같다.
> 제00조 ① 선거별 선거기간은 다음 각 호와 같다.
> 1. 대통령선거는 23일
> 2. 국회의원선거는 14일
>
> ② "선거기간"이란 다음 각 호의 기간을 말한다.
> 1. 대통령선거 : 후보자등록마감일의 다음 날부터 선거일까지
> 2. 국회의원선거와 지방자치단체의 의회의원 및 장의 선거 : 후보자등록마감일 후 6일부터 선거일까지
>
> 제00조 임기만료에 의한 선거의 선거일은 다음 각 호와 같다.
> 1. 대통령선거는 그 임기만료일전 70일 이후 첫 번째 수요일
> 2. 국회의원선거는 그 임기만료일전 50일 이후 첫 번째 수요일

<상 황>

> 甲국 제22대 국회의원의 임기는 2028년 5월 29일(월)에 만료된다.

	후보자등록마감일	선거일
①	3월 23일	4월 11일
②	3월 24일	4월 11일
③	3월 24일	4월 12일
④	3월 25일	4월 12일
⑤	3월 25일	4월 13일

MEMO

제 3 회

7급 PSAT 하주응 상황판단
실전 모의고사

상황판단영역

1. 다음 글을 근거로 판단할 때 옳은 것은?(단, 별도의 언급이 없는 경우 법률의 개정은 없는 것으로 한다)

> 제00조 ① 질서위반행위의 성립과 과태료 처분은 행위 시의 법률에 따른다.
> ② 제1항에도 불구하고 질서위반행위 후 법률이 변경되어 그 행위가 질서위반행위에 해당하지 아니하게 되거나 과태료가 변경되기 전의 법률보다 가볍게 된 때에는 변경된 법률을 적용한다.
> ③ 제1항에도 불구하고 행정청의 과태료 처분이나 법원의 과태료 재판이 확정된 후 법률이 변경되어 그 행위가 질서위반행위에 해당하지 아니하게 된 때에는 과태료의 징수 또는 집행을 면제한다.
> 제00조 ① 이 법은 대한민국 영역 안에서 질서위반행위를 한 자에게 적용한다.
> ② 이 법은 대한민국 영역 밖에서 질서위반행위를 한 대한민국의 국민에게 적용한다.
> ③ 이 법은 대한민국 영역 밖에 있는 대한민국의 선박 또는 항공기 안에서 질서위반행위를 한 외국인에게 적용한다.
> 제00조 14세가 되지 아니한 자의 질서위반행위는 과태료를 부과하지 아니한다.
> 제00조 법인의 대표자, 법인 또는 개인의 대리인·사용인 및 그 밖의 종업원이 업무에 관하여 법인 또는 그 개인에게 부과된 법률상의 의무를 위반한 때에는 법인 또는 그 개인에게 과태료를 부과한다.
> 제00조 과태료는 행정청의 과태료 부과처분이나 법원의 과태료 재판이 확정된 후 5년간 징수하지 아니하거나 집행하지 아니하면 시효로 인하여 소멸한다.

① 甲의 질서위반행위에 대한 과태료 부과처분이 확정된 후, 법률이 개정되어 甲의 행위가 질서위반행위에 해당하지 않게 되었더라도, 행위 시의 법률에 따라 甲은 과태료를 납부하여야 한다.
② 미국의 영역을 비행하던 대한민국의 항공기 안에서 질서위반행위를 한 중국인 乙에게 이 법을 적용할 수 있다.
③ 현재 15세인 丙이 2년 전에 행한 질서위반행위에 대하여 과태료를 부과할 수 있다.
④ A법인의 대표자 丁이 업무에 관하여 A법인에게 부과된 법률상의 의무를 위반한 때에는 丁에게 과태료가 부과된다.
⑤ 2024. 6. 5.에 행한 戊의 질서위반행위에 대한 과태료 부과처분이 2024. 7. 10.에 확정된 경우, 2029. 6. 5.까지 과태료를 징수하지 아니하면 해당 과태료는 시효로 인하여 소멸한다.

2. 다음 글을 근거로 판단할 때 옳은 것은?

> 제00조 경비업의 허가를 신청하는 법인은 별표의 규정에 의한 경비인력·자본금·시설을 갖추어야 한다. 다만, 경비업의 허가를 신청하는 때에 별표의 규정에 의한 시설 등(자본금을 제외한다. 이하 같다)을 갖출 수 없는 경우에는 허가 신청 시 시설 등의 확보계획서를 제출한 후 허가를 받은 날부터 1월 이내에 별표의 규정에 의한 시설 등을 갖추고 법인의 주사무소를 관할하는 지방경찰청장의 확인을 받아야 한다.
>
> [별표] 경비업의 허가 기준

업무 \ 기준	경비인력	자본금	시설
시설경비	20명 이상	1억 원 이상	기준경비인력 수 이상의 사람을 동시에 교육할 수 있는 교육장
호송경비	무술유단자인 5명 이상	1억 원 이상	
신변보호	무술유단자인 5명 이상	1억 원 이상	
기계경비	전자·통신 분야 기술 자격증 소지자 5명을 포함한 10명 이상	1억 원 이상	
특수경비	특수경비원 20명 이상	5억 원 이상	

> ※ 비고
> 1. 특수경비업무를 제외한 경비업무의 경우 일반경비원과 특수경비원 수의 합이 경비인력 허가 기준에 적합하여야 한다.
> 2. 하나의 경비업무에 대한 자본금을 갖춘 경비업자가 그 외의 경비업무를 추가로 하고자 하는 경우 자본금을 갖춘 것으로 본다. 다만, 특수경비업자 외의 자가 특수경비업무를 추가로 하고자 하는 경우 이미 갖추고 있는 자본금을 포함하여 특수경비업무의 자본금 기준에 적합하여야 한다.

① 시설경비업의 허가를 신청하는 법인은 특수경비원을 제외한 일반경비원만으로 20명 이상의 인력을 갖추어야 한다.
② 호송경비업의 허가를 신청하는 법인이 허가를 신청하는 때에 자본금 1억 원을 갖추지 못한 경우, 부족한 자본금에 대한 확보계획서를 제출하고 허가를 받을 수 있다.
③ 전자·통신 분야 기술 자격증 소지자 5명과 특수경비원 5명을 갖추었다면 기계경비업의 경비인력 기준을 충족한다.
④ 특수경비업의 허가를 신청하는 때에 교육장을 갖추지 못하여 확보계획서를 제출하고 허가를 받았다면, 다음해 1월까지 20명 이상을 동시에 교육할 수 있는 교육장을 갖추고 법인의 주사무소를 관할하는 지방경찰청장의 확인을 받아야 한다.
⑤ 신변보호업자가 특수경비업무를 추가로 하고자 하는 경우 이미 갖춘 자본금 외에 최소 5억 원의 자본금을 추가로 확보해야 한다.

3. 다음 글을 근거로 판단할 때, <보기>에서 옳지 않은 것만을 모두 고르면?

> 제00조 경찰대학 학사학위과정의 교과 및 치안대학원 석사·박사학위과정의 교과는 경찰청장이 교육부장관과 협의하여 정한다.
> 제00조 ① 전조의 교육을 담당하는 사람 중 교수와 부교수는 경찰청장의 제청으로 대통령이 임용하고, 조교수는 학장의 제청으로 경찰청장이 임용한다.
> ② 대통령은 제1항에 따른 부교수의 임용권을 경찰청장에게 위임할 수 있다.
> 제△△조 경찰대학의 학사학위과정을 마친 졸업자는 「경찰공무원법」에 따른 경위(警衛)로 임명한다.
> 제00조 ① 경찰대학 학생(치안대학원 학생은 제외한다. 이하 이 조에서 같다)의 학비는 전액 국고에서 부담한다.
> ② 경찰대학 학생에게는 수당과 의복, 그 밖에 교육에 필요한 물품을 지급하고 급식을 한다.
> ③ 학장은 치안대학원에 입학한 학생에게 수업료와 그 밖의 납부금을 받을 수 있다.
> 제00조 ① 제△△조에 따라 국가경찰공무원으로 임용된 사람은 6년간 국가경찰에 복무하여야 한다.
> ② 제1항에 따른 사람이 그 의무복무기간 중 다음 각 호의 어느 하나에 해당할 때에는 전조에 따라 지급한 학비와 그 밖의 모든 비용의 전부 또는 일부를 대통령령으로 정하는 바에 따라 상환(償還)하여야 한다.
> 1. 직무를 감당할 수 없는 신체적 또는 정신적 장애(본인의 고의 또는 중과실로 발생한 신체적·정신적 장애는 제외한다) 외의 사유로 의무복무를 이행하지 아니하였을 때
> 2. 파면 또는 해임 처분을 받았을 때

<보 기>

ㄱ. 경찰대학의 학사학위과정을 마친 졸업생은 6년간 국가경찰공무원으로 복무하여야 한다.
ㄴ. 본인의 고의로 직무를 감당할 수 없는 장애를 갖게 되어 의무복무를 이행하지 못한 경찰대학 학사학위과정 졸업생은 학비를 상환하지 않아도 된다.
ㄷ. 치안대학원 석사과정에 입학한 사람은 수당과 의복, 그 밖에 교육에 필요한 물품을 지급받는다.
ㄹ. 대통령은 치안대학원 석사학위과정의 교육을 담당하는 교수의 임용권을 경찰청장에게 위임할 수 있다.

① ㄱ, ㄷ
② ㄴ, ㄷ
③ ㄴ, ㄹ
④ ㄱ, ㄷ, ㄹ
⑤ ㄴ, ㄷ, ㄹ

4. 다음 글을 근거로 판단할 때 옳지 않은 것은?

> 제00조 이 법은 한·아프리카재단을 설립하여 아프리카국가에 대한 장기적·종합적 연구분석과 정치·경제·문화·학술 등 제반 분야에서 아프리카국가와의 동반자 관계 증진에 이바지함을 목적으로 한다.
> 제00조 이 법에서 "아프리카국가"란 아프리카 대륙에 위치하는 국가로서 대한민국 정부가 승인한 국가를 말한다.
> 제00조 한·아프리카재단(이하 "재단"이라 한다)은 법인으로 한다.
> 제00조 재단은 주된 사무소의 소재지에서 설립등기를 함으로써 성립한다.
> 제00조 ① 재단의 주된 사무소의 소재지는 정관으로 정한다.
> ② 재단은 필요한 경우에는 외교부장관의 승인을 받아 국내외에 지부를 설치할 수 있다.
> 제00조 ① 재단의 임원으로 이사장 1명을 포함한 5명 이내의 이사와 감사 1명을 둔다.
> ② 정관으로 정하는 상근 이사 및 이사장 외의 임원은 비상근으로 한다.
> ③ 이사장은 외교부장관의 제청으로 대통령이 임명한다.
> ④ 이사는 대통령령으로 정하는 당연직 이사를 제외하고는 이사장의 추천을 받아 외교부장관이 임명한다. 이 경우 시민단체, 학계 등의 인사 중에서 아프리카국가와의 교류·협력 업무에 관한 지식과 경험이 풍부한 사람을 1명 이상 포함하여야 한다.
> ⑤ 감사는 외교부장관이 임명한다.
> ⑥ 이사장과 이사의 임기는 3년으로 하고, 감사의 임기는 2년으로 하되, 각각 한 차례만 연임할 수 있다.

① 재단에는 최대 5명의 이사를 둘 수 있다.
② 재단의 이사는 모두 외교부장관의 추천을 받아 대통령이 임명한다.
③ 감사는 외교부장관이 임명하며, 비상근으로 한다.
④ 재단의 이사는 최장 6년까지 이사직에 있을 수 있다.
⑤ 재단은 정관으로 정한 주된 사무소의 소재지에서 설립등기를 함으로써 성립한다.

5. 다음 글과 <상황>을 근거로 판단할 때, <보기>에서 옳지 않은 것만을 모두 고르면?

결선투표제란 당선조건으로 '일정 이상의 득표율'을 요구하는 선거에서 아무도 그 조건을 충족하지 못하였을 때, 득표수 상위 후보 몇 명만을 대상으로 결선투표를 실시하여 당선자를 결정하는 방식의 투표제도이다.

결선투표제의 세부 방식은 조금씩 다를 수 있는데, 甲국에서는 1차 투표에서 과반 득표자가 없는 경우, 1차 투표의 1위와 2위만을 대상으로 결선투표를 실시하여 결선투표의 1위를 당선자로 정하는 방식으로 결선투표제를 운영한다. 모든 투표에서 유권자는 각각 한 표씩만 행사할 수 있다.

甲국의 결선투표제는 당선자가 반드시 과반 득표를 하므로 사표(死票)의 비율을 낮추는 효과도 있다. 사표는 낙선자에게 던져진 표를 말한다. 단순다수투표제에서 후보가 10명인 경우 10.1 %의 득표율로 당선자가 결정되고 89.9 %의 표는 사표가 될 수도 있다. 그러나 甲국의 결선투표제에서는 과반 득표를 해야만 당선이 되므로 많은 후보가 출마하더라도 사표의 비율이 50 % 이상이 될 수 없다.

<상 황>

甲국이 최근에 실시한 선거에 A, B, C 3명이 후보로 출마했다. 유권자는 총 100명이었으며, 모든 유권자는 각 단계의 투표마다 후보자들 중 가장 선호하는 사람에게 투표했다. 무효표 및 기권표는 없었다.

선호도	유권자 수	선호도	유권자 수
A > B > C	10명	A > C > B	31명
B > A > C	6명	B > C > A	27명
C > A > B	10명	C > B > A	16명

<보 기>

ㄱ. A와 B가 결선투표의 후보였다.
ㄴ. 결선투표에서 48표의 사표가 발생했다.
ㄷ. 결선투표에서 A에게 투표한 유권자 중 10명은 1차 투표에서 C에게 투표했다.

① ㄴ
② ㄷ
③ ㄱ, ㄴ
④ ㄱ, ㄷ
⑤ ㄴ, ㄷ

6. 다음 글을 근거로 판단할 때, <보기>에서 옳은 것만을 모두 고르면?

N자리 수란 해당 수를 구성하는 숫자의 개수가 N개인 자연수를 말한다. 예를 들어 19274는 5자리(다섯 자리) 수이다. 이때 '1'을 첫 번째 자리 수, '9'를 두 번째 자리 수, …, '4'를 마지막 자리 수라고 하며, 온전한 자연수가 되어야 하므로 첫 번째 자리 수가 '0'이어서는 안 된다.

甲은 N자리 수의 정의와 아래의 규칙을 모두 만족시키는 N자리 수 $(N \leq 10)$를 만들려고 한다.

○ N자리 수를 만드는 규칙
첫 번째 자리 수 = 해당 N자리 수에 있는 0의 개수
두 번째 자리 수 = 해당 N자리 수에 있는 1의 개수
세 번째 자리 수 = 해당 N자리 수에 있는 2의 개수
⋮
마지막 자리 수 = 해당 N자리 수에 있는 (N-1)의 개수

<예시> 4자리 수(네 자리 수) = 1,210
- 첫 번째 자리 수: 0의 개수가 1개이므로 '1'
- 두 번째 자리 수: 1의 개수가 2개이므로 '2'
- 세 번째 자리 수: 2의 개수가 1개이므로 '1'
- 네 번째 자리 수: 3의 개수가 0개이므로 '0'

<보 기>

ㄱ. 甲은 한 자리 수를 만들 수 없다.
ㄴ. 甲이 만들 수 있는 가장 큰 수는 6,210,100,000이다.
ㄷ. 甲이 만들 수 있는 N자리 수의 각 자리 숫자들을 모두 더한 값은 N이다.

① ㄱ
② ㄴ
③ ㄱ, ㄴ
④ ㄱ, ㄷ
⑤ ㄴ, ㄷ

7. 다음 글을 근거로 판단할 때, <보기>에서 옳은 것만을 모두 고르면?

○ 甲, 乙, 丙, 丁은 무인도에 표류하게 되었다.

○ 현재 무인도에는 침대, 창, 낚싯대, 도끼 4가지 물품이 하나씩 있다. 네 사람이 각 물품에 대해 느끼는 효용은 다음과 같다.

사람＼물품	침대	창	낚싯대	도끼
甲	100	90	100	90
乙	90	90	90	80
丙	80	90	90	80
丁	80	90	80	90

○ 甲 ~ 丁은 무인도에 있는 물품을 1인당 1개씩 분배하되, 효용의 합이 가장 크게 되도록 분배하기로 했다.

<보 기>

ㄱ. 물품을 분배하는 방법에는 4가지가 있다.
ㄴ. 乙은 침대 또는 창을 분배받는다.
ㄷ. 丙은 창 또는 낚싯대를 분배받는다.
ㄹ. 도끼는 丁이 분배받는다.

① ㄱ, ㄴ
② ㄱ, ㄹ
③ ㄴ, ㄷ
④ ㄴ, ㄹ
⑤ ㄷ, ㄹ

8. 다음 글과 <평가결과>를 근거로 판단할 때, A ~ D를 총점 순서대로 바르게 나열한 것은?

수상구조사 자격 획득을 위한 실기시험의 평가항목 및 채점기준은 다음과 같다.

평가항목	세부항목	채점기준
영법	자유형(25 m)	영법 순서대로 연속하여 실시한 결과, 총 100m 완주 시간이 1분 30초 이내: 15점 1분 35초 이내: 12점 1분 40초 이내: 9점 1분 45초 이내: 6점 1분 45초 초과: 0점
	평영(25 m)	
	트러젠(25 m)	
	잠영(25 m)	
종합구조	입영	수면 위로 손목을 내놓은 상태로 물에 떠있는 시간이 5분 이상: 15점 4분 50초 이상: 12점 4분 40초 이상: 9점 4분 30초 이상: 6점 4분 30초 미만: 0점
	익수자 운반	운반거리가 25 m 이상: 15점 23 m 이상: 12점 21 m 이상: 9점 19 m 이상: 6점 19 m 미만: 0점

<평가결과>

응시자		A	B	C	D
영법별 소요시간(초)	자유형	24	27	25	24
	평영	34	31	30	36
	트러젠	28	27	27	29
	잠영	10	7	8	11
입영 시간(초)		291	255	270	273
익수자 운반거리(m)		22.9	19.0	21.7	24.3

① A > C > B > D
② A > D > C > B
③ A = C > D > B
④ C > D > A > B
⑤ D > A = C > B

[9 ~ 10] 다음 글을 읽고 물음에 답하시오.

유전자재조합(변형)은 한 종(種)으로부터 유전자를 얻은 후에 이것을 다른 종에 넣어 새로운 유전자를 가진 종을 만드는 기술이다. 유전자재조합은 1953년 DNA 구조가 밝혀지고 1970년부터 DNA를 자를 수 있게 되면서 더욱 발전하고 있다. 그리고 특정 유전자만을 이용한 품종 개량이 더욱 정확하고 용이하게 이루어지고 있다. 일반적으로 유전자재조합기술에 의해 형질이 전환된 생물체를 유전자재조합생물체(GMO)라고 말한다. 우리나라에서는 유전자재조합기술을 이용하여 만든 농산물에 대해 '유전자재조합농산물'로 표현하고 있다.

유전자재조합농산물(GM 농산물)은 유전자재조합기술을 응용하여 형질 전환된 농산물이며 제초제 저항성, 병·해충 저항성, 저장성 등의 향상 또는 특정 영양성분 함유 등의 특성을 지닌 농산물이다. 2018년 6월을 기준으로 우리나라에서 유전자재조합농산물로 승인된 품목은 총 165개이며, 그 종류로는 콩 28개, 옥수수 84개, 면화 29개, 카놀라 14개, 알팔파 5개, 사탕무 1개가 있고 나머지는 모두 감자이다.

'Non-GM 식품'이란 식품의 원료로 유전자재조합농산물이 혼입되지 않은 식품을 의미한다. 유럽연합(EU)과 일본의 경우 GMO의 혼입률을 각각 0.9 % 이하와 5 % 이하로 제한하여 식품을 제조·유통하면 'Non-GM 식품'으로 표기한다. 혼입률이 기준을 초과하면 'GM 식품'으로 표기해야 한다. 우리나라의 경우 GMO의 혼입률을 3 % 이하로 제한하여 식품을 제조·유통하면 'GM 식품' 표기는 하지 않아도 되지만 'Non-GM 식품'으로 표기할 수도 없다. 우리나라에서 'Non-GM 식품' 표기는 GMO의 혼입률이 0 %인 경우에만 허용되며, 혼입률이 기준을 초과하면 'GM 식품'으로 표기해야 한다.

아직까지는 GM 농산물에 대한 찬반(贊反) 논쟁이 맞서고 있다. 찬성론자들은 과실 및 채소의 숙성 지연으로 신선도가 유지되고, 일부 식품의 영양적 가치가 높아지며, 병충해와 환경에 강한 식물을 개발함으로써 대량 생산이 가능해지는 등 장점이 많다고 주장한다. 또한 GM 농산물의 위해성이 과학적인 검증으로 입증된 경우가 없다고 주장한다. 한편 반대론자들은 GM 농산물이 알레르기를 유발하고 검증되지 않은 위해성과 환경 파괴 및 돌연변이의 위험을 안고 있는 것으로 의심되기 때문에, 인체나 환경에 미치는 영향을 장기적으로 입증하는 것이 우선이라고 주장하고 있다.

9. 윗글을 근거로 판단할 때, <보기>에서 옳은 것만을 모두 고르면?

<보 기>

ㄱ. 농산물에 대한 유전자재조합은 1970년에 처음 시도되었다.
ㄴ. 2018년 6월을 기준으로 우리나라에서 유전자재조합농산물로 승인된 품목 중 감자의 종류는 4개이다.
ㄷ. 우리나라는 유럽연합에 비하여 더 엄격한 'Non-GM 식품' 표시 기준을 가지고 있다.
ㄹ. GM 농산물에 대한 반대론자들은 GM 농산물에 의한 환경 파괴 및 돌연변이의 위험이 과학적으로 검증된 바 있다고 주장한다.

① ㄱ, ㄷ
② ㄱ, ㄹ
③ ㄴ, ㄷ
④ ㄱ, ㄴ, ㄹ
⑤ ㄴ, ㄷ, ㄹ

10. 윗글을 근거로 판단할 때, 다음 식품에 대한 각 지역별 표기로 옳은 것은?

식품	주요 원재료	GM 농산물 비율
카놀라유	카놀라	카놀라 4 %
올리고당	콩	콩 0.8 %
옥수수 스프	옥수수	0 %

※ 원재료는 각 지역에서 모두 GM 농산물로 승인되었으며, 표기되지 않은 재료에는 GM 농산물이 포함되지 않은 것으로 가정한다.

	식품	우리나라	유럽연합	일본
①	카놀라유	GM 식품	Non-GM 식품	GM 식품
②	카놀라유	GM 식품	GM 식품	표시 없음
③	옥수수 스프	Non-GM 식품	표시 없음	표시 없음
④	올리고당	Non-GM 식품	GM 식품	Non-GM 식품
⑤	올리고당	표시 없음	Non-GM 식품	Non-GM 식품

11. 다음 글을 근거로 판단할 때, <보기>에서 옳은 것만을 모두 고르면? (단, 현재 날짜는 2025. 1. 1.로 한다)

> 제00조 ① 특별시·광역시·특별자치시·도·특별자치도(이하 "시·도"라 한다)에 지방건축위원회를 둔다.
> ② 제1항에 따른 지방건축위원회는 위원장 및 부위원장 각 1명을 포함하여 25명 이상 150명 이하의 위원으로 구성한다.
> 제00조 ① 시·도지사는 건축자산 진흥에 필요한 자료를 효율적으로 활용할 수 있도록 건축자산 정보체계를 구축·운영하여야 한다.
> ② 국토교통부장관은 건축자산 정보체계의 구축 및 관리 사업에 필요한 비용의 일부를 지원할 수 있다.
> 제00조 ① 시·도지사는 건축자산의 체계적인 조성과 관리를 위하여 소유자의 신청을 받아 해당 건축자산을 우수건축자산으로 등록할 수 있다. 이 경우 해당 건축자산이 건설·제작·형성된 후 50년이 지난 경우에는 그 등록에 대하여 문화재청장의 의견을 들어야 한다.
> ② 제1항에 따른 신청을 받은 시·도지사는 지방건축위원회의 심의를 거쳐 등록 여부를 결정하고, 그 결과를 해당 신청자에게 통지하여야 한다. 이 경우 지방건축위원회의 심의에 참석하는 위원 수의 4분의 1 이상은 한옥 등 문화재 분야의 전문가로 구성되어야 한다.
> 제00조 시·도지사는 우수건축자산으로 등록한 후 20년이 지나고, 건설·제작·형성된 후 50년이 지난 우수건축자산에 대하여 문화재청장에게 문화재 등록을 신청할 수 있다.

<보 기>

ㄱ. 1953년에 건설되고 2004년에 우수건축자산으로 등록된 건축자산은 문화재 등록 신청의 대상이 될 수 있다.
ㄴ. 1973. 10. 1.에 건설된 건축자산을 우수건축자산으로 등록하려면, 해당 건축자산의 소유자는 문화재청장에게 그 등록을 신청하여야 한다.
ㄷ. 지방건축위원회의 심의에 참석한 25명 중 7명이 한옥 등 문화재 분야의 전문가라면, 소유자가 우수건축자산 등록을 신청한 건축자산에 대하여 심의할 수 있다.
ㄹ. 문화재청장은 건축자산 정보체계 구축 사업에 필요한 비용의 일부를 지원하여야 한다.

① ㄱ, ㄷ
② ㄱ, ㄹ
③ ㄴ, ㄷ
④ ㄱ, ㄴ, ㄹ
⑤ ㄴ, ㄷ, ㄹ

12. 다음 글과 <상황>을 근거로 판단할 때, 복지국 임시회의 총 진행 시간은?

> <20△△년 A시 제1회 복지국 임시회 개최 계획>
>
> □ 참석자 명단
> ○ 국회의원 4명 및 공무원
>
> □ 주요 안건
> ○ 20△△년 업무 관련 의원 질문 및 답변
>
> □ 진행방법
> ○ 안건에 대하여 국장 업무보고(5분) → 안건에 관심이 있는 국회의원 질문(2분) → 답변(2분) → 질문(2분) → 답변(2분) → …(안건에 관심이 있는 국회의원의 질문 및 답변 종료 시까지 계속) → 다음 안건(동일한 방식으로 진행)
> ※ 국회의원의 질문은 안건 1건당 1회씩만 진행.
>
> ○ 휴식
> (1) 각 안건 종료 후 1분 휴식
> ※ 마지막 안건 종료 시 휴식 없이 회의 종료.
> (2) 회의진행 30분(휴식시간 제외)마다 2분 휴식
> ※ 단, 업무보고 시간과 겹치면 휴식을 먼저 취한 후에 업무보고를 하고, 질문·답변이 진행 중이면 답변까지 종료된 후 휴식을 취함.
> (3) 휴식 (1)과 (2)가 중복되는 경우에는 2분 휴식

<상 황>

복지국의 안건과 그에 대한 국회의원의 관심 여부는 다음과 같으며, 안건은 A-B-C-D 순으로 상정한다.

안건 \ 의원	甲	乙	丙	丁
A	○	×	○	×
B	○	○	○	×
C	×	○	○	○
D	○	○	○	○

① 68분
② 71분
③ 73분
④ 74분
⑤ 76분

13. 다음 글을 근거로 판단할 때, <상황>에서 일주일 동안 게양한 횟수가 가장 많은 깃발부터 순서대로 바르게 나열한 것은?

1970년대 당시 염전에는 염전의 중앙에 염부들의 대장인 염부장의 사택이 있었다. 이는 경험이 많고 염전의 상황을 잘 파악하고 있는 염부장이 효율적으로 염전 작업을 통제하기 위함이었다. 염부장은 상황에 따라 사택에 4종류의 깃발을 게양하여 염부들에게 여러 가지 작업 명령을 하달하였다. 깃발의 종류와 의미는 다음과 같다.

종류	모양	색깔	의미
가	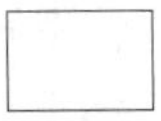	흰색	작업 시작
나		빨간색 + 흰색	소금을 앉혀라
다		검정색	소금을 거둬라
라	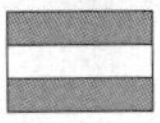	빨간색 + 흰색 + 빨간색	휴식

※ 작업 시작을 알리는 흰 깃발은 매일 첫 작업을 시작할 때에 게양하고, 그날의 작업을 모두 종료할 때에 거둔다. 그 외의 깃발은 상황이 발생하면 게양하고 상황이 종료되면 거둔다.

<상 황>

1978년 서산시의 한 염전은 매주 월요일부터 토요일까지 작업을 했다. 다음은 염부장이 작성한 일주일 동안의 일지이다. 해당 염전의 휴식시간은 오후 3시부터 30분간이다. 염부장은 휴식을 제외한 모든 일과를 일지에 기록했으며, 작업의 종료는 모든 깃발을 거두는 것으로 알렸다.

요일	상황 기록
월요일	오전 9시: 작업 시작 오후 1시: 비 옴, 소금 거둠 오후 2시: 비 그침, 소금 앉힘 오후 6시: 작업 종료
화요일	오전 9시: 작업 시작 오후 2시: 비 옴, 소금 거둠 오후 3시: 작업 종료
수요일	오전 9시: 작업 시작, 소금 앉힘 오후 4시: 비 옴, 소금 거둠 오후 5시: 작업 종료
목요일	오전 9시: 작업 시작, 소금 앉힘 오후 1시: 비 옴, 소금 거둠 오후 2시: 작업 종료
금요일	오전 9시: 작업 시작 오전 10시: 비 옴, 작업 종료
토요일	비 옴 (작업 안 함)

① 가 > 나 > 다 > 라
② 가 > 다 > 나 > 라
③ 가 > 다 > 나 = 라
④ 다 > 가 > 나 > 라
⑤ 다 > 가 = 나 > 라

14. 다음 글을 근거로 판단할 때 옳은 것은?

동호회 회원 20명은 회장을 선출하기 위하여 후보 甲, 乙, 丙을 각자 선호하는 순서대로(1 ~ 3순위) 적어 내는 투표를 실시하였다.

<규칙>
○ 투표에서 1순위를 가장 많이 얻은 후보가 회장이 된다.

<개표결과>
○ 무효표나 기권표는 없었다.
○ 甲보다 乙을 선호하는 회원이 11명이었다.
○ 乙보다 丙을 선호하는 회원이 14명이었다.
○ 丙보다 甲을 선호하는 회원이 12명이었다.
○ 甲을 3순위로 적은 회원은 7명이었다.
○ 丙을 3순위로 적은 회원은 5명이었다.

① 甲이 1순위 8표를 득표하여 회장으로 선출되었다.
② 丙이 1순위 7표를 득표하여 회장으로 선출되었다.
③ 甲을 2순위로 적은 회원은 8명이다.
④ 乙을 2순위로 적은 회원은 5명이다.
⑤ 丙을 2순위로 적은 회원은 7명이다.

15. 다음 글과 <상황>을 근거로 판단할 때, 국민임대주택단지 A와 B에 설치해야 하는 주차장의 최소 주차대수의 합은?

○ 국민임대주택단지에는 다음 기준 이상의 주차장을 설치하여야 한다. 단, 국민임대주택단지 내 주택의 전용면적이 여러 가지인 경우, 전용면적 구분별로 최소 주차대수를 계산한 후, 이를 합산한 주차대수를 기준으로 한다.

(단위: 대/세대)

지역 \ 전용면적	40 m² 미만	40 m² 이상 50 m² 미만	50 m² 이상 60 m² 미만
서울특별시	0.80	0.90	1.00
광역시 및 수도권 내 시	0.75	0.85	0.95
시 및 수도권 내 군	0.70	0.80	0.90
기타지역	0.70	0.75	0.85

※ 수도권이란 서울특별시와 인천광역시를 제외한 경기도 지역을 말한다.

○ 주차장의 주차대수를 계산할 때 소수점 이하의 수는 이를 1대로 본다.

<상 황>

경기도 성남시의 A국민임대주택단지는 전용면적 40 m²의 주택 30세대와 전용면적 54 m²의 주택 50세대로 구성되어 있고, 충청남도 천안시의 B국민임대주택단지는 전용면적 37 m²의 주택 40세대로 구성되어 있다.

① 98대
② 99대
③ 100대
④ 101대
⑤ 102대

16. 다음 글과 <상황>을 근거로 판단할 때, <보기>에서 옳은 것만을 모두 고르면?

甲과 乙은 1부터 9까지의 서로 다른 자연수가 적힌 카드 9장을 섞어 숫자가 보이지 않게 뒤집어 놓는다.

그 후 甲부터 번갈아가며 임의로 카드를 한 장씩 가져와 상대방이 볼 수 없게 카드에 적힌 숫자를 확인한다. 해당 차례에 가져온 카드에 적힌 숫자가 5 이하인 경우 다른 사람의 차례가 된다. 그러나 숫자가 6 이상인 경우 카드 한 장을 더 가져오며, 이때 가져온 카드에 적힌 숫자도 6 이상인 경우 카드 한 장을 더 가져온 후 다른 사람에게 차례를 넘긴다. 이와 같은 방법으로 9장의 카드를 모두 나누어 갖는다.

甲과 乙은 각각 자신이 가져온 카드의 숫자 중 가장 큰 숫자와 가장 작은 숫자의 곱을 점수로 획득하고, 더 높은 점수를 획득한 사람이 승자가 된다.

<보 기>

ㄱ. 甲은 최대 7장의 카드를 가져갈 수 있다.
ㄴ. 甲이 자신의 첫 번째 차례에서 2장의 카드를 가져갔다면, 乙은 최대 5장의 카드를 가져갈 수 있다.
ㄷ. 7장의 카드를 가져간 甲이 한 자리 수의 점수를 획득했다면, 乙이 승자가 될 확률은 50 %이다.

① ㄱ
② ㄷ
③ ㄱ, ㄴ
④ ㄴ, ㄷ
⑤ ㄱ, ㄴ, ㄷ

17. 다음 글을 근거로 판단할 때, <상황>의 ㉠으로 가능한 낱말은?

甲과 乙은 메시지를 주고받기 전에 상대가 甲 또는 乙 본인이 맞는지를 확인하기 위해 다음과 같은 규칙에 따라 암호를 주고받기로 하였다.

○ 메시지를 먼저 보내는 사람은 3음절 또는 4음절의 낱말을 암호로 전송한다.
○ 메시지를 받은 사람은 전달받은 낱말과 동일한 총 획수의 2음절 낱말을 적어 답장한다.
○ 메시지를 먼저 보낸 사람은 자신이 보낸 낱말의 총 획수와 상대방이 보낸 낱말의 총 획수가 일치하는지 확인한 후, 일치하는 경우에 한하여 대화를 시작한다.

甲과 乙은 다음과 같이 획수를 세는 것으로 약속하였다.

○ 자음의 획수

ㄱ	1획	ㄲ	2획	ㄴ	1획	ㄷ	2획	ㄸ	4획
ㄹ	3획	ㅁ	3획	ㅂ	4획	ㅃ	8획	ㅅ	2획
ㅆ	4획	ㅇ	1획	ㅈ	2획	ㅉ	4획	ㅊ	3획
ㅋ	2획	ㅌ	3획	ㅍ	4획	ㅎ	3획		

○ 모음의 획수

ㅏ	2획	ㅐ	3획	ㅑ	3획	ㅒ	4획	ㅓ	2획
ㅔ	3획	ㅕ	3획	ㅖ	4획	ㅗ	2획	ㅘ	4획
ㅙ	5획	ㅚ	3획	ㅛ	3획	ㅜ	2획	ㅝ	4획
ㅞ	5획	ㅟ	3획	ㅠ	3획	ㅡ	1획	ㅢ	2획
ㅣ	1획								

<상 황>

甲이 먼저 (㉠)을(를) 암호로 전송했는데, 乙이 '깻잎'이라고 답장하여 甲은 乙과의 대화를 시작했다.

① 망아지
② 장아찌
③ 선풍기
④ 가시나무
⑤ 허수아비

18. 다음 글을 근거로 판단할 때 반드시 옳은 것은?

같은 회사에 근무하는 갑수, 을준, 병희, 정선은 오전에 회사 문을 여는 추가업무와 저녁에 회사 문을 닫는 추가업무를 수행하는데, 정해진 순서 없이 가장 먼저 출근한 사람이 문을 열고 가장 늦게 퇴근하는 사람이 문을 닫는다. 그리고 해당 업무를 수행할 때마다 수당 1만 원이 지급되는데, 지난 1주일(월 ~ 금) 동안의 업무내역을 기록한 일지가 없어져 네 사람의 기억을 통해 업무내역을 확인하고 수당을 지급하게 되었다.

다음은 네 사람이 기억을 되살리며 나눈 대화이며, 대화의 내용에 거짓이나 오류는 없다.

갑수: 월요일에는 내가 문을 열었어. 목요일에는 을준이와 정선이가 나보다 먼저 출근하고 병희는 나보다 늦게 출근했어.
을준: 나는 수요일까지 휴가였기 때문에 회사에 나오지 않았어. 그리고 목요일과 금요일에 추가업무를 했어.
병희: 나는 지방 출장 때문에 화요일 하루는 회사에 나오지 않았어. 그리고 없어지기 전에 일지를 잠깐 봤는데, 모두가 두 가지 추가업무를 최소 한 번씩은 했고, 같은 날 문 여는 업무와 문 닫는 업무를 모두 한 사람은 없었어. 문 닫는 업무를 이틀 연속해서 한 사람도 없었어.
정선: 나는 금요일을 제외하고 가장 먼저 출근한 날이 없어. 그리고 수요일에는 가장 먼저 퇴근했어.

① 갑수는 수당 2만 원을 지급받는다.
② 병희는 수요일에 가장 먼저 출근했다.
③ 정선은 수당 3만 원을 지급받는다.
④ 을준과 병희가 지급받는 수당은 동일하다.
⑤ 목요일에 가장 늦게 퇴근한 사람은 갑수이다.

19. 다음 글을 근거로 판단할 때, 인공지능 zetCPT를 파괴시키기 위해 甲박사가 입력해야 하는 암호는?

> 2050년, 인류의 편의를 위해 개발된 인공지능 zetCPT의 지능이 인류의 지능을 앞서가게 되었다. zetCPT가 인류를 멸망시킬 수도 있다고 생각한 甲박사는 zetCPT를 파괴하려고 한다.
>
> zetCPT에는 특정 암호를 입력하면 스스로를 파괴하는 프로그램이 내장되어 있으며, zetCPT의 언어인식 과정은 다음과 같다.
>
> ○ zetCPT는 인류의 공통 언어인 영어를 이진수로 변환하여 인식한다.
>
> ○ zetCPT는 영어 알파벳(a, b, c, d, …, z) 26자를 순서대로 각각 십진수 1, 2, 3, 4, …, 26으로 변환한 뒤 이를 다시 이진수의 형태로 바꿔 인식한다.
> 예를 들어, 'ace'라는 영어 단어를 입력하면 이를 십진수 '1 · 3 · 5'로 변환한 뒤 '1 · 11 · 101(1×2^0, $1\times2^1+1\times2^0$, $1\times2^2+0\times2^1+1\times2^0$)'의 형태로 바꿔 인식한다.
>
> ○ zetCPT의 자기파괴 프로그램을 작동시키는 암호는 영어 단어 'demon'이다. 하지만 zetCPT가 자신을 보호하기 위해 영어 단어 입력을 차단하고 있기 때문에 甲박사는 직접 이진수 형태의 암호를 입력하여야 한다.

① 101 · 110 · 1101 · 1111 · 1101
② 101 · 100 · 1101 · 111 · 1111
③ 100 · 101 · 1101 · 111 · 1110
④ 100 · 101 · 1101 · 1111 · 1110
⑤ 100 · 101 · 1000 · 1110 · 1111

20. 다음 글을 근거로 판단할 때, A국의 과세대상자인 甲과 乙이 A국 과세관청에 납부해야 하는 소득세액의 합계는?

> ○ A국 과세관청은 과세대상자를 '거주자'와 '비거주자'로 분류한다. '거주자'는 국내에 주소를 두었거나 과세기간(1년) 동안 A국에 8개월 이상 체류한 자를 의미한다. '비거주자'는 '거주자'가 아닌 과세대상자 중 A국에서 소득이 발생한 자를 의미한다.
>
> ○ A국 과세관청은 '거주자'의 국내 또는 국외에서 발생한 모든 소득금액의 25 %를 소득세로 징수한다. '비거주자'의 경우 A국에서 발생한 소득금액의 30 %를 징수한다.
>
> ○ '거주자'가 외국 과세관청에 소득세를 이미 납부한 경우, 외국에 납부한 소득세액이 A국 세율을 적용하여 징수할 소득세액보다 적으면 그 차액만큼을 징수하며, 외국에 납부한 소득세액이 징수할 소득세액보다 크거나 같은 경우에는 과세하지 않는다. '비거주자'의 경우 외국에 소득세를 납부하였는지는 고려하지 않는다.
>
> ○ 상기 사항 외에 별도의 공제나 가중·감면은 없다.
>
> ○ A국에서는 원화를 사용한다. 국외에서 발생한 소득과 소득세액에 대해서는 달러를 원화로 환산하여 계산하며, 적용되는 원/달러 환율은 1,400원/달러이다.

〈상 황〉

> ○ 甲은 A국에 주소를 보유하고 있지 않으며, 과세기간 중 3개월은 C국, 나머지 기간은 A국에서 체류하며 무역업을 하였다. 사업을 통해 30만 달러의 소득이 발생하였으며 C국 과세관청에 7만 1천 달러의 소득세를 납부하였다.
>
> ○ 乙은 A국에 주소를 보유하고 있지 않으며, 과세기간 중 절반은 D국, 나머지 기간은 A국에서 체류하며 교육사업을 하였다. 사업을 통해 모두 20만 달러의 소득이 발생하였으며, 그 중 25 %는 A국에서, 나머지 75 %는 D국에서 얻은 소득이다. D국 과세관청에는 4만 달러의 소득세를 납부하였다.

① 22,800,000원
② 24,700,000원
③ 26,600,000원
④ 27,500,000원
⑤ 28,500,000원

21. 다음 글을 근거로 판단할 때, <보기>의 ㉠과 ㉡의 차이는?

○ 甲은 A지점에서 B지점으로 1 kg의 종이상자 10개를 지게에 실어 지고 옮기려 한다.
○ 종이상자는 1개씩 지게에 올리고 내릴 수 있으며, 올릴 때와 내릴 때마다 각각 2의 노력이 필요하다.
○ 甲이 종이상자가 실린 지게를 지는 데에는 지게에 실린 종이상자 무게의 제곱에 해당하는 노력이 필요하다. 예를 들어, 5개의 종이상자를 실은 지게를 지는 경우 25의 노력이 필요하다.
○ 종이상자가 실린 지게를 지고 1회 이동하는 데에는 무게와 상관없이 4의 노력이 필요하며, 빈 지게를 지고 1회 이동하는 데에는 1의 노력이 필요하다.
○ 甲이 들이는 총 노력은 A지점에서 첫 종이상자를 지게에 실을 때부터 B지점에서 마지막 종이상자를 내릴 때까지 들이는 모든 노력의 합이다.

<보 기>

○ 甲이 종이상자를 2개씩 옮긴다면, 모든 종이상자를 옮기는 데에 들이는 총 노력은 (㉠)이다.
○ 甲이 종이상자를 4개, 3개, 3개로 나누어 옮긴다면, 모든 종이상자를 옮기는 데에 들이는 총 노력은 (㉡)이다.

① 4
② 5
③ 6
④ 7
⑤ 8

22. 다음 글을 근거로 판단할 때, 스웨터 1벌의 가격은?

○ 다음은 11월에 균일가 의류판매점 甲이 6명의 손님(A ~ F)에게 의류를 판매한 내역이다. 의류판매점 甲은 의류를 종류별 단일 가격으로 판매하여, 의류의 종류가 같으면 가격도 동일하다.

손님	판매 의류(수량)	날짜	장바구니	판매가(원)
A	바지(1), 코트(1)	12(월)	지참	261,000
B	바지(1), 티셔츠(2)	26(월)	미지참	76,000
C	티셔츠(2), 스웨터(2)	21(수)	미지참	150,000
D	코트(1), 티셔츠(2), 스웨터(1)	13(화)	지참	262,400
E	바지(1), 티셔츠(3)	22(목)	미지참	71,200
F	코트(1), 티셔츠(2)	16(금)	미지참	266,000

※ 판매가 = 정가 총액 × 할인율

○ 11월에는 다음과 같은 할인행사가 시행되었다.
1. 화요일과 목요일에는 정가 총액의 20 %를 할인.
2. 장바구니를 지참하면 정가 총액의 10 %를 할인.
※ 복수의 할인 규정에 해당되면 더 높은 할인율 하나만 적용.

① 13,000원
② 37,000원
③ 50,000원
④ 56,000원
⑤ 62,000원

23. 다음 글을 근거로 판단할 때, <보기>에서 옳은 것만을 모두 고르면?

생일이 같은 날인 甲, 乙, 丙, 丁, 戊는 한 자리에 모여 함께 생일을 축하하기로 했다. 생일파티에는 甲 ~ 戊 각각을 위한 케이크가 한 개씩 준비되어 있고, 각 케이크에는 甲 ~ 戊의 나이에 맞게 초가 꽂혀있다. 초는 1개당 10세를 나타내는 긴 초와 1개당 1세를 나타내는 짧은 초 두 가지가 있다. 예를 들어 나이가 10세인 경우, 긴 초 한 개 또는 짧은 초 10개를 케이크에 꽂는다.

甲 ~ 戊는 다른 사람의 정확한 나이 및 서로의 케이크에 꽂힌 초의 개수를 알지 못한다. 다만, 甲 ~ 戊 모두 10세 이상 50세 미만이며 서로 나이가 모두 다르다는 사실은 알고 있다. 甲 ~ 戊는 자신의 케이크에 꽂힌 초에 대하여 다음과 같이 이야기했으며, 이 내용들에 거짓은 없다.

甲: 내 케이크에는 총 11개의 초가 꽂혀 있어.
乙: 내 케이크에는 총 5개의 초가 꽂혀 있고, 그 중 짧은 초의 개수는 2개 이하야.
丙: 내 케이크에는 서로 다른 종류의 초가 1개씩만 꽂혀 있어.
丁: 내 케이크에는 총 10개의 초가 꽂혀 있고, 그 중 긴 초의 개수는 2개 이하야.
戊: 내 케이크에는 초가 종류별로 각각 2개와 3개가 꽂혀 있어.

<보 기>

ㄱ. 乙은 丁보다 나이가 많다.
ㄴ. 다섯 사람의 나이를 적은 것부터 순서대로 나열했을 때 丙 < 戊 < 丁 < 乙 < 甲이라면, 다섯 사람의 나이를 모두 정확히 알아낼 수 있다.
ㄷ. 戊가 丁보다 나이가 많고 甲이 乙보다 나이가 많다면 다섯 사람 중 30대인 사람은 한 명뿐이다.
ㄹ. 두 사람의 나이 차이가 5세인 경우가 있다면, 10대인 사람은 한 명뿐이다.

① ㄱ, ㄹ
② ㄴ, ㄷ
③ ㄴ, ㄹ
④ ㄱ, ㄴ, ㄷ
⑤ ㄱ, ㄷ, ㄹ

24. 다음 글을 근거로 판단할 때, <보기>에서 옳은 것만을 모두 고르면?

원형 버튼 주위에 1 ~ 6의 숫자가 균등한 간격으로 하나씩 표시되어 있고, 버튼에는 작은 화살표가 그려져 있다.

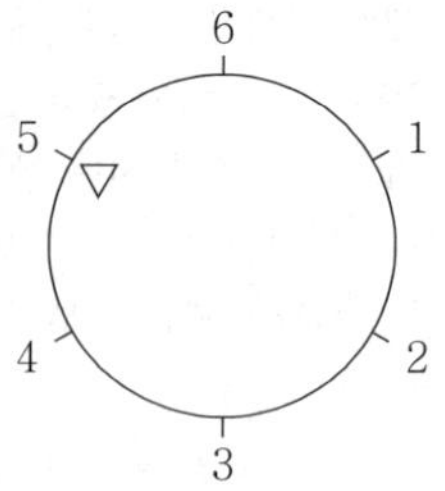

버튼의 화살표가 1을 가리키는 경우에는 버튼에 파란불이 들어오고, 2·3·5를 가리키는 경우에는 버튼에 초록불이, 4를 가리키는 경우에는 버튼에 빨간불이 들어온다. 그리고 버튼의 화살표가 6을 가리키는 경우에는 불이 꺼진다.

<상 황>

甲과 乙은 가위바위보를 하여, '가위'로 이길 경우 120°, '바위'로 이길 경우 60°, '보'로 이길 경우 300°씩 버튼을 회전시킨다. 단, 甲은 버튼을 반시계방향으로, 乙은 버튼을 시계방향으로 회전시킨다. 비기는 경우에는 버튼을 시계방향으로 180° 회전시킨다.

甲과 乙이 가위바위보를 시작하기 전 버튼의 화살표는 5를 가리키고 있었다.

○ 甲과 乙의 가위바위보 결과

	1회차	2회차	3회차	4회차
甲	바위	보	보	㉡
乙	가위	㉠	가위	바위

<보 기>

ㄱ. 2회차 가위바위보가 끝나고 버튼을 회전시킨 후 버튼에 초록불이 들어왔다면 ㉠은 '바위'일 것이다.
ㄴ. 3회차 가위바위보가 끝나고 버튼을 회전시켰을 때, 버튼에 빨간불이 들어오는 경우는 없다.
ㄷ. 4회차 가위바위보가 끝나고 버튼을 회전시킨 후 버튼에 빨간불이 들어와 있을 확률은 약 66 %이다.

① ㄱ
② ㄷ
③ ㄱ, ㄴ
④ ㄱ, ㄷ
⑤ ㄴ, ㄷ

25. 다음 글을 근거로 판단할 때, 수험생과 그 수험생이 선발된 학과가 잘못 연결된 것은?

○ A ~ H는 한국대학교의 1차 전형에 합격하여 2차 전형을 치르고 있는 수험생이다. 이들은 모두 자신이 지망하는 학과를 1개씩 적어서 원서를 제출했다.
○ 인문계 수험생은 인문계에만, 자연계 수험생은 자연계에만 지원할 수 있다. 단, 자유전공학부는 인문계와 자연계 수험생 모두 지원할 수 있다.
○ 동일한 학과에 지원한 수험생의 수가 선발 인원을 초과하는 경우에는 국어, 영어, 수학 세 과목의 총점이 높은 순으로 합격 여부를 결정한다.
○ 자유전공학부에 자연계 수험생이 지원하면 수학 점수에 만점의 10 %를 가산하며, 인문계 수험생에게는 가산점이 없다.
○ 지망하는 학과에 선발되지 못한 수험생은 자신의 계열에서 선발 인원을 모두 채우지 못한 학과에 배정된다.
○ 국어, 영어, 수학 모두 100점 만점이다.
○ 계열별 학과 및 선발 인원은 다음과 같다.

계열	학과	선발 인원
인문계	상경학부	1명
	사회과학부	3명
	교육학부	1명
자연계	자연과학부	3명
	공학부	1명
공통	자유전공학부	1명

○ A ~ H의 지원 학과 및 성적은 다음과 같다.

이름	계열	지원학과	국어	영어	수학
A	인문	교육학부	98	95	92
B	자연	공학부	92	90	79
C	자연	자유전공학부	87	96	88
D	인문	상경학부	77	83	86
E	자연	공학부	88	85	90
F	인문	상경학부	100	100	100
G	인문	자유전공학부	93	93	93
H	자연	자연과학부	100	90	94

① A: 교육학부
② B: 자연과학부
③ D: 사회과학부
④ G: 자유전공학부
⑤ H: 자연과학부

MEMO

제 4 회

7급 PSAT 하주응 상황판단
실전 모의고사

상황판단영역

1. 다음 글을 근거로 판단할 때 옳은 것은?

제△△조 ① 객석 수가 500석 이상인 공연장의 운영자 및 공연장 외의 장소에서 1천 명 이상의 관람이 예상되는 공연을 하려는 자(이하 "공연장운영자등"이라 한다)는 공연장 및 공연의 안전관리에 필요한 비용(이하 "안전관리비"라 한다)을 다음 각 호의 기준에 따라 공연장운영비용 또는 공연비용에 계상하여야 한다.
 1. 객석 수가 500석 이상인 공연장의 운영자 : 공연장운영비용의 1퍼센트 이상
 2. 공연장 외의 장소에서 1천 명 이상의 관람이 예상되는 공연을 하려는 자 : 공연비용의 1.15퍼센트 이상
② 공연장운영자등은 제1항에 따라 계상된 안전관리비를 다음 각 호의 용도로만 사용하여야 한다.
 1. 안전관리 인력의 인건비 및 수당
 2. 안전관리를 위한 설비의 설치·유지 및 보수
 3. 공연자 및 안전관리담당자에 대한 안전교육 및 훈련
 4. 무대시설의 안전진단과 그 밖의 안전점검
③ 공연장운영자등은 제1항에 따라 계상된 안전관리비의 사용내역서를 작성하여 다음 각 호의 구분에 따른 기한까지 관할 특별자치시장·특별자치도지사·시장·군수·구청장에게 제출하여야 한다.
 1. 공연장운영자 : 매년 2월 말일
 2. 공연장 외의 장소에서 공연을 한 자 : 공연이 종료된 날부터 30일 이내
제00조 제△△조 제1항을 위반하여 안전관리비를 계상하지 아니한 자 또는 같은 조 제2항을 위반하여 안전관리비를 사용한 자에게는 1천만 원 이하의 과태료를 부과한다.

① 객석 수가 1,200석인 공연장에서 공연을 하려는 공연단체의 대표는 공연비용의 1.15% 이상을 안전관리비로 계상하여야 한다.
② 경기도 고양시에서 객석 수가 1,800석인 공연장을 운영하는 사람은 매년 2월 말일까지 고양시장에게 안전관리비의 사용내역서를 제출하여야 한다.
③ 공연장의 안전관리담당자 외에 공연자에 대해서도 안전교육을 실시하고, 계상된 안전관리비의 일부로 그 비용을 충당한 공연장운영자에게는 1천만 원 이하의 과태료가 부과된다.
④ 대학교의 운동장에 임시로 무대와 800석의 객석을 설치하고 공연을 하려는 사람은 공연비용의 1% 이상을 안전관리비로 계상하여야 한다.
⑤ 서울특별시 관악구의 공영주차장을 임대하여 2,000여 명의 관객을 대상으로 공연을 한 사람은 공연이 종료된 날로부터 1개월 이내에 서울특별시장에게 안전관리비의 사용내역서를 제출하여야 한다.

2. 다음 글을 근거로 판단할 때, <보기>에서 옳은 것만을 모두 고르면?

제00조(징계위원회의 설치 및 관할) ① 감사원 소속 직원의 징계 사건을 심의·의결하게 하기 위하여 감사원에 고등징계위원회와 보통징계위원회(이하 "징계위원회"라 한다)를 둔다.
② 고등징계위원회는 다음 각 호의 징계 사건을 심의·의결한다.
 1. 고위감사공무원단에 속하는 공무원의 징계 사건
 2. 다음 각 목의 어느 하나에 해당하는 공무원의 징계 사건
  가. 5급 이상 일반직공무원
  나. 전문경력관 가군
  다. 나급 이상 전문임기제공무원
③ 보통징계위원회는 다음 각 호의 어느 하나에 해당하는 공무원의 징계 사건을 심의·의결한다.
 1. 6급 이하 일반직공무원
 2. 전문경력관 나군 및 다군
 3. 다급 이하 전문임기제공무원
④ 상하의 직위자가 함께 관련된 징계 사건은 제2항 및 제3항에도 불구하고 그 중 최상위자의 관할 징계위원회에서 심의·의결한다.
제00조(징계위원회의 구성) 전조(前條)의 각 징계위원회는 위원장 1명을 포함하여 공무원위원과 민간위원 등 총 7명으로 구성한다. 이 경우 민간위원의 수는 위원장을 포함한 위원 수의 2분의 1 이상이어야 한다.
제00조(징계의결의 기한) 징계위원회는 징계의결 요구서를 접수한 날부터 30일(고등징계위원회의 경우는 60일) 이내에 징계의결을 하여야 한다. 다만, 부득이한 사유가 있을 때에는 해당 징계위원회의 의결로 30일(고등징계위원회의 경우는 60일)의 범위에서 그 기간을 연장할 수 있다.
제00조(징계위원회의 의결) 징계위원회는 위원장을 포함한 위원 4명 이상의 출석과 출석위원 과반수의 찬성으로 의결한다.

<보 기>

ㄱ. 고등징계위원회와 보통징계위원회의 민간위원을 모두 합하면 최소 8명이다.
ㄴ. 일반직공무원인 5급 사무관과 6급 주사가 함께 관련된 징계 사건은 고등징계위원회에서 심의·의결한다.
ㄷ. 나급 전문임기제공무원에 대한 징계의결 요구서가 접수되면 보통징계위원회는 요구서가 접수된 날로부터 최장 60일 이내에 징계의결을 하여야 한다.
ㄹ. 징계의결은 최소 3명의 찬성으로 이루어질 수 있다.

① ㄱ, ㄷ
② ㄱ, ㄹ
③ ㄴ, ㄷ
④ ㄱ, ㄴ, ㄹ
⑤ ㄴ, ㄷ, ㄹ

3. 다음 글을 근거로 판단할 때, 위법하지 않은 경우는?

제00조(사적 이해관계의 신고 등) ① 의원은 의안 심사, 예산 심의, 행정사무 감사 및 조사 등 직무와 관련하여 다음 각 호의 어느 하나에 해당하면 의장 및 자신이 소속된 소관 상임위원회 위원장에게 미리 그 사실을 서면으로 신고해야 한다. 이 경우 의원은 스스로 해당 직무를 회피할 수 있다.
1. 의원 자신이 관련된 경우
2. 의원의 4촌 이내의 친족이 관련된 경우
3. 의원 자신이 2년 이내에 재직했던 법인·단체가 관련된 경우
4. 의원 자신 또는 그 가족이 임직원 또는 사외이사로 재직하고 있는 법인·단체가 관련된 경우
5. 의원 자신 또는 그의 가족이 주식·자본금 등을 소유하고 있는 법인·단체(이하 "특수관계사업자"라 한다)가 관련된 경우

② 의원이 제1항 각 호의 어느 하나에 해당함에도 불구하고 스스로 회피하지 않으면 의회 또는 해당 의원이 소속된 소관 상임위원회는 의결로써 그 의원을 해당 직무로부터 배제할 수 있다.
③ 의장은 제1항에 따른 신고·회피 및 제2항에 따른 의결에 관한 현황을 기록·관리해야 한다.

① 甲의원은 자신이 1년 전 이사로 재직했던 법인이 행정사무 감사 직무에 관련되었음에도 그 사실을 신고하지 않았다.
② 乙의원은 자신의 아들이 임직원으로 재직 중인 단체가 예산 심의 직무에 관련되었음에도 그 사실을 신고하지 않았다.
③ 자신이 직접 관련된 의안 심사 직무를 스스로 회피하지 않은 丙의원의 직무 배제를 의결하는 과정에서 의장은 신속한 의결 처리를 위해 의결 현황을 기록하지 않았다.
④ 丁의원은 자신의 특수관계사업자가 관련된 예산 심의가 종료된 후, 이 같은 사실을 의장에게 신고하였다.
⑤ 자신의 조카가 행정사무 조사 직무에 관련된 사실을 알게 된 戊의원은 그 사실을 의장과 자신이 소속된 소관 상임위원회 위원장에게 미리 서면으로 신고하였으나, 스스로 해당 직무를 회피하지는 않았다.

4. 다음 글과 <상황>을 근거로 판단할 때, 옳지 않은 것은?

제00조(주주의 대표소송) ① 발행주식의 총수의 100분의 1 이상에 해당하는 주식을 가진 주주는 회사에 대하여 이사의 책임을 추궁할 소의 제기를 청구할 수 있다.
② 제1항의 청구는 그 이유를 기재한 서면으로 하여야 한다.
③ 회사가 전항의 청구를 받은 날로부터 30일내에 소를 제기하지 아니한 때에는 제1항의 주주는 즉시 회사를 위하여 소를 제기할 수 있다.
④ 제3항의 기간의 경과로 인하여 회사에 회복할 수 없는 손해가 생길 염려가 있는 경우에는 전항의 규정에 불구하고 제1항의 주주는 즉시 소를 제기할 수 있다.
⑤ 제3항과 제4항의 소를 제기한 주주의 보유주식이 제소 후 발행주식 총수의 100분의 1 미만으로 감소한 경우에도 제소의 효력에는 영향이 없다.
⑥ 6개월 전부터 계속하여 상장회사 발행주식 총수의 1만분의 1 이상에 해당하는 주식을 보유한 자는 제1항에 따른 주주의 권리를 행사할 수 있다.

<상 황>

○ 甲과 丙회사는 비상장회사이고, 乙회사는 상장회사이다.
○ 甲회사의 발행주식 총수는 10,000주이다.
○ 乙회사의 발행주식 총수는 12,000주이다.
○ 丙회사의 발행주식 총수는 20,000주이다.

① 甲회사 주식 100주를 보유하고 있는 주주 A는 甲회사에 대하여 이사의 책임을 추궁할 소의 제기를 청구할 수 있다.
② 2024년 4월 16일에 甲회사의 주식 120주를 보유하고 있던 수수 B가 甲회사에 이사의 책임을 추궁할 소의 제기를 청구하였는데 2024년 5월 20일까지도 소가 제기되지 않았다면, B는 즉시 소를 제기할 수 있다.
③ 6개월 전부터 계속하여 乙회사 주식 20주를 보유하고 있는 주주 C는 서면으로 이사의 책임을 추궁할 소의 제기를 청구할 수 있다.
④ 이사의 책임을 추궁할 소를 제기하지 않으면 丙회사에 회복할 수 없는 손해가 생길 염려가 있어 丙회사 주식 300주를 보유하고 있는 주주 D가 직접 소를 제기한 경우, 소를 제기한 후 D가 100주의 주식을 처분하더라도 소의 제기는 유효하다.
⑤ 2024년 6월 1일부터 丙회사 주식 20주를 보유하고 있는 주주 E는 2024년 11월 10일 회사에 대하여 이사의 책임을 추궁할 소의 제기를 청구할 수 있다.

5. 다음 글을 근거로 판단할 때 옳지 않은 것은?

○ 점유(占有)란 물건을 사실상 지배하고 있는 상태를 뜻하는 용어이다. 점유의 성립에 대하여는 주관설과 객관설이 있다. 주관설은 물건에 대한 사실상의 지배 외에 주관적인 의사가 있어야 점유가 성립한다는 견해이다. 이에 대하여 객관설은 사실상의 지배만으로 충분하며 다른 특별한 의사를 필요로 하지 않는다는 견해이다.

○ 우리나라 민법은 점유권에 대해 '물건을 사실상 지배하는 자는 점유권이 있다'고 규정하고 있다. 사실상의 지배는 본인이 직접 하지 않고 다른 사람을 통하여도 성립할 수 있다. 곧, 가사상·영업상 또는 그밖에 이와 유사한 관계에 의하여 타인의 지시를 받아 물건에 대한 사실상의 지배를 하는 때에는 그 타인만을 점유자로 인정한다. 이 경우 지시에 따라 물건을 소지하는 사람을 점유보조자라고 한다.

○ 우리나라 형법은 타인의 재물을 절취하는 범죄를 절도죄로 규정하고 있다. 타인의 재물이라 함은 타인이 점유하는 물건으로서 자기 이외의 자의 소유에 속하는 것을 말한다. 재물을 점유하고 있는 타인은 반드시 재물의 소유자이거나 점유권이 있는 본인일 필요는 없다. 본인을 대신하여 점유하는 자도 점유자로 본다. 절취는 폭행이나 협박에 의하지 아니하고 점유자의 의사에 반하여 재물을 자기의 점유로 옮기는 것을 말한다. 절취는 재물을 물색하기 위하여 접근하였을 때 시작되며, 반드시 재물에 접촉할 필요는 없다. 절도죄가 완성되는 시기는 재물을 취득하여 점유하였을 때이다. 또한 주관적 요건으로서 절취에 대한 고의와 재물을 자신의 지배하에 두려는 의사가 있어야 절도죄가 성립된다는 것이 통설이다.

① 우리나라 민법은 점유의 성립에 관하여 객관설을 취하고 있다.
② 통설은 형법상 절도죄의 요건인 절취행위자의 점유에 대하여 주관설을 취하고 있다.
③ 절취에 대한 고의와 점유의 의사가 있다면 재물을 물색하는 행위만으로도 절도죄가 완성된다.
④ 형법상의 절도죄에서는 민법상의 점유보조자도 점유자로 본다.
⑤ 폭행 또는 협박을 수단으로 하여 타인의 재물을 절취한 경우에는 절도죄가 성립하지 않는다.

6. 다음 글을 근거로 판단할 때, 온전한 케이크 한 개의 무게는?

양팔 저울의 왼쪽 접시에는 온전한 한 개의 케이크가 있고, 오른쪽 접시에는 같은 종류이지만 온전한 무게의 4분의 3만큼만 남아있는 케이크와 150 g짜리 무게 추 한 개가 있는데, 이 상태로 양팔저울은 평형을 이루고 있다.

① 300 g
② 450 g
③ 600 g
④ 750 g
⑤ 900 g

7. 다음 글을 근거로 판단할 때, <보기>의 콘덴서를 정격전압과 축전용량이 각각 큰 순서대로 모두 바르게 나열한 것은?

> 흔히 콘덴서(condenser)라고 불리는 축전기는 전류를 저장 또는 방전하기 위해 사용되는 전기 장치의 부품으로, 전류의 서지(surge, 급상승하는 전압)에 대해 회로를 보호하는 일을 할 뿐만 아니라 고전압을 저장 혹은 방전하여 불안정한 전류를 안정시키는 역할을 한다. 콘덴서의 용량단위는 F(Farad, 패럿)이지만 실제로 사용하기에는 너무 큰 단위여서, 일반적으로 μF(= 10^{-6}F, 마이크로 패럿)이나 pF(= 10^{-12}F, 피코패럿)을 주로 사용한다.
>
> 콘덴서의 표면에는 해당 콘덴서의 정격전압과 축전용량이 표시되는데, 표시 방법은 다음과 같다.

(1) 정격전압 : 숫자와 문자로 표시하며, 숫자는 자릿수를 나타내고 문자는 기본값을 나타낸다. 그림의 콘덴서는 '2D'로 표시되어 있으므로, 정격전압은 200 V이다.

(단위 : V)

	A	B	C	D	E	F	G	H
0	1.0	1.25	1.6	2.0	2.5	3.15	4.0	5.0
1	10	12.5	16	20	25	31.5	40	50
2	100	125	160	200	250	315	400	500
3	1,000	1,250	1,600	2,000	2,500	3,150	4,000	5,000

(2) 축전용량 : 세 자리 이상의 숫자로 표시한다. 처음 두 개의 숫자는 기본값을 나타내고 마지막 한 개의 숫자는 자릿수를 나타낸다. 단위는 pF이다. 그림의 콘덴서는 '103'으로 표시되어 있으므로 $10 \times 10^3 = 10,000$ pF이다.

<보 기>

ㄱ. 

ㄴ. 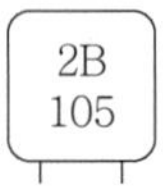

ㄷ. 

ㄹ. 

	정격전압	축전용량
①	ㄷ > ㄹ > ㄴ > ㄱ	ㄴ > ㄹ > ㄱ > ㄷ
②	ㄷ > ㄹ > ㄴ > ㄱ	ㄷ > ㄱ > ㄹ > ㄴ
③	ㄷ > ㄹ > ㄱ > ㄴ	ㄴ > ㄹ > ㄱ > ㄷ
④	ㄹ > ㄷ > ㄴ > ㄱ	ㄷ > ㄱ > ㄹ > ㄴ
⑤	ㄹ > ㄷ > ㄱ > ㄴ	ㄴ > ㄷ > ㄹ > ㄱ

8. 다음 글을 근거로 판단할 때, 甲이 출발지로 선택하는 지역과 최소 이동시간으로 옳은 것은?

- ○ A, B, C, D, E지역은 각각 상행선과 하행선, 양방향으로 이동이 가능한 도로로 연결되어 있다.
- ○ 동일한 구간이더라도 상행선으로 이동하는 데 걸리는 시간과 하행선으로 이동하는 데 걸리는 시간이 다르다.
- ○ 甲은 5개 지역 중 1개 지역을 골라 출발지로 삼고, 그 지역에서 출발하여 3개 지역을 거쳐서 마지막 1개 지역까지 이동하려고 한다.
- ○ 甲은 출발지에서 마지막 도착지까지의 전체 이동시간이 최소가 되도록 출발지와 이동경로를 선택하려고 한다.
- ○ 각 구간별 상행선과 하행선의 이동시간은 다음과 같다.

(단위 : 시간)

상행선	이동시간	하행선	이동시간
A→B	3	B→A	5
A→C	7	C→A	6
A→D	4	D→A	2
A→E	3	E→A	7
B→C	5	C→B	9
B→D	3	D→B	5
B→E	10	E→B	8
C→D	4	D→C	3
C→E	4	E→C	3
D→E	6	E→D	7

	출발지	최소 이동시간
①	A	11시간
②	B	11시간
③	C	12시간
④	D	12시간
⑤	E	14시간

[9 ~ 10] 다음 글을 읽고 물음에 답하시오.

신기전(神機箭) 화차는 길이 2.31 m, 폭 0.734 m의 수레 위에 길이 1.455 m의 중신기전 100발을 탑재하여 발사할 수 있도록 만든 무기이다. 신기전 화차는 1451년을 전후한 시기에 세종의 아들인 문종이 개발했는데, 수레의 밑바닥이 바퀴보다 더 위에 있는 구조로 만들어져 있어 발사 각도 조절이 비교적 자유로웠다. 수레바퀴의 축 위에 바로 바닥이 위치한 일반적인 수레라면 약 20도 이하의 발사 각도만 나오지만, 문종이 개발한 신기전 화차는 0도부터 43도까지 자유롭게 조절할 수 있었고, 43도의 발사 각도에서 사거리를 최대한 연장할 수 있었다.

조선의 신기전 화차는 1474년에 출간된 『국조오례의서례(國朝五禮儀序例)』에 상세한 규격과 세부 도면이 남아있다. 신기전의 경우 0.3 mm에 해당하는 리(釐) 단위로 부품 규격이 남아 있고, 화차도 3 mm에 해당하는 분(分) 단위로 규격이 적혀 있다. 이에 비해 중국 명나라의 유사한 무기인 가화전차(架火戰車)와 화궤공적차(火櫃攻敵車)는 1621년에 발간된 중국의 『무비지(武備志)』에 그림과 설명이 실려 있지만 구조에 대한 설명도 빈약하고 규격도 구체적으로 적혀 있지 않다. 다만 비교적 상세한 그림을 통해 두 무기 모두 신기전 화차와는 달리 수레바퀴의 축 위에 바로 바닥이 위치한 보통의 수레와 같은 구조였음을 확인할 수 있다.

조선시대에는 신기전 이외에도 많은 화차들이 있었는데 특히 임진왜란 당시 실무 관료였던 망암 변이중이 개발한 망암화차는 승자총통 40문을 탑재하고 있었다. 이밖에도 17세기에 조선의 관리였던 이서가 1635년에 완성한 『화포식언해(火砲式諺解)』에는 중신기전 100발을 발사할 수 있는 중신기전 화차와 주자총통 50문을 탑재할 수 있는 화차가 수록되어 있다.

조선시대 전체를 놓고 보면 신기전 화차보다는 총통 화차 계열이 더 널리 쓰였다. 신기전 화차에 쓰이는 신기전은 요즘으로 말하면 로켓이다. 따라서 철환을 사용하는 총통 화차보다 화약 소모가 심했다. 화약의 사용량을 보면, 신기전 화차의 주력 로켓인 중신기전 한 개에는 추진체용 화약 2냥과 폭발용 화약 1돈이 들어가지만, 임진왜란 때 총통 화차에 주로 사용한 승자총통 1문의 발사에 필요한 화약은 1냥이었다. 또한 총통 화차들은 신기전 화차에 비해 동시에 발사할 수 있는 탄환이 압도적으로 많았다. 1문의 승자총통은 철환 15발을 동시에 발사할 수 있었기 때문에 한 대의 망암화차만으로도 일정 공간에 벽을 치는 일종의 탄막 사격 효과를 거둘 수 있었다.

9. 윗글을 근거로 판단할 때 옳지 않은 것은?

① 망암화차의 상세한 규격과 세부 도면은 『화포식언해』에 수록되어 있었다.
② 문종이 개발한 신기전 화차는 그 발사 각도를 최대로 했을 때 중신기전을 가장 멀리 날릴 수 있었다.
③ 신기전 화차 한 대에 중신기전을 최대한 탑재할 경우, 총 210냥의 화약이 사용되었을 것이다.
④ 『국조오례의서례』에서 신기전과 화차의 규격표기에 사용한 '리'와 '분' 단위는 10배의 차이가 나는 단위였을 것이다.
⑤ 중국 화궤공적차의 사격각도 조절범위는 신기전 화차보다 작았을 것이다.

10. 윗글을 근거로 판단할 때, 임진왜란 당시에 망암화차 40대에서 동시에 사격을 했을 경우 발사되는 철환의 최대 개수와 사용되는 화약의 총량은?

	철환의 최대 개수	화약의 총량
①	6,000발	400냥
②	18,000발	400냥
③	18,000발	1,600냥
④	24,000발	1,600냥
⑤	24,000발	3,360냥

11. 다음 글을 근거로 판단할 때 옳은 것은?

제00조(출생신고) 출생의 신고는 출생 후 1개월 이내에 하여야 한다.
제00조(신고의무자) ① 혼인 중 출생자의 출생의 신고는 부 또는 모가 하여야 한다.
② 혼인 외 출생자의 신고는 모가 하여야 한다.
③ 신고의무자가 전조에 따른 기간 내에 신고를 하지 아니하여 자녀의 복리가 위태롭게 될 우려가 있는 경우에는 검사 또는 지방자치단체의 장이 출생의 신고를 할 수 있다.
제00조(출생신고의 장소) ① 출생의 신고는 출생지에서 할 수 있다.
② 기차나 그 밖의 교통기관 안에서 출생한 때에는 모가 교통기관에서 내린 곳, 항해일지가 비치되지 아니한 선박 안에서 출생한 때에는 그 선박이 최초로 입항한 곳에서 신고할 수 있다.
제00조(항해 중의 출생) ① 항해 중에 출생이 있는 때에는 선장은 24시간 이내에 출생신고서에 기재할 사항을 항해일지에 기재하고 서명 또는 기명날인하여야 한다.
② 제1항의 절차를 밟은 후 선박이 대한민국의 항구에 도착하였을 때에는 선장은 지체 없이 출생에 관해 항해일지의 등본을 그 곳의 시·읍·면의 장 또는 재외국민 가족관계등록사무소의 가족관계등록관에게 발송하여야 한다.
③ 선박이 외국의 항구에 도착하였을 때에는 선장은 지체 없이 제2항의 등본을 그 지역을 관할하는 재외공관의 장에게 발송하고 재외공관의 장은 지체 없이 외교부장관을 경유하여 재외국민 가족관계등록사무소의 가족관계등록관에게 발송하여야 한다.
제00조(공공시설에서의 출생) 병원, 교도소, 그 밖의 시설에서 출생이 있었을 경우에 신고의무자가 신고할 수 없는 때에는 당해 시설의 장이 신고를 하여야 한다.
제00조(출생신고 전에 사망한 때) 출생의 신고 전에 자녀가 사망한 때에는 출생의 신고와 동시에 사망의 신고를 하여야 한다.

① 부모가 자녀의 출생 후 30일 동안 출생신고를 하지 않았다면 검사 또는 지방자치단체의 장이 출생신고를 하여야 한다.
② 기차나 선박 등의 교통기관에서 출생한 경우를 포함한 모든 출생신고는 출생지에서 하여야 한다.
③ 항해 중에 출생이 있는 경우, 선박의 선장은 24시간 이내에 출생신고서를 작성하여 최초로 입항한 항구에 있는 재외국민 가족관계등록사무소의 가족관계등록관에게 신고하여야 한다.
④ 혼인을 하지 않은 산모가 병원에서 출산한 직후 사망하였다면 해당 병원의 장이 출생신고를 하여야 한다.
⑤ 자녀가 출생 후 일주일 만에 사망한 경우 자녀의 부 또는 모는 출생신고를 하지 않아도 된다.

12. 다음 글을 근거로 판단할 때 옳은 것은?

제1조(정의) 화장품제조업자, 화장품책임판매업자 및 맞춤형화장품판매업자란 이 법에 따라 등록 또는 신고하여 해당 영업을 하는 자(이하 "영업자"라 한다)를 말한다.
제2조(영업의 등록) 화장품제조업 또는 화장품책임판매업을 하려는 자는 식품의약품안전처장에게 등록하여야 한다. 등록한 사항 중 영업자, 상호 및 소재지를 변경할 때에도 또한 같다.
제3조(맞춤형화장품판매업의 신고) 맞춤형화장품판매업을 하려는 자는 식품의약품안전처장에게 신고하여야 한다. 신고한 사항 중 영업자, 상호 및 소재지를 변경할 때에도 또한 같다.
제4조(결격사유) 다음 각 호의 어느 하나에 해당하는 자는 화장품제조업 또는 화장품책임판매업의 등록이나 맞춤형화장품판매업의 신고를 할 수 없다. 단, 제1호 및 제3호는 화장품제조업만 해당한다.
1. 「정신건강증진에 관한 법률」에 따른 정신질환자
2. 피성년후견인 또는 파산선고를 받고 복권되지 아니한 자
3. 「마약류 관리에 관한 법률」에 따른 마약류의 중독자
4. 제5조 제1호 및 제2호에 따라 등록이 취소되거나 영업소가 폐쇄된 날부터 1년이 지나지 아니한 자

제5조(등록의 취소 등) 영업자가 다음 각 호의 어느 하나에 해당하는 경우에는 식품의약품안전처장은 등록을 취소하거나 영업소 폐쇄(제3조에 따라 신고한 영업만 해당한다. 이하 같다)를 명할 수 있다. 단, 제3호의 경우에는 등록을 취소하거나 영업소의 폐쇄를 명하여야 한다.
1. 제2조 후단에 따른 화장품제조업 또는 화장품책임판매업의 변경 사항 등록을 하지 아니한 경우
2. 제3조 후단에 따른 맞춤형화장품판매업의 변경신고를 하지 아니한 경우
3. 제4조 제1호부터 제3호까지의 어느 하나에 해당하는 경우

① 화장품제조업자가 상호를 변경할 때에는 식품의약품안전처장에게 변경신고를 하여야 한다.
② 맞춤형화장품판매업자가 파산선고를 받고 복권되지 아니한 경우 식품의약품안전처장은 해당 영업소의 폐쇄를 명하여야 한다.
③ 「정신건강증진에 관한 법률」에 따른 정신질환자는 화장품책임판매업의 등록을 할 수 없다.
④ 화장품책임판매업자가 변경된 소재지를 등록하지 아니한 경우 식품의약품안전처장은 해당 영업소의 폐쇄를 명하여야 한다.
⑤ 변경된 소재지를 등록하지 않아 2023년 1월 21일에 등록이 취소된 화장품제조업자는 2025년 1월 20일까지 화장품제조업 등록을 할 수 없다.

13. 다음 글을 근거로 판단할 때, 3점을 맞힌 화살의 총 개수는?

> 甲 ~ 丁 4명이 다음과 같은 과녁을 놓고 활쏘기 게임을 했다.
>
> 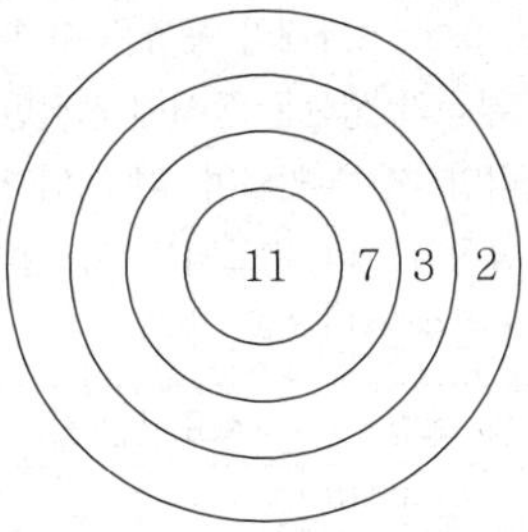
>
>
> 甲 ~ 丁은 각자 6발씩 활을 쐈는데, 과녁 밖으로 벗어난 화살은 없었고, 네 사람 각각의 합산점수는 모두 동일했다. 네 사람이 맞힌 개별점수의 조합은 모두 서로 달랐는데, 甲이 맞힌 개별점수의 종류는 모두 동일했고, 丁은 두 가지 종류의 개별점수만 맞혔다.

① 2개
② 3개
③ 4개
④ 5개
⑤ 6개

14. 다음 글을 근거로 판단할 때, 테니스 동아리의 총 회원 수와 구입한 귤의 총 개수는?

> 테니스 동아리 회원들이 모두 모여 총 16,500원을 지불하고 1개당 700원인 사과와 1개당 400원인 귤을 사서 나누어 먹었는데, 각 회원이 먹은 사과의 개수는 모두 동일했고 귤의 개수도 모두 동일했다. 사과나 귤을 쪼개서 나누어 먹은 경우는 없었다.

	회원	귤
①	9명	27개
②	11명	22개
③	11명	33개
④	13명	13개
⑤	13명	26개

15. 다음 글을 근거로 판단할 때, 甲 ~ 丁 4명의 학생이 담아온 알사탕 개수의 총합은?

> 甲 ~ 丁 4명의 학생이 체육대회에서 알사탕 담아오기 경기를 했다. 알사탕을 더 많이 담아올수록 더 높은 순위를 받는데, 1위는 甲, 2위는 乙, 3위는 丙, 4위는 丁이었으며 각 학생이 담아온 알사탕의 개수는 모두 달랐다.
>
> 각 학생은 모두 10개 이상 100개 미만의 알사탕을 담아왔는데, 丙이 담아온 개수는 甲이 담아온 개수의 절반이고 丁이 담아온 개수는 乙이 담아온 개수의 절반이었다. 또한 甲이 담아온 개수의 각 자리수를 바꾸어 쓰면 乙이 담아온 개수가 되고, 丙이 담아온 개수의 각 자리수를 바꾸어 쓰면 丁이 담아온 개수가 된다. 그리고 담아온 알사탕의 개수가 홀수인 학생은 없다.

① 98
② 164
③ 198
④ 232
⑤ 264

16. 다음 글을 근거로 판단할 때, <보기>에서 옳은 것만을 모두 고르면?

> ○ X부품 1개와 Y부품 1개를 조립하면 제품이 완성된다.
> ○ X부품은 a, b, c, d 4개의 공정을 순서대로 거쳐야 완성된다.
> ○ X부품과 Y부품의 생산은 동시에 시작한다.
> ○ 총 7명의 작업자가 투입되며, 각 작업자는 자신이 맡은 작업만 한다. 각 공정이 1회 완료되는 데 걸리는 시간과 각 공정에 투입되는 인원수는 다음과 같다.

생산 및 조립		소요시간(분)	투입인원(명)
X부품 생산	a공정	3	1
	b공정	5	1
	c공정	8	1
	d공정	6	1
Y부품 생산		9	2
최종 조립		1	1

※ Y부품 생산 공정에는 2명이 투입되어 9분당 2개씩 부품이 생산된다.

<보 기>

ㄱ. 제품 1개를 만드는 데 필요한 최소 시간은 23분이다.
ㄴ. 제품 10개를 만드는 데 필요한 최소시간은 95분이다.
ㄷ. c공정의 소요시간을 6분으로 단축시키면 제품 10개를 만드는 데 필요한 최소시간이 20분 짧아진다.

① ㄱ
② ㄴ
③ ㄱ, ㄴ
④ ㄴ, ㄷ
⑤ ㄱ, ㄴ, ㄷ

17. 다음 글을 근거로 판단할 때, 학생들이 제기를 찬 횟수의 총합과 4위인 학생을 바르게 짝지은 것은?

> ○ 5명의 학생(가희, 나리, 다정, 라진, 마영)이 제기차기를 해서 제기를 많이 찬 사람부터 순서대로 1위 ~ 5위의 순위를 배정한다.
> ○ 제기를 짝수 번 찬 학생은 가희, 나리, 라진뿐이다.
> ○ 라진이는 제기를 18번 찼으며, 이는 나리보다 10번 이상 적게 찬 것이다.
> ○ 제기를 가장 많이 찬 사람은 제기를 31번 찼고, 나리는 2위가 아니다.
> ○ 4위와 5위가 제기를 찬 횟수의 차이는 7번이다.
> ○ 다정이는 라진이보다 제기를 많이 찼고, 가희보다는 적게 찼다.
> ○ 모든 학생이 1번 이상 제기를 찼고, 제기를 찬 횟수가 다른 학생과 동일한 학생은 없다.

	총합	4위
①	131	가희
②	131	다정
③	131	라진
④	132	다정
⑤	132	라진

18. 다음 글을 근거로 판단할 때, <보기>의 상황을 지불해야 하는 가격이 높은 상황부터 순서대로 바르게 나열한 것은?

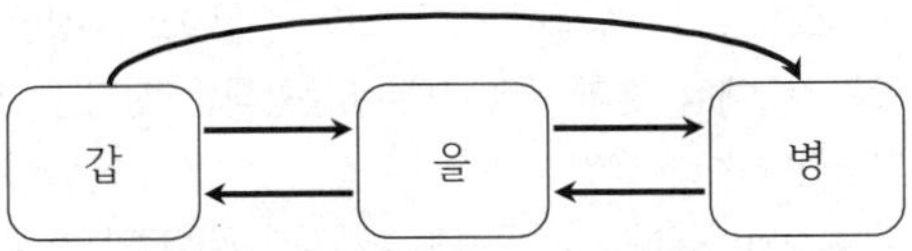

> 갑, 을, 병국이 있다. 이때 각 국 간의 물가수준 차이에 따라, 상품의 가격은 다음과 같이 변한다. 단, 상품이 병국에서 갑국으로 직접 이동할 수는 없다. 또한, 상품은 생산국에서 최종소비국까지 2회 이하로 이동하며, 소비자는 가격이 가장 낮아지는 상품 이동 방법을 선택하여 상품을 구입한다.
>
> 1. 갑국에서 병국으로 상품이 이동 시 상품판매가는 30% 올라간다.
> 2. 갑국에서 을국으로 상품이 이동 시 상품판매가는 10% 올라간다.
> 3. 을국에서 갑국으로 상품이 이동 시 상품판매가는 10% 내려간다.
> 4. 을국에서 병국으로 상품이 이동 시 상품판매가는 20% 올라간다.
> 5. 병국에서 을국으로 상품이 이동 시 상품판매가는 20% 내려간다.

<보 기>

ㄱ. 갑국의 소비자가 을국에서 20원에 팔리는 을국산 상품을 갑국에서 구입
ㄴ. 을국의 소비자가 갑국에서 17원에 팔리는 갑국산 상품을 을국에서 구입
ㄷ. 갑국의 소비자가 병국에서 23원에 팔리는 병국산 상품을 갑국에서 구입
ㄹ. 병국의 소비자가 을국에서 14원에 팔리는 을국산 상품을 병국에서 구입

① ㄱ > ㄴ > ㄷ > ㄹ
② ㄱ > ㄴ > ㄹ > ㄷ
③ ㄴ > ㄱ > ㄹ > ㄷ
④ ㄹ > ㄱ > ㄷ > ㄴ
⑤ ㄹ > ㄷ > ㄴ > ㄱ

19. 다음 글을 근거로 판단할 때, 甲과 丁이 공통으로 정답을 맞힌 문항의 개수는?

甲, 乙, 丙, 丁 4명의 학생이 모두 9문항으로 구성된 ○×시험을 보았는데, 채점 결과 4명 모두 6문항씩만 정답을 맞힌 것으로 확인되었다.

각 문항의 정답은 학생들에게 공개되지 않았지만, 이들의 답안지를 비교해 보면 각 문항의 정답이 무엇인지 알 수 있다고 한다. 4명이 제출한 답안의 내용은 다음과 같다.

<답안지>

문항	甲	乙	丙	丁
1	○	×	○	×
2	×	○	×	×
3	○	×	○	○
4	○	×	×	○
5	×	×	○	×
6	○	○	○	×
7	○	×	○	○
8	×	×	○	×
9	×	○	○	×

① 2개
② 3개
③ 4개
④ 5개
⑤ 6개

20. 다음 글을 근거로 판단할 때, <보기>의 색을 '순색'의 함량이 높은 것부터 낮은 것 순으로 바르게 나열한 것은?

'오스트발트 색체계'는 독일의 화학자 오스트발트가 1919년에 고안한 체계로, 빨강(R), 노랑(Y), 파랑(UB), 녹색(SG)과 각각의 사이에 주황(O), 청록(T), 보라(P), 연두(LG)를 더하여 8가지 색상을 기본으로 한다. 그리고 이 8가지 색상을 각각 3단계씩 총 24가지 색상으로 분할하여 각각 1 ~ 24의 고유 번호를 붙였는데, 이를 '순색'이라 한다.

오스트발트의 색체계는 명도와 채도를 따로 구분하지 않고, 순색 + 흰색 + 검은색의 함량으로 색상을 나타낸다. 오스트발트는 순색량(C), 흰색량(W), 검은색량(B)의 합을 100 %로 하였기 때문에 어떠한 색이라도 혼합량의 합은 항상 일정하며, C + W + B = 100 % 내에서 모든 색이 만들어진다.

이러한 오스트발트 색체계는 색상번호, 흰색량, 검은색량의 순으로 기호를 적어 각 색상을 표기한다. 예를 들어 『5gc』는 색상 번호가 5(주황색), 흰색량이 g, 검은색량이 c라는 것으로, 주황색량 34 %, 흰색량 22 %, 검은색량 44 %로 조성된 색이라는 의미이다.

<오스트발트 기호와 색 함량비>

(단위 : %)

기호	a	c	e	g	i	l	n	p
흰색량	89	56	35	22	14	8.9	5.6	3.5
검은색량	11	44	65	78	86	91.1	94.4	96.5

<보 기>

ㄱ. 16ec
ㄴ. 23ng
ㄷ. 8ia
ㄹ. 11pi

① ㄷ － ㄱ － ㄴ － ㄹ
② ㄷ － ㄴ － ㄱ － ㄹ
③ ㄴ － ㄱ － ㄹ － ㄷ
④ ㄴ － ㄹ － ㄱ － ㄷ
⑤ ㄹ － ㄴ － ㄱ － ㄷ

21. 다음과 같은 <현재의 가구 제작 공정>에서 제 1 공정의 효율을 20 % 향상시켜 더 많은 원목조각을 만들어낼 수 있게 되고, 제 4 공정의 효율을 25 % 향상시켜 사용되는 합판의 개수를 줄일 수 있게 되었다. 새로운 공정에서 가구 900개를 만들 경우, 현재의 공정에서 동일한 개수의 가구를 만드는 경우에 비해 절감되는 원목의 개수는? (단, 효율 = 산출 / 투입)

<현재의 가구 제작 공정>

○ (제 1 공정) 원목 1개 재단 → 원목 조각 5개
○ (제 2 공정) 원목 조각 1개 재단 → 베니어판 100장
○ (제 3 공정) 베니어판 10장 압착 → 합판 1장
○ (제 4 공정) 합판 5장 재단·조립 → 가구 1개

① 24개
② 28개
③ 30개
④ 32개
⑤ 36개

22. 다음 글을 근거로 판단할 때, 甲이 획득한 점수의 총합은?

1780년(정조 4년)에 치러진 무과 시험의 과목 중에는 두 종류의 활쏘기가 있었다. 하나는 목전(木箭)으로 나무로 만든 화살을 쏘는 것이었는데, 푸른 빛깔의 휘장을 사대(射臺)에서 240보 앞에 표본으로 세워두고 화살을 쏘아 표본을 넘어서는 보수(步數)를 세어 점수를 산출했다. 화살이 표본에 도달하면 기본점수인 7획(劃)을 주었고, 표본을 넘어가면 1보(步)당 1분(分)씩의 추가점수를 주었다. 화살은 모두 세 번을 쏘았고, 세 번의 점수를 합산한 것이 목전에서 받는 점수가 되었다.

다른 하나는 철전(鐵箭)이라 하여 쇠로 만든 화살을 쏘는 것이었는데, 화살의 무게가 여섯 냥이어서 육량전(六兩箭)이라고도 하였다. 철전은 80보 앞에 세워둔 방패(防牌)를 표본으로 한다는 점만 목전과 달랐고, 그 외의 규정은 모두 목전과 동일했다.

※ 1획(劃) = 10분(分)

<상 황>

甲은 정조 4년에 치러진 무과 시험에 응시하여, 목전에서 첫 번째와 두 번째 화살을 각각 사대로부터 270보, 265보의 거리까지 날렸다. 철전에서 쏜 첫 번째 화살은 방패에 겨우 닿았고, 두 번째 화살은 방패를 넘어 24보를 더 날아갔으며, 세 번째 화살은 목전에서 첫 번째로 쏜 화살보다 159보 적게 날아갔다. 또한 甲이 목전에서 세 번째로 활을 쏘아 얻은 점수는 철전에서 세 번째로 활을 쏘아 얻은 점수보다 8분 더 높았다.

① 14획 9분
② 49획 4분
③ 56획 9분
④ 86획 4분
⑤ 107획 9분

23. 다음 글을 근거로 판단할 때, <보기>에서 옳은 것만을 모두 고르면?

> ○ 재정난을 겪고 있는 A회사는 甲공장과 乙공장 중 하나를 폐쇄하려고 한다.
> ○ 폐쇄될 공장은 '생산성'과 '노후화', '종업원 수'를 기준으로 하여 결정한다.
> ○ 해당 공장에서 생산되는 제품 중 불량품의 비율이 낮을수록 생산성이 높은 것으로 판단하며, 두 공장 중 상대적으로 생산성이 더 높은 공장에는 5점을, 생산성이 낮은 공장에는 3점을 부여한다.
> ○ 공장을 설립한지 오래되었을수록 노후했다고 판단하며, 두 공장 중 먼저 설립된 공장에는 1점을, 늦게 설립된 공장에는 3점을 부여한다.
> ○ 공장 폐쇄의 파급력을 고려하여 두 공장 중 종업원 수가 많은 공장에는 2점을, 종업원 수가 더 적은 공장에는 1점을 부여한다.
> ○ 각 공장별로 3개 항목에서 받은 점수를 합산한 총점을 비교하여, 더 낮은 점수를 받은 공장을 폐쇄한다.
> ○ 현재 甲공장은 매월 300개의 제품을, 乙공장은 매월 250개의 제품을 생산하고 있다.

<보 기>

ㄱ. 甲공장의 총점과 乙공장의 총점이 같은 경우는 없다.
ㄴ. 8점 이하의 총점을 받은 공장은 반드시 폐쇄된다.
ㄷ. 종업원 수가 더 많은 공장이 폐쇄될 확률은 50 %이다.
ㄹ. 甲공장에서는 매월 60개의 불량품이 생산되고, 乙공장에서는 매월 51개의 불량품이 생산된다면 甲공장이 폐쇄될 확률은 25 %이다.

① ㄱ, ㄷ
② ㄱ, ㄹ
③ ㄴ, ㄷ
④ ㄱ, ㄴ, ㄷ
⑤ ㄴ, ㄷ, ㄹ

24. 다음 글을 근거로 판단할 때, 어떠한 경우에도 초록색 인형이 위치할 수 없는 숫자판만을 옳게 고른 것은?

> 甲은 파란색 인형 2개, 빨간색 인형 2개, 초록색 인형 2개, 노란색 인형 2개, 모두 8개의 인형을 다음과 같은 규칙에 따라 아래의 숫자판에 놓으려고 한다.
>
> <숫자판>

1	2	3	4	5	6	7	8

> <규칙>
>
> ○ 파란색 인형 사이에는 1개의 인형을 놓아야 한다.
> ○ 빨간색 인형 사이에는 2개의 인형을 놓아야 한다.
> ○ 초록색 인형 사이에는 3개의 인형을 놓아야 한다.
> ○ 노란색 인형 사이에는 4개의 인형을 놓아야 한다.

① 1, 4
② 2, 5
③ 3, 6
④ 5, 7
⑤ 6, 8

25. 다음 글을 근거로 판단할 때, <보기>에서 옳은 것만을 모두 고르면?

제00조 소송비용에 산입되는 변호사의 보수(이하 '보수'라 한다)는 소송목적의 값에 따라 다음 표의 기준에 의해 산정한다. 다만, 산정 금액이 30만원에 미치지 못하는 때에는 이를 30만 원으로 한다.

소송목적의 값	소송비용에 산입되는 비율
1천만 원 이하	100분의 8
1천만 원 초과 5천만 원 이하	80만 원 + 1천만 원 초과 금액의 100분의 5
5천만 원 초과 1억 원 이하	280만 원 + 5천만 원 초과 금액의 100분의 3
1억 원 초과	430만 원 + 1억 원 초과 금액의 100분의 1

제00조 피고의 전부자백에 의한 판결과 무변론 판결의 경우, 보수는 전조(前條)의 기준에 의하여 산정한 금액의 2분의 1로 한다.

제00조 ① 전2조에 의하여 산정한 보수 전부를 소송비용에 산입하는 것이 현저히 부당하다고 인정되는 경우, 법원은 산정된 금액의 2분의 1 한도에서 이를 감액할 수 있다.

② 전2조에 의하여 산정한 보수가 소송의 특성 및 이에 따른 소송대리인의 선임 필요성, 당사자가 실제 지출한 변호사보수 등에 비추어 현저히 부당하게 낮은 금액이라고 인정되는 경우, 법원은 당사자의 신청에 따라 산정된 보수의 2분의 1 한도에서 이를 증액할 수 있다.

<보 기>

ㄱ. 소송목적의 값이 3,000만 원이고 보수의 감액 및 증액이 없다면, 소송비용에 산입되는 변호사의 보수는 180만 원이다.

ㄴ. 소송목적의 값이 5,000만 원이고 변론 없이 판결이 내려진 경우, 소송비용에 산입되는 변호사의 보수는 최대 210만 원이다.

ㄷ. 소송목적의 값이 1억 원이고 피고의 전부자백에 의해 판결이 내려진 경우, 소송비용에 산입되는 변호사의 보수는 최소 132만 5천 원이다.

ㄹ. 소송비용에 산입하기 위하여 산정된 변호사의 보수가 현저히 부당하게 높다고 인정되는 경우, 법원은 산정된 금액의 2분의 1을 감액해야 한다.

① ㄱ, ㄴ
② ㄱ, ㄹ
③ ㄴ, ㄷ
④ ㄱ, ㄷ, ㄹ
⑤ ㄴ, ㄷ, ㄹ

MEMO

제 5 회

7급 PSAT 하주응 상황판단
실전 모의고사

상황판단영역

1. 다음 글을 근거로 판단할 때 옳지 않은 것은?

> 제00조 이 지침은 청사의 출입통제에 필요한 기준·방법 등을 규정함을 목적으로 한다.
> 제00조 출입증의 종류는 다음 각 호와 같다.
> 1. 공무원증
> 2. 공무직원증
> 3. 일반출입증
> 4. 임시공무출입증
> 5. 일일방문증
>
> 제00조 ① 동 지침의 위반행위자에 대하여는 다음 각 호에 따른 처분을 부과한다.
> 1. 출입증의 분실을 신고하지 않거나 지연 신고한 경우: 출입증 재발급 제한(1개월)
> 2. 타인에게 출입증을 대여하거나 타인의 출입증을 사용한 경우
>   가. 공무원증 및 공무직원증: 위반사실확인서 작성·제출
>   나. 일반출입증 및 임시공무출입증: 출입증의 반납 및 출입증의 발급·재발급 제한(3개월)
>   다. 일일방문증: 당일 출입금지
> 3. 출입 사유 해제 시 미반납: 출입증 재발급 제한(15일)
>
> ② 제1항의 출입증 발급 및 재발급 제한 기간은 위반사항의 경중 및 횟수 등에 따라 50% 범위 내에서 가감할 수 있다.
> ③ 제1항의 출입증 발급 및 재발급이 제한된 기간에는 일일방문증을 교부받아 출입할 수 있다.

① 타인의 출입증을 대여하여 청사에 출입한 자는 최대 4.5개월까지 출입증의 발급이 제한될 수 있다.
② 공무원증을 분실하고 그 사실을 신고하지 않은 경우 공무원증의 재발급이 원칙적으로 1개월간 제한된다.
③ 공무의 목적으로 임시공무출입증을 발급 받고 공무를 마친 후 출입증을 반납하지 않아 출입증 발급이 제한된 경우, 발급 제한 기간이 만료되기 전에는 청사에 출입할 수 없다.
④ 타인에게 일반출입증을 대여하여 청사에 출입하도록 한 사실이 적발된 경우, 해당 출입증을 반납하여야 한다.
⑤ 공무직원증을 타인에게 대여한 사실이 적발된 경우 위반사실확인서를 작성하여 제출해야 한다.

2. 다음 글을 근거로 판단할 때, <보기>에서 옳은 것만을 모두 고르면?

> 제00조 이 법에서 사용하는 용어의 뜻은 다음과 같다.
> 1. "국민제안"이란 국민(국내에 거주하는 외국인을 포함한다. 이하 같다)이 정부시책이나 행정제도 등의 개선을 목적으로 중앙행정기관·지방자치단체의 장 및 교육감(이하 "행정기관의 장"이라 한다)에게 제출하는 의견을 말한다.
> 2. "채택제안"이란 국민제안 중 채택된 것을 말한다.
> 3. "자체우수제안"이란 채택제안 중 우수한 것으로서 행정기관의 장이 행정안전부장관에게 추천한 것을 말한다.
> 4. "중앙우수제안"이란 행정안전부장관이 자체우수제안 중 채택한 것을 말한다.
>
> 제00조 ① 중앙우수제안의 시상 등급은 금상·은상·동상 및 장려상으로 구분하며, 각 등급에 해당하는 국민제안이 없는 경우에는 해당 등급의 시상을 하지 아니한다.
> ② 행정안전부장관은 중앙우수제안의 제안자에게 다음 각 호의 기준에 따라 부상을 지급한다. 다만, 2명 이상이 공동으로 국민제안을 제출한 경우에는 각자의 기여도에 따라 부상을 나누어 지급한다.
> 1. 금상: 하나의 국민제안 당 500만 원 이상 800만 원 이하
> 2. 은상: 하나의 국민제안 당 300만 원 이상 500만 원 미만
> 3. 동상: 하나의 국민제안 당 100만 원 이상 300만 원 미만
> 4. 장려상: 하나의 국민제안 당 50만 원 이상 100만 원 미만
>
> ③ 3명 이상이 공동으로 국민제안을 제출한 경우에는 제안자의 수를 고려하여 부상의 금액 상한을 제2항 각 호의 2분의 1까지 높여 지급할 수 있다.
> ④ 중앙우수제안의 제안자가 사망한 경우에는 부상을 다음 각 호의 순위에 따라 지급한다.
> 1. 제안자가 지정한 자
> 2. 상속인

<보 기>

ㄱ. 국내 거주자라면 외국인도 국민제안을 제출할 수 있다.
ㄴ. 4명이 공동으로 제출하여 채택된 중앙우수제안에 대하여 금상을 시상할 경우, 4명의 기여도가 동일하다면 제안자 1명당 300만 원의 부상을 지급할 수 있다.
ㄷ. 중앙우수제안에 시상을 할 때에는 각 등급별로 최소 1개 이상의 국민제안을 선정하여 반드시 4개 등급 모두에 대해 시상하여야 한다.
ㄹ. 중앙우수제안의 제안자가 사망한 경우, 제안자가 별도로 지정한 사람이 없는 한 그 상속인에게 부상이 지급된다.

① ㄱ, ㄴ
② ㄴ, ㄷ
③ ㄷ, ㄹ
④ ㄱ, ㄴ, ㄹ
⑤ ㄱ, ㄷ, ㄹ

3. 다음 글을 근거로 판단할 때, <보기>에서 옳은 것만을 모두 고르면?

'AI가공바우처'는 중소·스타트업·소상공인 등의 AI제품 및 서비스 개발 등에 필요한 데이터 가공서비스 비용을 바우처로 지원하는 것으로 관련 내용은 다음과 같다.

지원금	건당 최고 7,000만 원
구분	1. 일반부문 2. 긴급부문
신청 대상	중소기업, 소상공인, 1인창조기업, 예비창업자 ※ 긴급부문에는 대학, 공공·연구기관, 병원도 가능.
사업비 구성	총사업비 = 지원금 + 민간부담금 - 민간부담금은 현물부담금과 현금부담금으로 구성함. - [중소기업] 총사업비의 20% 이상을 민간부담금으로 충당하고, 현금부담금은 민간부담금의 10% 이상이어야 함. - [소상공인, 1인창조기업] 민간부담금(총사업비의 20% 이상) 전액을 현물로 부담 가능하고, 필요 시 현물 일부 또는 전부를 현금으로 부담 가능. - [예비창업자, 대학·공공·연구기관, 병원] 민간부담 제외.
유의 사항	- 조달청 기준 부정당사업체 등록 중인 기업, 금융기관으로부터 채무불이행으로 규제 중인 기업, 휴업 및 세금체납 기업의 경우 지원불가. - 신청하고자 하는 예비창업자는 사업계획서의 창업 아이템과 관련한 내용으로 사업을 수행해야 하며, 사업자 등록을 해야 함.

<보 기>

ㄱ. 코로나19로 인하여 휴업 중인 중소기업은 긴급부문에 대한 지원을 받을 수 없다.
ㄴ. 긴급부문으로 지원을 받는 공공기관은 총사업비의 20% 이상을 민간의 현물 또는 현금으로 부담해야 한다.
ㄷ. 지원금을 상한까지 모두 받으려고 하는 중소기업이 총사업비에서 민간의 현금으로 부담해야 하는 금액은 최소 175만 원이다.
ㄹ. 사업계획서의 창업 아이템과 관련한 내용만으로 사업을 수행할 예정이며 사업자 등록을 마친 예비창업자는 AI가공바우처를 통한 지원금만으로 총사업비를 충당할 수 있다.

① ㄱ, ㄷ
② ㄴ, ㄷ
③ ㄴ, ㄹ
④ ㄱ, ㄴ, ㄹ
⑤ ㄱ, ㄷ, ㄹ

4. 다음 <적정인원수 산출 방법>을 근거로 판단할 때, <상황>의 ㉠과 ㉡을 옳게 짝지은 것은?

<적정인원수 산출 방법>

1. 적정인원수 $= \dfrac{\text{팀별 연간 총 업무시간}}{\text{1인당 법정 또는 실제 근로시간}}$

※ 소수점 이하의 수는 1명으로 한다.

2. 여유시간을 고려한 적정인원수
= 적정인원수 × (1 + 여유율)

※ 여유시간이란 용변, 휴식, 공정간 연락 및 대기 등에 필요한 시간을 말하며, 여유율은 0.1로 한다.
※ 소수점 이하의 수는 1명으로 한다.

<상 황>

○ 甲회사에는 A, B, C 세 개의 팀이 있으며, 甲회사는 팀간 인사이동 및 추가 채용을 통해 각 팀의 인원수를 적정인원수에 맞추려고 한다.
○ 세 팀의 현재 인원수와 산출된 적정인원수는 다음과 같다.

구분	현재 인원수	적정인원수	
		법정 근로시간 기준	실제 근로시간 기준
A팀	20	19	17
B팀	5	8	7
C팀	30	35	33

※ 모든 인원의 1인당 실제 근로시간은 동일하며, 적정인원수는 여유시간을 고려하지 않고 산출하였음.

○ 법정 근로시간을 기준으로 하고 여유시간을 고려하지 않는 경우, 최소 (㉠)명을 추가로 채용해야 한다.
○ 실제 근로시간을 기준으로 하고 여유시간을 고려하는 경우, 최소 (㉡)명을 추가로 채용해야 한다.

	㉠	㉡
①	7	2
②	7	6
③	7	9
④	8	2
⑤	8	9

5. 다음 글을 근거로 판단할 때, <보기>에서 반드시 옳은 것만을 모두 고르면?

甲, 乙, 丙, 丁 네 명의 사무관은 부처에서 새로 실시하는 문화육성 프로젝트를 위해 음악·미술·체육 세 분야 중 두 분야씩을 선택하여 집중 연구를 하고자 한다. 이때, 각 연구 분야마다 적어도 두 사람 이상이 연구를 담당해야 한다. 네 사람은 자신들의 연구 분야 선택 상황에 대해 다음과 같이 진술했는데, 적어도 세 명 이상이 거짓말을 했다는 것이 밝혀졌다. 거짓말을 한 사람의 진술은 진술의 내용 전부가 거짓이다.

甲: 丙은 음악 분야를 선택했고, 나는 미술 분야를 선택했다.
乙: 丙은 체육 분야는 연구하지 않겠다고 했으며, 나는 미술과 체육 분야를 선택했다.
丙: 甲은 거짓말을 했다. 甲은 미술 분야를 제외한 나머지 두 분야를 선택했다.
丁: 나는 음악 분야를 연구하려고 하며, 나를 포함해 두 명이 음악 분야를 선택했다.

<보 기>

ㄱ. 丙은 미술 분야를 선택했다.
ㄴ. 음악 분야는 두 사람이 선택했다.
ㄷ. 丙과 丁이 공통으로 선택한 연구 분야가 있다.

① ㄱ
② ㄷ
③ ㄱ, ㄴ
④ ㄴ, ㄷ
⑤ ㄱ, ㄴ, ㄷ

6. 다음 글을 근거로 판단할 때, 팀프로젝트를 완수하는 데에 소요되는 최소 시간은?

甲, 乙, 丙은 팀프로젝트를 수행한다. 팀프로젝트를 완수하기 위해서는 A ~ D의 작업이 모두 수행되어야 하는데, 작업들의 수행 순서는 자유롭게 정할 수 있으며, 두 가지 이상의 작업을 동시에 수행할 수도 있다. 각 작업을 수행하는 조건은 다음과 같다.

○ 작업A와 작업D는 각각 두 명의 팀원이 함께 수행한다.
○ 작업B는 한 명의 팀원이 수행한다.
○ 작업C는 세 명의 팀원 모두가 함께 수행한다.
○ 각 팀원은 동시에 둘 이상의 작업을 수행할 수 없다.
○ 두 명 이상의 팀원이 작업을 수행할 때에는 그 작업을 수행하는 팀원의 수행시간 중 더 긴 시간에 해당하는 시간이 소요된다.

<甲 ~ 丙의 작업별 수행시간>

(단위 : 분)

팀원 \ 작업	A	B	C	D
甲	20	20	5	25
乙	15	15	15	30
丙	10	35	10	15

① 45분
② 50분
③ 55분
④ 60분
⑤ 65분

7. 다음 <규칙>을 근거로 판단할 때, <보기>의 전개도 중에서 <규칙>에 부합하는 것만을 모두 고르면?

<규 칙>

1. 정육면체의 옆면 4곳에 0에서 9까지의 정수 중 하나씩을 적는다.
2. 옆면에 적힌 숫자들의 합을 정육면체의 윗면에 적는다.
3. 옆면에 적힌 숫자들의 곱을 정육면체의 밑면에 적는다.
4. 정육면체의 모서리를 임의로 절개하여 전개도를 만든다.

<예시>

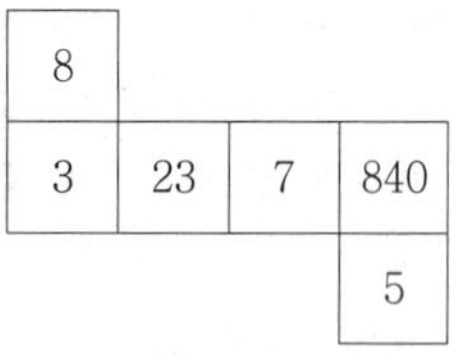

<보 기>

ㄱ.

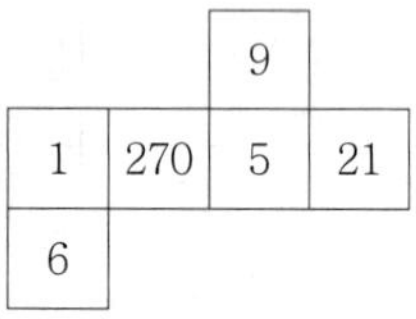

ㄴ.

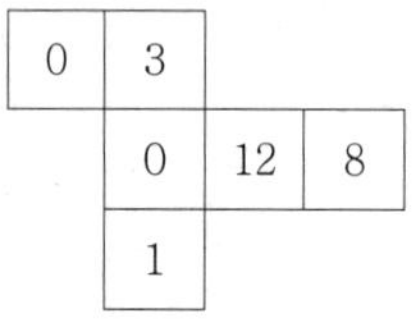

ㄷ.

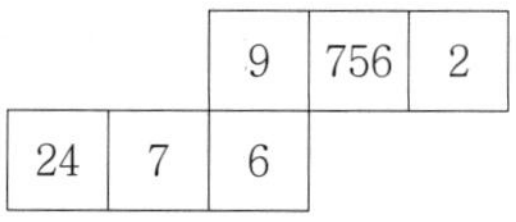

ㄹ.

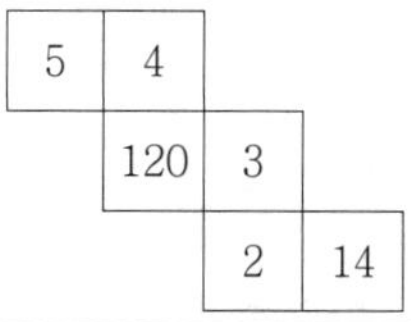

① ㄱ, ㄹ
② ㄴ, ㄷ
③ ㄷ, ㄹ
④ ㄱ, ㄴ, ㄷ
⑤ ㄱ, ㄴ, ㄹ

8. 다음 <상황>과 <대화>를 근거로 판단할 때 丙의 점수는?

<상 황>

○ 甲, 乙, 丙은 총 4문제로 구성되고 만점은 100점인 쪽지시험을 봤다.
○ 문제를 맞힐 경우, 해당 문제에 주어진 배점만큼 점수를 획득하며, 틀릴 경우 0점을 받는다.
○ 각 문제의 배점은 서로 다른 자연수이고, 1번 문제의 배점은 30점이며, 2번 문제의 배점이 가장 높다.
○ 甲, 乙, 丙의 점수는 서로 다른 자연수로서 세 명의 점수를 합하면 100점이 되며, 2번 문제를 맞힌 사람은 없다. 세 사람은 모두 이 사실을 알고 있지만, 다른 사람의 구체적인 시험 결과는 알지 못한다.

<대 화>

乙: 나는 한 문제를 맞히고 24점을 받았어.
丙: 그렇다면 내가 혼자 가장 낮은 점수를 받았군.

① 11
② 12
③ 13
④ 14
⑤ 15

9. 다음 글을 근거로 판단할 때, 乙이 암호를 맞히기 위한 질문의 조합과 순서로 가능한 것은?

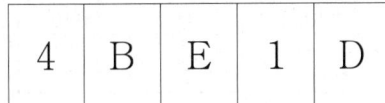

> 甲과 乙은 암호 맞히기 게임을 하고 있다.
>
> 암호를 만들어 문제를 내는 사람은 백지 카드 5장의 한 면에 A ~ E의 알파벳을 무작위로 하나씩 쓰고, 다른 한 면에는 1 ~ 5의 숫자를 무작위로 하나씩 쓴다. 그 다음 알파벳과 숫자로 구성된 5자리의 암호를 정하고, 암호의 순서대로 카드를 놓되 모두 뒤집어 놓는다.
>
> 암호를 맞히는 사람은 뒤집힌 5장의 카드만 볼 수 있고, 암호가 적힌 카드의 뒷면은 볼 수 없다. 이 상태에서 문제를 낸 사람에게 최대 3개의 질문을 하여 암호를 맞혀야 하며, 문제를 낸 사람은 사실대로 '예'와 '아니요'로 답해야 한다.
>
> 甲은 암호를 'C 5 3 A 2'로 정하고 다음과 같이 순서대로 카드를 놓았다.
>
> | | | | | |
> |---|---|---|---|---|
> | 4 | B | E | 1 | D |
>
> 乙은 아래 질문 중 3개를 골라 甲에게 질문하려고 한다.
>
> ㄱ. 4의 뒷면에 적힌 알파벳은 A인가?
> ㄴ. 1의 뒷면에 적힌 알파벳은 A인가?
> ㄷ. B의 뒷면에 적힌 숫자는 3보다 큰가?
> ㄹ. B의 뒷면에 적힌 숫자는 3보다 작은가?
> ㅁ. E의 뒷면에 적힌 숫자는 3보다 큰가?
> ㅂ. E의 뒷면에 적힌 숫자는 3보다 작은가?
> ㅅ. D의 뒷면에 적힌 숫자는 3보다 큰가?
> ㅇ. D의 뒷면에 적힌 숫자는 3보다 작은가?

① ㄱ → ㄹ → ㅁ
② ㄴ → ㅇ → ㅁ
③ ㄷ → ㅅ → ㅂ
④ ㅂ → ㄱ → ㅅ
⑤ ㅇ → ㄹ → ㄴ

10. 다음 글을 근거로 판단할 때, B와 C의 합은?

> ○ 두 자리 수 A에 2를 더하면 두 자리 수 B가 된다.
> ○ 두 자리 수 A에 2를 곱하면 두 자리 수 C가 된다.
> ○ B의 십의 자리 수는 A의 십의 자리 수와 같고, C의 일의 자리 수와도 같다.
> ○ B의 일의 자리 수는 C의 십의 자리 수와 같다.

① 96
② 123
③ 141
④ 143
⑤ 190

11. 다음 <입원실 운영 규칙>과 <입원실 현황>을 근거로 판단할 때, 옳은 것은?

<입원실 운영 규칙>

○ 전염성질환의 환자는 질환의 종류별로 병실을 달리하여 다른 질환 환자들과 격리되도록 수용한다.
○ 비전염성질환의 환자는 함께 수용한다.
○ 8세 미만의 아동은 성인과 함께 수용하지 않는다.
○ 남성과 여성은 각각 다른 병실에 수용한다.
○ 모든 병실의 최대 수용인원은 4명으로 하며, 위와 같은 특별한 사정이 없는 한 최대 수용인원에 도달하기 전에 다른 병실을 사용하지 않는다.

<입원실 현황>

○ 현재 입원실의 환자 수용 현황은 다음과 같다.

<101호>	<102호>	<103호>	<104호>	<105호>
A, B	C	D, E, F	G, H	I

○ 성인 남성 환자는 4명이며, 모두 전염성질환의 환자이다.
○ 8세 미만의 환자는 3명이며 모두 남성이다.
○ 여성 환자들은 모두 같은 병실에 입원해 있다.
○ 전염성질환 환자는 모두 6명이며, 이들은 101호 ~ 103호에 입원해 있다.

① A는 여성 환자이다.
② I는 8세 미만의 환자이다.
③ 여성 환자들은 모두 동일한 전염성질환의 환자이다.
④ 8세 미만의 환자들은 모두 같은 병실에 입원해 있다.
⑤ 성인 남성 환자 중 동일한 질환에 걸린 환자는 총 2명이다.

12. 다음 글을 근거로 판단할 때, <보기>에서 옳은 것만을 모두 고르면?

A와 B가 권투 경기를 진행 중인데, 현재까지의 경기상황과 상관없이 마지막 한 번의 공방에 의해 승부가 결정이 된다. 각 선수는 공격동작인 스트레이트와 훅, 어퍼컷, 방어동작인 가드, 4가지 중 하나를 선택하여 행동한다. 각 행동에는 상성이 있어서 특정 행동에 대해 이기기도 하고 지기도 하며 비길 수도 있다.

○ 스트레이트는 훅에 이기고 어퍼컷에 진다.
○ 훅은 어퍼컷에 이기고 스트레이트에 진다.
○ 어퍼컷은 스트레이트에 이기고 훅에 진다.
○ 가드는 모든 공격을 방어할 수 있지만 상대를 이길 수는 없어 무승부가 되며, 두 선수가 모두 가드를 취한 상태에서 경기가 종료되어도 무승부가 된다. 또한, 두 선수가 똑같은 공격동작을 취한 경우에도 무승부가 된다.
○ A와 B가 각각의 동작을 취할 확률은 다음과 같다.

	스트레이트	훅	어퍼컷	가드
A	$\frac{1}{7}$	$\frac{2}{7}$	$\frac{2}{7}$	$\frac{2}{7}$
B	$\frac{2}{7}$	$\frac{3}{7}$	$\frac{1}{7}$	$\frac{1}{7}$

<보 기>

ㄱ. 무승부가 되는 경우의 수는 총 10가지이다.
ㄴ. A가 스트레이트로 공격했을 때 이길 확률은 같은 공격을 하여 질 확률보다 높다.
ㄷ. A가 지지 않을 확률은 B가 지지 않을 확률보다 높다.
ㄹ. A가 공격을 했을 때 무승부가 될 확률과 B가 공격을 했을 때 무승부가 될 확률은 같다.

① ㄱ, ㄴ
② ㄱ, ㄷ
③ ㄴ, ㄹ
④ ㄱ, ㄷ, ㄹ
⑤ ㄴ, ㄷ, ㄹ

13. 다음 글과 <상황>을 근거로 판단할 때, 인재원이 3월에 지급하는 강사수당 및 원고료의 총액은?

인재원은 외래강의를 진행하는 강사에 대해 다음의 기준에 따라 강사수당을 지급하고 강의에 사용되는 원고에 대한 원고료를 별도로 지급한다.

○ 외래강사 수당

지급대상		지급액(천 원)
현장강의	1. 3급 이상 공무원 2. 대학의 정교수, 부교수	기본: 200 초과: 80
	1. 4급 공무원 2. 대학의 조교수, 박사학위 소지 시간강사	기본: 150 초과: 60
	1. 5급 이하 공무원 2. 대학의 시간강사(박사학위 소지자 제외)	기본: 100 초과: 50
사이버교육 담당 강사		1주일 당 80

※ 기본: 1시간까지
※ 초과: 초과 1시간마다(1시간 미만은 1시간으로 간주)

○ 원고료 지급기준
- 지급대상: 외래강사
- 200자 원고지 1매당 단가를 2,000원으로 함
- 강의 1시간당 원고분량 상한: 200자 원고지 14매
  ※ 공무원이 외래강사인 경우 원고료는 지급하지 않음.
  ※ A4용지 1면당 200자 원고지 3.5매로 산정
  ※ 원고량이 초과하여도 시간당 기준범위 내에서만 지급
  ※ 사이버교육 담당 강사의 경우 시간당 원고분량의 제한을 받지 않음. 단, 최대 A4 200면을 초과할 수 없음.

<상 황>

○ 인재원이 3월에 개설하는 외래강의는 다음과 같다.

담당강의	강사	원고
적극행정의 이해 (현장강의 / 3시간)	A(대학 조교수)	A4 15면
AI와 공직사회 (현장강의 / 2시간)	B(대학 정교수)	A4 20면
공무원 성과평가 (사이버교육 / 3주일 / 20시간)	C(6급 공무원)	A4 55면

① 930,000원
② 986,000원
③ 1,175,000원
④ 1,315,000원
⑤ 1,640,000원

14. 다음 글과 <표>를 근거로 판단할 때, <보기>에서 옳은 것만을 모두 고르면?

○ 인터넷중독 예방교육 교육방법
가. 전문강사에 의한 교육
나. 내부교원 · 직원 등에 의한 교육
다. 온라인 교육
라. 그밖에 교육효과를 예상할 수 있는 교육

○ 인터넷중독 예방교육 이수기준

구분	교육대상	교육 이수기준
어린이집	영유아	'가, 나, 다, 라'의 방법으로 예방교육에 참여한 교육인원을 합산하였을 때, 이수율이 70 % 이상인 경우
유치원	유아	
초 · 중 · 고등학교	학생	'가, 나, 다, 라'의 방법으로 예방교육에 참여한 교육인원을 합산하였을 때, 이수율이 60 % 이상인 경우
공공기관	직원	'가, 다, 라'의 방법으로 예방교육에 참여한 교육인원을 합산하였을 때, 이수율이 70 % 이상인 경우
대학교	학생	'가, 나, 다'의 방법으로 예방교육에 참여한 교육인원을 합산하였을 때, 이수율이 50 % 이상인 경우

※ 이수율(%) = $\frac{\text{교육 참여 인원}}{\text{교육 대상 인원}} \times 100$

<표> 기관별 교육 현황

기관		A	B	C
구분		유치원	공공기관	?
교육대상인원		30명	120명	500명
교육참여인원	전문강사에 의한 교육	3명	19명	138명
	내부교원 · 직원 등에 의한 교육	12명	23명	61명
	온라인 교육	3명	35명	114명
	그밖에 교육효과를 예상할 수 있는 교육	3명	?	27명

※ 두 가지 이상의 방법으로 교육에 참여한 인원은 없다.

<보 기>

ㄱ. A는 인터넷중독 예방교육 이수기준을 충족한다.
ㄴ. B의 경우, '그밖에 교육효과를 예상할 수 있는 교육'의 교육 참여인원이 7명이라면 인터넷중독 예방교육 이수기준을 충족한다.
ㄷ. C가 인터넷중독 예방교육 이수기준을 충족한다면, C는 초등학교, 중학교, 고등학교 중 어느 하나에 해당한다.

① ㄱ
② ㄷ
③ ㄱ, ㄴ
④ ㄴ, ㄷ
⑤ ㄱ, ㄴ, ㄷ

15. 다음 글을 근거로 판단할 때, <상황>에서 유통조절명령이 발령되는 품목만을 모두 고른 것은?

제00조 이 규칙은 감귤·고랭지배추·겨울무 유통조절명령의 발령기준을 정함을 목적으로 한다.
제00조 다음 품목별 발령기준의 어느 하나에 해당하는 경우 유통조절명령을 발령한다.

품목	발령기준
감귤	해당연도 예상가격이 최근 5개년 동안의 가격 중 최고가격과 최저가격을 제외한 3개년 평균 가격 대비 20% 이상 하락하는 때. 또는 해당연도 예상 공급량이 적정수요량의 110%를 초과하는 때.
고랭지 배추	해당연도 예상가격이 최근 5개년 동안의 가격 중 최고가격과 최저가격을 제외한 3개년 평균 가격 대비 40% 이상 하락하는 때. 또는 해당연도 예상 공급량이 적정수요량의 110%를 초과하는 때.
겨울무	해당연도 예상가격이 최근 5개년 동안의 가격 중 최고가격과 최저가격을 제외한 3개년 평균 가격 대비 40% 이상 하락하는 때. 또는 해당연도 예상 공급량이 적정수요량의 120%를 초과하는 때.

<상 황>

○ 감귤·고랭지배추·겨울무의 최근 5개년 가격 및 2025년 예상가격(단위: 원/kg)

구분	감귤	고랭지배추	겨울무
2020년	5,900	4,100	1,500
2021년	6,300	4,300	2,600
2022년	5,200	1,900	1,900
2023년	4,500	2,800	2,700
2024년	5,400	3,600	1,200
2025년	4,500	2,100	1,400

○ 감귤·고랭지배추·겨울무의 2025년 예상 공급량 및 적정 수요량(단위: ton)

품목	예상 공급량	적정 수요량
감귤	82.61	79.10
고랭지배추	245.83	231.58
겨울무	188.45	146.94

① 감귤
② 고랭지배추
③ 감귤, 겨울무
④ 고랭지배추, 겨울무
⑤ 감귤, 고랭지배추, 겨울무

16. 다음 글과 <표>를 근거로 판단할 때, <보기>에서 옳은 것만을 모두 고르면?(단, 계산결과는 소수 셋째자리에서 반올림한다)

○ 교원의 연구실적 인정범위 및 기준
1. 논문실적 인정범위 및 세부기준
가. 인정범위
- 국내 전문학술지 : 한국학술진흥재단 등재 학술지
- 국제 전문학술지 : SCI, SSCI, A&HCI
- 국제 일반학술지 : SCIE, SCOPUS
나. 세부기준
- 국내 전문학술지 논문은 1편, 공동논문의 경우 주저자 및 교신저자는 $\frac{2}{n+2}$편, 기타 공동저자는 $\frac{1}{n+2}$편으로 인정한다.(단, n은 논문의 총 저자 수)
- 국제 전문학술지 논문은 위의 기준에 따른 인정 편수의 2배, 국제 일반학술지 논문은 1.5배로 인정한다.

2. 저술실적 인정범위 및 세부기준
가. 인정범위
- 전문학술서적 단행본에 한하여 인정하며 서평, 학회지, 개정증보판, 일반교양서적은 제외한다.
나. 세부기준
- 단독저서의 경우 1편, 공동저서는 $\frac{1}{n}$편으로 인정한다. (n은 저서의 총 저자 수)
- 외국으로 출간된 저서는 위의 기준에 따른 인정 편수의 1.5배로 인정한다.

3. 지식재산권 등록실적 세부기준
- 국내 특허실적은 단독특허인 경우 0.5편, 공동특허는 $\frac{0.5}{n}$편으로 인정한다.(n은 총 발명자 수)
- 외국 특허실적은 위의 기준에 따른 인정 편수의 2배로 인정한다.

<표> 교원별 연구실적

교원	연구실적	비고
갑	한국학술진흥재단 등재 학술지 논문 1편의 교신저자	총 저자 수: 3명
을	SCI 논문 1편의 주저자	총 저자 수: 4명
	SCIE 논문 1편의 기타 공동저자	총 저자 수: 4명
병	전문학술서적 단행본 1편의 단독저자	외국으로 출간
	일반교양서적 1편의 공동저자	총 저자 수: 5명
정	국내 특허실적 1건	총 발명자 수: 3명
	외국 특허실적 1건	단독특허

<보 기>

ㄱ. 을은 총 0.5편의 논문실적을 인정받는다.
ㄴ. 병의 연구실적은 갑의 연구실적의 3배 이상이다.
ㄷ. 정은 1.17편의 지식재산권 등록실적을 인정받는다.

① ㄱ
② ㄴ
③ ㄱ, ㄴ
④ ㄱ, ㄷ
⑤ ㄴ, ㄷ

17. 다음 글을 근거로 판단할 때 옳지 않은 것은?

> 제00조 환경부장관, 특별시장・광역시장・특별자치시장・도지사・특별자치도지사(이하 "시・도지사"), 시장・군수・구청장(이하 "시장・군수・구청장"), 국립환경과학원장 및 지방환경청장은 다음 각 호의 구분에 따라 영업장에 대한 지도・점검을 실시하여야 한다.
> 1. 시・도지사: 먹는샘물의 제조업자・유통전문판매업자, 수처리제 제조업자, 정수기 제조업자
> 2. 시장・군수・구청장: 정수기 설치・관리자
> 3. 환경부장관: 정수기 품질검사기관
> 4. 국립환경과학원장: 정수기 성능검사기관, 먹는물 수질검사기관(바이러스 및 원생동물 검사분야에 한한다)
> 5. 지방환경청장: 먹는물 수질검사기관(바이러스 및 원생동물 검사분야는 제외한다)
>
> 제00조 환경부장관, 시・도지사, 시장・군수・구청장, 국립환경과학원장 또는 지방환경청장(이하 "시・도지사 등")은 반복적으로 민원을 유발하는 영업장에 대한 문제해결을 위하여 지도・점검 시 민간환경단체의 구성원 또는 관계전문가를 참관하게 할 수 있다.
>
> 제00조 ① 지도・점검은 정기지도・점검과 수시지도・점검으로 구분하여 실시한다.
> ② 시・도지사 등은 모든 영업장(먹는샘물의 제조업자는 제외한다)에 대하여 연 1회 이상 정기지도・점검을 실시한다. 다만, 먹는물 수질검사기관에 대해서는 현장평가를 받은 경우에는 정기지도・점검을 받은 것으로 본다.
> ③ 시・도지사는 먹는샘물의 제조업자에 대하여 연 2회 이상(1회는 하절기(6 ~ 8월)에 실시) 정기지도・점검을 실시한다.
> ④ 시・도지사 등은 다음 각 호의 1에 해당하는 경우에는 수시지도・점검을 실시할 수 있다.
> 1. 제품의 품질 기타 환경관계법령 위반에 대한 민원이 있는 경우
> 2. 개선명령・조업정지 등의 행정처분 결과를 확인하기 위한 경우

① 환경부장관은 정수기 품질검사기관의 영업장에 대하여 연 1회 이상의 정기지도・점검을 실시하여야 한다.
② 제주특별자치도지사는 매년 6월부터 8월 사이에 먹는샘물의 제조업자의 영업장에 대한 정기지도・점검을 실시하여야 한다.
③ 지방환경청장은 원생동물 검사분야의 먹는물 수질검사기관 영업장에 대한 정기지도・점검을 연 1회 이상 실시하여야 한다.
④ 강원도지사는 정수기 제조업자의 환경관계법령 위반에 대한 민원이 있는 경우 그 영업장에 대해 수시지도・점검을 실시할 수 있다.
⑤ 국립환경과학원장은 현장평가를 받은 먹는물 수질검사기관의 영업장에 대하여 정기지도・점검을 하지 않을 수 있다.

18. 다음 글을 근거로 판단할 때 옳은 것은?

> 마약성 진통제는 아편에서 유래하거나 합성된 성분으로 중추신경계의 아편 수용체와의 상호작용으로 통증의 전달을 억제하여 진통 효과를 나타내며, 일반적으로 중등도 이상의 급성 또는 만성 통증의 완화 및 치료에 사용된다.
>
> 마약성 진통제는 아편 수용체에 결합하는 강도에 따라 나뉜다. 수용체에 강하게 결합하는 모르핀, 펜타닐 등은 강한 진통 효과를 나타내며, 용량에 비례해 진통 효과가 달라진다. 수용체 결합 강도가 약해서 약한 진통 효과를 보이는 대표적인 마약성 진통제는 트라마돌과 코데인이다. 마약성 진통제를 원료에 따라 구분할 경우, 아편에서 추출한 모르핀, 코데인 등과 그들과 유사한 구조의 합성마약제인 트라마돌, 옥시코돈, 펜타닐 등으로 나눌 수 있다. 이 중 트라마돌은 다른 마약성 진통제에 비해 의존성과 부작용이 낮은 편이어서 국내에서는 마약류로 분류하지 않는다.
>
> 마약성 진통제는 약효 지속시간에 따라 지속성과 속효성으로 나뉜다. 지속성은 약효가 천천히 나타나서 오랫동안 지속되는 약으로 만성 통증이나 암성 통증에 사용하며, 8시간에서 24시간 지속되는 약을 일정한 시간에 규칙적으로 복용하거나, 72시간 지속되는 패치제를 부착한다. 속효성 진통제는 약효가 빠르게 나타나지만 지속시간이 짧은 약으로 갑자기 나타나는 돌발통증 등에 사용한다. 심한 급성 통증에는 보통 주사제를 사용하지만, 경구 투여하는 약 중에도 속효성 진통제가 있다. 지속성 제제를 규칙적으로 사용하는 동안 돌발적인 통증이 느껴지는 경우에는 속효성 제제를 추가적으로 투여할 수 있다.

① 국내에서는 모든 마약성 진통제를 마약류로 분류한다.
② 마약성 진통제 중 속효성 진통제는 모두 주사로만 투여된다.
③ 아편에서 추출한 마약성 진통제는 모두 아편 수용체에 결합하는 강도가 강하다.
④ 트라마돌은 진통 효과가 약한 합성마약제로 다른 마약성 진통제에 비해 의존성이 낮다.
⑤ 속효성 마약성 진통제는 부작용의 우려 때문에 지속성 제제와 함께 사용해서는 안 된다.

19. 다음 글과 <조건>을 근거로 판단할 때, 甲의 성격 유형으로 가능한 것은?

마이어스-브릭스 유형 지표(MBTI)란 카를 융의 성격 유형 이론을 근거로 마이어스와 브릭스라는 학자가 개발한 성격 유형 선호 지표이다.

MBTI는 주의초점, 인식기능, 판단기능, 생활양식이라는 네 가지의 척도를 서로 극과 극의 한 쌍으로 구분하여 성격 유형을 총 16개로 분류한다.

주의초점의 경우 에너지의 방향이 외향형인 경우 E, 내향형인 경우 I로 구분하고, 인식기능의 경우 선호하는 인식 유형이 감각형인 경우 S, 직관형인 경우 N으로 구분한다. 판단기능의 경우 선호하는 판단 방식이 사고형인 경우 T, 감정형인 경우 F로 구분하며 생활양식의 경우 선호하는 삶의 패턴이 판단형인 경우 J, 인식형인 경우 P로 구분한다. 이를 척도별로한 가지씩 조합하여 순서대로 ESTJ, ESTP, ESFJ, ESFP 등으로 16개의 성격 유형을 표현한다.

<조 건>

○ MBTI의 네 가지 척도가 모두 동일한 사람들은 서로 호감을 느끼고, 한 가지 척도가 다르면 서로 편안함을 느끼고, 두 가지 척도가 다르면 서로 무관심하며, 세 가지 척도가 다르면 서로 불편함을 느끼고, 네 가지 척도가 모두 다르면 서로 비호감을 느낀다.
○ 甲은 다른 세 명과 서로 무관심하다.
○ 乙의 성격 유형은 ISTJ이고, 乙과 丙은 서로 비호감을 느낀다.
○ 丁의 성격 유형은 INTP이며, 다른 세 명과 서로 무관심하다.

① ISTP
② ESTP
③ ESFJ
④ INFP
⑤ ENTP

20. 다음 글과 <제안서 평가 결과>를 근거로 판단할 때, 옳은 것은?

△△위원회는 중소기업을 대상으로 클라우드 지원 사업을 추진하고 있는데, 3개의 기업(A, B, C)이 해당 사업의 지원을 신청하였다. △△위원회는 이 중 하나의 기업을 선정하여 지원하고자 한다.

<클라우드 지원 사업 심사 및 선정 기준>

○ 제안서 평가를 통해 지원대상을 선정하며, 세부평가항목의 확정점수를 합산하여 평가점수를 산출함.
○ 제안서 평가는 3명의 평가위원(甲, 乙, 丙)이 실시하며, 각 평가위원의 세부평가항목별 평가점수 중 최고점수와 최저점수를 제외한 나머지 점수를 각 세부평가항목의 확정점수로 함.
○ 각 세부평가항목의 확정점수가 모두 배점의 85% 이상인 기업 중 평가점수가 가장 높은 기업을 지원대상으로 선정함.

<제안서 평가 결과>

세부평가항목	배점	평가점수								
		A			B			C		
		甲	乙	丙	甲	乙	丙	甲	乙	丙
업무이해도	(?)	20	17	15	15	19	14	18	15	19
과업수행방안	(?)	35	38	31	39	40	34	31	32	33
추진방안	15	13	15	14	13	15	12	12	10	13
과업관리방안	(?)	23	22	20	25	22	23	23	21	24
계	100	(?)			(?)			85		

① B가 지원대상으로 선정된다.
② 업무이해도의 배점은 25점이다.
③ C의 평가점수는 A보다 높다.
④ 각 기업이 각 평가위원으로부터 받은 세부평가항목별 평가점수 중 만점을 가장 많이 받은 기업은 B이다.
⑤ 각 세부평가항목의 확정점수가 모두 배점의 75% 이상인 기업 중 평가점수가 가장 높은 기업을 지원대상으로 선정한다면 A가 지원대상으로 선정된다.

21. 다음 글을 근거로 판단할 때, 甲이 식단을 수정해야 하는 요일을 모두 바르게 나열한 것은?

한약을 먹게 된 종수는 한약을 먹는 동안 지켜야 할 유의사항을 받게 되었다. 다음은 음식과 관련된 유의사항과 종수의 일주일 중 저녁 식단표이다.

○ 유의사항: 다음의 음식은 금할 것.
- 고기류: 닭고기, 돼지고기
- 익히지 않은 음식: 생선회, 생채소, 과일 등(단, 발효과정을 거친 음식은 허용됨)
- 밀가루가 들어간 음식: 빵, 국수류, 수제비 등

○ 일주일 간 식단표

월	화	수	목
소고기미역국 계란찜 계란조림 흰쌀밥	콩나물국 시금치나물 돼지고기볶음 현미밥	닭볶음탕 두부조림 도토리묵 잡곡밥	칼국수 호박볶음 멸치볶음 김치

금	토	일
배추된장국 고등어구이 깻잎무침 현미밥	북엇국 어묵볶음 떡갈비조림 흰쌀밥	소고기무국 참치볶음 계란말이 잡곡밥

- 나물류는 모두 채소를 한 번 데친 뒤 조리한다.
- 무침류는 모두 생채소로 조리한다.
- 떡갈비조림은 소고기로 만든다.

○ 금해야 하는 음식이 식단에 포함되어 있는 경우 해당 요일의 식단은 수정해야 한다.

① 월요일, 화요일, 금요일
② 화요일, 수요일, 목요일
③ 수요일, 목요일, 토요일
④ 화요일, 수요일, 목요일, 금요일
⑤ 수요일, 목요일. 금요일, 토요일

22. 다음 글을 근거로 판단할 때, A, F, G 3개의 칸에 들어있는 보석의 총 개수는?

A	B	C
D	E	F
G	H	I

○ A ~ I 총 9개의 칸으로 구역이 나뉘어 있는 보석상자에 총 45개의 보석이 들어있다.
○ 9개의 칸에는 최소 1개 이상씩의 보석이 들어있으며, 각 칸에 들어있는 보석의 개수는 모두 서로 다르다.
○ A, B, C 3개의 칸에 각각 들어있는 보석의 개수를 모두 곱한 값은 12이다.
○ D, E, F 3개의 칸에 각각 들어있는 보석의 개수를 모두 곱한 값은 112이다.
○ A, D, G 3개의 칸에 각각 들어있는 보석의 개수를 모두 곱한 값은 216이다.
○ B, E, H 3개의 칸에 각각 들어있는 보석의 개수를 모두 곱한 값은 12이다.

① 15
② 16
③ 17
④ 18
⑤ 19

[23 ~ 24] 다음 글을 읽고 물음에 답하시오.

제00조 ① 비행장치를 소유한 자(이하 "비행장치 소유자"라 한다)는 별표 1의 관할구역에 따라 지방항공청장(이하 "청장"이라 한다)에게 비행장치의 종류, 용도, 보관처, 비행장치 소유자의 성명 및 주소를 신고하여야 한다.
② 관할구역은 해당 비행장치의 보관처를 기준으로 한다.
③ 비행장치 소유자는 보관처 변경에 따라 관할 지방항공청이 변경되는 경우 변경된 보관처의 관할 청장에게 그 변경일로부터 30일 이내에 변경신고를 하여야 한다.
④ 비행장치 소유자는 비행장치의 소유권이 이전된 경우 그 이전일로부터 30일 이내에 청장에게 이전신고를 하여야 한다.
⑤ 비행장치 소유자는 신고된 비행장치에 대하여 다음 각 호의 사유가 발생한 때에는 그 사유가 있는 날로부터 15일 이내에 청장에게 말소신고를 하여야 한다.
1. 비행장치가 멸실되었거나 해체된 경우
2. 비행장치의 존재 여부가 2개월 이상 불분명한 경우
3. 비행장치가 외국에 매도된 경우

제00조 비행장치의 신고번호는 별표 2에 따라 신고 순서대로 부여한다. 다만 변경 또는 이전신고는 기존 신고번호를 유지한다.

[별표 1] 지방항공청의 관할구역

구분	관할구역
서울지방항공청	서울특별시, 인천광역시, 대전광역시, 세종특별자치시, 경기도, 강원도, 충청북도, 충청남도, 전라북도
부산지방항공청	부산광역시, 대구광역시, 광주광역시, 울산광역시, 경상북도, 경상남도, 전라남도
제주지방항공청	제주도

[별표 2] 신고번호 부여방법(서울지방항공청)

구분	신고번호
체중이동형 동력비행장치	S1001 ~ S1999
타면조종형 동력비행장치	S2001 ~ S2999
초경량자이로플레인	S3001 ~ S3999
동력패러글라이더	S4001 ~ S4999
기구류	S5001 ~ S5999
초경량헬리콥터	S6001 ~ S6999
무인동력비행장치	S7001 ~ S7999
무인비행선	S8001 ~ S8999
패러글라이더, 행글라이더, 낙하산류	S9001 ~ S9999

※ 부산지방항공청의 경우 신고번호의 마지막 자리 숫자 다음에 S ~ X까지의 알파벳을 추가하여 부여.(예: S7131W)
※ 제주지방항공청의 경우 신고번호의 마지막 자리 숫자 다음에 Y ~ Z까지의 알파벳을 추가하여 부여.(예: S4017Z)

※ 비행장치의 보관처: 비행장치를 항공에 사용하지 않을 때 비행장치를 보관하는 지상의 주된 장소.

23. 윗글을 근거로 판단할 때 옳은 것은?

① 비행장치를 주로 운용하는 곳은 충청북도 보은군 일대이고 보관하는 곳은 경상북도 상주시라면, 비행장치의 소유자는 서울지방항공청장에게 비행장치에 관해 신고하여야 한다.
② 비행장치의 소유자가 울산광역시에 거주하는 대한민국 국민에게 비행장치를 매도한 경우, 부산지방항공청장에게 말소신고를 하여야 한다.
③ 비행장치를 분실하여 그 존재를 확인하지 못한 지 2개월이 되었다면 관할 지방항공청장에게 말소신고를 하여야 한다.
④ 비행장치의 보관처를 변경신고한 경우, 새로운 보관처를 관할하는 지방항공청장으로부터 신고번호를 다시 부여받아야 한다.
⑤ 비행장치의 신고번호가 S6509U라면, 해당 비행장치가 신고된 기관은 제주지방항공청이다.

24. 윗글과 다음 <비행장치 신고현황>을 근거로 판단할 때, 각 소유자가 부여받은 신고번호로 가능한 것은?

<비행장치 신고현황>

소유자	비행장치의 종류	보관처
甲	패러글라이더	대구광역시
乙	무인동력비행장치	제주도
丙	동력패러글라이더	강원도 춘천시
丁	초경량헬리콥터	세종특별자치시
戊	타면조종형 동력비행장치	전라북도 진안군

	소유자	신고번호
①	甲	S4952Z
②	乙	S7918Y
③	丙	S9112
④	丁	S6745S
⑤	戊	S2211X

25. 다음 글과 <상황>을 근거로 판단할 때, 甲 ~ 戊 중 특별승진자로 결정되는 사람은?

○ 사내 특별승진제도 운영지침
1. 특별승진 대상자
당해연도 목표달성률이 110 % 이상이고, 최근 2년 이내 실근무경력이 1년(12개월) 이상인 자를 대상으로 한다.
2. 특별승진자 결정방식
타부서 평가점수 80 %와 소속부서 평가점수 20 %를 합산하여 최종점수를 산출하며, 최종점수가 가장 높은 사람을 특별승진자로 결정한다.

<상 황>

○ 甲 ~ 戊의 실적 및 평가 현황은 다음과 같다.

직원	타부서 평가점수	소속부서 평가점수	당해연도 목표달성률	최근 2년 이내 실근무경력
甲	70점	75점	120 %	12개월
乙	75점	60점	100 %	18개월
丙	65점	85점	130 %	13개월
丁	75점	75점	110 %	9개월
戊	80점	50점	115 %	15개월

① 甲
② 乙
③ 丙
④ 丁
⑤ 戊

MEMO

제 6 회

7급 PSAT 하주응 상황판단
실전 모의고사

상황판단영역

1. 다음 글을 근거로 판단할 때 옳은 것은?

> 제00조 ① 농림축산식품부장관은 농산물우수관리의 기준(이하 "우수관리기준"이라 한다)을 정하여 고시하여야 한다.
> ② 우수관리기준에 따라 농산물(축산물은 제외한다. 이하 같다)을 생산·관리하는 자 또는 우수관리기준에 따라 생산·관리된 농산물을 포장하여 유통하는 자는 지정된 농산물우수관리인증기관(이하 "우수관리인증기관"이라 한다)으로부터 농산물우수관리의 인증(이하 "우수관리인증"이라 한다)을 받을 수 있다.
> ③ 우수관리인증을 받으려는 자는 우수관리인증기관에 우수관리인증의 신청을 하여야 한다. 다만, 다음 각 호의 어느 하나에 해당하는 자는 우수관리인증을 신청할 수 없다.
> 1. 우수관리인증이 취소된 후 1년이 지나지 아니한 자
> 2. 부정한 방법으로 우수관리인증을 받아 벌금 이상의 형이 확정된 후 1년이 지나지 아니한 자
>
> 제00조 ① 우수관리인증의 유효기간은 우수관리인증을 받은 날부터 2년으로 한다.
> ② 우수관리인증을 받은 자가 유효기간이 끝난 후에도 계속하여 우수관리인증을 유지하려는 경우에는 그 유효기간이 끝나기 전에 해당 우수관리인증기관의 심사를 받아 우수관리인증을 갱신하여야 한다.
>
> 제00조 우수관리인증기관은 우수관리인증을 한 후 조사, 점검, 자료제출 요청 등의 과정에서 다음 각 호의 사항이 확인되면 우수관리인증을 취소하거나 3개월 이내의 기간을 정하여 그 우수관리인증의 표시정지를 명하거나 시정명령을 할 수 있다. 다만, 제1호 또는 제3호의 경우에는 우수관리인증을 취소하여야 한다.
> 1. 부정한 방법으로 우수관리인증을 받은 경우
> 2. 우수관리기준을 지키지 아니한 경우
> 3. 전업(轉業)·폐업 등으로 우수관리인증농산물을 생산하기 어렵다고 판단되는 경우

① 우수관리기준에 따라 축산물을 생산하는 자가 우수관리인증을 신청한 경우, 농림축산식품부장관은 우수관리인증을 해야만 한다.
② 우수관리인증기관은 우수관리기준을 지키지 않았음이 점검을 통해 적발된 자에 대하여 6개월간 우수관리인증의 표시를 정지하도록 명할 수 있다.
③ 우수관리기준을 지키지 않았음이 여러 차례 적발되어 우수관리인증이 취소된 자는, 취소된 후 1년 동안 우수관리인증을 다시 신청할 수 없다.
④ 유효기간 만료 후에도 계속하여 우수관리인증을 유지하려면 유효기간 만료 1년 전까지 우수관리인증기관의 심사를 받아 우수관리인증을 갱신하여야 한다.
⑤ 우수관리인증기관은 조사 과정에서 부정한 방법으로 우수관리인증을 받은 것이 확인된 자에 대하여 시정명령을 할 수 있다.

2. 다음 글과 <상황>을 근거로 판단할 때 옳지 않은 것은?

> 제1조(임대차계약의 성립) 임대차는 당사자 일방이 상대방에게 목적물을 사용하게 할 것을 약정하고 상대방이 이에 대한 차임(借賃)의 지급을 약정함으로써 그 계약이 성립한다.
> 제2조(기간의 약정 없는 임대차의 해지통고) 임대차기간의 약정이 없는 때에는 당사자는 언제든지 계약해지의 통고를 할 수 있다. 이 경우 상대방이 통고를 받은 날로부터 다음 각 호의 기간이 경과하면 해지의 효력이 생긴다.
> 1. 임대인이 해지를 통고한 경우에는 6월
> 2. 임차인이 해지를 통고한 경우에는 1월
>
> 제3조(묵시의 갱신) 임대차기간이 만료한 후에도 임차인이 임차물을 계속 사용하는 경우에 임대인이 이의를 제기하지 아니하면 전(前) 임대차와 동일한 조건으로 다시 임대차한 것으로 본다. 그러나 당사자는 제2조의 규정에 의하여 해지의 통고를 할 수 있다.
> 제4조(차임연체와 해지) 건물 임대차의 경우에 임차인의 차임연체액이 차임 2회분에 달하는 때에는 임대인은 계약을 해지할 수 있다.

<상 황>

> 2023년 2월 1일에 甲은 자신이 소유한 건물 A를 乙이 2년간 사용하게 할 것을, 乙은 건물 A를 사용하는 대가로 매월 1일에 甲에게 차임을 1개월분씩 지급할 것을 서로 약정하였다. 2025년 5월 1일 현재 乙은 건물 A를 계속 사용하고 있으며, 甲은 별다른 이의를 제기하지 않고 있다.

① 2023년 2월 1일에 임대차계약이 성립하였다.
② 현재는 2023년 2월 1일에 약정한 임대차와 동일한 조건으로 다시 임대차한 상태인 것으로 본다.
③ 甲은 언제든지 乙에게 계약의 해지를 통고할 수 있다.
④ 2025년 6월 1일에 乙이 계약해지의 의사를 우편으로 통고하고 2025년 6월 5일에 甲이 해당 우편을 수령하였다면, 2025년 12월 5일에 해지의 효력이 발생한다.
⑤ 乙이 2025년 1월분 차임과 3월분 차임을 연체하고 있다면 甲은 임대차계약을 해지할 수 있다.

3. 다음 글을 근거로 판단할 때 옳지 않은 것은?

제00조 ① 산림보호구역에 불을 지른 자는 7년 이상 15년 이하의 징역에 처한다.
② 타인 소유의 산림에 불을 지른 자는 5년 이상 15년 이하의 징역에 처한다.
③ 자기 소유의 산림에 불을 지른 자는 1년 이상 10년 이하의 징역에 처한다.
④ 제3항의 경우 불이 타인의 산림에까지 번져 피해를 입혔을 때에는 2년 이상 10년 이하의 징역에 처한다.
⑤ 과실로 인하여 타인의 산림을 태운 자나 과실로 인하여 자기 산림을 불에 태워 공공을 위험에 빠뜨린 자는 3년 이하의 징역 또는 3천만 원 이하의 벌금에 처한다.
제00조 벌칙 부과 대상자를 신고한 자에 대해서는 [별표]의 지급기준에 따라 포상금을 지급할 수 있다. 다만, 공무수행 과정에서 위반혐의를 인지한 공무원은 포상금 지급대상에서 제외한다.

[별표] 포상금의 지급기준

확정된 벌칙		포상금
징역형	2년 이상	300만 원
	2년 미만	200만 원. 단, 피해규모가 1 ha 미만인 경우에는 100만 원 지급
벌금형		벌금액의 100분의 10. 단, 최고 50만원, 최저 20만원 범위 내에서 지급

① A가 자기 소유의 산림에 불을 질렀으나 다른 사람 소유의 산림에까지 번져 피해를 입혔고, 이에 대하여 A에게 벌칙이 부과된 경우, A를 신고한 버스운전기사 甲은 300만 원의 포상금을 받을 수 있다.
② B가 과실로 다른 사람 소유의 산림을 불에 태운 사실을 산림공무원인 乙이 공무수행 과정에서 인지하여 신고했고, B에게 징역형이 선고되었더라도, 乙은 포상금을 받을 수 없다.
③ C가 자기 소유의 산림 0.5 ha에 불을 지른 사실을 식당 주인 丙이 신고하여 C에게 1년 6개월의 징역형이 선고된 경우, 丙은 100만 원의 포상금을 받을 수 있다.
④ D가 과실로 다른 사람 소유의 산림을 태운 사실을 부동산중개인 丁이 신고하여 D에게 150만 원의 벌금형이 선고된 경우, 丁은 15만 원의 포상금을 받을 수 있다.
⑤ E가 산림보호구역에 불을 지른 사실을 학원강사 戊가 신고하고 E에 대한 벌칙이 확정되었다면, 戊는 300만 원의 포상금을 받을 수 있다.

4. 다음 글을 근거로 판단할 때, <보기>에서 대폐차가 허용되는 경우만을 모두 고르면?

제00조(화물자동차간 대폐차의 유형별 범위) ① 화물자동차간에는 대폐차를 허용하되, 동력장치가 없는 피견인 화물자동차(“트레일러”를 말한다)는 동력장치가 없는 피견인 화물자동차로만 대폐차를 허용한다.
② 친환경 화물자동차는 친환경 화물자동차로만 대폐차를 허용한다.
제00조(대폐차의 최대적재량 범위) ① 최대적재량이 5톤 미만인 화물자동차의 대폐차의 경우 대차되는 차량의 최대적재량이 5톤 미만이어야 한다. 다만, 대차되는 차량의 최대적재량이 폐차되는 차량의 최대적재량에 50 %를 더한 톤수 이하인 경우 대차되는 차량이 5톤 이상이더라도 대폐차를 허용한다.
② 최대적재량이 5톤 이상인 화물자동차의 대폐차의 경우 폐차되는 차량의 최대적재량에 50 %를 더한 범위의 화물자동차까지 대폐차를 허용한다. 다만, 폐차되는 차량의 최대적재량이 5톤인 경우 최대적재량이 9톤 미만인 화물자동차까지 대폐차를 허용한다.

※ 대폐차: 폐차 차량의 번호판을 다른 차로 옮겨 부착하여 차량을 대체하는 폐차방법. ‘폐차되는 차량’이란 교체되는 기존의 차량을 의미하고, ‘대차되는 차량’이란 교체하는 신규차량을 의미한다.

<보 기>

경우	폐차되는 차량		대차되는 차량	
	종류	최대 적재량	종류	최대 적재량
A	일반형 화물자동차	5톤	일반형 화물자동차	8톤
B	트레일러	25톤	트레일러	35톤
C	트레일러	15톤	트레일러	25톤
D	친환경 화물자동차	4톤	일반형 화물자동차	6톤
E	일반형 화물자동차	3톤	친환경 화물자동차	5톤

① A, B
② B, E
③ C, D
④ A, B, E
⑤ C, D, E

5. 다음 글을 근거로 판단할 때, <보기>에서 옳은 것만을 모두 고르면?

수용액은 그 속에 수소이온(H^+)과 수산화이온(OH^-)을 가지고 있는데, H^+의 농도와 OH^-의 농도가 동일하면 중성, H^+가 더 많으면 산성, OH^-가 더 많으면 알칼리성이라고 한다. 수용액 중 H^+과 OH^-의 양에 대해서는 $[H^+] \times [OH^-] = 10^{-14}$의 관계식이 성립한다. 즉, H^+의 양에 따라 OH^-의 양은 자동으로 정해지기 때문에, 수용액의 액성은 H^+의 농도만으로 알아낼 수 있다. 그래서 1기압 · 25 ℃일 때의 H^+ 농도의 역수의 상용로그값을 수소이온지수(pH)로 하여 수용액의 액성을 표시하는데, 순수한 물의 pH값은 7이며, 중성이다. pH값은 상용로그값이기 때문에, 같은 용량의 두 수용액을 비교했을 때 pH값이 1만큼 더 낮다는 것은 H^+가 10배 더 많다는 것을 의미한다.

한편, 20세기에 들어서 빗물의 산성도를 pH로 표현하기 시작했는데, 자연 상태의 빗물은 대기 중의 이산화탄소가 녹아들어 pH 5.6 정도의 약한 산성을 띤다. 따라서 일반적으로 빗물의 pH값이 5.6 미만인 경우를 산성비라고 한다.

<보 기>

ㄱ. 순수한 물 속에는 동일한 양의 수소이온과 수산화이온이 들어 있다.
ㄴ. 같은 용량의 두 수용액을 비교했을 때, pH 8인 수용액은 pH 7인 수용액보다 10배 많은 수소이온을 가지고 있다.
ㄷ. pH가 5.6인 빗물은 산성이지만, 일반적으로 이 경우를 산성비라고 하지는 않는다.
ㄹ. 용량 · 온도 · 기압이 동일할 때, 순수한 물보다 50배 더 많은 수소이온을 가지고 있는 수용액은 알칼리성이다.

① ㄱ, ㄷ
② ㄴ, ㄷ
③ ㄴ, ㄹ
④ ㄱ, ㄴ, ㄹ
⑤ ㄱ, ㄷ, ㄹ

6. 다음 글을 근거로 판단할 때, E가 먹은 사탕의 개수가 될 수 없는 것은?

○ A, B, C, D, E 다섯 사람이 사탕 17개를 나누어 먹었다.
○ 사탕을 먹지 않은 사람은 없다.
○ B는 A보다 사탕을 적게 먹지 않았다.
○ A와 B가 먹은 사탕 개수의 합은 C가 먹은 사탕의 개수와 같다.
○ A와 C가 먹은 사탕 개수의 합은 D가 먹은 사탕의 개수와 같다.

① 1
② 3
③ 4
④ 7
⑤ 9

7. 다음 글을 근거로 판단할 때, <보기>에서 옳은 것만을 모두 고르면?

고대 이집트 사람들은 이진법을 활용한 표를 만들어 곱셈을 했다. 물론 당시에는 현대의 아라비아 숫자가 아닌 고대 이집트의 숫자를 사용했다. 예를 들어, 21×15를 구하기 위해서는 먼저 아래와 같은 2열 5행의 표를 만든다.

1	15
2	30
4	60
8	120
16	240

두 열로 나눈 표에서 왼쪽 열은 항상 1로 시작하고, 아래로 내려갈수록 2배가 된다. 오른쪽 열은 곱하려는 수, 즉 15부터 시작해서 아래로 내려갈수록 2배가 된다. 그 다음 왼쪽 열에서 더해서 21(곱해지는 수)이 되는 수들을 찾는다. 21은 1＋4＋16이므로 1, 4, 16이 된다. 이 세 개의 수에 짝이 되는 수를 오른쪽 열에서 찾아 모두 더하면 21×15의 답이 된다. 또한, 곱셈은 교환법칙이 성립하므로 두 수의 위치를 바꾸어 위와 같은 방식으로 답을 구하기도 했다.

<보 기>

ㄱ. 고대 이집트 사람들은 이진법을 활용한 표를 만들어 곱셈을 할 때 아라비아 숫자를 사용했다.
ㄴ. 21×15의 답을 구하기 위해서는 반드시 2열 5행의 표를 만들어야 한다.
ㄷ. 2열 5행의 표를 만들면 38×24의 답을 구할 수 있다.

① ㄴ
② ㄷ
③ ㄱ, ㄴ
④ ㄱ, ㄷ
⑤ ㄴ, ㄷ

8. 다음 글을 근거로 판단할 때, 철수가 참가할 프로그램은?

다음 표는 ○○시 시립도서관에서는 12월에 실시하는 독서문화 프로그램에 대한 안내이다.

프로그램명	일시	운영내용
인형극으로 만나는 명작동화	12.8.(토) 10 : 30 ~ 11 : 20	창작 인형극 4세 이상 어린이 대상
책 읽어주는 사서 선생님	첫 번째 일요일 11 : 00 ~ 12 : 00	사서가 이야기 방에서 그림책을 읽어줍니다.
북멘토 책 읽어주세요	두 번째, 네 번째 토요일※ 14 : 00 ~ 16 : 00	노란 앞치마를 입은 사람을 찾아, “책 읽어주세요”라고 요청
영어 멘토와 함께하는 스토리텔링	두 번째, 네 번째 화요일※ 14 : 30 ~ 15 : 30	영어 동화책을 함께 읽어요.
동화 구연	마지막 수요일 16 : 00 ~ 16 : 30	동화 구연가 선생님과 함께 하는 신나는 ‘동화구연’과 ‘율동’ 시간

※ 두 번 모두 참여할 필요는 없음.

철수는 12월 독서문화 프로그램 중 하나에 참여하려고 한다. 철수가 참여할 수 있는 날은 2일, 12일, 20 ~ 29일이며, 크리스마스 당일에는 오전에만 참여할 수 있다. 철수는 최소 1시간 이상 진행되는 프로그램을 원하며, 해당하는 프로그램이 여러 개일 경우 프로그램명의 글자 수가 많은 것을 선택한다.

① 인형극으로 만나는 명작 동화
② 책 읽어주는 사서 선생님
③ 북멘토 책 읽어주세요
④ 영어 멘토와 함께하는 스토리텔링
⑤ 동화 구연

[9 ~ 10] 다음 글을 읽고 물음에 답하시오.

수구는 골키퍼를 포함하여 각각 7명씩의 선수로 구성된 두 팀이 상대 팀 골문에 골을 더 많이 넣는 것으로 승부를 겨루는 경기로서, 물속에서 하는 유일한 구기 종목이다. 스코틀랜드의 윌리엄 윌슨이 고안한 것으로, 1870년에 풋볼인더워터(football in the water)란 명칭으로 런던수영협회 주관 대회를 통해 처음 선보였으며, 1885년에는 11개 조의 경기 규칙이 제정되었다. 그 후 수구는 1900년 제2회 파리올림픽부터 정식 종목으로 채택될 만큼 빠르게 발전했고, 오랫동안 남자 경기만 치르다가 2000년 제27회 시드니올림픽부터는 여자 경기도 정식 종목으로 추가되었다.

경기는 각 8분씩 4피리어드로 진행된다. 1, 2피리어드 사이와 3, 4피리어드 사이에 각각 2분간의 휴식 시간이 주어지고 2피리어드와 3피리어드 사이에 5분간 휴식 시간이 주어진다. 4피리어드까지 종료된 후 동점일 경우에는 5분간 휴식 후 연장전을 펼치는데, 연장전은 3분씩 2피리어드를 한다. 수구 경기 중에는 선수들의 몸이 수영장 바닥이나 측면에 닿아서는 안 된다. 또 몸을 미끄럽게 하는 어떠한 물질도 바를 수 없다. 골키퍼 외의 선수가 동시에 두 손을 사용하여 공을 잡는 행위, 상대 선수에게 물을 뿌리는 행위, 바닥을 딛고 뛰어오르는 동작 등도 금지된다.

수구 경기장은 남자의 경우 양쪽 골문 사이의 거리가 30 m이고 폭은 20 m이다. 그리고 여자 경기는 골문 사이의 거리가 25 m, 폭 17 m로 규정되어 있다. 수심은 경기장 전체가 1.8 m 이상이어야 한다. 골문의 너비는 3 m이며, 크로스바의 밑면은 수면에서 0.9 m 떨어진 높이에 있어야 한다. 수구에 사용되는 공은 표면이 거칠어 잘 미끄러지지 않게 되어 있다. 남자 경기용 공은 둘레가 0.68 ~ 0.71 m, 여자 경기용 공은 둘레가 0.65 ~ 0.67 m로 규정되어 있다. 무게는 남녀 모두 400 ~ 450 g이어야 하며, 규격 외의 공을 사용해서는 안 된다.

수구는 별다른 유니폼이 없으므로 모자의 색깔로 팀을 구분한다. 한쪽 팀은 짙은 파란색, 한쪽 팀은 흰색, 그리고 양 팀 모두 골키퍼는 빨간색 모자를 쓰는 것이다. 모자는 끈을 턱 밑에서 매어 단단히 고정해야 하며, 모자 양쪽에 10 ㎝ 크기로 각자의 번호를 붙인다. 각 팀 별로 골키퍼는 1번을, 다른 경기자는 2 ~ 13번의 번호를 쓴다. 특히 세계선수권대회와 올림픽에서는 귀를 보호하는 마개가 붙은 모자를 사용하도록 하고 있다.

9. 윗글을 근거로 판단할 때 옳지 않은 것은?

① 수구는 제2회 올림픽부터 정식 종목으로 채택되었지만, 여자 경기는 제26회 올림픽까지 치러지지 않았다.
② 수구는 양 팀 합하여 총 14명의 선수가 경기를 한다.
③ 연장전을 하지 않고 경기가 종료되는 경우, 총 9분의 휴식 시간이 주어진다.
④ 한쪽 팀이 흰색 모자를 착용하는 경우, 다른 한쪽 팀은 짙은 파란색 모자를 착용해야 한다.
⑤ 규정된 무게가 동일하기 때문에, 남자 경기용 공을 여자 경기에도 사용할 수 있다.

10. 윗글을 근거로 판단할 때, 수구의 경기 규칙 또는 경기장 및 복장 규정을 준수한 것은?

① 골키퍼가 착용한 빨간색 모자 양쪽에 10cm 크기로 11번의 번호를 붙인 경우
② 골문의 너비가 3 m이며, 경기장 바닥에서 크로스바 밑면까지의 거리가 2.6 m인 경우
③ 골키퍼가 공격을 저지하기 위하여 두 손으로 공을 잡아 상대편 선수로부터 빼앗은 경우
④ 남자 수구 경기장의 양쪽 골문 사이 거리가 25 m이며 폭이 17 m인 경우
⑤ 3피리어드 시작 후 1분이 경과했을 때, 선수 중 한 명이 몸을 수영장 측면에 기대고 멈춰선 경우

11. 다음 규정을 근거로 판단할 때, <보기>에서 규정을 준수하지 않은 경우만을 모두 고르면?

제1조(지진가속도 계측 등) ① 지진으로 인한 피해가 우려되는 주요 시설물을 관리하는 자는 지진가속도계측을 하여야 한다.
② 제1항에 따라 지진가속도계측을 한 자는 다음 각 호의 시기에 계측 자료를 행정안전부장관에게 제출하여야 한다.
1. 지반의 가속도를 계측한 자료는 계측 후 지체 없이 제출
2. 시설물의 가속도를 계측한 자료는 그 달의 계측 결과를 다음 달 10일까지 제출

제2조(지진가속도계측기 관리 등) ① 지진가속도계측기의 설치 및 관리에 대한 기준은 다음 각 호와 같다.
1. 지진가속도계측기는 지표면 및 시설물에 각각 한 곳 이상 설치할 것
2. 지진가속도계측기 관리자는 계측기가 항상 정상적으로 작동될 수 있도록 점검을 실시할 것

② 행정안전부장관은 지진가속도계측기를 관리해야 하는 자의 이행실태를 서면점검과 현장점검으로 구분하여 점검한다.
③ 행정안전부장관은 제2항에 따른 서면점검을 반기별 1회 이상 실시해야 하며, 서면점검 결과 제1항의 기준에 따라 미흡하다고 인정하는 경우에는 현장점검을 실시한다.

제3조(주민대피지구 관리대장) 특별시장・광역시장・특별자치시장・특별자치도지사 및 시장・군수・구청장은 반기별로 1회 이상 주민대피지구의 관리상태를 점검하고, 그 점검 결과를 주민대피지구 관리대장에 기록・관리하여야 한다.

제4조(규제의 재검토) 행정안전부장관은 2015년 1월 1일을 기준으로 3년마다(매 3년이 되는 해의 기준일 하루 전까지를 말한다) 다음 각 호의 사항에 대한 타당성을 검토하여 개선 등의 조치를 하여야 한다.
1. 제1조에 따른 지진가속도계측 자료의 제출 시기
2. 제2조에 따른 지진가속도계측기 관리에 대한 기준

<보 기>

ㄱ. 지표면에 설치된 지진가속도계측기로 지반의 가속도를 계측한 시설물 관리자는 그 계측 자료를 계측한 다음 달 10일에 관할 구청장에게 제출하였다.
ㄴ. 행정안전부장관은 2024년 4월과 10월에 지진가속도계측기 관리의 이행실태 서면점검을 실시하고 11월에는 현장점검을 실시하였다.
ㄷ. 인천광역시장은 2024년에 총 3회의 주민대피지구 관리상태 점검을 하였으며, 그 시기는 8월・9월・11월이었다.
ㄹ. 행정안전부장관은 2018년 2월에 처음으로 지진가속도계측기 관리에 대한 기준의 타당성을 검토하였다.

① ㄱ, ㄴ
② ㄴ, ㄹ
③ ㄷ, ㄹ
④ ㄱ, ㄴ, ㄷ
⑤ ㄱ, ㄷ, ㄹ

12. 다음 글과 <상황>을 근거로 판단할 때, A가구와 B가구가 각각 국가로부터 받는 보상금으로 옳은 것은?

甲국은 공공의 필요에 따른 공사를 시행할 때 발생하는 분진 피해에 대해 주변 주민들에게 다음과 같이 보상한다.

○ 공사 시행자가 국가인 경우 국가가 전액을 배상하고, 시행자가 민간기업인 경우 국가와 해당 기업이 절반씩 보상금을 분담한다.
○ 보상 기준금액

공사지와의 거리	피해 주민 1인 당 보상 기준금액
0 ~ 100 m	200,000원
100 ~ 200 m	120,000원
200 ~ 500 m	50,000원

○ 보상액 가감기준
(1) 0 ~ 100 m 거주 주민의 경우, 분진의 밀도가 '심각' 미만인 것을 공사 시행자가 입증하면 20 % 감산.
(2) 100 ~ 500 m 거주 주민의 경우 분진의 밀도가 '양호' 초과인 것을 주민이 입증하면 30 % 가산.
(3) 피해 주민이 유아 또는 폐질환 환자인 경우 50 % 가산.
※ 기준에 해당하는 경우 기준금액에서 감산금액은 제하고 가산금액은 더하여 계산. 단, 가산 기준 모두에 해당하는 경우 각각 계산하여 더함.
※ (1)과 (2)는 거주 주민 모두에게 적용하고, (3)은 해당 피해 주민에게만 적용함.
○ 분진의 밀도는 높은 순서대로 '경보 > 심각 > 위험 > 양호'로 구분한다.

<상 황>

○ A가구는 부부와 유아 1명으로 구성된 3인 가구이며, 공공의 필요에 따라 민간 X기업이 시행하는 공사 현장에서 50 m 떨어진 위치에 거주하고 있다. A가구는 공인된 연구기관에 조사를 의뢰하여 거주지의 분진 밀도가 '심각' 수준이라는 것을 입증했으며, X기업은 별도의 조사를 하지 않았다.
○ B가구는 부부와 중학생인 두 딸로 구성된 4인 가구이며, 공공의 필요에 따라 국가가 시행하는 공사 현장에서 150 m 떨어진 위치에 거주하고 있다. B가구는 공인된 연구기관에 조사를 의뢰하여 거주지의 분진 밀도가 '위험' 수준이라는 것을 입증했으며, 국가는 별도의 조사를 하지 않았다.
○ A가구와 B가구에 폐질환 환자는 없다.

	A가구	B가구
①	350,000원	624,000원
②	700,000원	540,000원
③	580,000원	480,000원
④	700,000원	624,000원
⑤	350,000원	480,000원

13. 다음 글을 근거로 판단할 때 옳지 않은 것은?

> 회교력 또는 무함마드력이라고도 하는 이슬람력(曆)은 순태음력이다. 이슬람력의 기원(紀元)은 서기(西紀, AD) 622년이며, 영문 약어로는 H 또는 AH를 사용한다.
>
> 이슬람력의 1년은 12개월이며 홀수인 달은 30일까지 있고 짝수인 달은 29일까지 있다. 이렇게 계산된 1년은 실제 달의 공전주기(삭망월을 기준으로 약 29.53일)에 따른 1년과 약간씩의 오차가 생기게 되므로 이를 보정하기 위하여 30년에 11회의 윤년을 둔다. 이슬람력을 30으로 나눴을 때 나머지가 2, 5, 7, 10, 13, 15, 18, 20, 24, 26, 29인 해가 윤년이 되며, 윤년의 12월은 30일까지로 한다.
>
> 한국에서 사용하는 태음력과는 달리 이슬람력은 태양력과의 차이를 보정하지 않고 사용한다. 따라서 한 해의 시작과 각 월은 계절과 점점 어긋나게 된다.
>
> 라마단은 아랍어로 '더운 달'을 뜻하며 이슬람력의 9월에 해당한다. 이슬람교도는 이 달을 무함마드가 '코란'을 계시 받은 신성한 달로 여기며, 이 기간 동안에는 일출에서 일몰까지 의무적으로 금식하고, 매일 5번의 기도를 드린다. 여행자・병자・임신부 등은 금식이 면제되지만, 라마단이 끝난 후에 별도로 금식을 해야 한다. 서기 2020년의 라마단은 4월 24일에 시작되었다.

① 라마단의 기간은 30일이다.
② AH 1356년의 일수는 354일이다.
③ 서기 2020년은 이슬람력으로 1399년이다.
④ 서기 2021년의 라마단은 4월 중에 시작된다.
⑤ 이슬람력의 12월은 우리나라의 여름에 해당할 수도 있다.

14. 다음 글을 근거로 판단할 때, <보기>에서 옳은 것만을 모두 고르면?

> ○ 甲과 乙은 숫자카드로 게임을 하려고 한다. 이 게임은 자신이 뽑은 모든 숫자카드의 합이 상대보다 먼저 정확히 10이 되면 이기는 게임이다.
>
> ○ 숫자카드는 [1], [2], [3]이 각각 2장씩 있고 [4]가 1장, 총 7장이 있다.
>
> ○ 甲, 乙 두 사람 중 가위바위보를 하여 이긴 사람이 숫자카드를 1장 가져온다. 단, 숫자카드는 번호를 볼 수 없는 상태에서 무작위로 뽑기 때문에 원하는 숫자를 고를 수는 없다. 숫자카드의 합이 10이 되거나 숫자카드가 모두 소진될 때까지, 가위바위보를 하여 숫자카드 가져오기를 반복한다.
>
> ○ 甲, 乙 두 사람이 가위, 바위, 보를 선택하는 확률은 모두 동일하다.
>
> ○ 카드가 모두 소진되었을 때, 숫자 카드의 합이 10인 사람이 없으면 무승부가 된다.

<보 기>

ㄱ. 승패가 결정되려면 적어도 4번의 가위바위보가 실시되어야 한다.
ㄴ. 현재까지 3번의 가위바위보가 실시되었고, 甲이 [2], [2], [3] 카드를 뽑았다면 乙은 이길 수 없다.
ㄷ. 현재까지 6번 가위바위보가 실시되었고, 甲과 乙이 뽑은 카드의 개수가 같다면 무승부가 될 수도 있다.

① ㄱ
② ㄴ
③ ㄱ, ㄴ
④ ㄱ, ㄷ
⑤ ㄴ, ㄷ

15. 다음 글과 <상황>을 근거로 판단할 때 옳지 않은 것은?

> 공격자와 방어자가 동일한 성능의 무기를 사용하는 전투의 결과를 예측하는 방법으로는 보통 선형법칙과 제곱법칙, 두 가지가 사용된다.
>
> 선형법칙의 경우 근대 이전의 냉병기를 이용한 전투를 잘 표현한다. 냉병기를 이용한 전투에서는 군사력은 병력과 동일시된다. 예를 들어 A군의 병력이 m, B군의 병력이 n인 경우(단, m > n), 전투 이후 A군의 병력은 『m − n』, B군의 병력은 0이 남게 된다.
>
> 반면, 근대에 도입된 화기를 이용한 전투를 잘 표현하는 것이 제곱법칙이다. 화기를 사용하는 전투에서는 군사력이 병력의 수보다 무기에 의존하게 되므로 군사력은 병력의 수의 제곱에 비례하게 된다. 예를 들어, A군의 병력이 m, B군의 병력이 n인 경우(단, m > n), A군의 군사력은 m^2, B군의 군사력은 n^2이 된다. 두 군대가 맞붙게 되는 경우 B군은 전멸하게 되고, A군은 『$m^2 - n^2$』만큼의 군사력을 보전하게 된다. 결국 A군은 잔존한 군사력의 제곱근 만큼의 병력이 살아남게 된다.

※ 냉병기 : 화약을 사용하지 않는 무기의 총칭.
※ 화기 : 화약을 사용하는 무기의 총칭.

<상 황>

- ○ A군의 병력: 5
- ○ B군의 병력: 9
- ○ C군의 병력: 12
- ○ D군의 병력: 13
- ○ E군의 병력: 15

① A군과 B군이 동일한 성능의 칼을 무기로 전투를 하면, B군의 병력은 4가 남는다.
② C군과 D군이 동일한 성능의 총을 무기로 전투를 하면, D군의 병력은 5가 남는다.
③ B군과 E군이 동일한 성능의 칼을 무기로 전투를 하면, E군의 군사력은 6이 남는다.
④ A군과 D군이 동일한 성능의 총을 무기로 전투를 하면, D군의 군사력은 64가 남는다.
⑤ C군과 E군이 동일한 성능의 총을 무기로 전투를 하면, E군의 군사력은 81이 남는다.

16. 다음 글을 근거로 판단할 때, <보기>에서 옳은 것만을 모두 고르면?

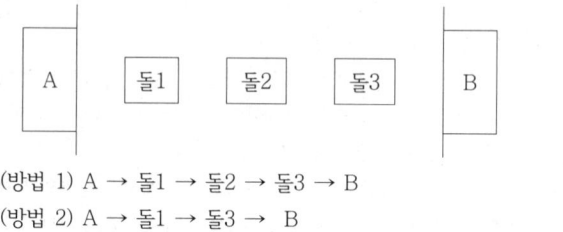

> 甲은 A에서 출발하여 여러 개의 돌로 구성되어 있는 징검다리를 건너 강 건너편인 B로 이동하려 한다. 甲은 한 번에 한 개 또는 두 개의 돌을 이동할 수 있는데, 징검다리의 첫 번째 돌과 마지막 돌은 반드시 밟아야 한다.
>
> 한편, 총 n개의 돌로 구성된 징검다리를 건너는 방법의 수를 $f(n)$이라 하고(단, n은 1 이상의 자연수) 3개의 돌로 구성된 징검다리를 건너는 경우를 생각해 보면, 아래와 같이 그 방법은 두 가지이므로 $f(3) = 2$이다.
>
> 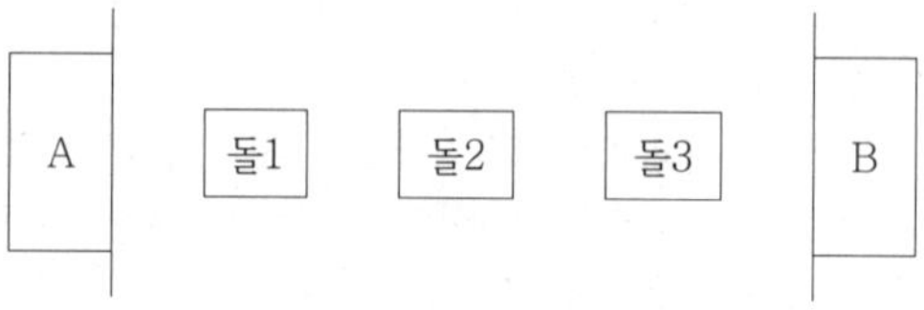
>
>
> (방법 1) A → 돌1 → 돌2 → 돌3 → B
> (방법 2) A → 돌1 → 돌3 → B

<보 기>

ㄱ. $f(5) = 6$이다.
ㄴ. $f(6) = f(4) + f(5)$이다.
ㄷ. $f(n+2) - f(n) = f(n+1)$이다.

① ㄱ
② ㄴ
③ ㄱ, ㄷ
④ ㄴ, ㄷ
⑤ ㄱ, ㄴ, ㄷ

17. 다음 글을 근거로 판단할 때, <보기>에서 옳은 것만을 모두 고르면?

○ 세 명의 참가자(甲, 乙, 丙)는 동전의 앞·뒷면을 맞히는 게임을 총 6라운드까지 진행한다.
○ 각 라운드마다 참가자들은 앞면 또는 뒷면을 선택해야 한다. 다만, 각 참가자들은 전체 라운드 중 한 번씩은 선택을 포기할 수 있다.
○ 앞면 또는 뒷면을 선택하여 맞으면 3점을 받고, 틀리면 −1점, 포기한 경우에는 0점을 받는다.
○ 라운드마다 받은 점수의 총합이 가장 높은 참가자가 우승자가 된다. 총합이 가장 높은 사람이 두 명 이상인 경우에는 단독으로 맞힌 라운드가 더 많은 참가자가 우승자가 되며, 이 방법으로 우승자가 가려지지 않으면 공동 우승으로 한다.
○ 4라운드까지 진행했을 때의 상황은 아래와 같다.

라운드	참가자들의 선택			동전
	甲	乙	丙	
1	앞	뒤	뒤	앞
2	포기	앞	포기	앞
3	앞	앞	뒤	뒤
4	앞	앞	뒤	앞
5				
6				

<보 기>

ㄱ. 5라운드에서 甲은 틀리고 丙은 맞힌다면, 甲은 단독 우승을 할 수 없다.
ㄴ. 5라운드에서 乙이 선택을 포기한다면, 乙은 단독 우승을 할 수 없다.
ㄷ. 3명 모두 공동 우승인 것으로 게임이 종료되는 경우가 있을 수 있다.

① ㄴ
② ㄷ
③ ㄱ, ㄴ
④ ㄱ, ㄷ
⑤ ㄴ, ㄷ

18. 다음 글을 근거로 판단할 때, <보기>에서 반드시 옳은 것만을 모두 고르면?

甲, 乙, 丙, 丁은 스터디룸 1실과 2실에서 각자 자습을 했다. 이들이 스터디룸을 사용한 시간은 각각 30분, 1시간, 1시간 30분, 2시간이었는데, 각자가 사용한 시간은 확인되지 않았지만 다음과 같은 사실은 확인되었다.

○ 모든 스터디룸은 한 번에 한 명씩만 사용할 수 있으며, 직전에 사용한 사람이 스터디룸에서 나오면 그와 동시에 다음 사람이 스터디룸으로 들어간다.
○ 甲은 스터디룸 1실, 乙은 스터디룸 2실을 사용했다.
○ 甲과 乙은 가장 먼저 동시에 스터디룸에 들어갔으며, 甲이 乙보다 먼저 스터디룸에서 나왔다.
○ 丙과 丁은 동시에 스터디룸에서 나왔다.
○ 乙과 丁은 가장 오래 스터디룸을 사용한 사람이 아니다.

<보 기>

ㄱ. 甲은 30분 동안 스터디룸을 이용했다.
ㄴ. 乙은 1시간 동안 스터디룸을 이용했다.
ㄷ. 丙은 丁보다 먼저 스터디룸에 들어갔다.
ㄹ. 丁은 甲과 같은 스터디룸을 사용했다.

① ㄱ, ㄴ
② ㄱ, ㄷ
③ ㄴ, ㄹ
④ ㄱ, ㄷ, ㄹ
⑤ ㄴ, ㄷ, ㄹ

19. 다음 글을 근거로 판단할 때 옳지 않은 것은?

A, B, C, D가 함께 수학 시험을 본 결과, A의 점수는 B의 점수보다 3점 낮았다. C의 점수는 B의 점수보다 낮고 D의 점수보다 높았는데, B와 C의 점수 차이는 A와 C의 점수 차이의 2배였고, C와 D의 점수 차이는 B와 D의 점수 차이의 2/3였다. 단, 수학 시험의 만점은 100점이었으며, 네 사람의 수학 점수는 모두 자연수였다.

① A와 C의 점수 차이가 3점일 수 있다.
② A와 D의 점수 차이가 15점일 수 있다.
③ B와 C의 점수 차이가 2점일 수 있다.
④ B와 D의 점수 차이가 6점일 수 있다.
⑤ C와 D의 점수 차이가 9점일 수 있다.

20. 다음 글을 근거로 판단할 때, <보기>에서 옳지 않은 것만을 모두 고르면?

'그림을 사랑하는 사람들의 모임'의 회원 8명(A ~ H)은 C가 소유한 그림 甲을 서로 사고파는 자리를 마련했다. 이 자리에서는 다음의 조건들을 지키며 그림을 거래해야 한다.

○ 그림의 가격은 1만 원부터 9만 원까지 1만 원 단위로만 설정할 수 있다.
○ 최초로 그림을 팔 때에는 가격을 자유롭게 정할 수 있다. 이후 구입한 그림을 팔 때에는 구입한 가격과 같거나 그보다 높은 가격으로 팔아야 한다.
○ 그림의 최초 소유주는 그림을 다시 살 수 없다.
○ 한 사람이 그림을 세 번 이상 구입할 수 없다.
○ 그림을 판 사람은 자신이 판매한 가격과 동일한 가격으로는 그림을 다시 구입할 수 없다.

첫 거래에서 C는 D에게 1만 원의 가격으로 그림 甲을 판매했다.

<보 기>

ㄱ. 마지막 거래를 포함하여 총 6회의 거래가 이루어졌고 마지막 거래에서 G가 H에게 4만 원에 그림을 판매했다면, 전체 거래 과정에서 그림을 구입한 사람은 최소 3명이다.
ㄴ. 마지막 거래를 포함하여 총 8회의 거래가 이루어졌다면, 그림의 최종 가격은 최소 2만 원이다.
ㄷ. 8명의 회원이 모두 가능한 최대의 횟수로 거래에 참여했다면 그림의 최종 가격은 반드시 9만 원이 된다.

① ㄱ
② ㄷ
③ ㄱ, ㄴ
④ ㄴ, ㄷ
⑤ ㄱ, ㄴ, ㄷ

21. 다음 글을 근거로 판단할 때, E가 가져간 카드 2장의 숫자로 옳은 것은?

> ○ 1부터 10까지의 숫자가 각각 하나씩 적힌 10장의 카드가 있다.
> ○ A ~ E 5명은 10장의 카드를 2장씩 나누어 가져갔고, 그 결과는 다음과 같았다.
> - A와 B가 가진 숫자들의 합은 같다.
> - B가 가진 숫자들의 합은 C의 2배이다.
> - D가 가진 숫자들의 합은 E의 2배이다.
> - E가 가진 숫자들의 합이 가장 작다.

① 1, 3
② 1, 4
③ 1, 5
④ 2, 3
⑤ 2, 4

22. 다음 글을 근거로 판단할 때, 도현이 현지에게 선물한 꽃다발의 상징수는?

> 도현은 친구들에게 백합, 수국, 장미, 튤립으로 이루어진 꽃다발을 자주 선물한다. 모든 꽃은 그 꽃을 상징하는 고유의 수가 있으며, 그 수들의 총합이 꽃다발의 '상징수'가 된다. 예를 들어, 벚꽃을 상징하는 수가 3, 코스모스를 상징하는 수가 9이면, 벚꽃 2송이와 코스모스 2송이로 이루어진 꽃다발의 상징수는 24이다.
>
> 다음은 도현이가 선물한 꽃다발의 내역이다.

받은 사람	꽃의 종류 및 송이 수	꽃다발 상징수
애리	수국 1, 튤립 1, 장미 1, 백합 1	66
서연	수국 3, 튤립 1	74
현정	장미 2, 백합 2	76
보아	수국 1, 튤립 1, 장미 2	64
현지	튤립 2, 장미 2	?

① 46
② 52
③ 60
④ 68
⑤ 72

23. 다음 글을 근거로 판단할 때, <보기>에서 옳은 것만을 모두 고르면?

> ○ 甲, 乙, 丙, 丁, 戊는 운동장 8바퀴를 달리는 시합을 한다.
> ○ 甲, 丙, 戊는 남학생이고 乙, 丁은 여학생이다.
> ○ 운동장을 1바퀴 달린 시점의 순위는 1위부터 甲, 乙, 丙, 丁, 戊 순이었다.
> ○ 운동장을 2바퀴 달린 시점에 乙이 甲을 추월하였다.
> ○ 운동장을 3바퀴 달린 시점에 여학생 1명이 남학생 1명을 추월하였다.
> ○ 운동장을 4바퀴 달린 시점에 여학생 1명이 남학생 1명을 추월하였다.
> ○ 운동장을 5바퀴 달린 시점에 남학생 1명이 남학생 2명을 추월하였다.
> ○ 운동장을 6바퀴 달린 시점에 남학생 1명이 여학생 2명을 추월하였다.
> ○ 운동장을 7바퀴 달린 시점에 어떤 1명이 여학생 1명과 남학생 1명의 순서로 2명을 연달아 추월하였다.
> ○ 이후 결승선까지는 순위 변동이 없었다.

※ 순위는 학생들이 운동장을 1바퀴 달린 시점마다 매번 확인하며, 위에서 언급된 순위 변동 외의 다른 순위 변동은 없었다. 또한 추월은 언급된 학생들 사이에서만 일어났다.

<보 기>

ㄱ. 한 번도 2위를 하지 못한 학생이 있다.
ㄴ. 결승선을 1위로 통과한 사람은 남학생이다.
ㄷ. 모든 학생은 적어도 한 번씩 3위를 한 적이 있다.
ㄹ. 甲은 최종적으로 5위를 했다.

① ㄱ, ㄷ
② ㄱ, ㄹ
③ ㄴ, ㄹ
④ ㄱ, ㄴ, ㄷ
⑤ ㄴ, ㄷ, ㄹ

24. 다음 글과 <자동차 탑승 규칙>을 근거로 판단할 때, 반드시 옳은 것은?

> 여자 7명과 남자 5명은 <자동차 탑승 규칙>에 따라 다음 3대의 자동차에 나눠 타고 캠핑을 다녀오려고 한다.
>
> ○ 자동차 A : 7인승 승합차
> ○ 자동차 B : 5인승 승용차
> ○ 자동차 C : 화물칸이 별도로 있는 4인승 레저용 트럭

<자동차 탑승 규칙>

1. 자동차 주인은 반드시 본인의 자동차를 운전한다.
2. 사람이 탑승하지 않는 좌석이 1개 이상 있어야 한다.
3. 조수석에는 운전석에 앉은 사람과 동성인 사람 1명이 반드시 앉아야 한다.
4. 모든 자동차에는 다른 성별의 사람이 최소 1명 이상 탑승해야 한다.
5. 모든 짐은 레저용 트럭의 화물칸에 싣도록 하며, 이 차량에는 반드시 2명 이상의 남자가 탑승해야 한다.
6. 3명이 탑승한 자동차는 오직 1대여야 한다.
7. 같은 자동차에 탑승한 남자와 여자의 인원수가 서로 같아서는 안 된다.

① 자동차 A에는 6명이 탑승한다.
② 자동차 A는 남자가 운전하며, 3명의 여자가 탑승한다.
③ 자동차 B의 운전자는 여자이며, 1명의 남자가 탑승한다.
④ 자동차 B에는 2명의 여자가 탑승한다.
⑤ 자동차 C의 조수석에는 여자가 탑승한다.

25. 다음 글과 <상사의 지시사항>을 근거로 판단할 때, <보기>에서 옳은 것만을 모두 고르면?

○ A사무관은 언론 기사 모니터링, 회의 자료 작성, 회의 주재 등의 기본 업무로 매일 업무시간 3시간을 사용한다.

○ A사무관은 기본 업무 외에, 상사의 지시에 따라 다음과 같은 업무를 수행하는데, 각 업무를 완료하는 데에는 업무의 종류별로 다음과 같은 시간을 필요로 한다.

업무종류	업무보고	보고서 작성	민원처리	국정감사 자료 준비
소요시간 (건당)	30분	1시간	1시간 30분	6시간

○ 업무시간은 평일 09시에서 18시까지이다. 단, 12시에서 13시까지는 점심시간으로 업무를 보지 않으며, 주말과 공휴일에도 업무를 보지 않는다.

○ 정해진 업무시간 외에 추가근무를 할 수 있으며, 추가근무는 하루 최대 4시간, 1주일에 최대 12시간만 할 수 있다.

<상사의 지시사항>

A사무관, 이번 주에는 국장님께 자네가 맡은 업무에 대해 하루에 1건씩 업무시간 내에 업무보고를 해야 하네. 그리고 우리 부서에 새로 배정된 업무 10건에 대한 보고서 작성과 최근 접수된 민원 중 8건의 처리를 자네가 맡도록 하고. 또, 국정감사에 제출할 자료를 준비해야 하는데, 자네가 1건을 맡도록 하게. 수요일이 한글날이어서 공휴일이니, 이를 고려해서 지금 말한 업무들을 이번 주 내로 차질 없이 완료하도록 하게.

※ 상사의 지시는 월요일 업무시작 전에 내려졌다.

<보 기>

ㄱ. A사무관이 이번 주 내에 지시 받은 업무를 모두 완료하려면 12시간의 추가근무를 해야 한다.

ㄴ. 국장님의 갑작스런 출장으로 이번 주 업무보고가 모두 취소된다면, A사무관은 이틀만 추가근무를 하여 지시 받은 나머지 업무를 이번 주 내에 모두 완료할 수 있다.

ㄷ. A사무관이 국정감사 자료 준비 1건을 추가로 지시 받고, 이를 완수하기 위해 민원처리 업무를 최후순위로 미룬다면, 이번 주에 3건의 민원처리를 완료하지 못한다.

① ㄱ
② ㄷ
③ ㄱ, ㄴ
④ ㄴ, ㄷ
⑤ ㄱ, ㄴ, ㄷ

MEMO

제 7 회

7급 PSAT 하주응 상황판단
실전 모의고사

상황판단영역

1. 다음 글을 근거로 판단할 때, <보기>에서 옳지 않은 것만을 모두 고르면?

> 제△△조(통합채산제) 유료도로관리권자는 둘 이상의 유료도로가 다음 각 호의 요건에 모두 해당하는 경우 해당 유료도로를 하나의 유료도로로 하여 통행료를 받을 수 있다. 이 경우 유료도로관리권자가 통합채산제에 신규 유료도로를 포함시키거나 기승인 내용을 변경할 경우에는 유료도로관리청의 승인을 받아야 한다.
> 1. 유료도로에 대한 유료도로관리권자가 동일할 것
> 2. 유료도로가 교통상 관련을 가지고 있을 것
>
> 제00조(통행료의 일괄 수납) 서로 다른 유료도로관리권자가 관리하는 유료도로를 연속하여 통과하는 차량에 대해서는 하나의 유료도로관리권자가 통행료를 일괄하여 받을 수 있다.
>
> 제00조(과태료) ① 제△△조에 따른 승인을 받지 아니하고 통합채산제를 시행한 자에게는 다음 각 호와 같이 과태료를 부과한다.
> 1. 1차 위반 : 500만 원
> 2. 2차 위반 : 700만 원
> 3. 3차 위반 이상 : 1,000만 원
>
> ② 제1항의 위반행위의 횟수에 따른 과태료 부과기준은 최근 3년간 같은 위반행위로 과태료 부과처분을 받은 경우에 적용한다. 이 경우 위반횟수별 부과기준의 적용일은 위반행위에 대한 과태료 부과처분일과 그 처분 후 같은 위반행위를 하여 적발된 날로 한다.

<보 기>

ㄱ. 서로 다른 유료도로관리권자가 관리하는 2개의 유료도로를 연속하여 통과하는 차량에 대해서, 하나의 유료도로관리자가 통행료를 일괄하여 받으려면 유료도로관리청의 승인을 받아야 한다.

ㄴ. 하나의 유료도로관리자가 2개의 유료도로를 관리하고 있다면, 그 유료도로들이 서로 연결되지 않아 교통상 관련이 없더라도 통행료를 통합하여 받을 수 있다.

ㄷ. 유료도로관리청의 승인을 받지 아니하고 통합채산제를 시행하여 2021년 1월과 2023년 3월에 과태료 부과처분을 받은 유료도로관리권자가 2024년 3월에 같은 위반행위를 하여 적발된 경우, 세 번째 위반행위에 대하여 1,000만 원의 과태료가 부과된다.

① ㄱ
② ㄷ
③ ㄱ, ㄴ
④ ㄴ, ㄷ
⑤ ㄱ, ㄴ, ㄷ

2. 다음 글을 근거로 판단할 때 옳은 것은?

> 제00조(설치) 토지등의 수용과 사용에 관한 재결을 하기 위하여 국토교통부에 중앙토지수용위원회를 두고, 특별시·광역시·도·특별자치도(이하 "시·도"라 한다)에 지방토지수용위원회를 둔다.
>
> 제00조(중앙토지수용위원회) ① 중앙토지수용위원회는 위원장 1명을 포함한 20명 이내의 위원으로 구성하며, 위원 중 3명의 위원은 상임(常任)으로 한다.
>
> ② 중앙토지수용위원회의 위원장은 국토교통부장관이 된다.
>
> ③ 중앙토지수용위원회의 상임위원은 다음 각 호의 어느 하나에 해당하는 사람 중에서 국토교통부장관의 제청으로 대통령이 임명한다.
> 1. 판사·검사 또는 변호사로 15년 이상 재직하였던 사람
> 2. 행정기관의 3급 공무원 또는 고위공무원단에 속하는 일반직 공무원으로 2년 이상 재직하였던 사람
>
> ④ 중앙토지수용위원회의 비상임위원은 토지 수용에 관한 학식과 경험이 풍부한 사람 중에서 국토교통부장관이 위촉한다.
>
> ⑤ 중앙토지수용위원회의 회의는 위원장이 소집하며, 위원장 및 상임위원 1명과 위원장이 회의마다 지정하는 위원 7명으로 구성한다.
>
> ⑥ 중앙토지수용위원회의 회의는 제5항에 따른 구성원 과반수의 출석과 출석위원 과반수의 찬성으로 의결한다.
>
> 제00조(지방토지수용위원회) ① 지방토지수용위원회는 위원장 1명을 포함한 20명 이내의 위원으로 구성한다.
>
> ② 지방토지수용위원회의 위원장은 시·도지사가 된다.
>
> ③ 지방토지수용위원회의 위원은 시·도지사가 소속 공무원 중에서 임명하는 사람 1명을 포함하여 토지 수용에 관한 학식과 경험이 풍부한 사람 중에서 위촉한다.
>
> ④ 지방토지수용위원회의 회의는 위원장이 소집하며, 위원장과 위원장이 회의마다 지정하는 위원 8명으로 구성한다.
>
> ⑤ 지방토지수용위원회의 회의는 제4항에 따른 구성원 과반수의 출석과 출석위원 과반수의 찬성으로 의결한다.
>
> 제00조(임기) 토지수용위원회의 상임위원 및 위촉위원의 임기는 각각 3년으로 하며, 연임할 수 있다.

① 중앙토지수용위원회의 위원 정수는 최대 24명이다.
② 중앙토지수용위원회의 비상임위원은 국토교통부장관의 제청으로 대통령이 임명한다.
③ 중앙토지수용위원회 회의의 구성원 수와 지방토지수용위원회 회의의 구성원 수는 동일하다.
④ 지방토지수용위원회의 회의는 위원 2명의 찬성으로 의결될 수 있다.
⑤ 중앙토지수용위원회 상임위원의 임기는 지방토지수용위원회 위촉위원의 임기보다 길다.

3. 다음 글을 근거로 판단할 때, 적법하지 않은 경우는? (단, 甲 ~ 戊는 모두 마약류취급자가 아니다)

> 제00조(정의) "마약류"란 마약, 향정신성의약품 및 대마를 말한다.
> 제00조(마약류취급자가 아닌 자의 마약류 취급) 마약류취급자가 아닌 자가 마약류를 취급할 수 있는 경우는 다음 각 호와 같다.
> 1. 의약품제조업자가 향정신성의약품의 품목허가를 받기 위한 임상연구나 시제품을 제조하기 위하여 마약류를 취급하는 경우
> 2. 의약품을 분류·포장하는 기계·기구 등을 제작하는 자가 시제품을 제작하거나 제품의 성능을 시험하기 위하여 향정신성의약품을 취급하는 경우
> 3. 공무수행 또는 공무수행을 보조하기 위하여 부득이 마약류를 취급하는 경우
> 4. 도핑(doping) 검사 및 그 검사를 위한 시험을 목적으로 마약류를 취급하는 경우
> 5. 자가치료를 목적으로 의료기관에서 처방받은 마약 또는 향정신성의약품을 휴대하고 출입국하는 경우
> 6. 의료봉사 단체가 해외 의료봉사·원조·지원을 위하여 향정신성의약품을 취급하는 경우

① 난치병을 앓고 있는 甲이 자가치료를 목적으로 의료기관에서 처방받은 향정신성의약품을 휴대하고 출국하는 경우
② 의약품 포장기계 제조업자인 乙이 시제품을 제작하기 위해서 마약을 취급하는 경우
③ 전국체육대회에서 도핑 검사관으로 근무하는 丙이 검사를 위한 시험을 목적으로 마약류를 취급하는 경우
④ 의약품제조업자 丁이 향정신성의약품의 품목허가를 받기 위한 임상연구를 위해 마약류를 취급하는 경우
⑤ 의료봉사 단체 戊가 해외 의료봉사 활동을 위해 향정신성의약품을 취급하는 경우

4. 다음 글과 <상황>을 근거로 판단할 때, <보기>에서 옳은 것만을 모두 고르면?

> 제00조(국립대학 교원의 성과연봉 지급) ① 연봉제 적용대상인 국립대학 교원의 성과연봉은 국립대학의 장이 정하는 바에 따라 일정 기간 동안의 교육·연구·봉사 등의 업적을 평가하여 그 결과에 따라 차등 지급한다.
> ② 성과연봉은 대학별로 실시하는 성과평가 결과 평가 대상인원의 20퍼센트에 해당하는 최상위의 교원에게는 성과연봉 기준액의 1.5배 이상에서 2배 미만, 평가 대상인원의 30퍼센트에 해당하는 그 다음 상위의 교원에게는 성과연봉 기준액의 1.2배 이상에서 1.5배 미만, 평가 대상인원의 40퍼센트에 해당하는 그 다음다음 상위의 교원에게는 성과연봉 기준액 이하로 하여 각각 국립대학의 장이 정하는 금액을 같은 퍼센트 내의 교원에게는 같은 금액으로 지급하고, 평가 대상인원의 10퍼센트에 해당하는 그 밖의 교원에게는 지급하지 아니한다. 다만, 국립대학의 장은 필요한 경우 평가등급별 인원비율을 평가 대상인원의 10퍼센트 범위에서 각각 더하거나 빼어 조정할 수 있다.
> ③ 국립대학의 장은 성과연봉 기준액의 1.5배 이상에서 2배 미만의 금액을 지급받는 교원 중 해당 국립대학을 대표할 만한 탁월한 업적을 나타낸 교원을 선정하여 성과연봉 기준액의 2배 이상에 해당하는 금액을 지급할 수 있다. 다만, 선정된 교원들은 동등한 금액을 지급 받는다.

<상 황>

> 지난해 국립○○대학의 성과평가 대상인 교원의 수는 30명이었다. 지난해의 성과연봉 기준액은 300만 원이었으며, 교원 1인에 대하여 차등 지급된 성과연봉 금액은 각각 700만 원, 500만 원, 400만 원, 250만 원이었다.

<보 기>

> ㄱ. 지난해 국립○○대학에서 성과연봉으로 400만 원을 지급받은 교원은 최대 12명이다.
> ㄴ. 지난해 국립○○대학에서 성과연봉으로 500만 원을 지급받은 교원은 최대 9명이다.
> ㄷ. 지난해 국립○○대학에서 성과연봉으로 250만 원을 지급받은 교원이 15명이었다면, 500만 원을 지급받은 교원은 최대 6명이다.
> ㄹ. 지난해 국립○○대학에서 성과연봉으로 지급된 금액의 총합은 최소 7,850만 원이다.

① ㄱ, ㄴ
② ㄱ, ㄹ
③ ㄴ, ㄷ
④ ㄴ, ㄹ
⑤ ㄷ, ㄹ

5. 다음 글을 근거로 판단할 때 옳은 것은?

> 단시간 근로란 1주 동안의 소정근로시간이 그 사업장에서 같은 종류의 업무에 종사하는 통상 근로자의 1주 동안의 소정근로시간에 비하여 짧은 근로를 말한다. 「기간제 및 단시간근로자 보호 등에 관한 법률」은 단시간 근로자를 다음과 같이 보호하고 있다.
>
> 사용자는 단시간 근로자를 고용할 경우에 임금, 근로시간 등의 근로조건을 명확히 적은 근로계약서를 작성하여 근로자에게 내주어야 한다. 이때 근로조건은 같은 사업장의 동종·유사업무에 종사하는 통상 근로자의 근로시간을 기준으로 산정한 비율에 따라 결정되어야 한다. 특히 사용자는 반드시 최저임금 이상의 임금을 지급해야 하며, 단시간 근로자가 계속해서 1년 이상 근무를 했다면 퇴직금도 지급해야 한다. 다만, 4주간 평균하여 주당 근로시간이 15시간 미만인 근로자는 퇴직금을 받을 수 없다.
>
> 사용자가 단시간 근로자에 대하여 「근로기준법」 상의 소정근로시간 상한을 초과하여 근로하게 하는 경우에는 당해 근로자의 동의를 얻어야 한다. 「근로기준법」 상의 소정근로시간 상한은 1일에 8시간, 1주일에 40시간이며 18세 미만인 근로자의 소정근로시간 상한은 1일에 7시간, 1주일에 40시간이다. 또한, 근로자가 초과 근로에 동의하더라도 1주일에 12시간을 초과하여 근로하게 할 수 없으며, 18세 미만인 근로자의 경우에는 1일에 1시간, 1주일에 6시간을 초과하여 근로하게 할 수 없다.
>
> 사용자가 통상 근로자를 채용하고자 하는 경우에는 당해 사업장의 동종·유사업무에 종사하는 단시간 근로자를 우선적으로 고용하도록 노력하여야 한다. 또한 사용자는 단시간 근로자임을 이유로 사업장의 동종·유사업무에 종사하는 통상 근로자에 비하여 차별적 처우를 하여서는 아니 된다. 사업자가 법률을 위반하거나 차별적 처우를 한 경우, 근로자는 노동위원회에 그 시정을 신청할 수 있다.

① 17세인 단시간 근로자가 동의한다면, 사업자는 해당 근로자에 대하여 1일에 8시간, 1주일에 46시간까지 근로하게 할 수 있다.
② 단시간 근로자를 고용하고자 하는 사업자는 유사업종에 종사한 경력이 있는 자를 우선적으로 고용하도록 노력하여야 한다.
③ 동일 사업장에서 4주당 50시간씩 2년 동안 근무한 단시간 근로자가 퇴직금을 받지 못했다면 노동위원회에 시정을 신청할 수 있다.
④ 단시간 근로자의 근로조건은 동종업무에 고용되어 있는 통상 근로자와의 업무 내용상 경중의 차이를 고려하여 결정해야 한다.
⑤ 단시간 근로자의 근로시간은 어떠한 경우에도 1일에 9시간을 초과할 수 없다.

6. 다음 글을 근거로 판단할 때, 로봇 A가 단독으로 10개의 제품 甲을 생산할 때 걸리는 시간은?

> 로봇 A와 B는 모두 단독으로 제품 甲을 생산하는 로봇인데, 생산하는 데에 걸리는 시간은 서로 다르다. 로봇 A만 10개의 제품 甲을 생산하면 로봇 A와 B가 동시에 총 10개의 제품 甲을 생산할 때보다 8시간 더 걸리고, 로봇 B만 10개의 제품 甲을 생산하면 로봇 A와 B가 동시에 총 10개의 제품 甲을 생산할 때보다 2시간 더 걸린다.

① 4
② 6
③ 8
④ 10
⑤ 12

7. 다음 글과 <용도지역 별 건폐율 및 용적률 기준>을 근거로 판단할 때, 건축허가를 반드시 받을 수 있는 건물은?

건폐율과 용적률은 건축밀도를 나타내는 지표이다. 건물의 밀도에 따라 해당 지역의 채광, 일조, 통풍 및 건물 과밀화 등이 영향을 받게 된다. 따라서 '국토의 개발 및 이용에 관한 법률'을 통하여 토지의 용도지역에 따라 건폐율과 용적률을 제한하고 있다.

건폐율은 건축면적의 대지면적에 대한 비율로서 다음과 같이 구한다. 이때 건축면적이란 1층만의 면적을 말한다.

$$\text{건폐율} = \frac{\text{건축면적}}{\text{대지면적}} \times 100$$

용적률은 건축물 총면적(건축면적 × 층 수)의 대지면적에 대한 비율로서 다음과 같이 구한다.

$$\text{용적율} = \frac{\text{건축물 총면적}}{\text{대지면적}} \times 100$$

<용도지역 별 건폐율 및 용적률 기준>

용도지역		건폐율	용적률
주거지역	제1종 전용주거지역	50 % 이하	50 ~ 100 %
	제2종 전용주거지역	50 % 이하	100 ~ 150 %
	제1종 일반주거지역	60 % 이하	150 ~ 250 %
	제2종 일반주거지역	60 % 이하	200 ~ 300 %
상업지역	중심상업지역	90 % 이하	400 ~ 1,500 %
	일반상업지역	80 % 이하	300 ~ 1,300 %
	근린상업지역	70 % 이하	200 ~ 900 %
	유통상업지역	80 % 이하	200 ~ 1,100 %

<건축허가 신청 현황>

건물	대지면적	건축면적	층 수	용도지역
A	120	60	5	전용주거지역
B	150	90	7	일반주거지역
C	80	45	4	일반주거지역
D	200	180	20	상업지역
E	200	120	2	상업지역

① A
② B
③ C
④ D
⑤ E

8. 다음 글을 근거로 판단할 때, 만식이가 선택할 관광 상품은?

○ 만식이는 총 비용 40만 원과 관광시간 7시간의 한도 내에서 관광 상품을 선택하려고 한다. 이 조건에 해당하는 상품이 여러 가지인 경우, 만식이는 선호도의 별점(★) 총합이 더 큰 관광 상품을 선택한다.

○ 관광내용별 특징

관광내용	관광비용	관광시간	선호도
열기구	170 EUR	1시간	★★★★★
유람선	50 EUR	1시간	★★★
사파리 투어	90 EUR	2시간	★★
케이블카	565 TRY	1시간	★★★
고고학 박물관	420 TRY	2시간	★
궁전	60 EUR	2시간	★★★★
야경 투어	355 TRY	3시간	★★★★

○ 관광 상품
- A : 사파리 투어, 케이블카, 궁전, 야경 투어
- B : 사파리 투어, 궁전, 야경 투어
- C : 열기구, 사파리 투어, 궁전
- D : 열기구, 유람선, 야경 투어
- E : 케이블카, 고고학 박물관, 궁전, 야경 투어

○ 환율
- 1 EUR = 1,300원
- 1 TRY = 200원

※ 이동시간은 고려하지 않는다.

① A
② B
③ C
④ D
⑤ E

[9 ~ 10] 다음 글을 읽고 물음에 답하시오.

1436년(세종 18) 세종은 공법상정소(貢法詳定所)를 설치하고 각 도의 토지를 비옥도에 따라 3등급으로 나눠 세율을 달리하는 공법(貢法) 시안을 만들었다. 그리고 1443년 다시 전제상정소(田制詳定所)를 설치해 이 시안을 수정토록 했다. 전제상정소는 풍흉에 따른 연분 9등법(年分九等法)과 토지의 비옥도에 따른 전분 6등법(田分六等法)을 주요 내용으로 하는 공법을 수립했다. 세종은 이 공법에 대하여 신하들과 논의하고, 관원과 백성으로부터 의견을 수렴했으며, 지역별로 시험적으로 시행한 후 1444년(세종 26)에야 최종적으로 공법을 제정·반포하였다.

공법의 첫 번째 특징은 '전분 6등제'이다. 전분 6등제에 따라 전답의 크기를 실제로 측량하고 토지의 비옥도를 반영해 결부(結負)를 산출한 다음, 같은 1결이면 면적이 달라도 같은 세액을 내게 했다. 가장 비옥한 전답은 1등전이고 가장 척박한 전답은 6등전이다. 6등전 1결은 1등전 1결보다 네 배 넓었다. 즉 서로 다른 면적이라도 수확량이 같으면 같은 전세를 내는 것이 공법의 전분 6등제에 따른 수취 방법이었다.

결부(結負)는 그냥 토지의 절대적인 면적뿐 아니라 해당 토지에서 거둘 수 있는 수확량과 직결된 정보인 토지의 비옥도를 고려하는 것이기 때문에 생산량을 제대로 참작하는 수세 기준이라고 할 수 있다. 토지의 절대 면적을 이용하지 않고 상대적인 토지 면적 단위인 결부를 산출하는 것은 세금을 공평하고 손쉽게 거두기 위한 것이었다. 결부법의 토지 면적 단위는 결부속파(結負束把)로 구분된다. 쌀 한 줌이 생산되는 땅을 1파(把)로 하고, 10파(把) = 1속(束), 10속(束) = 1부(負), 100부(負) = 1결(結)로 계산했다. 전세 등을 거둘 때 법전에서 규정한 기준은 바로 1결이었다.

공법의 두 번째 특징은 해마다 농사의 풍흉을 아홉 등급으로 나누어 파악하는 '연분 9등제'였다. 연분에 따라서 1결당 최하 쌀 4두(斗)부터 최고 20두까지 차등을 두어 정액으로 거두게 했다. 가장 큰 풍년인 상상년(上上年)에는 20두를 거두고, 상중년(上中年)에는 18두를 거두는 식으로 2두씩 줄여 가장 큰 흉년이 든 하하년(下下年)에는 4두를 거두었다. 이러한 세액은 손실이 없을 때의 1결당 소출인 쌀 400두의 1/20을 최고 세액으로 하여 산출한 것으로, 조선 초기의 과전법에 비해 세액을 완화한 것이다.

과전법에서는 농사의 작황에 손실이 전혀 없을 때를 10분(分)으로 하여 1결당 최고 30두를 세액으로 정해 놓았다. 그리고 1분의 손해가 있을 때마다 3두씩의 비율로 조세를 감면했으며, 손실이 10분 중 8분에 이르면 조세 부과를 면제하였다.

9. 윗글을 근거로 판단할 때, <보기>에서 옳은 것만을 모두 고르면?

<보 기>

ㄱ. 전제상정소의 공법 시안은 공법상정소의 시안보다 토지의 비옥도를 3배 더 세밀하게 나누었다.
ㄴ. 전분 6등제에 따를 때, 1등전은 같은 면적의 6등전보다 수확량이 4배 더 많다.
ㄷ. 작황이 좋지 않아 20 %의 손실이 발생하였을 경우, 과전법에 따른 세액은 쌀 24두이다.
ㄹ. 연분 9등제에 따라 상하년(上下年)에 거두는 1결당 세액은, 과전법에 따라 4분(分)의 손실이 있는 해에 거두는 1결당 세액보다 많다.

① ㄱ, ㄹ
② ㄴ, ㄷ
③ ㄴ, ㄹ
④ ㄱ, ㄴ, ㄷ
⑤ ㄱ, ㄷ, ㄹ

10. 윗글을 근거로 판단할 때, [ ]에 해당되는 수는?

○ 현대의 단위법에 의해 환산하면 쌀 1말(두, 斗)의 무게는 8 kg이다.
○ 세종 26년에 반포된 공법의 내용을 기준으로 했을 때, 토지 1파(把)에서 생산되는 쌀의 무게를 현대의 단위법에 의해 환산하면 [ ] g이다.

① 20
② 36
③ 240
④ 320
⑤ 400

11. 다음 글과 <상황>을 근거로 판단할 때 옳지 않은 것은?

> 제00조 ① 범칙행위란 다음 각 호의 어느 하나에 해당하는 위반행위를 말한다.
> 1. 담배꽁초, 껌, 휴지, 쓰레기, 그 밖의 더러운 물건이나 못쓰게 된 물건을 함부로 아무 곳에나 버리는 행위
> 2. 다른 사람이 파는 음식을 먹고 정당한 이유 없이 제 값을 치르지 아니하는 행위
>
> ② 범칙자란 제1항의 범칙행위를 한 사람으로서 만 18세 이상인 사람을 말한다.
>
> 제00조 경찰서장은 범칙자에 대하여 그 이유를 나타낸 서면(이하 "통고처분서"라 한다)으로 범칙금을 부과하고 이를 납부할 것을 통고할 수 있다.
>
> 제00조 ① 통고처분서를 받은 사람은 통고처분서를 받은 날부터 10일 이내에 범칙금을 납부하여야 한다.
>
> ② 제1항에 따른 납부기간에 범칙금을 납부하지 아니한 사람은 납부기간의 마지막 날부터 20일 이내에 통고받은 범칙금에 그 금액의 100분의 20을 더한 금액을 납부하여야 한다.
>
> 제00조 ① 경찰서장은 전조(前條) 제2항에 따른 납부기간에 범칙금을 납부하지 아니한 사람에 대하여는 지체 없이 즉결심판을 청구하여야 한다.
>
> ② 제1항에 따라 즉결심판이 청구된 피고인이 통고받은 범칙금에 그 금액의 100분의 50을 더한 금액을 납부하고 그 증명서류를 즉결심판 선고 전까지 제출하였을 때에는 경찰서장은 그 피고인에 대한 즉결심판 청구를 취소하여야 한다.

※ 기간을 계산할 때에는 초일(初日)은 산입하지 아니한다.

<상 황>

> 20○○년 3월 10일, 만 21세 대학생 甲과 만 17세 고등학생 乙은 길가에 담배꽁초를 함부로 버리다가 적발되었고, 甲은 그 즉시 3만 원의 범칙금 통고처분서를 받았다.

① 경찰서장은 乙에게는 범칙금을 부과할 수 없다.
② 甲은 20○○년 3월 20일까지 범칙금을 납부하여야 한다.
③ 甲이 20○○년 3월 22일에 범칙금을 납부한다면, 납부해야 할 금액은 3만 6천 원이다.
④ 甲이 20○○년 3월 30일까지 범칙금을 납부하지 않으면, 경찰서장은 甲에 대한 즉결심판을 청구하여야 한다.
⑤ 甲에 대한 즉결심판이 청구된 경우, 甲이 즉결심판 선고 전에 4만 5천 원을 납부하고 그 증명서류를 제출하면, 경찰서장은 즉결심판 청구를 취소하여야 한다.

12. 다음 글을 근거로 판단할 때 옳은 것은?

> 제00조 ① 행정안전부장관은 풍수해를 예방하고 풍수해보험사업을 적절히 운영하기 위하여 필요한 통계자료를 집적(集積)할 수 있는 통계관리전산망을 구축·관리하여야 한다.
>
> ② 시장·군수·구청장은 제1항에 따른 통계자료를 집적하기 위하여 다음 각 호의 자료를 매년 3월 31일까지 특별시장·광역시장·도지사·특별자치도지사(이하 "시·도지사"라 한다)를 거쳐 행정안전부장관에게 제출하여야 한다.
> 1. 전년도 보험목적물의 구조별·용도별·지역별 총 현황
> 2. 전년도 보험목적물의 구조별·용도별·지역별 피해 규모와 피해액 및 피해 원인
>
> ③ 보험사업자는 풍수해보험료율과 보험가입금액의 산정 등을 위하여 행정안전부장관에게 제2항에 따른 자료를 요청할 수 있다.
>
> ④ 제1항과 제2항에 따른 통계의 집적과 관리에 필요한 세부 절차와 운영 방법은 행정안전부장관이 정한다.
>
> 제00조 ① 행정안전부장관은 풍수해 예방과 풍수해보험사업의 적정한 운영을 위하여 풍수해 위험 정도를 지역별로 표시하는 지도(이하 "풍수해보험관리지도"라 한다)를 작성하고 이를 통합·관리할 수 있는 전산체계를 구축·관리하여야 한다.
>
> ② 행정안전부장관은 제1항에 따라 작성된 풍수해보험관리지도에 대하여 5년마다 그 타당성을 전반적으로 재검토하여 이를 정비하여야 한다.
>
> ③ 행정안전부장관은 풍수해보험관리지도의 작성에 관한 업무의 일부를 지방자치단체의 장에게 위임할 수 있다.

① 강원도 속초시장은 당해 연도 보험목적물의 구조별 현황을 그 해 3월 31일까지 강원도지사에게 제출하여야 한다.
② 보험사업자는 풍수해보험료율을 산정하기 위하여 행정안전부장관에게 전년도 보험목적물의 지역별 피해액에 관한 자료를 요청할 수 있다.
③ 풍수해보험관리지도를 정비한지 5년이 경과하였다면, 보험사업자는 그 타당성을 재검토하여야 한다.
④ 풍수해를 예방하기 위하여 필요한 통계자료를 집적하는 세부 절차는 시·도지사가 각 지역의 실정을 고려하여 정한다.
⑤ 지방자치단체의 장은 풍수해보험관리지도를 관리할 수 있는 전산체계를 구축하여야 한다.

13. 다음 글과 <답안지>를 근거로 판단할 때, 甲과 乙이 받는 점수의 차이는?

○ A대학교에서 시행하는 제2외국어 시험은 총 10문제로 구성된다. 각 문제의 배점은 미리 정해져 있지 않으며, 각 문제의 정답률에 따라 배점을 달리하여 채점한다. 배점 기준은 다음과 같다.

기준	배점
정답률이 10% 미만인 문제	5점
정답률이 30% 미만인 문제	3점
정답률이 50% 미만인 문제	2점
정답률이 50% 이상인 문제	1점

※ 정답률 = $\frac{\text{정답자 수}}{\text{응시생 수}}$

○ 정답을 맞힌 문제는 배점의 100%를 점수로 부여하고, 정답을 맞히지 못한 문제는 0점으로 처리한다.

A대학교 제2외국어 시험의 응시생은 모두 40명이었으며, 각 문제의 정답과 문제별 정답자 수는 아래와 같았다.

문제	1	2	3	4	5	6	7	8	9	10
정답	c	a	a	d	b	a	b	d	a	d
정답자 수(명)	20	10	31	14	4	39	37	3	16	38

<답안지>

문제	1	2	3	4	5	6	7	8	9	10
甲	c	a	a	c	b	c	b	d	a	a
乙	c	c	a	a	d	a	b	b	c	d

① 7
② 8
③ 9
④ 10
⑤ 11

14. 다음 글을 근거로 판단할 때, <보기>에서 6월 중에 A와 B 시스템이 모두 작동을 멈추고 함께 점검을 받는 날만을 모두 고르면?

○○공장은 A와 B, 두 개의 자동생산시스템을 사용하고 있는데, A는 5일을 연속으로 가동한 후 시스템 점검을 위해 연이은 2일 동안 작동을 멈추는 방식으로 반복하여 운용하고 있으며, B는 2일을 연속으로 가동한 후 시스템 점검을 위해 1일 동안 작동을 멈추는 방식으로 반복하여 운용하고 있다.

A는 4월 1일과 2일 이틀 동안 점검을 실시한 후 위와 같은 방식으로 계속 운용 중이고, B는 3월 1일에 점검을 실시한 후 위와 같은 방식으로 계속 운용 중이다.

<보 기>

ㄱ. 6월 2일
ㄴ. 6월 11일
ㄷ. 6월 17일
ㄹ. 6월 25일

① ㄱ, ㄴ
② ㄱ, ㄹ
③ ㄴ, ㄷ
④ ㄴ, ㄹ
⑤ ㄷ, ㄹ

15. 다음 글을 근거로 판단할 때, 모든 타일이 흰색 면을 보이도록 하기 위해 타일을 직접 뒤집어야 하는 최소 횟수는?

> ○ 한 면은 흰색, 다른 한 면은 검은색인 16개의 타일이 4행 4열로 배치되어 있다.
>
> ○ 16개의 타일은 모두 자유롭게 뒤집을 수 있으며, 한 번 뒤집었던 타일을 다시 뒤집는 것 역시 가능하다. 단, 1회에 1개의 타일만 직접 뒤집을 수 있다.
>
> ○ 타일을 뒤집으면 그 타일과 상하좌우로 인접한 타일들이 모두 함께 뒤집힌다. 예를 들어, 3행 3열로 배치된 타일 중 중앙의 타일을 뒤집으면 다음과 같이 상태가 바뀐다.
>
> 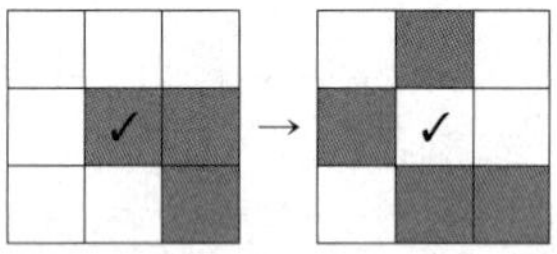
>
> ○ 타일이 배치된 초기 상태는 다음과 같다.
>
> 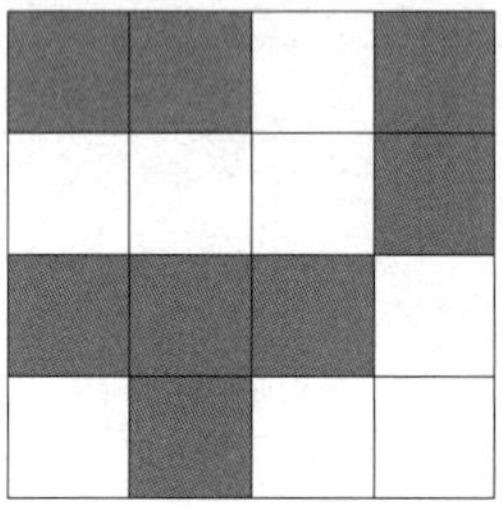

① 3회
② 4회
③ 5회
④ 6회
⑤ 7회

16. 甲은 가족과의 나들이를 위하여 10만 원의 한도 내에서 캠핑용 소품 몇 가지를 구매하려고 한다. 다음의 <조건>을 근거로 판단할 때, <보기>에서 옳은 것만을 모두 고르면?

<조 건>

> ○ 품목별 가격 비교
> - A : 최저 12,000원 ~ 최고 20,000원
> - B : 최저 18,000원 ~ 최고 22,000원
> - C : 최저 8,000원 ~ 최고 31,000원
> - D : 최저 54,000원 ~ 최고 72,000원
> - E : 최저 61,000원 ~ 최고 98,000원
>
> ○ 1품목당 1개의 상품만 구입한다.
>
> ○ 모든 품목의 최저가격 상품과 최고가격 상품 사이에는 매 1,000원 단위마다 상품이 한 가지씩 있다.
>
> ○ 상품의 품질은 가격에 비례한다.
>
> ○ 적어도 3개의 상품을 구매한다.

<보 기>

> ㄱ. 甲이 최저가 상품은 구매하지 않기로 하였다면, 최대 4개의 상품을 구매할 수 있다.
>
> ㄴ. 甲이 최저가 상품은 구매하지 않기로 하였다면, E품목은 구매할 수 없다.
>
> ㄷ. 甲이 D품목에서 최고 품질의 상품을 구매하려 한다면, 반드시 C품목을 함께 구매해야 한다.
>
> ㄹ. 甲이 C품목에서 최고 품질의 상품을 구매하기로 하고 D품목의 상품도 구매하려 한다면, D품목에서는 최저가 상품을 구매해야만 한다.

① ㄱ, ㄷ
② ㄱ, ㄹ
③ ㄴ, ㄹ
④ ㄱ, ㄴ, ㄷ
⑤ ㄴ, ㄷ, ㄹ

17. 다음 글과 <상황>을 근거로 판단할 때, '청동새' 조각 가격과 '은두꺼비' 조각 가격의 합은?

> △△국은 각 마을마다 외국인이 사용할 수 있는 동전의 종류에 제한을 두고 있다. 마을별로 외국인이 사용할 수 있는 동전의 종류는 다음과 같다.
>
> ○ A마을 : 3원, 4원
> ○ B마을 : 4원, 5원
> ○ C마을 : 5원, 6원
>
> △△국에서 판매하는 모든 물품의 가격은 5원 이상이며, 동일한 물품은 어디에서든 동일한 가격에 판매된다.

<상 황>

> 세계여행 중인 甲은 A마을에서 △△국의 민속공예품인 '청동새' 조각이나 '은두꺼비' 조각을 살 수 있었지만 어느 것을 살지 결정하지 못하고 B마을로 갔다. B마을에서 甲은 이들을 구입하려 했지만 동전 사용 제한 때문에 어느 것도 구입할 수 없었고, C마을에서는 역시 동전 사용 제한 때문에 '은두꺼비' 조각만 구입할 수 있었다.
>
> 세 마을을 여행하는 동안 甲은 3원 동전 1개와 4원 동전 2개를 가지고 있었고, 5원과 6원 동전도 각각 1개 이상씩 가지고 있었으며, '은두꺼비' 조각 1개를 구입한 일 외에 동전을 사용하거나 추가로 획득한 경우는 없었다.

① 14원
② 15원
③ 16원
④ 17원
⑤ 18원

18. 다음 글과 <상황>을 근거로 판단할 때, <보기>에서 옳은 것만을 모두 고르면?

> ○ 12명의 참가자가 2명씩 1팀(총 6팀)을 이루어, 3라운드로 구성되는 아래와 같은 토너먼트 형식으로 게임을 진행한다.
>
> 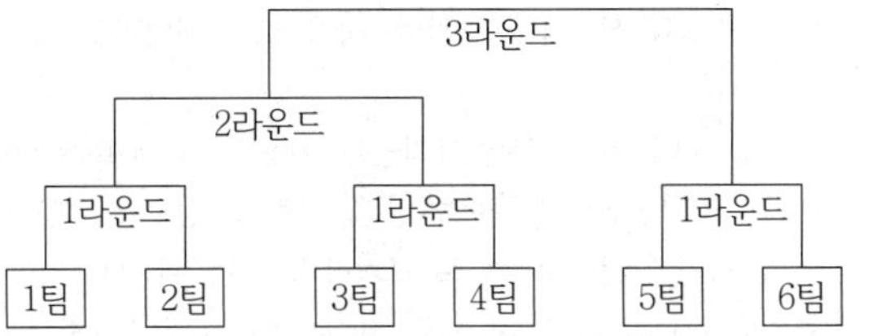
>
>
> ○ 12명의 참가자는 각자 임의로 두 자리의 짝수를 쪽지에 적어 소지한다.(쪽지에 적은 수는 자신만 알 수 있다) 그 후 제비뽑기를 통해 무작위로 6개의 팀을 구성한다.
> ○ 각 라운드에서 승패의 결정은 다음과 같이 한다.
> - 1라운드 : 팀원이 소지한 수의 평균값이 더 큰 팀이 승리한다.
> - 2라운드 : 팀원이 소지한 두 수의 차이가 더 큰 팀이 승리한다.
> - 3라운드 : 팀원이 소지한 두 수의 합이 더 큰 팀이 승리한다.
>
> ○ 3라운드에서 우승한 팀이 최종 우승팀이 된다.

<상 황>

12명의 참가자(A ~ L)가 각각 쪽지에 적은 수는 다음과 같았다.

A	B	C	D	E	F	G	H	I	J	K	L
26	32	88	46	72	58	36	14	94	54	52	64

<보 기>

> ㄱ. A와 B가 한 팀이 되면 1라운드에서 반드시 탈락한다.
> ㄴ. H와 I가 한 팀이 되어 2라운드에 진출했다면, H와 I는 반드시 3라운드에도 진출할 수 있다.
> ㄷ. C와 E가 '5팀'이 되면 반드시 최종 우승팀이 된다.

① ㄴ
② ㄱ, ㄴ
③ ㄱ, ㄷ
④ ㄴ, ㄷ
⑤ ㄱ, ㄴ, ㄷ

19. 다음 글과 <자동차 정보>를 근거로 판단할 때, 에너지소비효율등급이 높은 자동차부터 가장 낮은 자동차 순으로 바르게 나열한 것은?

자동차 연비는 '평탄한 포장도로를 일정한 속도로 진행했을 때의 연료 소비율'을 의미한다. 일반적으로 이동거리를 연료 소비량으로 나누어 효율 정도를 산출하며, 국가 또는 지역별로 그 표기법에 차이가 있다.

가장 흔히 볼 수 있는 표기법은 'km/L'(Kilometers per Liter)이다. 우리나라를 비롯하여 일본, 브라질, 인도와 같은 아시아·남미 지역에서는 'km/L'로 표기하고 있기 때문에, 가장 익숙한 표기법이라 할 수 있다. 반면, 미국에서는 주로 'mpg'(Miles per Gallon)를 사용하고 있으며, 1 mpg는 약 0.425 km/L에 해당한다.

오스트레일리아와 뉴질랜드, 유럽, 캐나다 등의 지역에서는 'L/100km'(Liters per 100 kilometers)로 표기한다. 'L/100km'로 표시되는 연비는 우리나라 방식(km/L)으로 쉽게 바꿀 수 있는데, 5 L/100km는 20 km/L, 10 L/100km는 10 km/L, 15 L/100km는 6.67 km/L이다.

한편, 우리나라에서는 연비를 아래와 같이 5개 구간으로 구분하여 에너지소비효율 1등급부터 5등급을 부여하고, 연비와 에너지소비효율등급을 함께 표시한 스티커를 차량에 부착하도록 하고 있다.

연비 (km/L)	에너지소비효율등급
16.0 이상	1
13.8 이상 16.0 미만	2
11.6 이상 13.8 미만	3
9.4 이상 11.6 미만	4
9.4 미만	5

<자동차 정보>

자동차	제조국	연비
A	대한민국	14.1 km/L
B	독일	6.1 L/100km
C	미국	31 mpg

① A－B－C－D
② B－A－C－D
③ B－A－D－C
④ C－A－B－D
⑤ C－A－D－B

20. 다음 글을 근거로 판단할 때, <상황>의 ㉠에 알맞은 것은?

甲국의 통신·전자·음향 장비 생산기업 웨스턴 일렉트릭(WESTERN ELECTRIC)사(社)는 자사가 생산한 진공관의 윗면 또는 옆면에 해당 진공관의 제조년월을 표기했는데, 시대에 따라 그 표기방식이 달라지기도 했으며, 동시에 여러 가지 표기방식을 병용하기도 하였다.

1936년 이전에는 제조일자를 표기하지 않다가, 1936년 6월부터는 진공관의 옆면에 제조년월을 2개의 영문자로 나타내는 표기법을 사용하기 시작했다. 2개의 영문자 중 첫 번째 문자는 제조년도, 두 번째 문자는 제조월을 나타내는데, 다른 문자와의 혼동을 막기 위하여 F, G, I, J, O, P, Q, R 등 8개의 문자는 사용하지 않았다. 즉 첫 문자의 A는 1936년, B는 1937년, C는 1938년을 뜻하고, D, E, H, K, L, M, N, P, S로 계속 이어진다. 두 번째 문자의 A는 1월, B는 2월, C는 3월, D는 4월, E는 5월, H는 6월, K는 7월, L은 8월, M은 9월, N은 10월, P는 11월, S는 12월을 뜻한다. 예를 들어 옆면에 AP라고 표시되어 있는 진공관은 1936년 11월에 제조된 것이다.

1938년부터는 진공관 윗면의 로고에 두 개의 점을 찍어 제조년월을 표기하는 방식을 병용했다. 즉, WESTERN ELECTRIC이라는 글자의 순서에 따라 아래쪽에 찍힌 점으로 제조년도를, 위쪽에 찍힌 점으로 제조월을 나타내었다.

<점의 위치와 제조년월>

문자	W	E	S	T	E	R	N	E	L	E	C	T
연도	1938	1939	1940	1941	1942	1943	1944	1945	1946	1947	1948	1949
월	1	2	3	4	5	6	7	8	9	10	11	12

<상 황>

철수는 웨스턴 일렉트릭사에서 제조한 진공관 중고품을 구입했다. 철수가 구입한 진공관의 윗면 로고에는 그림과 같이 점이 찍혀 있었고, 옆면에는 (㉠)이라는 2개의 영문자가 표시되어 있었다.

① LN
② LL
③ NL
④ SN
⑤ NH

21. 다음 글을 근거로 판단할 때, 적과 교전한 날짜 및 부대가 알맞게 짝지어진 것은?(단, 교전 시작과 종료 사이의 기간에는 교전이 계속된 것으로 본다)

7. 31.	34소총병사단과 248근위소총병사단, 85전차여단 스탈린그라드 중앙광장에 방어선을 구축.
8. 3.	305보병사단 볼가강 북쪽에 도착.
8. 7.	4기병군단 볼가강 남쪽에 도착.
8. 13.	160소총병사단과 115특수여단 돈강 서쪽에 도착.
8. 21.	돈강 서쪽에서 교전 발생.
8. 23.	4기병군단 돈강 북쪽으로 이동.
8. 24.	1077대공포연대 시 외곽 도착.
8. 28.	144특수여단 곡물창고 점령 성공.
9. 4.	305보병사단 중앙광장으로 이동.
9. 12.	90전차여단 볼가강 남쪽에 도착.
9. 15.	돈강 서쪽의 교전 종료. 160소총병사단 볼가강 남쪽으로 후퇴. 115특수여단 기차역으로 후퇴.
9. 17.	돈강 북쪽의 교전 발생.
10. 1.	곡물창고에서 교전 발생.
10. 2.	34소총병사단 곡물창고로 이동 및 참전.
10. 12.	돈강 북쪽의 교전 종료, 아군 부대 전멸.
10. 25.	곡물창고의 교전 종료, 아군 승리.
11. 9.	15근위소총병사단 볼가강 북쪽에 도착.
11. 13.	시 외곽에서 교전 발생.
12. 1.	기차역에서 교전 발생. 144특수여단 기차역으로 이동 및 참전.
12. 8.	중앙광장에서 교전 발생.
12. 11.	볼가강 남쪽에서 교전 발생.
12. 14.	시 외곽의 교전 종료, 아군 부대 전멸.
12. 21.	15근위소총병사단 볼가강 남쪽으로 이동 및 참전.
12. 25.	중앙광장의 교전 종료, 아군 부대 전멸.
12. 29.	볼가강 남쪽의 교전 종료, 아군 부대 전멸.
12. 31.	기차역의 교전 종료, 아군 부대 전멸.

	날짜	부대
①	8월 31일	34소총병사단
②	9월 16일	115특수여단
③	10월 27일	144특수여단
④	11월 20일	1077대공포연대
⑤	12월 30일	90전차여단

22. 다음 글을 근거로 판단할 때, A도시에 정차한 후 출발한 시외버스가 199번째로 정차하는 도시는?(단, 최초 A도시에서의 정차를 첫 번째 정차로 본다)

> A ~ E 다섯 개의 도시를 운행하는 시외버스가 있다. 이 버스는 A도시에서 출발하여 B, C, D, E도시 순으로 운행을 한 후, 다시 E도시에서 출발하여 C도시만을 거쳐 A도시로 돌아오며, 이와 같은 노선을 계속 반복하여 운행한다. 또한 이 버스는 운행 노선의 각 도시에서만 1회씩 정차하며 다른 곳에서는 정차하지 않는다.

① A
② B
③ C
④ D
⑤ E

23. 다음 글을 근거로 판단할 때, A ~ E 중 20△△년에 가장 적게 방영되는 프로그램은?

○ 甲방송국은 20△△년 7월 1일(월)부터 12월 31일(화) 사이에 A, B, C, D, E 5개의 프로그램을 방영하려고 한다.
○ A는 월요일, B는 화요일, C는 수요일, D는 목요일, E는 금요일에 방영한다. 단, 법정공휴일에는 해당 요일의 프로그램을 방영하지 않는다.
○ 20△△년 법정공휴일

명칭	날짜
신정	1월 1일
설날 (연휴)	2월 4일 ~ 6일
삼일절	3월 1일
어린이날	5월 5일
부처님오신날	5월 12일
현충일	6월 6일
광복절	8월 15일
추석 (연휴)	9월 12일 ~ 14일
개천절	10월 3일
한글날	10월 9일
크리스마스	12월 25일

① A
② B
③ C
④ D
⑤ E

24. 다음 글을 근거로 판단할 때, <보기>에서 옳은 것만을 모두 고르면?

○ A ~ E, 6명은 원형으로 둘러앉아 박수치기 게임을 하고 있다. 6명의 자리배치는 다음과 같다.

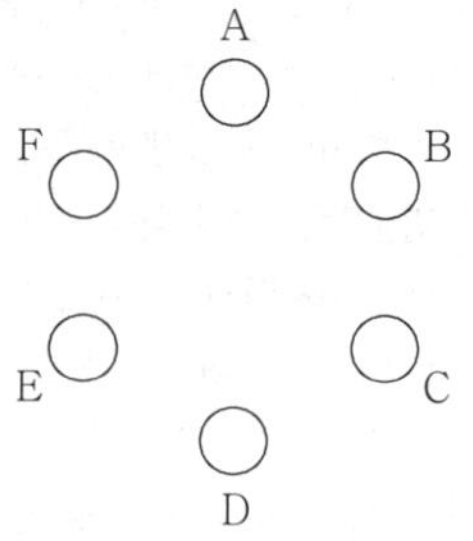

○ 박수치기 게임은 박수를 치는 횟수로 게임 진행 방향이 달라진다. 술래가 박수를 짝수 번 치면 박수를 술래를 기준으로 반시계 방향으로 박수를 친 횟수만큼 이동한 사람이 술래가 되고, 박수를 홀수 번 치면 술래를 기준으로 시계 방향으로 박수를 친 횟수만큼 이동한 사람이 술래가 된다. 자신이 술래가 된 것을 눈치 채지 못하고 박수를 치지 않으면 벌칙을 받는다.
○ 술래는 최대 5번까지 박수를 칠 수 있다.
○ A가 첫 번째 술래가 되어 게임이 시작되었으며, 현재까지 게임은 다음과 같이 진행되었다.

술래	A → ? → ? → ? → ? → ?
박수	1번 → 2번 → 2번 → 1번 → 3번 →

<보 기>

ㄱ. 여섯 번째까지 6명 모두 최소 한 번씩은 술래가 되었다.
ㄴ. 네 번째 술래는 D였다.
ㄷ. 여섯 번째 술래가 박수를 4번 치고 일곱 번째 술래가 벌칙을 받는다면, 벌칙을 받는 사람은 D이다.
ㄹ. F가 A의 바로 다음 술래가 될 수는 없다.

① ㄱ, ㄷ
② ㄱ, ㄹ
③ ㄴ, ㄷ
④ ㄱ, ㄴ, ㄹ
⑤ ㄴ, ㄷ, ㄹ

25. 다음 글을 근거로 판단할 때 옳은 것은?

제00조(정의) "외국국적동포"란 대한민국의 국적을 보유하였던 자 또는 그 직계비속으로서 외국국적을 취득한 자를 말한다.
제00조(재외동포체류자격의 부여) ① 법무부장관은 대한민국 안에서 활동하려는 외국국적동포에게 신청에 의하여 재외동포체류자격을 부여할 수 있다.
② 법무부장관은 외국국적동포에게 다음 각 호의 어느 하나에 해당하는 사유가 있으면 제1항에 따른 재외동포체류자격을 부여하지 아니한다. 다만, 제1호에 해당하는 외국국적동포가 38세가 된 때에는 그러하지 아니하다.
1. 대한민국 남자가 병역을 기피할 목적으로 외국국적을 취득하고 대한민국 국적을 상실하여 외국인이 된 경우
2. 대한민국의 안전보장, 질서유지, 공공복리, 외교관계 등 대한민국의 이익을 해칠 우려가 있는 경우

제00조(국내거소신고) ① 재외동포체류자격으로 입국한 외국국적동포는 이 법을 적용받기 위하여 필요하면 대한민국 안에 거소(居所)를 정하여 그 거소를 관할하는 지방출입국·외국인관서의 장에게 국내거소신고를 할 수 있다.
② 제1항에 따라 신고한 국내거소를 이전한 때에는 14일 이내에 그 사실을 신거소(新居所)가 소재한 시·군·구 또는 읍·면·동의 장이나 신거소를 관할하는 지방출입국·외국인관서의 장에게 신고하여야 한다.
제00조(출입국과 체류) ① 재외동포체류자격에 따른 체류기간은 최장 3년까지로 한다.
② 법무부장관은 제1항에 따른 체류기간을 초과하여 국내에 계속 체류하려는 외국국적동포에게는 대통령령으로 정하는 바에 따라 체류기간 연장허가를 할 수 있다.
제00조(건강보험) 국내거소신고를 한 외국국적동포가 90일 이상 대한민국 안에 체류하는 경우에는 건강보험 관계 법령으로 정하는 바에 따라 건강보험을 적용받을 수 있다

① 병역을 기피할 목적으로 외국국적을 취득하고 대한민국 국적을 상실한 사람도 38세가 된 때부터는 재외동포체류자격을 부여받을 수 있다.
② 3개월 이상 국내에 체류하는 모든 외국국적동포는 건강보험 관계 법령의 규정에 따라 건강보험을 적용받을 수 있다.
③ 외국국적동포가 재외동포체류자격으로 국내에 3년을 초과하여 체류하고자 하면 반드시 출국 후 재입국하여야 한다.
④ 재외동포체류자격으로 입국한 외국국적동포는 입국 후 14일 이내에 법무부장관에게 국내거소신고를 하여야 한다.
⑤ 법무부장관은 이 법을 적용하기 위하여 필요하면 외국국적동포에게 직권으로 재외동포체류자격을 부여할 수 있다.

MEMO

제 8 회

7급 PSAT 하주응 상황판단
실전 모의고사

상황판단영역

1. 다음 글을 근거로 판단할 때 옳은 것은?

> 제△△조(등록 및 결정) ① 참전유공자로서 이 법을 적용받으려는 사람은 국가보훈처장에게 등록을 신청하여야 한다.
> ② 국가보훈처장은 제1항에 따른 등록신청을 받으면 참전유공자로서의 요건을 확인한 후 등록할지를 결정한다.
> 제00조(참전명예수당) ① 국가보훈처장은 65세 이상의 참전유공자에게는 참전의 명예를 기리기 위하여 참전명예수당을 지급한다. 다만, 참전명예수당을 받을 수 있는 사람(이하 "수당지급 대상자"라 한다)이 다음 각 호의 어느 하나에 해당하는 경우에는 본인이 참전명예수당과 다음 각 호의 어느 하나에 해당하는 보훈급여금 또는 수당 중 하나를 선택하게 하여 지급한다.
> 1. 「국가유공자 등 예우 및 지원에 관한 법률」에 따른 보훈급여금을 지급받는 경우
> 2. 「보훈보상대상자 지원에 관한 법률」에 따른 보훈급여금을 지급받는 경우
> 3. 「고엽제후유의증 등 환자지원 및 단체설립에 관한 법률」에 따른 수당을 지급받는 경우
>
> ② 참전명예수당은 수당지급 대상자가 제1항에 따른 참전명예수당 지급연령이 된 날이 속하는 달부터 지급한다. 다만, 참전명예수당 지급연령이 지난 후에 제△△조 제1항에 따른 등록신청을 한 경우에는 등록신청을 한 날이 속하는 달부터 지급한다.
> ③ 참전유공자가 국적을 상실한 경우에도 참전명예수당을 지급할 수 있다.
> ④ 참전명예수당은 수당지급 대상자가 지정하는 예금계좌에 입금하는 방법으로 지급한다. 다만, 정보통신망의 손상 등 대통령령으로 정하는 불가피한 사유가 있는 경우에는 해당 수당지급 대상자의 신청에 따라 현금으로 지급할 수 있다.

① 참전명예수당은 계좌에 입금하는 방식으로만 지급된다.
② 보훈보상대상자이면서 참전유공자로도 등록된 A는 참전명예수당과 보훈급여금을 모두 지급받을 수 있다.
③ 62세에 참전유공자로 등록된 B는 65세가 되는 날이 속한 달부터 참전명예수당을 지급받을 수 있다.
④ 67세에 참전유공자 등록을 신청한 C는 65세가 된 날이 속한 달부터 참전유공자 등록이 결정된 날이 속한 달까지의 기간에 해당하는 참전명예수당을 일시금으로 지급받을 수 있다.
⑤ 참전유공자로 등록되었지만 국적을 상실한 66세 D는 참전명예수당을 지급받을 수 없다.

2. 다음 글을 근거로 판단할 때, <보기>에서 옳은 것만을 모두 고르면?

> 제00조 업종별로 1회용품 무상제공이 금지되는 경우는 다음 각 호와 같다.
> 1. 식품접객업: 1회용 컵·용기·수저, 이쑤시개(전분으로 제조한 것을 제외한다), 1회용 비닐식탁보를 비치하거나 음식물과 함께 제공하는 행위.
> 2. 목욕장업: 1회용 면도기·칫솔·치약·샴푸·린스를 출입구 등에서 무상으로 제공하거나, 탈의실·욕실 등에 비치하여 무상으로 제공하는 행위.
> 3. 대규모 점포: 1회용 봉투·쇼핑백을 무상으로 제공하거나 1회용 광고선전물을 제작하여 배포하는 행위. 다만, 순수종이 재질로 제작된 봉투·쇼핑백은 제외한다.
>
> 제00조 ① 시장·군수·구청장(이하 "시장 등")은 1회용품 무상제공금지 대상 사업장에 대하여 점검을 실시하여야 한다. 단, 최근 2년간 위반사실이 없는 사업장에 대하여는 시장 등의 판단에 따라 점검횟수를 조정할 수 있다.
> ② 점검은 정기점검과 수시점검으로 구분하여 실시하여야 하며, 점검횟수 및 시기는 다음 각 호와 같다.
> 1. 정기점검
>   가. 식품접객업
>   1) 객석면적이 165 m² 초과인 사업장: 분기 1회
>   2) 객석면적이 33 m² 초과 165 m² 이하인 사업장: 반기 1회
>   3) 객석면적이 33 m² 이하인 사업장: 연 1회
>   나. 목욕장업: 반기 1회
>   다. 대규모 점포: 분기 1회
> 2. 수시점검
>   가. 위반 사업장에 대한 확인점검이 필요한 경우
>   나. 시장 등이 이 법을 위반한 사항을 인지한 경우

<보 기>

ㄱ. 시장 등은 최근 4회의 정기점검에서 위반사실이 없었던 목욕장업 사업장에 대한 점검횟수를 조정할 수 있다.
ㄴ. 식품접객업 사업장에서 전분으로 제조한 이쑤시개를 음식물과 함께 무상으로 제공하는 행위는 금지된다.
ㄷ. 시장 등이 대규모 점포에서 순수종이 재질로 제작된 1회용 쇼핑백을 무상으로 제공함을 인지한 경우 수시점검을 실시해야 한다.
ㄹ. 원칙적으로 대규모 점포에 대한 연간 정기점검 횟수는 객석면적이 33 m²인 식품접객업 사업장에 대한 연간 정기점검 횟수의 4배이다.

① ㄱ, ㄹ
② ㄴ, ㄷ
③ ㄷ, ㄹ
④ ㄱ, ㄴ, ㄷ
⑤ ㄱ, ㄴ, ㄹ

3. 다음 글을 근거로 판단할 때 옳은 것은?

> 제00조 ① 사건기록은 제1심법원에 대응하는 검찰청에서 보존한다.
> ② 진정・내사사건기록은 해당 사건을 종결한 검찰청에서 보존하고 내사사건을 입건처리한 경우에는 형사사건기록보존청에서 보존한다.
> ③ 제1항 및 제2항에도 불구하고 보존기간이 영구・준영구・30년에 해당하는 사건기록・내사사건기록은 대검찰청에서 보존한다.
> 제00조 ① 형을 선고하는 재판이 확정된 사건기록은 형의 시효가 완성될 때까지 보존한다. 다만, 구류 또는 과료의 형이 선고된 경우에는 3년간 보존한다.
> ② 사형, 무기의 징역 또는 금고의 형, 10년 이상의 유기의 징역 또는 금고의 형이 확정된 사건기록은 영구보존하고, 10년 미만의 유기의 징역 또는 금고의 형이 확정된 사건기록은 준영구로 보존한다.
> ③ 무죄, 면소, 형의 면제, 공소기각 또는 선고유예의 재판이 확정된 사건기록은 공소시효 기간 동안 보존한다.
> 제00조 불기소사건기록은 공소시효가 완성될 때까지 보존한다. 다만, 공소시효의 기간이 2년 이하인 사건에 관한 불기소사건기록은 3년간, 국내외적으로 중대하거나 검찰업무에 특히 참고가 될 사건에 관한 불기소사건기록은 준영구로 보존한다.
> 제00조 ① 진정사건기록은 3년간 보존한다.
> ② 내사사건기록의 보존기간은 전조(前條)를 준용한다.

※ 준용(準用): 어떤 사항에 관한 규정을 표준으로 삼아 다른 사항에 적용함.

① 검찰업무에 특히 참고가 될 사건에 관한 내사사건기록은 대검찰청에서 보존한다.
② 공소시효의 기간이 2년 이하인 사건에 관한 진정사건기록은 3년간 형사사건기록보존청에서 보존한다.
③ 8년의 유기 금고형이 확정된 사건기록은 제1심법원에 대응하는 검찰청에서 보존한다.
④ 공소시효의 기간이 2년 이하인 사건에 대하여 공소기각의 재판이 확정된 사건기록은 3년간 보존한다.
⑤ 과료의 형을 선고하는 재판이 확정된 사건기록은 형의 시효가 완성될 때까지 보존한다.

4. 다음 글을 근거로 판단할 때 옳은 것은?

<특수지근무수당 지역등급 조정을 위한 기준지수표>

지역 구분	가	나	다
공관환경지수	570점 이상	460점 이상 570점 미만	390점 이상 460점 미만

<특수지근무수당 지급대상지역의 지역별 구분표>

구분	가	나	다
아시아	파키스탄 아프가니스탄 동티모르	방글라데시 네팔 미얀마	캄보디아 피지 스리랑카
미주	볼리비아	엘살바도르 에콰도르 콜롬비아	도미니카 베네수엘라 자메이카
유럽		투르크메니스탄	아제르바이잔 타지키스탄 카자흐스탄
중동	이라크 수단 예멘	알제리 리비아	이란 레바논 사우디아라비아
아프리카	앙골라 콩고민주공화국	카메룬 탄자니아 짐바브웨	케냐 남아프리카공화국

<공무원 특수지근무수당 지급 구분표>

직급 지역	1・2・3급	4・5・6・7급
가	2,500달러	2,300달러
나	1,500달러	1,400달러
다	800달러	720달러

※ 비고: 전쟁 또는 내전 등으로 근무 여건이 고도로 열악한 상황이 상당 기간 지속되는 국가의 경우 각각의 지급액에 '가'지역 지급액의 100분의 50을 가산하여 지급한다.

① 유럽에서 근무하는 5급 공무원 A는 근무지의 상황에 따라 특수지근무수당으로 3,450달러를 받을 수 있다.
② 6급 공무원 B가 받는 특수지근무수당이 1,400달러라면, B의 근무지는 공관환경지수가 390점 이상 460점 미만인 지역이다.
③ 투르크메니스탄에서 근무하는 7급 공무원 C는 해당 국가의 상황에 따라 최소 1,400달러에서 최대 2,550달러의 특수지근무수당을 지급받을 수 있다.
④ 캄보디아에 근무하는 3급 공무원 D는 특수지근무수당으로 해당 국가의 상황에 따라 최소 800달러에서 최대 1,200달러를 받을 수 있다.
⑤ 미주에서 근무하는 E가 2,000달러 이상의 특수지근무수당을 지급받고 있다면, E의 근무지는 반드시 볼리비아이다.

5. 다음 글과 <내규>를 근거로 판단할 때, <내규>에 따라 바르게 행동한 경우는?

○ 전결: 조직 내부에서 기관장이 그 권한에 속하는 사무의 일부를 일정한 자격권자에게 위임하면 그 위임받은 자가 일정한 범위의 위임 사항에 관하여 기관장을 대신하여 결재하는 제도. 전결은 보조기관이 기관장을 대신하여 결재한다는 점에서 대결과 동일하나 기관장의 부재에 관계없이 평시에 행해진다는 점이 차이가 있음.
○ 대결: 결재권자(전결권자)가 휴가, 출장, 기타의 사유로 상당 기간 부재중이어서 결재를 받을 수 없는 경우 결재권자의 바로 하위 직급자가 결재권자를 대신하여 결재하는 제도.

<내 규>

○ A기관은 5명이며, 직급 서열은 다음과 같다.
원장 > 국장 > 과장 > 팀장 > 팀원
○ A기관의 기관장은 원장이다. 원장은 사업비 1억 원 이상의 사업계획, 사업기간 5개년 이상의 사업계획, 본인의 휴가·출장 및 소속 직원 징계 관련 사무에 대해서는 직접 결재하고 기타 사항은 위임한다.
○ 전결권자는 다음과 같으며, 위임사무의 범위는 다음과 같다.
- 국장: 사업비 5,000만 원 이상 1억 원 미만 사업계획, 5개년 미만 사업계획, 본인의 휴가·출장
- 과장: 원장 결재 및 국장 전결 사무범위 외 모든 사무
○ 기안된 문서는 결재권자(전결권자) 이하의 모든 상위 직급자에게 빠짐없이 결재를 받아야 한다.
○ 상급자는 하급자가 기안하여 상신한 문서에 결재 관련 오류가 있는 경우 이유를 제시하여 반려해야 한다.

① 팀원이 사업기간이 2년인 사업계획서를 과장 전결 문서로 기안하여 상신하였다.
② 팀장이 본인의 휴가신청서를 과장 전결로 기안했으나, 과장이 출장으로 장기간 부재중이어서 본인의 대결로 결재하였다.
③ 과장은 팀장이 국장 전결 문서로 상신한 팀원 징계 관련 문서에 결재한 후 국장에게 전달하였다.
④ 국장은 국장 전결 문서로 상신된 과장의 출장신청서에 결재를 완료하였다.
⑤ 원장은 사업비 1억 원의 사업계획서를 수신하고 국장 전결 사항임을 이유로 문서를 반려하였다.

6. 다음 글을 근거로 판단할 때, 甲회사가 하루에 달성할 수 있는 최대 이윤은?

○ 甲회사는 자사의 공장 세 곳(청주, 이천, 용인)에 제품 A, B, C 중 하나씩을 할당하여 생산하려고 한다.
○ 각 공장의 1일 생산 시간은 청주 10시간, 이천 10시간, 용인 12시간이다.
○ 공장별로 제품 A, B, C의 시간당 생산 가능 수량은 다음과 같다.

제품	A	B	C
청주	200장	170장	150장
이천	180장	150장	생산 불가
용인	150장	생산 불가	140장

○ 제품 A, B, C의 장당 이윤은 다음과 같다.

제품	A	B	C
이윤	6,500원	6,000원	7,500원

○ 제품 A, B, C는 위의 세 곳 외에 다른 공장에서는 생산되지 않으며, 생산된 제품은 생산 당일에 모두 판매되어 이윤을 남긴다.

① 3,120만 원
② 3,225만 원
③ 3,315만 원
④ 3,450만 원
⑤ 3,460만 원

7. 다음 글을 근거로 판단할 때, <보기>에서 옳은 것만을 모두 고르면?

> ○ 통 안에는 1부터 10까지의 자연수가 하나씩 적혀있는 카드가 10장 들어있다.
> ○ 통은 안을 볼 수 없게 되어 있어서, 숫자를 미리 보고 원하는 카드를 고를 수는 없다.
> ○ A와 B는 번갈아가며 카드를 한 장씩 꺼내어 각자 5장씩 카드를 나누어 갖는다.
> ○ 각자가 가진 카드의 숫자를 합한 값이 각자의 점수이며, 점수가 더 큰 사람이 승리한다.

<보 기>

ㄱ. A가 얻을 수 있는 최소 점수는 15점이다.
ㄴ. 두 사람의 점수 차이가 2점인 경우가 있다.
ㄷ. 두 사람의 최대 점수 차이는 25점이다.
ㄹ. 두 사람이 동점인 경우가 발생할 수 있다.

① ㄱ, ㄴ
② ㄱ, ㄷ
③ ㄴ, ㄷ
④ ㄴ, ㄹ
⑤ ㄷ, ㄹ

8. 다음 글과 <상황>을 근거로 판단할 때, A가 편성하는 조의 조원이 되는 친구들은?

> A는 이번 학기에 '현대사회의 윤리적 쟁점'을 수강한다. 이 수업에는 4명이 한 조가 되어 토론을 진행하는 과정이 포함되어 있다. A는 5명의 친구들 중 3명을 아래의 조건에 따라 선택하여 함께 조를 편성한다.
>
> ○ 동일한 성별로만 조를 편성해서는 안 된다.
> ○ 조원의 평균학점은 3.5 이상이어야 하지만, 해당 과목을 재수강하는 경우라면 학점이 3.5 미만이어도 조원으로 선택할 수 있다.
> ○ 가장 나이가 많은 조원과 가장 나이가 적은 조원의 나이 차이는 5세 이하여야 한다.
> ○ 현재 연인관계인 두 사람이 있다면, 그 중 한 사람만 조원이 될 수 있다.

<상 황>

○ A는 해당 과목을 처음 수강하는 26세의 여학생이다.
○ 甲과 乙은 연인관계였으나 현재는 이별한 상태이다.
○ 丙과 戊는 현재 연인관계이다.

친구	성별	나이	평균학점	특이사항
甲	여	24	3.75	재수강
乙	남	29	4.37	-
丙	남	25	3.28	재수강
丁	여	23	3.15	-
戊	여	21	4.41	-

① 甲, 乙, 丙
② 甲, 乙, 戊
③ 甲, 丙, 丁
④ 甲, 丙, 戊
⑤ 丙, 丁, 戊

[9 ~ 10] 다음 글을 읽고 물음에 답하시오.

조선 초 태종대에 발행된 저화(楮貨)는 당초 전망한 대로 원활히 유통되지 못하고 도리어 유통계의 혼란과 침체를 초래했다. 그 이유 중 하나는 저화 1장의 가치가 쌀 2두, 오승포(五升布) 1필로 책정되어 있어서 그 미만의 거래에는 하등 소용이 없다는 것이었다. 이 문제를 해결하고 소액거래의 편의를 도모하자는 취지에서 동전을 화폐로 사용하자는 주장이 제기되었다.

이에 대해 하륜은 동전 유통이 저화의 불용 현상을 더욱 심화시킬 것이므로 소저화(所楮貨)를 발행해야 한다고 주장했다. 즉, 현재 1,000문에 해당하는 저화 아래에 1백 단위로 900문에서 100문에 이르는 9등의 저화를 새로이 만들면, 포백세(布帛稅)는 물론 소규모의 거래에도 매우 유익할 것이라고 피력한 것이다. 그러나 소저화를 발행한다 해도 최소 단위가 100문이기 때문에 그 미만의 가치를 저화로 대신할 방법이 없다는 문제가 있었다. 가령 50문이나 150문 등 100단위가 아닌 지점에서 가격이 정해졌을 때, 거래를 할 수 없음은 종전과 마찬가지였다.

그 후 소저화 사용을 적극 주장하던 하륜이 자신의 입장을 철회하고 동전의 병행 사용을 거론하자, 평소 동전에 관심이 많던 태종은 즉시 호조로 하여금 동전 발행에 관한 연구와 검토를 명했다. 이에 호조는 조선통보를 주조하여 저화와 함께 사용할 것을 제의했다. 나아가 무게 1냥의 동(銅)을 재료로 조선통보 10문을 만들고, 조선통보 100문을 조선통보 1냥으로 하되 그 가치는 저화 1장에 준하도록 하며, 저화나 조선통보를 사용하지 않는 자는 대명률에 의거해 처벌하면 유통이 활발해져 세금 수취 등의 국사가 편해지고 민생에도 유익할 것이라고 보고했다.

그러나 다수의 신료들은, 처음 저화를 발행하고 오승포와 병용할 때 저화의 불용 현상이 발생하였고 오승포의 사용을 금지한 후에야 저화가 제대로 사용되기 시작했다는 사실을 거론하면서, 저화와 동전을 함께 사용하는 것에 불만을 토로하고 차라리 동전만 사용하는 것이 옳다고 주장했다.

※ 오승포(五升布) : 중간 품질의 베나 무명

※ 저화(楮貨) : 지폐

※ 포백세(布帛稅) : 베나 비단 등으로 납부하는 세금

9. 윗글을 근거로 판단할 때 옳은 것은?

<보 기>

ㄱ. 조선 초 저화가 발행됨과 동시에 오승포의 사용은 전면 금지되었을 것이다.

ㄴ. 하륜이 제안한 소저화로는 종전에 유통되던 저화의 단점을 완벽히 제거할 수 없었다.

ㄷ. 호조의 제안에 따르면 조선통보 100냥의 가치는 오승포 1필의 가치와 같았다.

ㄹ. 조선 초에 쌀 1두를 최소 단위로 하여 거래에 사용하면 800문에 해당하는 물건은 거래할 수 없었을 것이다.

① ㄱ, ㄷ
② ㄴ, ㄹ
③ ㄷ, ㄹ
④ ㄱ, ㄴ, ㄷ
⑤ ㄱ, ㄷ, ㄹ

10. 태종대에 호조의 제안이 그대로 받아들여져 시행되었다고 할 때, 쌀 250두와 오승포 300필에 해당하는 세금을 저화와 조선통보를 이용하여 납부한다면, 납부해야 할 액수로 옳은 것은?

① 저화 525장
② 조선통보 550냥
③ 저화 425장과 조선통보 100냥
④ 저화 250장과 조선통보 75냥
⑤ 저화 75장과 조선통보 350냥

11. 다음 글을 근거로 판단할 때 옳은 것은?

제00조 ① 소방청장은 중앙 구조・구급정책협의회(이하 "중앙 정책협의회")의 협의를 거쳐 5년마다 구조・구급 기본계획(이하 "기본계획")을 수립・시행하여야 한다.
② 기본계획에는 다음 각 호의 사항이 포함되어야 한다.
1. 구조・구급에 필요한 체계의 구축, 기술의 연구개발 및 보급에 관한 사항
2. 구조・구급에 필요한 장비의 구비에 관한 사항
3. 구조・구급 전문인력 양성에 관한 사항
③ 기본계획은 계획 시행 전년도 8월 31일까지 수립하여야 한다.
제00조 ① 소방청장은 기본계획에 따라 매년 연도별 구조・구급 집행계획(이하 "집행계획")을 수립・시행하여야 한다.
② 집행계획은 중앙 정책협의회의 협의를 거쳐 계획 시행 전년도 10월 31일까지 수립하여야 한다.
③ 집행계획에는 다음 각 호의 사항이 포함되어야 한다.
1. 기본계획 집행을 위하여 필요한 사항
2. 구조・구급대원의 안전사고 방지, 감염 방지 및 건강관리를 위하여 필요한 사항
제00조 ① 소방본부장은 기본계획 및 집행계획에 따라 매년 특별시・광역시・특별자치시・도・특별자치도(이하 "시・도") 구조・구급 집행계획(이하 "시・도 집행계획")을 수립하여 소방청장에게 제출하여야 한다.
② 시・도 집행계획은 시・도 구조・구급정책협의회(이하 "시・도 정책협의회")의 협의를 거쳐 계획 시행 전년도 12월 31일까지 수립하여야 한다.
③ 시・도 집행계획에는 다음 각 호의 사항이 포함되어야 한다.
1. 기본계획 및 집행계획에 대한 시・도의 세부 집행계획
2. 구조・구급대원의 안전사고 방지, 감염 방지 및 건강관리를 위하여 필요한 세부 집행계획

① 소방청장은 매년 10월 31일까지 다음 연도의 구조・구급 기본계획을 수립하여야 한다.
② 구조・구급 기본계획에는 구조・구급대원의 안전사고 방지에 관한 사항이 포함되어야 한다.
③ 소방청장은 구조・구급대원의 건강관리를 위하여 필요한 세부 집행계획을 포함한 시・도 집행계획을 계획 시행 전년도 12월 31일까지 수립하여야 한다.
④ 연도별 구조・구급 집행계획을 수립할 때에는 중앙 구조・구급정책협의회의 협의를 거칠 필요가 없다.
⑤ 구조・구급 기본계획에는 구조・구급 전문인력 양성에 관한 사항이 포함되어야 한다.

12. 다음 글을 근거로 판단할 때, 업무완성도 점수의 총합은?

○○사에는 네 명의 사원 갑, 을, 병, 정이 있다. ○○사는 업무완성도 점수의 총합이 최대가 되도록 사원들에게 a, b, c, d의 업무를 하나씩 배정하려고 한다.

<사원의 업무별 완성도 점수>

(단위 : 점)

사원 \ 업무	a	b	c	d
갑	90	78	45	69
을	11	71	50	89
병	88	90	85	93
정	40	80	65	39

① 314점
② 319점
③ 327점
④ 344점
⑤ 352점

13. 다음 글을 근거로 판단할 때, <보기>에서 옳은 것만을 모두 고르면?

> 방사광가속기는 방사광을 통해 미세입자의 구조와 현상을 관찰하는 장치이다. 방사광가속기에서 발생하는 X-선은 금속의 내부 구조뿐 아니라 성분까지도 분석할 수 있다.
>
> 방사광가속기는 1세대부터 현재 4세대까지 발전해 왔다. 입자물리학용 전자가속기의 부산물로써 사용한 1970년대의 1세대에 이어, 1980년대에 방사광만을 주 사용목적으로 한 2세대, 2세대에 비해 수천만 배의 밝은 빛을 발생시키는 1990년대의 3세대로 발전했다. 4세대는 3세대에 비하여 빛의 밝기가 약 1억 배 정도 밝으며, 1,000배 빠른 속도로 물질의 분자 구조 움직임을 분석할 수 있다. 그리고 3세대의 빛 발생 시간이 연속적인 데 반해 4세대의 빛 발생 시간은 20펨토초에 불과하다.
>
> 펨토(femto)는 10^{-15}을 의미한다. 1펨토초(fs)는 1나노초(ns)의 100만분의 1에 해당하며, 1마이크로초(μs)의 10억분의 1에 해당한다. 100 m 달리기의 기록을 100분의 1초까지 측정하고, 쇼트트랙 스케이팅의 기록은 1000분의 1초(1ms, 1밀리초)까지 측정하는 것과 비교하면 엄청나게 짧은 시간임을 알 수 있다.

<보 기>

ㄱ. 4세대 방사광가속기가 발생시키는 빛의 밝기는 2세대가 만들어 내는 것에 비해 10^{16}배 이상 밝다.
ㄴ. 4세대 방사광가속기의 빛 발생 시간은 2천만 분의 1나노초이다.
ㄷ. 1밀리초는 1펨토초의 1조 배에 해당하는 시간이다.

① ㄱ
② ㄷ
③ ㄱ, ㄴ
④ ㄴ, ㄷ
⑤ ㄱ, ㄴ, ㄷ

14. 다음 글을 근거로 판단할 때, 옳지 않은 것은?

○ 1부터 9까지의 서로 다른 숫자가 하나씩 적힌 공 9개를 아래와 같이 무작위로 배치하였다.

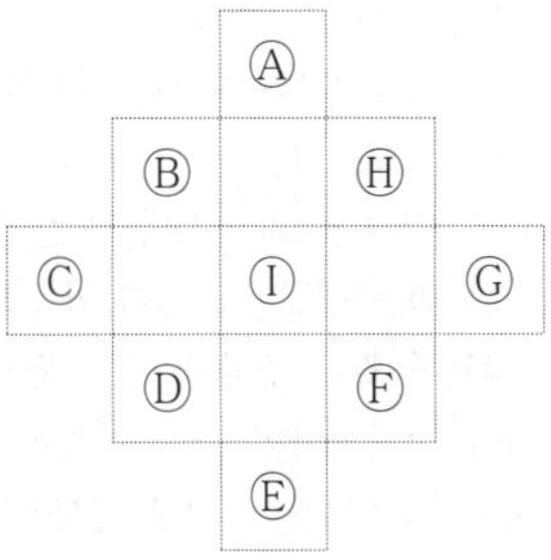

○ Ⓐ와 Ⓑ, Ⓒ와 Ⓓ, Ⓔ와 Ⓕ, Ⓖ와 Ⓗ를 각각 더한 값이 모두 같으며, 이 값은 Ⓘ의 값과 동일하다.
○ Ⓑ와 Ⓒ, Ⓓ와 Ⓔ, Ⓕ와 Ⓖ, Ⓗ와 Ⓘ를 각각 더한 값이 모두 같으며, 이 값은 Ⓐ의 2배이다.

① Ⓗ는 홀수이다.
② Ⓘ는 홀수이다.
③ Ⓐ와 Ⓔ를 더한 값은 Ⓑ와 Ⓖ를 더한 값과 같다.
④ Ⓓ와 Ⓘ를 더한 값은 Ⓕ와 Ⓗ를 더한 값의 3배이다.
⑤ Ⓒ와 Ⓕ를 더한 값은 Ⓓ와 Ⓗ를 더한 값의 2배이다.

15. 다음 글을 근거로 판단할 때, 적록색약인 사람이 인식하는 구역의 개수와 적록색약이 아닌 사람이 인식하는 구역의 개수 간 차이가 가장 큰 것부터 순서대로 바르게 나열한 것은?

적록색약은 빨간색과 초록색을 구별하지 못하는 색각 이상을 의미한다. 따라서 적록색약인 사람과 적록색약이 아닌 사람에게는 같은 그림이 다르게 보인다.

아래와 같이 크기가 4×4인 격자의 각 칸에 R(빨간색), G(초록색), B(파란색) 중 하나씩을 색칠한 그림이 있을 때, 상하좌우로 변끼리 인접해 있는 색깔이 같은 칸들을 모두 합쳐 1개의 '구역'이라고 하자. 이 그림을 적록색약이 아닌 사람이 보면 구역이 총 6개(R: 2개, G: 2개, B: 2개)인 것으로 인식한다. 그러나 적록색약인 사람이 이 그림을 보면 빨간색과 초록색을 같은 색깔로 인지하여, 구역이 총 4개(R+G: 2개, B: 2개)인 것으로 인식한다.

<그림>

R	R	R	B
G	G	B	B
B	B	R	R
B	B	R	G

→

<적록색약 아님>

R	R	R	B
G	G	B	B
B	B	R	R
B	B	R	G

<적록색약>

R	R	R	B
G	G	B	B
B	B	R	R
B	B	R	G

<보 기>

ㄱ.

R	R	R	R	B
B	B	B	R	B
G	G	B	B	R
G	G	B	R	R
G	G	B	R	R

ㄴ.

B	R	R	B	B
B	G	B	B	B
B	G	B	G	R
B	G	R	G	R
R	R	B	B	R

ㄷ.

B	G	R	G	R
G	R	B	B	G
B	R	B	B	R
B	R	R	B	B
R	B	R	B	B

ㄹ.

R	R	R	G	B
G	B	B	G	B
G	G	G	R	B
B	G	R	R	B
R	R	G	G	R

① ㄷ > ㄹ > ㄴ > ㄱ
② ㄷ > ㄴ > ㄹ > ㄱ
③ ㄷ > ㄱ > ㄹ > ㄴ
④ ㄹ > ㄷ > ㄱ > ㄴ
⑤ ㄹ > ㄱ > ㄷ > ㄴ

16. 다음 글과 <상황>을 근거로 판단할 때, A가 지목하여 승리할 수 있는 상대 참가자만을 모두 고르면?

○ 게임은 1부터 10까지의 서로 다른 숫자가 하나씩 적힌 10장의 카드로 진행되며, 게임이 시작되면 각 참가자에게 무작위로 2장씩의 카드가 지급된다.
○ 각 참가자는 지급받은 2장의 카드 중 하나의 숫자를 공개하고 나머지 카드는 뒤집어서 숫자를 숨긴다. 그리고 각 참가자는 자신이 가진 숫자에 대한 정보를 한 가지씩 사실대로 밝혀야 한다.
○ 이후 참가자들은 돌아가며 다른 참가자 1명을 지목하는데, 지목한 참가자의 카드 숫자의 합이 지목당한 참가자의 카드 숫자의 합보다 큰 경우에만 지목한 참가자가 승리하여 벌칙에서 제외된다.

<상 황>

○ 게임의 참가자는 A, B, C, D, E 5명이다.
○ 공개된 숫자

참가자	A	B	C	D	E
공개한 숫자	2	7	3	5	1

○ 참가자별 제시 정보
A: 두 숫자의 합은 6의 배수이다.
B: 공개한 숫자가 숨긴 숫자보다 2 이상 크다.
C: 두 숫자 모두 홀수이다.
D: 숨긴 숫자가 공개한 숫자보다 크다.
E: 두 숫자의 합은 3의 배수이다.

① B, C
② C, D
③ D, E
④ B, C, E
⑤ B, D, E

17. 다음 글과 <상황>을 근거로 판단할 때 옳은 것은?

甲공장에는 동일한 제품을 생산하는 A, B, C 3대의 기계가 있으며, 이 기계들의 특성은 다음과 같다.

○ A: 1개의 제품을 생산하는데 10분이 걸린다.
B: 1개의 제품을 생산하는데 15분이 걸린다.
C: 1개의 제품을 생산하는데 20분이 걸린다.
○ 정상적으로 작동하는 모든 기계는 3개의 제품을 생산한 직후 10분간 자동으로 정지하여 과열을 방지한 후 다시 생산을 이어간다. 기계가 정상적으로 작동한다면 불량제품이 생산되지 않는다.
○ 기계에 오류가 발생하면 자동 정지를 하지 않고 계속해서 제품을 생산하는데, 이 경우 해당 기계는 정상제품 3개를 생산할 때마다 그 다음 1개는 불량제품을 생산한다.

<상 황>

甲공장은 09 : 00부터 20 : 30까지 A, B, C 모든 기계를 계속 가동하여 제품을 생산하였는데, 2개의 기계는 정상적으로 작동했으나 1개의 기계에는 오류가 발생하여 생산시간 내내 멈추지 않고 계속 작동했다. 생산된 완제품은 모두 137개였으며, 이 중 17개가 불량이었다.

① A 기계에서 52개의 완제품이 생산되었다.
② B 기계에서 46개의 완제품이 생산되었다.
③ C 기계에서 30개의 완제품이 생산되었다.
④ 모든 기계가 정상적으로 가동되었다면 130개의 정상제품이 생산되었을 것이다.
⑤ C 기계가 생산 도중 자동으로 정지한 시간은 총 80분이다.

18. 다음 글을 근거로 판단할 때 반드시 옳은 것은?

○ 새로운 건강정책국장이 부임함에 따라 각 과는 주요 현안을 보고하고자 한다.
○ 각 과의 현안은 다음과 같다.

과	현안
건강정책과	국민건강조사
	지역보건법령
건강증진과	금연클리닉 운영
	비만예방사업
구강정책과	치과의료지도
정신건강정책과	정신건강연구
	절주계획수립
	마약중독자보호
자살예방정책과	자살예방사업
	자살자 가족 지원

○ 각 과의 구성원 현황은 다음과 같다.

과	정원	현 인원
건강정책과	23	20
건강증진과	24	23
구강정책과	37	32
정신건강정책과	24	16
자살예방정책과	23	23

○ 현안 보고에 대한 국장의 <지시사항>은 다음과 같다.
1. 정원이 가장 많은 과부터 순서대로 보고하되, 정원이 같다면 현 인원이 많은 순서대로 보고할 것. 다만, 첫 번째 현안 보고는 건강정책과가 할 것.
2. 보고 1회당 1건의 현안만 보고할 것.
3. 모든 과가 1회씩의 보고를 마친 후, 보고하지 않은 현안이 남아있는 과는 지시사항 1 본문의 원칙에 따라 순서대로 반복하여 1건씩 추가로 보고할 것.
4. 최우선 현안을 먼저 보고하고 나머지 현안을 나중에 보고할 것. 이 외의 보고 순서는 자율적으로 정할 것.
5. '건강, 예방, 보호' 중 하나 이상의 단어가 들어간 현안을 최우선 현안으로 함.

① '지역보건법령'을 '국민건강조사'보다 먼저 보고한다.
② '절주계획수립'을 '치과의료지도'보다 먼저 보고한다.
③ '자살예방사업'을 '정신건강연구'보다 먼저 보고한다.
④ '비만예방사업'을 '마약중독자보호'보다 먼저 보고한다.
⑤ '자살자 가족 지원'을 '금연클리닉 운영'보다 먼저 보고한다.

19. 다음 글을 근거로 판단할 때, 테러 상황이 종료되었을 때 甲국의 대통령직을 승계한 사람은?

○ 다음은 甲국의 대통령직 승계 서열이다.
상원의장 – 하원의장 – 상원임시의장 – 국무부장관 – 재무부장관 – 국방부장관 – 법무부장관 – 내무부장관 – 농업부장관 – 상무부장관 – 노동부장관 – 복지부장관 – 주택도시개발부장관 – 운수부장관 – 에너지부장관 – 교육부장관 – 제대군인부장관 – 국토안보부 장관

○ 甲국의 경호팀은 보안을 위해 대통령부터 대통령직 승계 서열 9위까지를 다음과 같은 암호로 호칭한다.
'피닉스 – 이글즈 – 유니콘 – 드래곤 – 라이언 – 다이노스 – 베어즈 – 타이거 – 자이언트 – 라이노'
이 암호는 생존자만을 대상으로 하며, 이들 중 사망자가 발생하면 암호가 재배열된다. 예를 들어, '피닉스'였던 대통령이 사망하면 대통령직을 승계하는 상원의장이 '피닉스'가 되고 다음 서열인 하원의장은 '이글즈'가 된다.

○ 甲국에 동시다발적 테러가 발생하여 대통령을 포함한 고위직의 다수가 위험에 처했다. 다음은 해당 상황에서의 경호팀 무전기록을 순서대로 모두 정리한 것이다.
1. 행사장에 폭탄 테러 발생. 이글즈와 라이언 사망, 피닉스는 무사함.
2. 의사당에 테러리스트 침입. 총격전 상황. 이글즈와 드래곤, 다이노스 사망.
3. 베어즈, 타이거, 자이언트 피살.
4. 2차 폭탄 테러 발생. 피닉스가 위험하다.
5. 피닉스, 이글즈, 유니콘, 드래곤, 라이언, 베어즈 사망.
6. 테러 진압 완료. 상황 종료.

※ 하나의 무전기록이 끝날 때마다 사망자를 제외하고 암호의 재배열이 이루어지며, 무전기록의 정보는 모두 사실이다.

① 내무부장관
② 상무부장관
③ 주택도시개발부장관
④ 운수부장관
⑤ 교육부장관

20. 다음 글과 <법률>을 근거로 판단할 때, 甲시의 제3차 녹색성장 5개년 계획이 의결된 경우 지급한 최소 주차비는?

<甲시 녹색성장위원회 개최 계획>

□ 일시 및 장소
○ 2. 20.(목) 15 : 00 ~ 16 : 00, 대회의실
□ 녹색성장위원회 구성
○ 위원장: 행정부시장, 환경운동연합대표
○ 위원: 10명 (당연직 3, 위촉직 7)
□ 안건
○ 甲시 제3차 녹색성장 5개년 계획 심의 및 의결
□ 행정처리사항
○ 주차비: 관내 5,000원 / 관외 10,000원 지급
※ 당연직 위원 및 가솔린 차량은 주차비 미지급

<녹색성장위원회 위원 현황>

이름	당연직여부	관외/관내	의견	차량
A(위원장)	×	관내	찬성	가솔린
B	○	관내	찬성	전기
C	×	관내	반대	하이브리드
D	○	관내	찬성	가솔린
E	×	관외	반대	전기
F	×	관내	반대	가솔린
G	○	관내	반대	전기
H	×	관내	반대	가솔린
I	×	관외	찬성	하이브리드
J	×	관외	찬성	하이브리드

<법 률>

제00조 지방녹색성장위원회는 위원장을 포함한 10명 이내의 위원으로 구성한다.
제00조 ① 위원장은 위원회의 회의를 소집하고, 그 의장이 된다.
② 위원회의 회의는 재적위원 과반수의 출석으로 개의하고, 출석위원 과반수의 찬성으로 의결한다.

① 0원
② 5,000원
③ 10,000원
④ 15,000원
⑤ 20,000원

21. 다음 글과 <상황>을 근거로 판단할 때 옳지 않은 것은?

심리학자 H는 사람의 성격유형을 현실형, 탐구형, 예술형, 사회형, 설득형, 관습형으로 나누고, 이를 표현하는 육각모형을 제시했다.

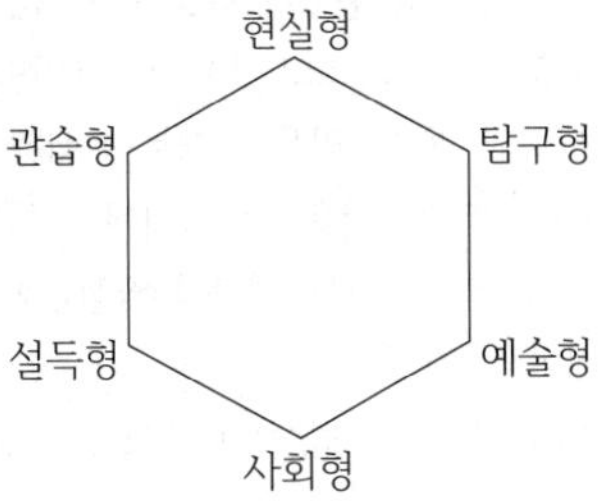

H는 한 사람에게서 2개씩의 성격유형을 찾아내어 육각모형에 배치되는 상태를 보면 성격의 일관성 정도를 평가할 수 있다고 한다. 즉, 성격유형 2개가 육각모형 상에서 인접해 있을 때에는 일관성이 높고, 성격유형 2개 사이에 다른 하나의 유형이 있으면 중간정도의 일관성을 가지고 있으며, 성격유형 2개 사이에 다른 2개의 유형이 있으면 일관성이 낮다는 것이다.

<상 황>

△△직업상담센터는 고등학생 갑, 을, 병, 정, 무 5명을 대상으로 성격유형검사를 실시했다.

○ 성격유형이 현실형인 학생은 3명이었다.
○ 성격유형이 설득형인 학생은 3명이었다.
○ 갑, 을, 정, 무 4명은 다른 학생들에게는 없는 성격유형을 한 가지씩 가지고 있었다.
○ 무는 사회형이면서 일관성은 낮은 성격으로 평가받았다.
○ 갑은 무와 한 가지 성격유형을 공유하며, 성격의 일관성이 중간정도인 것으로 나타났다.

① 갑의 성격유형은 현실형과 예술형이다.
② 성격유형이 설득형인 3명은 을, 병, 정이다.
③ 을과 병의 성격의 일관성 정도는 동일하다.
④ 성격의 일관성이 높은 사람은 1명이다.
⑤ 성격의 일관성이 낮은 사람은 2명이다.

22. 다음 글을 근거로 판단할 때, ○○부의 부장이 3월에 지출할 점심식사 비용 총액의 최댓값은?

○○부에는 A과～F과 총 6개의 과가 있으며, ○○부의 부장은 토요일과 일요일, 휴무일을 제외한 평일의 점심에 항상 소속 직원들과 함께 점심식사를 한다.

3월에는 다음 규칙에 따라 점심식사를 하기로 하였다.

○ 매주 월요일은 A과의 직원들과 점심식사를 한다.
○ 월요일 외의 평일에는 B과 → C과 → D과 → E과 → F과 → B과 → …의 순서로 돌아가며 점심식사를 한다.
○ 점심식사 비용은 1인당 5천 원이며 모두 부장의 업무추진비로 지출한다.

○○부의 A과에는 6명, B～F과에는 5명의 직원이 있으며, 모든 직원이 빠짐없이 점심식사에 참여한다. 한편, ○○부의 3월 휴무일은 3·1절 하루뿐이다.

① 620,000원
② 635,000원
③ 655,000원
④ 670,000원
⑤ 685,000원

23. 다음 글을 근거로 판단할 때 옳은 것은?

甲은 0부터 9까지의 숫자를 사용하여 날짜 및 시각을 나타내는 디지털시계를 가지고 있다. 甲의 시계는 월, 일, 시, 분, 초를 모두 항상 2개의 숫자를 이용하여 표시한다. 그리고 이 시계는 시를 00부터 23으로, 분과 초는 00부터 59로 표시한다.

0	5	2	6	1	9	3	7	4	8
월		일		시		분		초	

甲은 위와 같이 자신의 시계가 0부터 9까지의 숫자를 한 번씩만 사용하여 나타낼 수 있는 때를 찾고자 한다.

① 甲이 찾을 수 있는 가장 늦은 때의 '일'은 29일이다.
② 甲이 찾을 수 있는 가장 늦은 때의 '분'은 58분이다.
③ 甲이 찾을 수 있는 가장 이른 때는 1월 중에 있다.
④ 甲이 찾을 수 있는 가장 이른 때의 '시'는 15시이다.
⑤ 甲이 찾을 수 있는 가장 이른 때의 '초'는 59초이다.

24. 다음 글에서 옳은 말을 한 학생들만을 모두 고르면?

사랑초등학교 6학년 우정반 학생들은 매주 월요일 점심시간에 진실게임을 한다. 주어진 소재에 대해 각자 옳다고 생각하는 사실을 하나씩 말한 후 그것의 옳고 그름을 함께 검토하는 것이다.

이번 주 월요일 진실게임의 소재는 '책'이었다. 우정반 학생들은 전체 320페이지인 책 한 권을 소재로 선택했고, 이에 대해 다음과 같이 옳다고 생각하는 것을 한 가지씩 말했다. 학생들이 선택한 책에는 1페이지부터 320페이지까지 빠짐없이 페이지 번호가 적혀 있었으며, 페이지 번호는 1, 2, 3, …, 10, 11, 12, …, 100, 101, …과 같이 일반적인 방식으로 반드시 필요한 숫자만으로 적혀 있었다.

○ 甲: 1페이지부터 100페이지까지의 페이지 번호에는 0부터 9까지의 정수 중에 '1'이 가장 많이 사용돼.
○ 乙: 甲이 말한 경우라면 '0'이 가장 적게 나오는 것은 확실해.
○ 丙: 101페이지부터 200페이지까지라면 '1'이 가장 많이 나오겠지.
○ 丁: 丙이 말한 경우라면 '1'은 짝수 번 나오겠네.

① 甲, 丁
② 乙, 丙
③ 丙, 丁
④ 甲, 乙, 丙
⑤ 甲, 乙, 丁

25. 다음 글을 근거로 판단할 때, <보기>에서 옳은 것만을 모두 고르면?

수식판은 다음과 같이 2개의 숫자와 하나의 연산기호로 구성되어 있다.

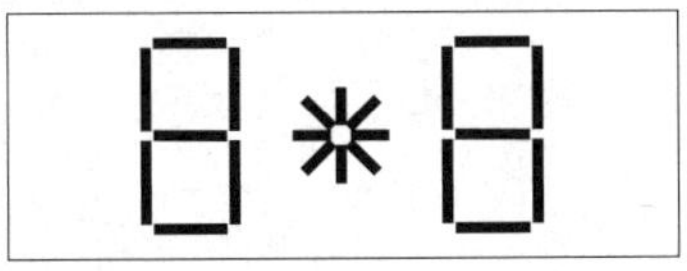

숫자는 7개의 막대로 이루어져 있고, 연산기호는 8개의 막대로 이루어져 있다. 위와 같이 숫자는 기본적으로 '8'을 표시하도록 되어 있고, 숫자를 구성하고 있는 막대의 일부를 제거하여 0부터 9까지의 모든 정수를 표시할 수 있다. 또한 연산기호의 막대를 일부 제거하여 +, −, ×의 3가지 연산기호를 표시할 수 있다.

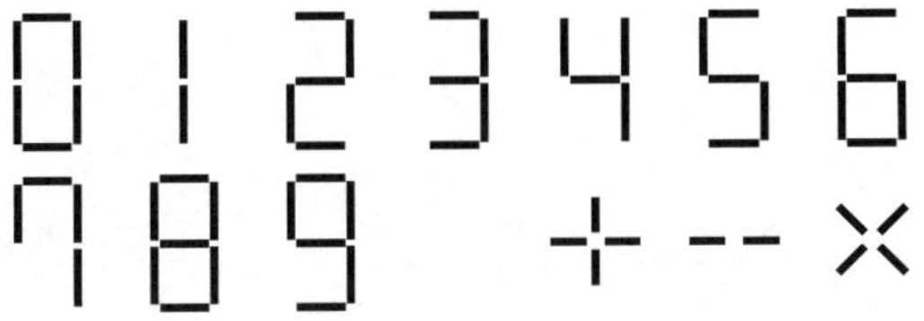

예를 들어, '3 + 9'를 표시하기 위해서는 왼쪽 숫자에서 막대 2개, 연산기호에서 막대 4개, 오른쪽 숫자에서 막대 1개, 총 7개의 막대를 제거해야 하며, 이를 통해 결과값 '12'를 얻을 수 있다.

<보 기>

ㄱ. 결과값 '0'을 얻기 위해 제거해야 하는 막대의 최소 개수는 6개이다.

ㄴ. 결과값 '0'을 얻기 위해 제거해야 하는 막대의 최대 개수는 16개이다.

ㄷ. 결과값 '4'를 얻기 위해 제거해야 하는 막대의 최소 개수는 9개이다.

ㄹ. 결과값 '12'를 얻기 위해 제거해야 하는 막대의 최대 개수는 9개이다.

① ㄱ, ㄴ
② ㄱ, ㄹ
③ ㄴ, ㄷ
④ ㄴ, ㄹ
⑤ ㄷ, ㄹ

MEMO

제 9 회

7급 PSAT 하주응 상황판단
실전 모의고사

상황판단영역

1. 다음 글을 근거로 판단할 때 옳은 것은?

제○○조 ① 약사 또는 한약사가 아니면 약국을 개설할 수 없다.
② 약국을 개설하려는 자는 시장·군수·구청장에게 개설등록을 하여야 한다.
③ 다음 각 호의 어느 하나에 해당하는 경우에는 개설등록을 받지 아니한다.
1. 약국을 개설하려는 장소가 병원 등 의료기관의 시설 안 또는 구내인 경우
2. 병원 등 의료기관의 시설 또는 부지의 일부를 분할·변경 또는 개수(改修)하여 약국을 개설하는 경우

제△△조 ① 약사 또는 한약사는 하나의 약국만을 개설할 수 있다.
② 약국개설자는 자신이 그 약국을 관리하여야 한다. 다만, 약국개설자 자신이 그 약국을 관리할 수 없는 경우에는 대신할 약사 또는 한약사를 지정하여 약국을 관리하게 하여야 한다.

제□□조 약국개설자는 약국을 폐업 또는 휴업하거나 휴업하였던 약국을 다시 연 경우에는 폐업·휴업 또는 다시 연 날부터 7일 이내에 이를 관할 시장·군수·구청장에게 신고하여야 한다. 다만, 휴업기간이 1개월 미만인 경우에는 그러하지 아니하다.

제00조 ① 제○○조 제1항을 위반하여 약국을 개설한 자는 5년 이하의 징역 또는 5천만 원 이하의 벌금에 처한다.
② 제○○조 제2항을 위반하여 개설등록을 하지 아니하거나 제△△조 제1항 및 제2항을 위반한 자는 1년 이하의 징역 또는 1천만 원 이하의 벌금에 처한다.

제00조 제□□조를 위반하여 폐업 등의 신고를 하지 아니한 자에게는 100만 원 이하의 과태료를 부과한다.

① 부산광역시 사하구에 약국을 개설하려는 약사는 부산광역시장에게 약국의 개설 사실을 신고하여야 한다.
② 병원 안에 약국을 개설하고 약국의 개설등록을 하려고 한 약사에게는 5천만 원 이하의 벌금이 부과될 수 있다.
③ 2개의 약국을 개설하여 그 중 1개는 자신이 관리하고 다른 1개는 다른 약사에게 관리하도록 한 약사는 1년 이하의 징역에 처해질 수 있다.
④ 3주 동안 약국을 휴업하면서 이를 신고하지 않은 약사에게는 100만 원 이하의 과태료가 부과될 수 있다.
⑤ 2주의 휴가 기간 중에 약사가 아닌 친척에게 약국을 관리하도록 한 약사는 최대 5년의 징역에 처해질 수 있다.

2. 다음 글과 <상황>을 근거로 판단할 때 옳은 것은?

제00조 석면 노출로 인한 건강피해를 구제하기 위하여 지급되는 급여(이하 "구제급여"라 한다)의 종류는 다음 각 호와 같다.
1. 요양급여
2. 요양생활수당
3. 장의비

제00조 ① 전조(前條) 제1호 및 제2호에 따른 구제급여를 받고자 하는 자는 국내에서 석면에 노출됨으로써 석면질병에 걸린 것이라는 취지의 인정(이하 "석면피해인정"이라 한다)을 한국환경공단(이하 "공단"이라 한다)으로부터 받아야 한다.
② 석면피해인정을 받고자 하는 자는 석면질병에 관한 의학적 소견을 적은 서류를 첨부하여 그 주소지를 관할하는 시장·군수·구청장(자치구의 구청장을 말한다. 이하 같다)에게 신청하여야 한다.
③ 시장·군수·구청장은 제2항에 따른 신청을 받은 때에는 지체 없이 공단에 석면피해인정 여부의 결정을 청구하고, 해당 특별시장·광역시장·도지사 및 특별자치도지사(이하 "시·도지사"라 한다)에게 그 청구 사실을 알려야 한다.
④ 공단은 제3항에 따른 청구를 받은 때에는 석면피해판정위원회의 심의·의결을 거쳐 60일 이내에 석면피해인정 여부 및 피해등급 등을 결정하여야 한다. 다만, 정당한 사유가 있어 60일 이내에 석면피해인정 여부를 결정하는 것이 곤란한 때에는 30일을 넘지 아니하는 범위에서 결정기간을 연장할 수 있다.
⑤ 공단은 제4항 단서에 따라 석면피해인정 여부의 결정기간을 연장할 때에는 제4항 본문의 기간이 만료되기 전까지 그 사유를 명시하여 해당 시·도지사, 시장·군수·구청장 및 그 신청을 한 자에게 통지하여야 한다.

<상 황>

주소지가 경기도 화성시인 甲은 석면 노출이 원인인 것으로 의심되는 질병을 앓고 있다.

① 甲이 한국환경공단의 석면피해인정을 받지 못한다면, 요양급여는 지급받을 수 있지만 사망 시 장의비는 지급받을 수 없다.
② 甲이 요양급여를 받으려면 석면질병에 관한 의학적 소견을 적은 서류를 첨부하여 화성시장에게 석면피해인정을 신청하여야 한다.
③ 甲이 석면피해인정을 신청하면 한국환경공단은 경기도지사에게 즉시 甲의 신청 사실을 통지하여야 한다.
④ 甲이 석면피해인정을 신청하면 한국환경공단은 늦어도 2개월 내에 석면피해인정 여부를 결정해야 한다.
⑤ 한국환경공단이 甲에 대한 석면피해인정 여부의 결정기간을 연장할 때에는 화성시장에게 통지하여야 하고, 화성시장은 그 사실을 경기도지사와 甲에게 알려야 한다.

3. 다음 글을 근거로 판단할 때 옳은 것은?

제00조 인증기관은 인증서를 발급받고자 하는 자의 신원을 확인하는 경우에는 다음 각 호의 구분에 따른 명의와 번호를 기준으로 한다.
1. 개인의 경우
가. 내국인의 경우
1) 「주민등록법」에 따라 주민등록이 된 사람: 주민등록표에 기재된 성명 및 주민등록번호
2) 1)에 해당하지 아니하는 재외국민으로서 여권을 발급받은 사람: 여권에 기재된 성명 및 여권번호
3) 2)에 해당하지 아니하는 재외국민: 「재외국민등록법」에 따른 등록부에 기재된 성명 및 등록번호
나. 외국인의 경우
「출입국관리법」에 의한 등록외국인기록표에 기재된 성명 및 등록번호. 다만, 외국인등록증이 발급되지 아니한 외국인은 여권에 기재된 성명 및 번호
다. 가목 내지 나목의 규정에 의하는 것이 곤란한 경우
: 과학기술정보통신부장관이 정하는 명의
2. 법인의 경우
「법인세법」에 의하여 교부받은 사업자등록증에 기재된 법인명 및 사업자등록번호. 다만, 사업자등록증을 교부받지 아니한 법인의 경우에는 「법인세법」에 의하여 납세번호를 부여받은 문서에 기재된 법인명 및 납세번호
3. 법인이 아닌 단체의 경우
당해 단체를 대표하는 자의 제1호의 규정에 의한 명의. 다만, 「부가가치세법」에 의하여 고유번호를 부여받거나 「소득세법」에 의하여 납세번호를 부여받은 단체의 경우에는 그 문서에 기재된 단체명과 고유번호 또는 납세번호

① 법인의 신원을 확인하는 경우에는 항상 관련 증서나 문서에 기재된 법인명을 명의의 기준으로 한다.
② 외국인의 신원을 확인하는 경우에는 외국인등록증에 기재된 정보보다 여권에 기재된 정보를 우선 적용한다.
③ 주민등록이 되어 있지 않은 재외국민의 신원은 「재외국민등록법」에 따른 등록부에 기재된 성명 및 등록번호로만 확인할 수 있다.
④ 법인이 아닌 단체의 신원을 확인하는 경우, 명의의 기준은 언제나 단체명이지만 번호의 기준은 고유번호인 경우와 납세번호인 경우로 나뉜다.
⑤ 개인의 신원을 확인하는 것이 곤란한 경우의 명의와 번호의 기준은 주민등록에 관한 사무를 총괄하는 행정안전부장관이 정한다.

4. 다음 글을 근거로 판단할 때 옳은 것은?

제00조 ① 시장·군수는 풍수해의 예방 및 저감을 위하여 5년마다 시·군 풍수해저감종합계획(이하 "시·군 종합계획"이라 한다)을 수립하여 특별시장·광역시장·도지사(이하 "시·도지사"라 한다)를 거쳐 행정안전부장관의 승인을 받아 확정하여야 한다.
② 시·도지사는 시·군 종합계획을 기초로 시·도 풍수해저감종합계획(이하 "시·도 종합계획"이라 한다)을 수립하여 행정안전부장관의 승인을 받아 확정하여야 한다.
제00조 ① 시장·군수는 매년 시·군 종합계획에 대한 다음 해의 시·군 시행계획(이하 "시·군 시행계획"이라 한다)을 작성하여 시·도지사에게 제출하여야 한다.
② 시·도지사는 제1항에 따라 제출된 시·군 시행계획을 반영하여 매년 시·도 종합계획에 대한 다음 해의 시·도 시행계획(이하 "시·도 시행계획"이라 한다)을 작성하여 행정안전부장관에게 제출하여야 한다.
③ 행정안전부장관은 제2항에 따라 제출받은 시·도 시행계획을 심사한 후 풍수해저감사업비의 일부를 국고로 지원할 수 있다.
제00조 ① 행정안전부장관은 홍수, 호우 등 재해를 예방하기 위한 방재정책 등에 적용하기 위하여 처리 가능한 시간당 강우량 및 연속강우량의 목표(이하 "방재성능목표"라 한다)를 지역별로 설정·운용할 수 있도록 관계 중앙 행정기관의 장과 협의하여 방재성능목표 설정 기준을 마련하고, 이를 특별시장·광역시장·시장 및 군수에게 통보하여야 한다.
② 제1항에 따라 방재성능목표 설정 기준을 통보받은 특별시장·광역시장·시장 및 군수는 해당 특별시·광역시·시 및 군에 대하여 향후 10년간 적용할 지역별 방재성능목표를 설정·공표하고 운용하여야 한다.
③ 특별시장·광역시장·시장 및 군수는 지역별 방재성능목표를 공표한 날부터 5년마다 그 타당성 여부를 검토하여 필요한 경우에는 설정된 방재성능목표를 변경·공표하여야 한다.

① 행정안전부장관은 시·군 시행계획에 따라 풍수해저감사업에 사용되는 비용의 일부를 국고로 지원하여야 한다.
② 인천광역시장은 풍수해저감종합계획을 매년 수립하여 행정안전부장관에게 승인을 받아야 한다.
③ 서울특별시장은 2018년 4월에 공표한 방재성능목표에 대한 타당성 여부를 2023년에 검토하여야 한다.
④ 군산시장은 풍수해의 예방 및 저감을 위한 2023년 시행계획을 2022년에 행정안전부장관에게 제출하여야 한다.
⑤ 행정안전부장관은 관계 중앙 행정기관의 장과 협의하여 방재성능목표를 지역별로 설정하고 이를 시·도지사에게 통보하여야 한다.

5. 다음 글을 근거로 판단할 때, <보기>에서 옳은 것만을 모두 고르면?

제00조 국가소방공무원의 계급은 상위계급부터 소방총감, 소방정감, 소방감, 소방준감, 소방정, 소방령, 소방경, 소방위, 소방장, 소방교, 소방사로 구분한다.

제00조 국가소방공무원은 다음 각 호의 구분에 따라 임용한다.

1. 소방령 이상의 국가소방공무원은 소방청장의 제청으로 국무총리를 거쳐 대통령이 임용한다. 다만, 소방총감은 대통령이 임명하고, 소방준감 이하의 국가소방공무원에 대한 전보, 휴직, 직위해제, 강등, 정직 및 복직은 소방청장이 한다.
2. 소방경 이하의 국가소방공무원은 소방청장이 임용한다.

제00조 국가소방공무원의 신규채용은 공개경쟁시험으로 한다. 다만, 소방위의 신규채용은 국가소방간부후보생 선발시험으로 선발된 사람 중에서 한다.

제00조 국가소방공무원의 신규채용시험 및 국가소방간부후보생 선발시험은 소방청장이 실시한다.

제00조 ① 국가소방공무원을 신규채용할 때에는 소방장 이하는 6개월간 시보로 임용하고, 소방위 이상은 1년간 시보로 임용하며, 그 기간이 만료된 다음 날에 정규 국가소방공무원으로 임용한다.

② 임용권자는 시보임용 기간 중에 있는 국가소방공무원이 근무성적 또는 교육훈련성적이 불량할 때에는 면직시킬 수 있다.

<보 기>

ㄱ. 소방총감은 소방청장의 제청으로 대통령이 임용한다.

ㄴ. 소방경으로 신규채용된 사람은 1년의 시보임용기간이 만료된 다음 날 정규 국가소방공무원으로 임용된다.

ㄷ. 대통령은 근무성적이 불량한 소방정에 대해 정직처분을 내릴 수 있다.

ㄹ. 소방청장은 국가소방간부후보생 선발시험으로 선발된 사람으로서 시보임용 기간 중에 있는 국가소방공무원의 교육훈련성적이 불량할 때에는 해당 국가소방공무원을 면직시킬 수 있다.

① ㄱ, ㄷ
② ㄱ, ㄹ
③ ㄴ, ㄹ
④ ㄱ, ㄴ, ㄷ
⑤ ㄴ, ㄷ, ㄹ

6. 다음 글을 근거로 판단할 때 옳은 것은?

보이차(普洱茶)는 중국 운남성 남부의 소수민족들이 만들기 시작한, 북위 22도 ~ 25도 부근의 해발이 높은 지역에서 자라는 차나무 잎으로 만든 차이다. 보이차는 형태에 따라 산차(散茶)와 긴압차(緊壓茶)로 나눈다. 산차는 찻잎을 뭉치지 않고 찻잎 형태 그대로 흩어놓은 차를 말한다. 긴압차는 찻잎에 수증기를 가한 다음 틀에 넣고 압착하여 일정한 형태의 덩어리로 만든 것인데, 가장 흔한 것이 둥글고 납작한 빈대떡 형태로 흔히 병차(餠茶)라고도 한다. 보이차는 또 제다(製茶) 방법에 따라 크게 생차(生茶)와 숙차(熟茶)로 나눈다. 구분의 기준은 차를 완성할 당시의 발효 여부인데, 발효시키지 않은 것이 생차이고 발효되어 완성된 것이 숙차이다. 생차이면서 그 모양이 병차인 차를 흔히 생병 혹은 청병이라 하고, 숙차이면서 병차인 차를 숙병이라고 한다.

시중에서 판매되는 많은 보이차에는 '칠자병차(七子餠茶)'라는 말이 새겨져 있는데, 여기서 병차는 차의 모양을 말하는 것이고, 칠자란 이 차들이 일곱 개씩 포장되어 운반되었기 때문에 붙은 이름이다. 현대식 숙차 제다법을 시행한 이후에 생산된 보이차들이며 7542, 8582 등의 숫자가 붙는 것이 특징이다. 숫자는 네 자리로 이루어지는데, 통상 앞의 두 자리는 해당 제품의 첫 상품이 탄생한 연도를 말한다. 예컨대 7542 보이차는 1975년에 생산된 차가 아니라, 그 차에 적용된 생산 방식이 1975년부터 시작되었다는 뜻이다. 세 번째 숫자는 찻잎을 섞는 비율과 관계된 것이다. 즉, 제다 방법과 관련된 것인데, 숫자들의 구체적 의미는 제조업자들이 비밀로 하고 있어 알려져 있지 않다. 마지막 숫자는 그 차를 생산한 공장을 의미한다. 1973년 이후 중국 정부는 곤명차창(昆明茶廠)에 1, 맹해차창(孟海茶廠)에 2, 하관차창(下關茶廠)에 3, 란창차창(瀾滄茶廠)에 4를 각각 고유번호로 부여했다.

① 산차는 수증기를 가하지 않았기 때문에 생차에 해당한다.
② 칠자병차는 전통 방식으로 제조된 청병의 한 종류이다.
③ '7542 보이차'는 '8582 보이차'보다 10년 먼저 생산된 차이다.
④ '8582 보이차'는 두 종류의 찻잎을 8 : 2의 비율로 섞어 만든 차이다.
⑤ '7542 보이차'와 '8582 보이차'는 같은 공장에서 서로 다른 방식으로 생산된 차이다.

7. 다음 글과 <상황>을 근거로 판단할 때, 나영이 머그컵을 받은 날과 그날 주문한 음료를 바르게 짝지은 것은?

> H카페는 연말을 맞아 머그컵 증정 행사를 하기로 하였다. H카페를 방문한 손님이 '크리스마스 음료' 3잔을 포함하여 총 12잔의 음료를 마시면, 12잔째 음료를 주문한 날 머그컵을 증정한다. 단, 음료 주문량은 행사시작일인 12월 3일 주문부터 계산하며, H카페가 지정한 크리스마스 음료는 '카페라떼'와 '마시멜로를 넣은 코코아'이다.

<상 황>

> 나영은 12월 1일(월)부터 일요일을 제외하고 날마다 H카페를 방문하여 음료를 1잔씩 마셨다. 나영은 '크리스마스 음료'에 대한 규칙을 알지 못해서 매번 자신의 기호에 따라서만 음료를 주문했다. 12월 1일에는 코코아를 주문했고, 카페라떼를 마신 매주 금요일을 제외하면 코코아와 아메리카노를 날마다 번갈아 주문했다. 그리고 매주 목요일에만 음료 종류에 상관없이 마시멜로를 추가했다.

	머그컵을 받은 날	주문한 음료
①	12월 12일	카페라떼
②	12월 13일	아메리카노
③	12월 15일	카페라떼
④	12월 16일	아메리카노
⑤	12월 19일	코코아

8. 다음 글과 <상황>을 근거로 판단할 때, △△회사에 신입사원으로 선발되는 사람은?

> △△회사 입사시험에서는 A, B, C 3개의 과목을 치르는데 과목별 만점은 10점이다. 甲회사는 다음의 방식에 따라 산출한 기준점수로 지원자를 평가하여, 기준점수가 가장 높은 1명을 신입사원으로 선발한다.
>
> <기준점수 산출 방식>
>
> ○ 과목별로 전체 응시자들이 획득한 점수를 모두 합산한 다음 전체 응시자의 수로 나누어서 과목별 평균점수를 계산한다.
> ○ 응시자의 과목별 점수에서 해당 과목의 평균점수를 차감하여 과목별 변환점수를 산출한다. 예를 들어 어떤 지원자의 A과목 점수가 6점이고 A과목 평균점수가 7점이면 해당 지원자의 과목별 변환점수는 -1점이다.
> ○ 과목별 변환점수를 모두 합산한 값이 해당 지원자의 변환점수가 된다.
> ○ A과목 만점자는 변환점수에 2점을 가산하고, B과목 만점자는 변환점수에 1점을 가산한다.
> ○ 지원자별로 변환점수와 가산점수를 합한 값이 해당 지원자의 기준점수가 된다.

<상 황>

△△회사의 입사시험에 甲, 乙, 丙, 丁, 戊 5명이 지원했으며, 입사시험의 결과는 다음과 같다.

과목 \ 지원자	甲	乙	丙	丁	戊
A	9	8	10	5	8
B	8	7	6	6	8
C	7	7	7	10	4

① 甲
② 乙
③ 丙
④ 丁
⑤ 戊

[9 ~ 10] 다음 글을 읽고 물음에 답하시오.

제00조 이 법에서 사용하는 용어의 뜻은 다음 각 호와 같다.
1. "유해성"이란 사람의 건강이나 환경에 좋지 아니한 영향을 미치는 화학물질 고유의 성질을 말한다.
2. "위해성"이란 유해성이 있는 화학물질이 사람의 건강이나 환경에 피해를 줄 수 있는 정도를 말한다.
3. "위해우려제품"이란 다음 각 목의 화학제품 중 유해화학물질을 함유하고 있는 것을 말한다.
가. 세정제, 방향제, 탈취제, 접착제, 합성세제, 표백제 등 일반 소비자들이 생활용으로 사용하는 제품
나. 방충제, 소독제, 방부제 등과 같이 사람과 동물을 제외한 모든 유해한 생물을 죽이거나 생물의 활동을 방해·저해하는 데 사용하는 제품

제00조 ① 신규화학물질 또는 연간 1톤 이상의 등록대상기존화학물질을 제조·수입하려는 자는 제조 또는 수입 전에 미리 등록하여야 한다.
② 제1항에 따라 등록을 하려는 자는 환경부령으로 정하는 바에 따라 환경부장관에게 등록신청을 하여야 한다.

제00조 국립환경과학원장은 전조(前條)에 따라 등록한 화학물질에 대하여 유해성심사를 하고 그 결과를 등록한 자에게 통지하여야 한다.

제00조 국립환경과학원장은 다음 각 호의 어느 하나에 해당하는 화학물질에 대하여 위해성평가를 하고 그 결과를 등록한 자에게 통지하여야 한다.
1. 국내 제조·수입되는 양이 연간 10톤 이상인 화학물질
2. 유해성심사 결과 위해성평가가 필요하다고 인정하는 화학물질

제00조 국립환경과학원장은 위해우려제품에 대하여 환경부령으로 정하는 바에 따라 제품의 품목별로 위해성평가를 실시하여야 한다.

제00조 ① 국립환경과학원장은 위해우려제품에 대하여 품목별로 2년마다 위해성평가 계획을 수립하여야 한다.
② 제1항에 따른 위해성평가 계획을 수립하는 경우 대상 제품의 위해성 정도 및 시급성 등을 고려하여 위해성평가의 우선순위를 정할 수 있다.
③ 국립환경과학원장은 전조(前條)에 따른 위해성평가를 실시한 경우에는 결과보고서를 작성하고, 이를 환경부장관에게 보고하여야 한다.

제00조 위해우려제품에 함유된 화학물질에 대한 인체 위해도는 비발암독성에 대한 위해도와 발암성에 대한 위해도로 나누어 결정한다.

9. 윗글을 근거로 판단할 때 옳은 것은?

① 환경부장관은 유해화학물질을 함유하고 있는 방부제에 대하여 품목별로 2년마다 위해성평가를 실시하여야 한다.
② 국립환경과학원장은 국내에서 연간 5톤이 제조될 예정인 신규화학물질에 대하여 위해성평가를 하여야 하고, 그 결과를 환경부장관에게 보고하여야 한다.
③ 위해우려제품에 대한 위해성평가를 실시한 경우, 국립환경과학원장은 반드시 결과보고서를 작성하여 환경부장관에게 보고하여야 한다.
④ 연간 3톤의 등록대상기존화학물질을 수입하려는 자는 수입 전에 국립환경과학원장에게 등록신청을 하여야 한다.
⑤ 수입되는 양이 연간 30톤인 화학물질에 대한 유해성심사에서 위해성평가가 반드시 필요하지는 않다는 결과가 나왔다면, 국립환경과학원장은 해당 화학물질에 대한 위해성평가를 하지 않을 수 있다.

10. 윗글과 다음 <위해도 결정 기준>을 근거로 판단할 때, <상황>의 ㉠ ~ ㉣에 알맞은 것들로만 바르게 짝지은 것은?

<위해도 결정 기준>

○ 비발암독성에 대한 위해도 판단
1. 노출한계가 100 이하인 경우 위해가 있다고 판단한다.
2. 유해지수가 1 이상인 경우 위해가 있다고 판단한다.

○ 발암성에 대한 위해도 판단
1. 노출한계가 10,000 이하인 경우 위해가 있다고 판단한다.
2. 초과발암위해도가 10^{-4} 이상인 경우는 위해가 있다고 판단하며, 10^{-6} 이하인 경우는 위해가 없다고 판단한다.

<상 황>

甲사가 판매하는 접착제 A에 대한 위해성평가가 실시되었다. 그 결과 비발암독성의 경우 노출한계가 (㉠)이고 유해지수가 (㉡)(으)로 나타나 위해가 없다고 판단되었고, 발암성의 경우 노출한계가 (㉢)이고 초과발암위해도가 $\frac{74}{(\ ㉣\ )}$로 나타나 위해가 없는 것으로 판단되었다.

	㉠	㉡	㉢	㉣
①	98	0.98	10,000	1,000,000
②	100	1.01	10,100	10,000,000
③	102	0.97	10,100	10,000,000
④	104	1.02	10,000	100,000,000
⑤	106	0.98	10,100	100,000,000

11. 다음 글을 근거로 판단할 때, 가장 마지막으로 정보를 전달받는 사람은?

○○기업에는 7명의 사원 A, B, C, D, E, F, G가 근무한다. 이 중 홍보부 직원 G는 기업 외부로부터 들어오는 정보를 최초로 접수하는 일을 담당한다. G가 접수한 정보는 다음 조건에 따라 다른 6명의 직원에게 전달된다.

○ 모든 직원은 한 사람에게만 정보를 전달받고, 다른 한 사람에게만 전달한다.
○ 이미 정보를 전달받은 직원에게 중복하여 정보를 전달하지는 않는다.
○ 다음으로 정보를 전달받을 직원은 아래의 규칙을 순서대로 적용하여 결정한다.
(1) 같은 부서의 직원에게 전달한다.
(2) 근속연수가 더 긴 직원에게 전달한다.
(3) 직급이 더 높은 직원에게 전달한다.

<직원 명단>

성명	부서	직급	근속연수
A	홍보부	부장	5년
B	기획부	과장	3년
C	영업부	대리	1년
D	영업부	과장	4년
E	홍보부	과장	5년
F	기획부	대리	3년
G	홍보부	대리	3년

※ 직급은 부장 > 과장 > 대리의 순서로 높다.

① B
② C
③ D
④ E
⑤ F

12. 다음 글을 근거로 판단할 때, 甲이 받은 총 지원금과 乙이 받은 총 지원금의 차이는?

○○군과 한국환경자원공사는 영농과정에서 발생하는 폐비닐의 무단 매립 및 소각으로 인한 농촌의 오염을 방지하기 위해 폐비닐 수거 지원금을 제공하고 있다. 지원금은 아래에 제시된 바와 같이 지원 주체, 비닐의 종류에 따라 그 금액이 달라진다. 지원 주체를 선택하고 지원을 신청하는 데에는 별다른 제한이 없기 때문에, ○○군의 농민은 비닐의 종류에 따라 각각 다른 곳에 지원금을 신청하여 받을 수 있다.

<표 1> ○○군 지원금

비닐 종류	농업용(투명)	농업용(유색)	비농업용
지원금	100원 / kg	200원 / kg	50원 / kg

<표 2> 한국환경자원공사 지원금

비닐 종류	농업용(투명)	농업용(유색)	비농업용
지원금	70원 / kg	150원 / kg	100원 / kg

한편, 재활용 비닐을 사용하고 이를 인증 받은 경우, 해당 비닐의 수거에 대해서는 위의 지원금에 50 %를 가산하여 지급하는데, 이러한 지원금 가산 정책은 ○○군 및 한국환경자원공사가 모두 동일하게 시행하고 있다.

<상 황>

○ 甲은 농업용 투명 비닐 10 kg, 농업용 유색 비닐 10 kg, 비농업용 비닐 10 kg을 수거하고, 이에 대해 모두 ○○군으로부터 지원금을 받았다.
○ 乙은 농업용 투명 비닐 20 kg, 농업용 유색 비닐 5 kg, 비농업용 비닐 5 kg을 수거하고, 가장 유리한 방법을 선택하여 지원금을 받았다.
○ 甲은 재활용 비닐을 사용하지 않았고, 乙은 농업용 투명 비닐 20 kg만 재활용 비닐로 사용하고 인증을 받았다.

① 500원
② 1,000원
③ 1,250원
④ 1,500원
⑤ 1,750원

13. 다음 글과 <조건>을 근거로 판단할 때, 불량인 부품만을 모두 고르면?

甲사에서 생산한 자동차엔진 전체에 결함이 발생했다. 조사결과 엔진의 구성부품인 피스톤, 실린더, 흡기밸브, 배기밸브, 플러그, 인젝터 중 2종류의 부품이 불량인 것으로 밝혀졌고, 추가 조사를 실시하여 불량인 부품 2종류를 특정하려고 한다.

추가 조사는 아래와 같이 같은 종류의 엔진 5개에서 각각 3종류씩의 부품을 교체하여 엔진이 정상적으로 작동하는지 확인하는 방법으로 진행하였다.

엔진 NO.	부품 교체 여부						정상 작동 여부
	피스톤	실린더	흡기 밸브	배기 밸브	플러그	인젝터	
1	○	×	○	×	○	×	×
2	×	○	×	○	×	○	○
3	×	○	×	○	○	×	×
4	○	×	○	×	×	○	×
5	×	×	○	○	×	○	×

<조 건>

○ 교체 부품 중에는 불량품이 없다.
○ 단 1개의 부품만 불량이더라도 엔진은 정상적으로 작동하지 않는다.

① 실린더, 인젝터
② 피스톤, 플러그
③ 피스톤, 흡기밸브
④ 실린더, 배기밸브
⑤ 배기밸브, 인젝터

14. 다음 글을 근거로 판단할 때, <보기>에서 옳은 것만을 모두 고르면?

○ A ~ H, 8명의 학생은 문제가 총 25개인 영어시험을 치렀다.
○ 문제를 맞히면 4점을 받고 틀리면 0점을 받으며, 부분점수는 없다.
○ 시험 결과 A는 60점, B는 72점, C는 32점, D는 48점, E는 76점, F는 88점을 받았다.
○ 8명의 평균 점수는 64점이었다.
○ G는 8명 중 가장 높은 점수를 받았으며, G의 점수는 다른 어떤 학생이 받은 점수의 2배였다.

<보 기>

ㄱ. H는 7등이다.
ㄴ. D의 점수는 G의 점수의 절반이다.
ㄷ. 5등과 8등의 점수 차이는 16점이다.
ㄹ. G는 2문제를 틀렸다.

① ㄱ
② ㄱ, ㄴ
③ ㄷ, ㄹ
④ ㄱ, ㄴ, ㄹ
⑤ ㄴ, ㄷ, ㄹ

15. 다음 글을 근거로 판단할 때, <보기>에서 옳은 것만을 모두 고르면?

배당이란 기업이 이익을 발생시켜 회사 내에 누적하여 온 이익잉여금의 일부를 기업의 주주들에게 분배하는 것을 말한다. 이러한 배당소득에 대해서는 배당소득세와 주민세가 부과되는데, 세율은 다음과 같다.

구분		적용 세율
배당소득세	실명주주	배당금의 14%
	비실명주주	배당금의 38%
주민세		배당소득세액의 10%

한편, 위의 세율에도 불구하고 고배당기업으로부터 배당을 받는 실명주주에게는 9%의 배당소득세율이 적용된다. 고배당기업이란 배당금증가율이 30% 이상인 기업으로 매년 배당금증가율을 조사하여 당해 연도에 한하여 지정된다.

$$\text{배당금증가율} = \frac{\text{당해 연도 배당금} - \text{직전 연도 배당금}}{\text{당해 연도 배당금}} \times 100$$

<기업 현황>

(단위 : 1주당 원)

기업	2020년도 배당금	2021년도 배당금	2022년도 배당금
A	7,000	10,000	13,000
B	5,000	5,000	8,000
C	14,000	12,000	10,000

<보 기>

ㄱ. A기업은 2022년에 고배당기업으로 지정된다.
ㄴ. 2021년에 A기업 주식 100주를 보유한 비실명주주 甲에게 부과된 배당소득 관련 세금은 총 10만원 미만이다.
ㄷ. 2022년에 B기업 주식 100주를 보유한 실명주주 乙에게 부과된 배당소득세는 7만 2천 원이다.
ㄹ. 2021년에 A기업 실명주주와 C기업 비실명주주에게 각각 적용되는 배당소득세율은 24%p 차이가 난다.

① ㄷ
② ㄹ
③ ㄱ, ㄷ
④ ㄴ, ㄷ
⑤ ㄱ, ㄴ, ㄹ

16. 다음 글과 <상황>을 근거로 판단할 때, <보기>에서 옳지 않은 것만을 모두 고르면?

○ A대학교는 졸업요건으로 기준 학점 취득과 영어점수 취득, 봉사활동, 졸업논문 제출을 요구하며, 요건을 충족시키지 못하면 졸업할 수 없다.
○ 학점의 경우, 교양과목 40학점 이상, 전공과목 70학점 이상을 취득해야 한다. 다만, 복수전공을 하는 경우 교양과목 40학점 이상, 제1전공과 제2전공을 합하여 80학점 이상을 취득해야 한다.
○ 영어점수의 경우, TOEIC시험에서 700점 이상을 획득해야 한다. 다만, 경영학과의 경우에는 800점 이상을 획득해야 한다.
○ 봉사활동의 경우, 교외 봉사 시간이 50시간 이상이어야 한다.
○ 졸업논문은 지도교수의 승인을 받아야 제출한 것으로 인정된다. 다만, 컴퓨터 관련 학과의 경우 컴퓨터 자격증 취득으로 논문을 대체할 수 있다.

<상 황>

○ 甲, 乙, 丙, 丁은 A대학교에 재학 중이며, 네 명 모두 4학년 2학기의 종료를 앞두고 있다. 네 학생의 졸업요건과 관련한 현재 상황은 다음과 같다.

학생 \ 졸업요건	취득 학점		영어점수	봉사활동 시간		졸업논문
	교양	전공		교내	교외	
甲	40	67	790	10	50	승인
乙	35	75	800	0	55	미제출
丙	40	77	750	0	54	미제출
丁	40	70	950	50	50	승인

※ 복수전공자의 전공 취득 학점은 제1전공과 제2전공의 취득 학점을 합산하여 기록함.

○ 甲은 경영학과, 乙은 컴퓨터교육학과, 丙은 철학과, 丁은 행정학과이며 丙은 신문방송학을 복수전공하고 있다.

<보 기>

ㄱ. 현재까지 취득한 학점이 졸업을 위한 기준 학점 미만인 학생은 두 명이다.
ㄴ. 기준 이상의 영어점수를 취득하지 못한 학생은 없다.
ㄷ. 丙이 졸업논문을 제출하여 지도교수의 승인을 받는다면, 이번 학기를 마친 후 즉시 졸업할 수 있다.
ㄹ. 졸업요건을 모두 충족시킨 학생은 현재 한 명뿐이다.

① ㄱ, ㄴ
② ㄱ, ㄹ
③ ㄷ, ㄹ
④ ㄱ, ㄴ, ㄷ
⑤ ㄴ, ㄷ, ㄹ

17. 다음 글을 근거로 판단할 때, 乙이 받은 선물은?

> A부서에 근무하는 직원(甲 ~ 戊)는 설날을 맞이하여 서로에게 선물을 주었다. A부서에는 부장, 차장, 과장, 대리, 사원이 각 1명씩 있으며 이들이 받은 선물은 한우세트, 과일세트, 화장품, 홍삼, 와인 중 하나이다. 모든 직원은 하나의 선물을 주었고 하나의 선물을 받았다.
>
> ○ 甲은 대리로부터 와인을 선물 받았다.
> ○ 과장은 丁으로부터 화장품을 선물 받고, 부장에게 한우 세트를 선물했다.
> ○ 차장은 사원으로부터 홍삼을 선물 받았다.
> ○ 乙과 丙은 과장이 아니며, 丙은 戊로부터 선물을 받았다.
> ○ 丁은 과일세트를 선물 받은 사람이 아니다.

① 한우세트
② 과일세트
③ 화장품
④ 홍삼
⑤ 와인

18. 120명의 회원으로 구성된 단체에서 다음과 같은 <규칙>에 따라 甲, 乙, 丙 3명의 후보 중 위원장과 부위원장을 선출한다고 할 때, <보기>에서 옳은 것만을 모두 고르면?

<규 칙>

> ○ 회원만이 위원장과 부위원장 후보가 될 수 있으며, 후보들도 투표를 할 수 있다.
> ○ 모든 회원들은 A, B, C, 세 종류의 표를 한 장씩, 회원 1인당 총 3장의 표를 받는다.
> ○ 각 회원은 자신이 가장 선호하는 후보에게 A표를 주고, 그 다음으로 선호하는 후보에게 B표, 그 다음으로 선호하는 후보에게 C표를 준다.
> ○ 개표 시에 A표는 3점, B표는 2점, C표는 1점으로 환산하여 각 후보가 획득한 점수를 산정한다.
> ○ 가장 많은 점수를 획득한 후보가 위원장이 되며, 그 다음으로 많은 점수를 획득한 후보가 부위원장이 된다.

<상 황>

> ○ 회원 전원이 참석하여 1인당 3표(A, B, C)를 빠짐없이 행사하였다.
> ○ 각 후보가 획득한 점수는 모두 다르다.

<보 기>

> ㄱ. 모든 회원이 甲에게 B표를 줬다면, 甲은 부위원장으로 선출된다.
> ㄴ. 60명의 회원이 乙에게 C표를 줬다면, 乙은 위원장이 될 수 없다.
> ㄷ. 80명의 회원이 丙에게 A표를 줬다면, 丙은 위원장으로 선출된다.

① ㄱ
② ㄴ
③ ㄱ, ㄷ
④ ㄴ, ㄷ
⑤ ㄱ, ㄴ, ㄷ

19. 다음 글과 <전송 신호>를 근거로 판단할 때, 비행을 마친 PX7이 착륙한 위치로 가능하지 않은 것은?

○ 재해지역 탐사용 드론 PX7은 조종자가 전송하는 다음 8가지 신호에 따라 비행한다.

이륙	착륙	동쪽	서쪽
111	000	001	100
남쪽	북쪽	상승	하강
011	110	010	101

이륙 신호를 받으면 바닥에서 20 m 높이까지 수직으로 상승하고, 착륙 신호를 받으면 현재의 고도와 상관없이 바닥까지 수직으로 하강하여 착륙한다. 동, 서, 남, 북에 해당하는 신호를 받으면 해당 방위로 10 m씩 이동하며, 상승이나 하강의 신호를 받으면 제자리에서 5 m 상승하거나 하강한다. 이동 후에는 다음 신호가 전송될 때까지 제자리에 멈춰서 대기한다.

○ PX7은 현재 지도상의 다음과 같은 위치에서 이륙을 위해 대기 중이다. 지도상 한 칸의 크기는 가로·세로 각각 10 m이다.

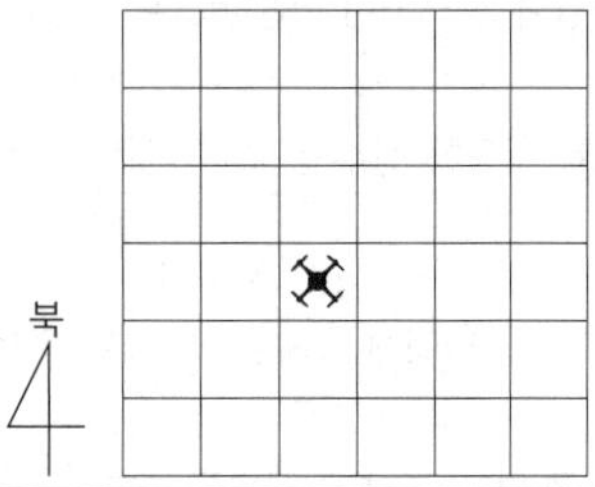

<전송 신호>

11111010?00100101?100011000

①
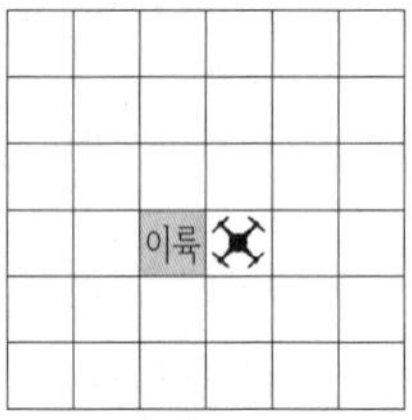

②
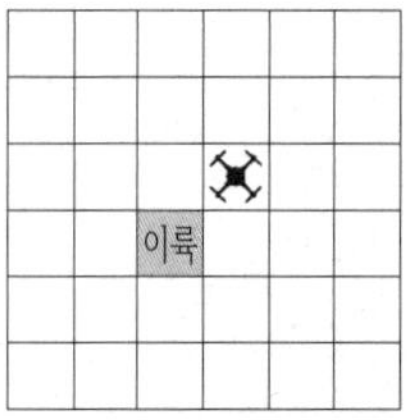

③
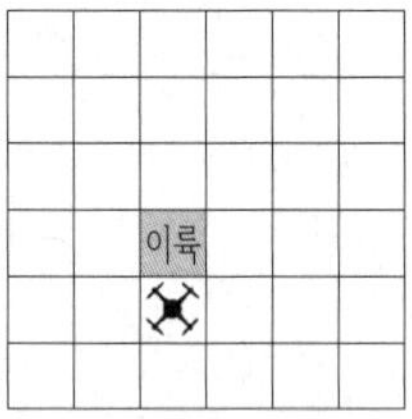

④
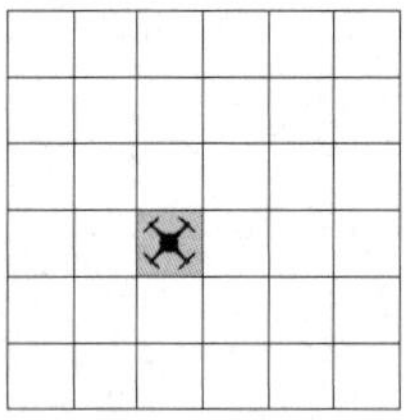

⑤
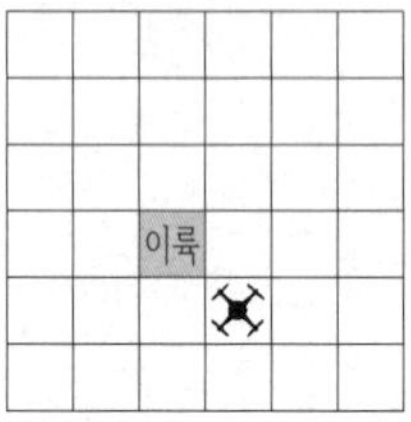

20. 다음 글을 근거로 판단할 때, 도주차량 자동차번호의 뒷부분 네 자리 수를 구성하는 각 숫자를 모두 더한 값은?

뺑소니 교통사고가 발생하였는데, 사고현장 주변에는 CCTV가 없어서 도주차량의 자동차번호를 확인할 수 없는 상황이다. 경찰은 목격자 4명을 찾아내어 이들로부터 다음과 같은 진술을 확보했다.

목격자 1 : 앞부분은 '○△△부'였어요. 뒷부분 네 자리 수는 기억나지 않습니다.

목격자 2 : 뒷부분이 어렴풋이 기억나는데, 두 번째와 세 번째 숫자가 동일했어요.

목격자 3 : 뒷부분 네 자리 수 중 가장 왼쪽 숫자의 2배가 가장 오른쪽 숫자와 같았어요.

목격자 4 : 뒷부분 네 자리 수를 좌우 숫자 2개씩으로 나누어 보면, 오른쪽 두 자리 수는 왼쪽 두 자리 수의 2배였어요.

이들의 진술이 모두 사실에 부합했기 때문에 경찰은 도주차량을 정확히 특정하여 범인을 체포할 수 있었다.

① 5
② 18
③ 20
④ 24
⑤ 30

21. 다음 글과 <A광역시 자치구 상황>을 근거로 판단할 때, 반드시 옳은 것은?

> ○○국은 선거구 한 개의 인구 하한을 10만, 상한을 15만으로 하여 선거구 간 인구 편차를 최대 1.5 : 1까지만 허용하도록 관련법을 개정하였다.
>
> 현재 각 자치구별로 선거구가 한 개씩 구성되어 있는 A광역시는 개정된 법률 규정에 따라 선거구를 개편하려고 한다. 이때, A광역시는 다음과 같은 규칙을 함께 적용한다.
>
> ○ 하나의 자치구가 단독으로 하나의 선거구가 될 수 있다.
> ○ 두 개의 자치구를 합한 후 분할하여 두 개의 선거구를 구성할 수 있다. 이 경우, 인접한 두 개의 자치구만 합할 수 있으며, 선거구는 반드시 두 개로 구성하여야 하고, 구성된 각 선거구의 인구는 동일해야 한다.
> ○ 다음과 같은 경우는 허용되지 않는다.
> 1. 두 개의 자치구를 합한 후 분할하지 않는 경우
> 2. 셋 이상의 자치구를 합하거나 합한 후 분할하는 경우

<A광역시 자치구 상황(지도)>

	북구 (120,000)	
서구 (80,000)	중구 (70,000)	동구 (160,000)
서남구 (140,000)	남구 (110,000)	동남구 (90,000)

※ 숫자는 각 자치구의 인구(단위 : 명)를 의미한다.
※ 자치구가 인접하고 있다는 것은 지도상의 경계선(변)을 공유하는 경우를 말한다.

① 총 8개의 선거구가 구성된다.
② 인구가 10만 명인 선거구가 4개 구성된다.
③ 북구는 단독으로 하나의 선거구가 된다.
④ 인구가 11만 5천 명인 선거구가 2개 구성된다.
⑤ 인구가 13만 명을 초과하는 선거구는 구성되지 않는다.

22. 다음 글을 근거로 판단할 때, B방식으로 계산했을 때의 우승팀과 우승팀의 총점을 바르게 짝지은 것은?

> ○ 甲팀과 乙팀이 7종목으로 구성된 체육대회를 실시했는데, 각 팀은 종목마다 2명씩을 출전시켜 우열을 가렸다.
> ○ 모든 종목에서 공동 순위 없이 1등부터 4등이 확정되었는데, 甲팀의 출전 선수 14명 중 1등을 한 선수는 5명이었고, 2등을 한 선수는 없었으며, 3등이 3명, 4등은 6명이었다.
> ○ 각 종목별로 1등부터 4등까지 순서대로 작아지는 서로 다른 자연수인 점수를 부여하고, 각 팀이 얻은 점수를 합산하여 총점이 더 높은 팀을 우승팀으로 확정한다.
> ○ 점수 체계는 2가지가 있는데, 종목에 따른 점수 차이는 없다. 예를 들어, A방식에 의하면 어떤 종목에서든 1등을 한 선수는 5점을 받는다.

	1등	2등	3등	4등
A방식	5	( )	( )	1
B방식	( )	2	1	0

> ○ A방식으로 계산하면 乙팀의 총점이 甲팀의 총점보다 3점 더 높고, B방식으로 계산한 甲팀의 총점은 A방식으로 계산한 甲팀 총점의 절반 이하이다.

	우승팀	우승팀의 총점
①	乙	24점
②	甲	37점
③	乙	40점
④	甲	18점
⑤	乙	21점

23. 다음 글을 근거로 판단할 때, <보기>에서 옳은 것만을 모두 고르면?

○ 甲, 乙, 丙, 丁 네 사람이 과일가게에 가서 네 종류의 과일(사과, 배, 자두, 감)을 구매했다.
○ 네 사람은 각각 한 종류 이상의 과일을 샀으며, 같은 종류의 과일을 두 개 이상 구매한 사람은 없다.
○ 과일의 가격은 종류별로 한 개당 100원, 200원, 300원, 400원이다.
○ 자두는 한 개당 200원이다.
○ 甲과 乙은 각각 두 종류 이상의 과일을 구매했는데, 구매한 과일 중 같은 종류는 배뿐이었으며, 두 사람이 지출한 금액은 동일했다.
○ 丙과 丁은 서로 다른 종류의 과일만 구매했으며, 丙이 丁보다 더 많은 금액을 지출했다.
○ 세 명이 구매한 과일이 한 종류 있었다.
○ 네 명이 지출한 총액은 2,400원이었다.

<보 기>

ㄱ. 네 명이 구매한 과일은 총 9개였다.
ㄴ. 甲이 사과를 구매했다면, 乙은 감을 구매했다.
ㄷ. 丙이 배를 구매하지 않았다면, 세 종류의 과일을 구매한 사람은 2명이다.
ㄹ. 자두를 구매한 사람은 한 명뿐이다.

① ㄱ, ㄷ
② ㄱ, ㄹ
③ ㄴ, ㄹ
④ ㄱ, ㄴ, ㄷ
⑤ ㄱ, ㄴ, ㄹ

24. 다음 글을 근거로 판단할 때, 벌칙을 받는 학생의 번호를 모두 고르면?

12명의 학생이 게임을 한다. 학생들은 1부터 12까지의 서로 다른 자연수가 하나씩 적힌 12장의 번호표를 한 장씩 나누어 갖고, 음악에 맞추어 춤을 추다가 음악이 종료되는 순간 2명씩 짝을 짓는다.

짝을 지은 2명의 번호의 합이 제곱수이면 그 두 학생은 상품을 받고, 제곱수가 아닌 경우에는 벌칙을 받는다.

게임이 종료된 후, 3번, 9번, 10번 학생을 포함한 다섯 쌍의 학생들은 상품을 받았고, 나머지 한 쌍의 학생들은 벌칙을 받았다.

① 1번, 5번
② 2번, 8번
③ 2번, 12번
④ 4번, 7번
⑤ 4번, 11번

25. 다음 글을 근거로 판단할 때 옳은 것은?

제00조 ① 선거관리위원회의 종류와 위원회별 위원의 정수는 다음과 같다.
1. 중앙선거관리위원회 : 9인
2. 특별시 · 광역시 · 도선거관리위원회(이하 "시 · 도선거관리위원회"라 한다) : 9인
3. 구 · 시 · 군선거관리위원회 : 9인
4. 읍 · 면 · 동선거관리위원회 : 7인

② 법관과 법원공무원 및 교육공무원 이외의 공무원은 제1항 각 호의 선거관리위원회(이하 "각급선거관리위원회"라고 한다)의 위원이 될 수 없다.

제00조 ① 각급선거관리위원회에 위원장 1인을 둔다.
② 각급선거관리위원회의 위원장은 당해 선거관리위원회 위원 중에서 호선한다.
③ 구 · 시 · 군선거관리위원회와 읍 · 면 · 동선거관리위원회에 부위원장 1인을 두며 당해 선거관리위원회 위원 중에서 호선한다.
④ 위원장이 사고가 있을 때에는 상임위원 또는 부위원장이 그 직무를 대행한다.

제00조 ① 중앙선거관리위원회와 시 · 도선거관리위원회에 위원장을 보좌하고 그 명을 받아 소속 사무처의 사무를 감독하게 하기 위하여 각 1인의 상임위원을 둔다.
② 중앙선거관리위원회의 상임위원은 위원 중에서 호선한다.
③ 시 · 도선거관리위원회의 상임위원은 당해 선거관리위원회의 위원 중 다음 각 호의 1에 해당하고 선거 및 정당 사무에 관한 식견이 풍부한 자 중에서 중앙선거관리위원회가 지명하되 상임위원으로서의 근무상한은 60세로 한다.
1. 법관 · 검사 또는 변호사의 직에 5년 이상 근무한 자
2. 3급 이상 공무원으로서 2년 이상 근무한 자

제00조 각급선거관리위원회 위원의 임기는 6년으로 한다. 다만, 구 · 시 · 군선거관리위원회 위원의 임기는 3년으로 하되, 한 차례만 연임할 수 있다.

※ 호선(互選) : 조직의 구성원들이 서로 투표하여 그 조직 구성원 가운데에서 어떤 사람을 뽑음.

① 법관이나 법원공무원은 구 · 시 · 군선거관리위원회의 위원이 될 수 없다.
② 읍 · 면 · 동선거관리위원회의 구성원은 위원장을 포함하여 총 8명이다.
③ 중앙선거관리위원회의 위원장이 사고로 직무 수행이 불가능할 때에는 부위원장이 그 직무를 대행한다.
④ 56세가 되는 때에 중앙선거관리위원회의 상임위원이 된 사람은 상임위원으로서 4년을 초과하여 근무할 수 없다.
⑤ 시 · 도선거관리위원회 위원의 임기는 6년이다.

MEMO

제 10 회

7급 PSAT 하주응 상황판단
실전 모의고사

상황판단영역

1. 다음 글과 <공동기금 지원사업 현황>을 근거로 판단할 때, <보기>에서 옳은 것만을 모두 고르면?

제00조 이 고시에서 사용하는 용어의 뜻은 다음 각 호와 같다.
1. "공동기금법인"이란 둘 이상의 사업주가 공동으로 재산을 출연한 기금의 운용을 위해 설립한 법인을 말한다.
2. "공동기금 지원사업"이란 공동기금법인의 설립·운영에 필요한 비용을 지원하는 사업을 말한다.

제00조 ① 근로복지공단은 매년 공동기금 참여 사업주가 출연한 금액의 100분의 100 범위에서 지원할 수 있다.
② 제1항에 따른 지원금은 공동기금에 참여한 사업장 수 또는 수혜를 받는 근로자 수에 따라 다음 각 호의 구분에 따른 기간과 금액을 한도로 지원한다. 단, 둘 이상의 지원한도 기준에 해당할 경우 공동기금법인에 더 유리한 기준을 적용한다.
1. 5개소 미만 또는 100인 미만: 3년 내 총 2억 원
2. 5개소 이상 10개소 미만 또는 100인 이상 500인 미만: 4년 내 총 5억 원
3. 10개소 이상 또는 500인 이상: 5년 내 총 10억 원
③ 제2항에도 불구하고 공동기금에 참여한 사업장 수가 20개소 이상이고 수혜를 받는 근로자 수가 1,000인 이상일 경우에는 6년 이내의 기간 동안 총 20억 원을 한도로 지원할 수 있다.

<공동기금 지원사업 현황>

공동기금법인	참여 사업장 수	수혜 근로자 수	출연 총액
A	10개소	410인	2억 원
B	20개소	870인	7억 원
C	5개소	95인	1억 원
D	27개소	1,020인	10억 원

<보 기>

ㄱ. 근로복지공단은 A법인에 대한 지원 기간을 3년으로 하고, 매년 3억 원씩 지원할 수 있다.
ㄴ. 근로복지공단이 B법인에 대해 지원할 수 있는 지원금의 총액은 최대 7억 원이다.
ㄷ. 근로복지공단은 C법인에 대해 4년 동안 매년 1억 원씩 지원할 수 있다.
ㄹ. 근로복지공단은 D법인에 대한 지원 기간을 3년으로 하고, 그 기간 동안 최대 20억 원까지 지원할 수 있다.

① ㄱ, ㄴ
② ㄱ, ㄷ
③ ㄴ, ㄷ
④ ㄴ, ㄹ
⑤ ㄷ, ㄹ

2. 다음 글을 근거로 판단할 때 옳지 않은 것은?

제00조 이 고시는 장애인 응시자에 대한 시험 편의제공의 내용 및 방법 등을 규정하는 것을 목적으로 한다.

제00조 편의제공을 받을 수 있는 대상자는 다음 각 호와 같다.
1. 시험 원서접수 마감일까지 장애인으로 등록된 자로서 장애로 인해 시험응시에 현실적으로 어려움이 있는 자
2. 장애인으로 등록되지 않았으나, 기타 특수장애, 일시적 장애 등으로 시험 응시에 현저한 어려움이 있는 자로서 시험실시기관의 장이 편의제공이 필요하다고 인정한 자

제00조 장애 종류별 편의제공의 내용과 방법은 다음 각 호와 같다.
1. 지체 장애인 및 뇌병변 장애인
  가. 확대 문제지 및 확대 답안지 제공
  나. 장애인 보조기구 지참 허용
  다. 시험시간 연장
  라. 답안지 대필 지원
  마. 전담도우미 지원
  바. 휠체어 전용 책상 제공
2. 시각 장애인
  가. 점자 문제지 및 점자 답안지 제공
  나. 축소 문제지 제공(독서확대기 사용자)
  다. 음성지원컴퓨터 제공
  라. 제1호 가목 내지 마목의 사항 적용
3. 청각 장애인
  가. 수화통역사 등 의사전달 보조원 배치
  나. 응시요령 등 관련자료 서면 제공
  다. 장애인 보조기구 지참 허용

① 시험 원서접수 마감일까지 장애인으로 등록되지 않았더라도 시험 응시에 어려움이 있는 사람에게 편의를 제공할 수 있다.
② 뇌병변 장애인에게는 휠체어 전용 책상을 제공할 수 있다.
③ 장애인 보조기구의 지참은 지체 장애인뿐만 아니라 시각 장애인과 청각 장애인에게도 허용된다.
④ 시각 장애인에게는 답안지 대필의 편의를 지원할 수 없다.
⑤ 시각 장애인에게는 점자 문제지나 확대 문제지뿐만 아니라 축소 문제지를 제공할 수도 있다.

3. 다음 글을 근거로 판단할 때 옳은 것은?

제00조 이동전화 위치정보는 다음 각 호의 어느 하나에 해당하는 자가 요청한다.
1. 시·도 소방본부: 소방본부장(서울특별시의 경우는 서울종합방재센터장)
2. 소방서: 소방서장
3. 소방청: 119종합상황실장

제△△조 위치정보 요청권자는 다음 각 호의 어느 하나에 해당하는 경우에 한하여 위치정보사업자에게 이동전화 위치정보를 요청할 수 있다.
1. 요구조자가 이동전화를 이용하여 긴급구조를 요청한 경우
2. 요구조자의 배우자 또는 2촌 이내 친족이 요구조자의 긴급구조를 요청한 경우

제00조 소방청장은 이동전화 위치정보의 수동조회를 위해서 소방청 119종합상황실 및 시·도 소방본부 종합상황실(서울특별시의 경우는 서울종합방재센터, 이하 같다)에 위치정보 수동조회 시스템을 설치할 수 있다.

제00조 ① 제△△조 제1호의 경우 위치정보사업자의 위치정보 시스템을 통한 자동조회를 원칙으로 하며, 위치정보 요청권자가 긴급구조에 필요하다고 판단하는 경우 위치정보 수동조회 시스템을 통해 위치정보를 요청·확인할 수 있다.
② 제△△조 제2호의 경우 위치정보 요청권자는 시·도 소방본부 종합상황실에 설치된 위치정보 수동조회 시스템을 통해 위치정보를 요청·확인할 수 있다.
③ 소방서의 위치정보 요청권자는 위치정보 수동조회가 필요하다고 판단되는 경우 해당 시·도 소방본부 종합상황실에 위치정보 조회를 요청하며, 시·도 소방본부 종합상황실은 위치정보 수동조회 시스템을 통하여 위치정보를 조회하여 해당 위치정보 요청권자에게 통보한다.
④ 시·도 소방본부의 위치정보 요청권자는 위치정보 수동조회 시스템이 가동되지 아니하는 경우, 소방청 119종합상황실에 위치정보를 요청할 수 있다.

① 요구조자의 동생이 요구조자의 긴급구조를 요청한 경우에는 원칙적으로 위치정보사업자의 위치정보시스템을 이용한 자동조회를 통해 위치정보를 확인한다.
② 소방서장은 이동전화 위치정보의 수동조회를 위해서 소방서에 위치정보 수동조회 시스템을 설치할 수 있다.
③ 서울종합방재센터장은 위치정보 수동조회 시스템이 가동되지 않는 경우, 소방청 119종합상황실에 위치정보를 요청할 수 있다.
④ 요구조자가 직접 이동전화를 이용하여 소방청 119종합상황실에 긴급구조를 요청한 경우, 소방청장은 위치정보사업자에게 이동전화 위치정보를 요청할 수 있다.
⑤ 소방서장은 위치정보 수동조회가 필요하다고 판단되는 경우 소방청 119종합상황실에 요청하여 위치정보를 확인한다.

4. 다음 글을 근거로 판단할 때, <보기>에서 옳은 것만을 모두 고르면?

제00조 다음 각 호의 어느 하나에 해당하는 자는 특별시장·광역시장·특별자치시장·도지사·특별자치도지사(이하 "시·도지사"라 한다)의 허가를 받아야 한다. 허가받은 사항을 변경하거나 폐전·폐업하려는 경우에도 또한 같다.
1. 염전을 개발하려는 자
2. 염전에서 천일염 제조업을 하려는 자
3. 천일식제조소금 제조업을 하려는 자

제00조 ① 전조(前條)에 따라 허가를 받거나 허가받은 사항을 변경하려는 자는 허가신청서에 별표에 따른 서류를 첨부하여 시·도지사에게 제출하여야 한다.
② 전조에 따라 허가를 받은 자가 폐전 또는 폐업을 하려는 경우에는 폐전·폐업 허가신청서에 다음 각 호의 서류를 첨부하여 시·도지사에게 제출하여야 한다.
1. 허가증
2. 폐전·폐업 사유서

[별표] 허가신청 및 변경허가신청 시 첨부 서류
1. 허가신청

첨부서류 \ 허가 구분	염전개발	천일염 제조	천일식제조소금 제조
사업계획서	○	○	○
염전개발예정지의 사용권을 증명할 수 있는 서류	○	-	-
염전개발 준공을 증명할 수 있는 서류	-	○	○
공장 설계도	-	-	○
해수 취수구의 해수 성분표	○	○	○

2. 변경허가신청
가. 허가증
나. 변경내용을 증명할 수 있는 서류

<보 기>

ㄱ. 천일식제조소금 제조업을 하려는 자는 허가신청서를 포함하여 총 4가지의 서류를 제출하여야 한다.
ㄴ. 염전을 개발하는 자는 허가받은 사항을 변경하려는 경우와 폐전하려는 경우에 모두 허가증을 제출하여야 한다.
ㄷ. 염전을 개발하려는 자와 천일염 제조업을 하려는 자는 모두 허가신청 시에 염전개발 준공을 증명할 수 있는 서류를 제출하여야 한다.
ㄹ. 전라남도 신안군에서 천일염 제조업을 하는 자가 폐업하려는 경우, 전라남도지사에게 폐업 허가를 받아야 한다.

① ㄱ, ㄴ
② ㄱ, ㄷ
③ ㄴ, ㄷ
④ ㄴ, ㄹ
⑤ ㄷ, ㄹ

5. 다음 글을 근거로 판단할 때, 甲이 수확한 감귤을 16개씩 한 묶음으로 포장하면 남는 감귤의 개수는?

> 제주도에서 감귤농장을 운영하는 甲은 올해 수확한 감귤을 같은 개수의 묶음 단위로 포장하여 판매하려고 한다.
>
> 그런데 감귤을 10개씩 한 묶음으로 포장하면 1개의 감귤이 남고, 9개씩 한 묶음으로 포장해도 1개의 감귤이 남고, 8개씩 한 묶음으로 포장해도 1개의 감귤이 남고, 7개씩 한 묶음으로 포장해도 1개의 감귤이 남고, 6개씩 한 묶음으로 포장해도 1개의 감귤이 남고, 5개씩 한 묶음으로 포장해도 1개의 감귤이 남고, 4개씩 한 묶음으로 포장해도 1개의 감귤이 남고, 3개씩 한 묶음으로 포장해도 1개의 감귤이 남고, 2개씩 한 묶음으로 포장해도 1개의 감귤이 남는다.
>
> 甲은 올해 4,000개 이하의 감귤을 수확했다.

① 1개
② 3개
③ 5개
④ 7개
⑤ 9개

6. 다음 글과 <상황>을 근거로 판단할 때, 甲과 乙에게 부과되는 과징금의 합계는?

> '액화석유가스 안전법'에 따르면 액화석유가스 사업자(액화석유가스 충전사업자, 액화석유가스 판매사업자, 액화석유가스 위탁운송사업자 및 액화석유가스 저장자)가 법률을 위반하였을 경우 사업정지를 명령하거나 이에 갈음하여 다음의 기준에 따라 과징금을 부과한다.
>
> 가. 과징금은 1일당 과징금에 사업정지 일수를 곱하여 산출하되, 이 경우 1개월은 30일로 한다.
>
> 나. 1일당 과징금은 위반행위를 한 액화석유가스 사업자(액화석유가스 저장자는 제외한다)의 연간매출액을 기준으로 다음 표에 따라 산출한다.

연간매출액	1일당 과징금(천 원)
1억 원 이하	30
1억 원 초과 5억 원 이하	120
5억 원 초과 10억 원 이하	200
10억 원 초과 16억 원 이하	280
16억 원 초과	360

> 다. 연간매출액은 전년도의 1년간의 총매출액으로 한다.
>
> 라. 액화석유가스 저장자에 대한 1일당 과징금은 저장능력을 기준으로 다음 표에 따라 산출한다.

액화석유가스 저장능력	1일당 과징금(천 원)
30톤 이하	30
30톤 초과 100톤 이하	100
100톤 초과 500톤 이하	400
500톤 초과 1,000톤 이하	600
1,000톤 초과	800

<상 황>

> 액화석유가스 위탁운송사업자 甲과 액화석유가스 저장자 乙은 2020년 10월 30일의 불시점검에서 법률 위반 사실이 적발되었다. 이에 甲에게는 사업정지 2개월의 처분을 대신하여 과징금이 부과되었고, 乙에게는 사업정지 45일을 대신하여 과징금이 부과되었다.
>
> 甲의 2019년도 총매출액은 17억 원, 2020년도 9월까지의 총매출액은 14억 원이었으며, 80톤 규모의 저장소를 운영하는 乙의 2019년도와 2020년도 9월까지의 총매출액은 각각 20억 원과 19억 원이었다.

① 26,100,000원
② 37,800,000원
③ 42,300,000원
④ 261,000,000원
⑤ 423,000,000원

7. 다음 글을 근거로 판단할 때, <보기>에서 옳은 것만을 모두 고르면?

> 甲이 2021년 달력을 보고 하나의 날짜를 정하면, 乙이 甲이 정한 날짜를 맞히는 게임을 하고 있다. 날짜를 ab월 cd일이라고 할 때, 甲은 자신이 정한 날짜의 a, b, c, d 모두의 합과 곱을 乙에게 알려준다. 예를 들어 1월 23일의 경우 a, b, c, d는 순서대로 0, 1, 2, 3이고 이 숫자들의 합은 6이고 곱은 0이 된다. 乙은 a ~ d의 합과 곱을 근거로 최선을 다해 추론하여 날짜를 말하며, 기회는 한 번만 주어진다.

<보 기>

ㄱ. 甲이 乙에게 알려주는 a ~ d의 합의 최솟값은 2이고, 최댓값은 20이다.

ㄴ. 甲이 乙에게 알려주는 a ~ d의 곱의 최솟값은 0이고, 최댓값은 162이다.

ㄷ. 甲이 乙에게 알려준 a ~ d의 합이 6이고 곱이 4라면, 乙이 날짜를 맞힐 확률은 약 33 %이다.

① ㄱ
② ㄴ
③ ㄱ, ㄷ
④ ㄴ, ㄷ
⑤ ㄱ, ㄴ, ㄷ

8. 다음 글과 <상황>을 근거로 판단할 때, 누구의 방식을 적용하든 같은 순서에 놓이는 낱말의 개수는?

> 낱말들을 사전식으로 배열할 때에는 아래와 같은 방법으로 순서를 정한다.
>
> 1. 초성, 중성, 종성의 순서는 다음과 같다.
>   - 초성: ㄱ ㄲ ㄴ ㄷ ㄸ ㄹ ㅁ ㅂ ㅅ ㅆ ㅇ ㅈ ㅉ ㅊ ㅋ ㅌ ㅍ ㅎ
>   - 중성 : ㅏ ㅐ ㅑ ㅒ ㅓ ㅔ ㅕ ㅖ ㅗ ㅘ ㅙ ㅚ ㅛ ㅜ ㅝ ㅞ ㅟ ㅠ ㅡ ㅢ ㅣ
>   - 종성 : ㄱ ㄲ ㄳ ㄴ ㄵ ㄶ ㄷ ㄹ ㄺ ㄻ ㄼ ㄽ ㄾ ㄿ ㅀ ㅁ ㅂ ㅄ ㅅ ㅆ ㅇ ㅈ ㅊ ㅋ ㅌ ㅍ
> 2. 글자는 초성의 순서를 기준으로 배열하며, 초성이 같을 때에는 중성의 순서에 따라 배열한다. 중성도 같을 때에는 종성의 순서에 따라 배열하되, 종성이 없는 글자를 우선 배열한다.
> 3. 낱말을 배열할 때에는 2번의 방법에 따라, 첫 글자부터 순서대로 비교하여 순서를 정한다.

<상 황>

> 철수와 영희는 아래 7개의 낱말을 각자의 방식으로 바꾼 후 사전식으로 배열하려고 한다.
>
> 철수는 모든 글자의 초성과 종성을 바꾼 후 사전식으로 순서를 정해 낱말을 배열하되, 종성이 없는 글자는 원래의 상태대로 두고 작업하기로 하였다.
>
> 영희는 낱말을 뒤에서부터 거꾸로 읽은 후 사전식으로 순서를 정해 낱말을 배열하기로 하였다.
>
> 남이섬, 거리감, 작가, 방향, 조감도, 모서리, 한국화

① 0개
② 1개
③ 2개
④ 3개
⑤ 4개

9. 다음 글을 근거로 판단할 때, 甲의 주소지 우편번호 중 홀수인 숫자들의 합은?

> ○ 甲의 주소지에는 5자리의 우편번호가 부여되어 있는데, 이 우편번호에 사용된 5개의 숫자는 모두 서로 다르다.
> ○ 甲의 주소지 우편번호에는 0과 1이 사용되지 않았다.
> ○ 우편번호의 왼쪽부터 네 번째 숫자는 나머지 숫자들의 합의 4분의 1이다.
> ○ 우편번호의 왼쪽부터 두 번째 숫자는 첫 번째 숫자의 2배이다.
> ○ 우편번호의 왼쪽부터 세 번째 숫자는 5개의 숫자 중 가장 크다.
> ○ 우편번호의 왼쪽부터 마지막 숫자는 처음 두 숫자의 합이다.

① 3
② 5
③ 7
④ 8
⑤ 12

10. 다음 글을 근거로 판단할 때 옳지 않은 것은?

<음악가 L의 공연 일정>

5월	6월		7월	8월	9월
G 페스티벌	서울 콘서트 1	서울 콘서트 2	부산 콘서트	Z 국제 영화제	M 페스티벌

※ 매 일정마다 1회씩 공연함.

음악가 L의 팬인 甲, 乙, 丙은 5월부터 9월까지의 공연 일정을 참고하여 다음과 같이 공연을 관람하였다.

> ○ 해당 기간 동안 甲은 총 3회, 乙은 총 2회, 丙은 총 4회의 공연을 관람하였다.
> ○ 甲은 두 달 이상 연이어 공연을 관람하지 않았으며, 같은 달에는 1회만 공연을 관람했다.
> ○ 乙은 G페스티벌에 가지 않았다.
> ○ 甲과 乙이 같은 공연을 관람한 바로 다음 달에 乙과 丙이 같은 공연을 관람했다.
> ○ 丙은 1개의 페스티벌을 관람했으며, 세 달 이상 연이어 공연을 관람하지 않았다.

① 甲은 2개의 페스티벌을 모두 관람했다.
② 乙은 서울 콘서트를 관람하지 않았다.
③ 丙은 G 페스티벌을 관람했다.
④ 서울콘서트 2개를 모두 관람한 사람이 있다.
⑤ Z 국제영화제를 관람한 사람은 2명이다.

11. 다음 글을 근거로 판단할 때, 안건 1과 2에 대한 戊의 의견을 옳게 짝지은 것은?

甲 ~ 戊 5명은 회의에 참석하여 안건 1과 2에 대한 투표를 했다. 투표는 찬성, 반대 또는 기권을 선택하여 할 수 있으며, 투표 결과는 다음과 같다.

	찬성	반대	기권
안건1	3	2	0
안건2	1	2	2

이 결과만을 확인한 상태에서 甲 ~ 戊는 차례대로 다음과 같이 말했으며, 이들 중 거짓말을 한 사람은 없다.

甲: 나는 '기권'을 선택하지 않았어.
乙: 나는 하나 이상의 안건에 대하여 '찬성'을 선택했어.
丙: 나는 '반대'를 선택하지 않았어.
丁: 나는 두 안건 모두에 대하여 '반대'를 선택했어.
戊: 너희들의 말을 들으니, 안건 1에 대해 누가 어떤 의견을 선택했는지 모두 알겠어. 그런데 안건 2에 대해서는 모르겠네.

	안건 1	안건 2
①	찬성	찬성
②	찬성	반대
③	찬성	기권
④	반대	찬성
⑤	반대	기권

12. 다음 글을 근거로 판단할 때, 더 많은 성금을 전달받는 농민은?

△△재단은 태풍 피해를 입은 농민 甲 ~ 戊 중 평가점수 상위 2명을 선정하여 총 1억 원의 성금을 전달하기로 하였다. 평가점수 산정 및 성금 전달 방법은 다음과 같다.

○ 연소득 대비 피해액의 비율이 가장 높은 농민부터 차례대로 5, 4, 3, 2, 1점을 부여한다.
○ 연소득을 가구원 수로 나눈 가구원 1인당 연소득이 가장 낮은 농민부터 차례대로 5, 4, 3, 2, 1점을 부여한다. 단, 가구원 1인당 연소득이 1,500만 원 미만인 경우 가점 1점을 추가로 부여한다.
○ 연령이 가장 높은 농민부터 차례대로 5, 4, 3, 2, 1점을 부여한다. 단, 연령이 65세를 초과하는 경우 가점 1점을 추가로 부여한다.
○ 위의 3가지 점수를 합산한 점수를 평가점수로 한다.
○ 동점자가 있는 경우 연령이 더 높은 농민을 선정하며, 선정된 농민 2명의 가구원 수 비율로 성금을 나누어 전달한다.

농민	연소득(만 원)	피해액(만 원)	가구원 수	연령
甲	3,000	1,500	2	71세
乙	8,000	1,000	6	48세
丙	5,500	1,100	4	51세
丁	12,000	2,000	3	43세
戊	4,900	700	5	67세

① 甲
② 乙
③ 丙
④ 丁
⑤ 戊

13. 다음 글을 근거로 판단할 때, <사례>의 甲이 납부하여야 하는 양도소득세액은?

> A국의 양도소득세는 다음의 과정을 거쳐 산정한다.
>
> ○ 양도가액에서 취득가액과 취득세액을 뺀 것을 양도차익이라 한다.
> ○ 양도차익에서 특별공제액과 기본공제액을 뺀 것을 과세표준이라 한다.
> ○ 양도소득세는 과세표준에 양도소득세율을 곱한 것이다.
> ○ 취득세는 2022년 12월 31일까지 주택을 구입한 경우 취득가액의 5 %, 2023년 1월 1일 이후 주택을 구입한 경우 취득가액의 6 %이다.
> ○ 특별공제는 주택 장기보유(취득일과 양도일이 48개월 이상 차이나는 경우)의 경우에 한하여 취득가액과 양도가액의 평균의 2 %를 공제하는 것이다.
> ○ 기본공제액은 아파트의 경우 m^2당 10만 원, 오피스텔의 경우 m^2당 8만 원이다.
> ○ 양도소득세율은 2020년 6월 30일 이전 판매 시 35 %, 2025년 7월 1일 이후 판매 시 40 %이다.

<사 례>

> 甲은 2023년 10월 4일 107 m^2의 아파트를 3억 8천만 원에 취득하여 2025년 8월 2일에 6억 2천만 원에 양도하였다.

① 7,860만 원
② 8,260만 원
③ 8,340만 원
④ 8,412만 원
⑤ 8,812만 원

14. 다음 글과 <휴직 현황>을 근거로 판단할 때, A ~ E 중 휴직기간 동안 받은 보수 총액이 가장 많은 사람부터 적은 사람 순으로 바르게 나열한 것은?

> 제00조 국외의 법률연구기관 또는 국외대학에서 법률연수를 위하여 휴직한 법관에 대하여는 그 기간 중 봉급의 5할을 지급한다.
> 제00조 ① 질병의 요양을 위하여 휴직한 법관에 대하여는 그 기간 중 봉급의 7할을 지급한다. 다만, 결핵성 질환으로 인하여 휴직한 경우에는 그 기간 중 봉급의 8할을 지급하고, 공무상 질병으로 휴직한 경우에는 그 기간 중 봉급의 전액을 지급한다.
> ② 제1항의 경우를 제외하고 법관의 직무를 수행하기 곤란한 객관적 사정으로 인하여 휴직한 법관에 대하여는 그 기간 중 봉급의 8할을 지급한다. 다만, 휴직기간이 3개월을 초과하는 경우 그 초과기간에 대하여는 봉급의 5할을 지급한다.
> 제00조 전2조에 규정되지 아니한 휴직의 경우에는 봉급을 지급하지 아니한다.

<휴직 현황>

법관	휴직기간	휴직사유	봉급
A	3개월	일본의 법률연구기관에서 법률연수	500만 원
B	3개월	국내대학에서의 법률연수	700만 원
C	3개월	결핵성 질환으로 인한 요양	400만 원
D	4개월	질병요양 이외의 법관 직무를 수행하기 곤란한 객관적 사정	400만 원
E	2개월	공무상 질병으로 인한 요양	600만 원

① D – C – E – A – B
② D – E – C – A – B
③ D – E – C – B – A
④ E – D – B – C – A
⑤ E – D – C – A – B

15. 다음 글을 근거로 판단할 때 옳은 것은?

제00조 ① 간행물의 윤리적·사회적 책임을 구현하고 간행물의 유해성 여부를 심의하기 위하여 한국출판문화산업진흥원에 간행물 윤리위원회(이하 "위원회"라 한다)를 둔다.
② 위원회는 위원장 1명과 부위원장 1명을 포함한 10명 이상 20명 이하의 위원으로 구성한다.
③ 위원회의 위원장 및 부위원장은 위원 중에서 호선(互選)한다.
④ 위원회의 위원은 예술, 언론, 교육, 문화, 법률, 청소년, 출판 및 인쇄 등에 관하여 학식과 경험이 풍부한 사람 중에서 문화체육관광부장관이 관련 법인 또는 단체의 추천을 받아 위촉한다.
제00조 ① 위원회는 간행물의 유해성을 심의한 결과 간행물이 다음 각 호의 어느 하나에 해당하면 유해간행물로 결정하여야 한다.
1. 자유민주주의 체제를 전면 부정하거나 체제 전복 활동을 고무(鼓舞)하거나 선동하는 것
2. 음란한 내용을 노골적으로 묘사하여 사회의 건전한 성도덕을 뚜렷이 해치는 것
② 위원회는 제1항에 따른 심의 결과 간행물이 「청소년 보호법」 제9조 제1항 각 호의 어느 하나에 해당하면 청소년유해간행물로 결정하고, 그 사실을 지체 없이 여성가족부에 통보하여야 한다.
③ 위원장은 위원회의 심의 결과 간행물을 유해간행물로 결정하면 지체 없이 그 결정 사실을 그 간행물의 발행인·수입자 또는 세관장에게 알리고, 문화체육관광부장관에게 보고하여야 한다.
제00조 문화체육관광부장관은 전조(前條) 제3항에 따라 위원장이 보고한 결정 사실에 따라 지체 없이 해당 간행물을 유해간행물로 고시하여야 한다.

① 문화체육관광부장관은 관련 법인 또는 단체의 추천을 받아 위원장과 부위원장을 제외한 위원을 최대 20명까지 위촉할 수 있다.
② 위원장은 간행물이 유해간행물로 결정된 경우, 지체 없이 해당 간행물의 발행인 등에 대한 사실을 문화체육관광부장관에게 통보하여야 한다.
③ 문화체육관광부장관은 유해간행물 결정 사실에 대한 보고를 받은 경우, 해당 간행물을 유해간행물로 고시하여야 한다.
④ 간행물이 「청소년 보호법」 제9조 제1항 제1호에 해당하는 경우, 여성가족부장관은 해당 간행물을 청소년유해간행물로 지정할 수 있다.
⑤ 간행물이 자유민주주의 체제를 전면 부정하더라도 체제 전복 활동을 선동하지는 않는다면, 위원회는 해당 간행물을 유해간행물로 결정하지 않을 수 있다.

16. 다음 글을 근거로 판단할 때 옳지 않은 것은?

환경부장관은 재료와 제품의 환경친화성을 높이기 위해 환경성적표지 인증심사원(이하 "인증심사원")의 심사를 거쳐 제품의 환경성에 관한 정보를 계량적으로 표시하는 환경성적표지의 인증을 하게 할 수 있다. 인증심사원은 다음의 자격기준을 모두 갖추어야 한다.

1. 학력요건
인증심사원이 되고자 하는 자는 공학, 이학, 사회과학(법학, 행정학, 사회학 등), 농·축·임학, 경제·경영학 계열의 4년제 대학졸업 이상 또는 이에 상응하는 학력이 있어야 한다. 다만 2년제 대학 졸업의 경우 기업체, 연구소, 단체 등에서 2년 이상의 실무경력이 있는 경우 학력요건을 구비한 것으로 본다.

2. 실무경력 요건
가. 인증심사원이 되고자 하는 자는 '제1호'인 학력요건 이외에 기업체, 연구소, 단체 등에서 아래에 제시된 최소 1개 분야에서 4년 이상의 실무경력이 있어야 한다.
① 제품환경성 평가도구의 개발 및 적용 관련 분야
② 친환경제품 개발 및 생산 또는 국제 제품환경규제 대응 관련 분야
③ 환경경영 시스템 구축 및 인증, 컨설팅 관련 분야
나. '가'항에 제시된 분야에 대한 박사학위 또는 기술사 자격 소지자는 3년, 석사학위 또는 기사 자격 소지자는 2년의 실무경력을 인정한다. 단, 복수의 학위 또는 자격을 소지한 경우 가장 긴 하나만을 실무경력으로 인정한다.

① 사회학을 전공하여 4년제 대학을 졸업한 경우 인증심사원이 되기 위한 학력요건을 충족한다.
② 2년제 대학에서 경제학을 전공하여 졸업하고 연구소에서 2년 동안 실무에 종사한 경우 인증심사원이 되기 위한 학력요건을 충족한다.
③ 행정학을 전공하여 4년제 대학을 졸업하고 국제 제품환경규제 대응 관련 분야의 박사학위를 취득한 경우 인증심사원이 되기 위한 학력요건 및 실무경력 요건을 모두 충족한다.
④ 환경경영 컨설팅 분야의 석사 학위를 취득한 후 해당 분야의 연구소에서 2년 동안 실무에 종사한 경우 인증심사원이 되기 위한 실무경력 요건을 충족한다.
⑤ 공학 계열의 2년제 대학을 졸업한 자가 친환경제품 개발 관련 분야의 기사 자격을 취득한 후 기업체의 친환경제품 생산 분야에서 2년 동안 실무에 종사한 경우 인증심사원이 되기 위한 학력요건 및 실무경력 요건을 모두 충족한다.

17. 다음 글을 근거로 판단할 때 옳지 않은 것은?

제00조(부패행위 신고) 공무원은 그 직무를 수행함에 있어 다른 공무원이 부패행위를 한 사실을 알게 된 경우에는 지체 없이 법무감사담당관에게 신고하여야 한다.

제00조(보상금 지급) 신고내용 조사결과 국가예산에 이익을 가져오거나 손실을 방지하게 한 신고자 또는 금품수수행위 신고자에게는 [별표]의 보상금지급 기준에 따라 보상금을 지급할 수 있다.

제00조(보상금 지급 제외) 다음 각 호의 어느 하나에 해당하는 경우에는 보상금을 지급하지 아니한다.

1. 신고내용이 사실이 아닌 것으로 판명된 경우
2. 법무감사담당관실에서 이미 인지하여 조사 또는 징계절차 등이 진행 중이거나 완료된 경우
3. 법무감사담당관실 소속공무원이 신고한 경우

[별표] 보상금 지급기준

1. 보상기준

가. 금품수수행위 신고 시: 수수금액의 2배 이내
단, 조사·확인 과정에서 추가로 밝혀진 금품 수수액은 보상대상에서 제외한다.

나. 이익증대 또는 손실감소 효과 발생 시의 보상액

이익증대(손실감소)액	보상액
1천만 원 이하	10%
1천만 원 초과 5천만 원 이하	1백만 원 + 1천만 원 초과금액의 5%
5천만 원 초과 1억 원 이하	3백만 원 + 5천만 원 초과금액의 3%
1억 원 초과	4백 5십만 원 + 1억 원 초과금액의 2%

2. 보상금 지급한도 및 중복 시의 보상기준 등

가. 보상금 지급한도액: 최대 1천만 원

나. 1호 가목 및 나목의 보상사유가 중복되는 경우 합산하지 아니하고, 본인에게 유리한 기준 금액으로 지급한다.

① 공무원이 다른 공무원의 부패행위를 신고하여 1억 원의 손실감소 효과가 발생한 경우, 4백 5십만 원의 보상금을 지급할 수 있다.
② 공무원이 다른 공무원이 1백만 원의 금품을 수수한 사실을 신고하였으나, 조사 결과 밝혀진 수수액이 총 1백 5십만 원인 경우, 최대 3백만 원의 보상금을 지급할 수 있다.
③ 법무감사담당관실 소속공무원이 다른 공무원의 금품수수행위를 신고한 경우 보상금을 지급하지 않는다.
④ 공무원이 다른 공무원의 부패행위를 신고하여 4억 원의 이익증대 효과가 발생한 경우, 지급할 수 있는 보상금은 최대 1천만 원이다.
⑤ 공무원이 다른 공무원의 금품 2백만 원 수수행위를 신고하여 5천만 원의 이익증대 효과가 발생한 경우, 4백만 원의 보상금을 지급할 수 있다.

18. 다음 글을 근거로 판단할 때 옳지 않은 것은?

『형법』에 따른 '명예훼손'은 4가지로 나누어 볼 수 있다. 먼저 '단순명예훼손'은 공연히 사실을 적시하여 사람(생존해 있는 사람을 말한다. 이하 같다)의 명예를 훼손한 경우로 형법 제307조 제1항에 해당한다. 단순명예훼손의 경우 2년 이하의 징역이나 금고 또는 500만 원 이하의 벌금에 처한다. 두 번째는 '허위사실명예훼손'이다. 공연히 허위의 사실을 적시하여 사람의 명예를 훼손한 경우로 형법 제307조 제2항에 해당한다. 이 경우 5년 이하의 징역, 10년 이하의 자격정지 또는 1천만 원 이하의 벌금에 처한다. 세 번째 유형은 '사자명예훼손'이다. 공연히 허위의 사실을 적시하여 사자(死者)의 명예를 훼손한 경우를 의미하며 형법 제308조에 해당한다. 이는 2년 이하의 징역이나 금고 또는 500만 원 이하의 벌금에 처한다. 마지막 유형은 '출판물명예훼손'(형법 제309조)인데 사람을 비방할 목적으로 신문, 잡지 또는 기타 출판물에 의하여 공연히 사실 또는 허위의 사실을 적시하여 사람의 명예를 훼손한 경우를 의미한다. 단순 사실 적시의 경우 3년 이하의 징역이나 금고 또는 700만 원 이하의 벌금에 처하나, 허위의 사실을 적시한 경우에는 7년 이하의 징역이나 10년 이하의 자격정지 또는 1천 500만 원 이하의 벌금에 처한다.

이러한 형법상 명예훼손 중 단순명예훼손, 허위사실명예훼손, 출판물명예훼손은 피해자의 명시한 의사에 반하여 공소를 제기할 수 없는 '반의사불벌죄'에 해당하며, 사자명예훼손은 고소가 있어야 공소를 제기할 수 있는 '친고죄'에 해당한다. 고소권자는 기본적으로 범죄로 인한 피해자 본인이다. 피해자가 사망한 때에는 그 배우자, 직계친족 또는 형제자매가 고소할 수 있다.

① 공연히 허위의 사실을 적시하여 사람의 명예를 훼손한 경우 그 사실을 적시한 방법에 따라 법정 최고 형량이 달라진다.
② 공연히 사실을 적시하여 사자의 명예를 훼손한 경우, 사자명예훼손에 해당하여 최고 2년의 징역에 처해질 수 있다.
③ 단순명예훼손과 사자명예훼손의 법정 최고 형량은 동일하다.
④ 사자명예훼손의 경우 피해자의 배우자나 직계친족 등의 고소가 있어야만 공소를 제기할 수 있다.
⑤ 출판물명예훼손의 경우 피해자가 가해자의 처벌을 원하지 않는다면 경우 공소를 제기할 수 없다.

19. 다음 글을 근거로 판단할 때, <보기>에서 옳은 것만을 모두 고르면?

제00조 현장실습학기제 교육과정은 2개의 과정으로 편성하며 각 과정별 편성과목은 다음과 같다.

구분	교과목	교과목당 실습기간	교과목당 인정학점	개설 시기	비고
학기제	현장실습 Ⅲ, Ⅳ, Ⅴ, Ⅵ, Ⅶ, Ⅷ	20주	18학점	학기 중	1주 = 5일
계절제	현장실습 Ⅸ, Ⅹ	4주	3학점	방학 중	
	현장실습 Ⅺ, Ⅻ	7주	5학점		

제00조 ① 졸업 시까지 인정받을 수 있는 현장실습 학점은 학기제의 경우 18학점, 계절제의 경우 10학점에 한한다.
② 현장실습학기제 교육과정을 이수 중인 학생이 계속해서 실습을 할 수 없는 경우에는 현장실습학기제 교육과정 포기신청서를 제출하여야 한다.
③ 제2항에 따라 현장실습학기제 교육과정을 중도 포기할 경우에는 학점을 인정하지 아니한다. 다만, 학기제의 경우 실습기간의 5분의 4 이상을 이수한 자가 다음 각 호에 해당될 경우 그 과정을 이수한 것으로 인정할 수 있다.
1. 징병검사, 징집·소집에 응할 때
2. 천재지변, 질병, 기타 부득이한 사유 등으로 정상적인 실습 수행이 어려울 때

제00조 현장실습학기제 교육과정 신청자격은 재학 중인 자로서 2학기 이상 이수(편입생의 경우 본교에서 2학기 이상 이수)하고 전체성적 평점 3.0 이상인 학생으로 한다.

제00조 지도교수는 학기제 실습생의 실습기간 중 2회 이상(계절제의 경우 1회 이상) 실습기관을 방문하여 학생과 실습기관의 현장실습 현황 등을 청취하고, 학생과 실습기관의 요구사항에 대하여 적절한 조치를 취하여야 한다.

<보 기>

ㄱ. 현장실습 Ⅳ를 이수하던 학생이 질병으로 교육과정을 중도 포기하더라도, 포기 전까지 80일을 이수했다면 해당 교과목을 이수한 것으로 인정받을 수 있다.
ㄴ. 3학년 여름방학과 겨울방학에 각각 현장실습 Ⅸ과 Ⅹ를 이수하고, 4학년 여름방학에 현장실습 Ⅺ을 이수한 학생은 현장실습 학점으로 총 11학점을 인정받을 수 있다.
ㄷ. 현장실습 Ⅵ의 지도교수는 실습기간 중 2회 이상 실습기관을 방문하여 학생과 실습기관의 현장실습 현황을 청취해야 한다.
ㄹ. 편입 전의 학교에서 1학기를 이수하고, 편입 후 1학기를 이수하여 전체성적 평점이 3.4인 편입생은 현장실습학기제 교육과정을 신청할 수 있다.

① ㄱ, ㄷ
② ㄱ, ㄹ
③ ㄴ, ㄹ
④ ㄱ, ㄴ, ㄷ
⑤ ㄴ, ㄷ, ㄹ

20. 다음 글을 근거로 판단할 때, <보기>에서 옳은 것만을 모두 고르면?

골판지는 물결 모양으로 골(flute)을 만든 골심지에 원판지(liner)라고 하는 면이 반듯하고 빳빳한 판지를 한 면 또는 양 면에 접착제로 붙여서 만든 판지이다.

골판지는 골의 형상에 따라 종류를 나눌 수 있는데, 보통 A, B, C, E골이 많이 사용된다. A골은 30 cm당 골의 수가 34 ± 2골이고 골의 높이는 4.5 ~ 5.0 mm로, 다른 골보다 수직압축강도와 완충성이 우수하여 가장 많이 사용되고 있다. B골은 30 cm당 골의 수가 50 ± 2골이고 골의 높이는 보통 2.5 ~ 3.0 mm이다. B골은 수직압축강도와 완충성은 A골에 비해 떨어지지만, 평면압축강도가 강하고 표면의 평활도가 좋아 미세한 디자인과 인쇄에 적합하다. C골은 30 cm당 골의 수가 40 ± 2골, 골의 높이는 3.5 ~ 4.0 mm로 A골과 B골의 중간이다. C골의 물성적 특징은 A골과 B골의 중간 위치에 있는데, 모든 면에서 A골에 더 가까운 특성을 나타낸다. E골은 30 cm당 골의 수가 93 ± 5골 정도이고, 골의 높이도 1.1 ~ 1.4 mm 정도여서 얇기 때문에 조금 두꺼운 단층의 판지와 별 차이가 없어 보인다.

<골의 종류에 따른 골판지 특성>

골의 종류	골의 높이 (mm)	골조율	수직압축 강도(%)	평면압축 강도(%)
A	4.5 ~ 5.0	1.54	100	100
B	2.5 ~ 3.0	1.45	85	(㉠)
C	3.5 ~ 4.0	1.33	(㉡)	110
E	1.1 ~ 1.4	1.26	60	350

※ 압축강도는 A골의 압축강도를 100 %으로 했을 때의 상대적 수치이다.

※ 골조율 = $\frac{\text{단위길이의 골판지 내 골심지를 펼친 길이}}{\text{단위 길이}(= 30\text{ cm})}$

<보 기>

ㄱ. ㉠은 130일 수 있다.
ㄴ. ㉡은 90일 수 있다.
ㄷ. 완충성은 A골 > C골 > B골의 순으로 높다.
ㄹ. 단위 길이당 골의 개수가 적을수록 평면압축강도가 더 높다.

① ㄱ, ㄷ
② ㄴ, ㄷ
③ ㄴ, ㄹ
④ ㄱ, ㄴ, ㄹ
⑤ ㄱ, ㄷ, ㄹ

21. 다음 글을 근거로 판단할 때, 甲이 마지막 날 식사를 한 장소는?

○ 甲은 2박 3일간 맛집투어를 하는 동안 중국집, 한식집, 보쌈집, 횟집, 냉면집에서 각각 한 번씩 총 5번의 식사를 했고, 각 식사에 소요된 시간은 모두 1시간이었다.
○ 甲은 맛집투어를 하는 동안 오후 12시 ~ 1시(점심), 오후 7시 ~ 8시(저녁) 외의 시간에는 식사를 하지 않았다.
○ 횟집보다 냉면집에서 먼저 식사를 했고, 중국집보다 한식집에서 먼저 식사를 했다.
○ 수요일에는 한 번만 식사를 했는데, 오후 7시 ~ 8시에 냉면집에서 식사를 했다.
○ 보쌈집은 매주 금요일이 정기휴일이고, 횟집은 매주 목요일이 정기휴일이다.
○ 한식집은 월요일, 화요일, 금요일에는 오후 3시부터 오후 10시까지만 영업을 하고, 그 이외에는 모두 오전 11시부터 오후 10시까지 영업을 한다.
○ 중국집은 화요일, 목요일, 금요일에는 오전 8시부터 오후 6시까지만 영업을 하고, 그 이외에는 모두 오전 8시부터 오후 10시까지 영업을 한다.

① 중국집, 횟집
② 냉면집, 보쌈집
③ 중국집, 한식집
④ 보쌈집, 횟집
⑤ 한식집, 보쌈집

22. 다음 글을 근거로 판단할 때, <보기>에서 乙이 자연수 4개를 반드시 맞힐 수 있도록 하는 추가 정보만을 모두 고르면?

○ 甲은 서로 다른 한 자리의 자연수 4개(a, b, c, d)를 생각한 후, 이 4개의 자연수로 만든 2개의 등식과 1가지 정보를 乙에게 제시했다.

• 등식 1: $a + b + c = a \times b - c$
• 등식 2: $a - b = c - d$
• 정 보: a, b, c, d 중 2개는 홀수이고 2개는 짝수이다.

○ 乙은 위의 2가지 등식과 정보를 근거로 甲이 생각한 자연수 4개를 모두 맞혀야 한다. 이때 乙은 甲에게 단 한 개의 추가 정보를 요청할 수 있다.
○ 乙이 추가 정보를 요청하면 甲은 반드시 새로운 정보 한 가지를 사실대로 제공하여야 한다.

<보 기>

ㄱ. a는 b보다 크다.
ㄴ. b는 c보다 크다.
ㄷ. c는 d보다 크다.
ㄹ. d는 a보다 크다.

① ㄱ, ㄴ
② ㄱ, ㄷ
③ ㄴ, ㄹ
④ ㄱ, ㄷ, ㄹ
⑤ ㄴ, ㄷ, ㄹ

[23 ~ 24] 다음 글을 읽고 물음에 답하시오.

비타민A는 동물성 식품 중 간, 달걀노른자에 많이 들어 있으며, 우유의 지방에 존재하기 때문에 버터, 치즈, 크림 등에도 많이 들어있다. 대부분의 과일과 채소도 비타민A와 카로틴을 함유하고 있는데, 비타민A나 카로틴은 적당한 열이나 알칼리에 영향을 받지 않아 일상적인 조리로는 파괴되지 않는다. 그러나 빛, 산 그리고 여러 가지 산화제에 대해서는 약하므로 높은 온도의 기름에 튀기면 비타민A가 파괴된다. 또한 튀긴 후에도 지방의 산패에 의한 산화가 일어나 비타민A의 파괴가 증가한다.

비타민A는 종류가 다양하고 카로틴 역시 비타민A의 활성도를 나타내므로 식품 중 비타민A의 함량은 RE(Retinol Equivalent)로 나타낸다. 레티놀 1 μg은 1 RE로 간주하고, 베타카로틴의 비타민A 활성도는 레티놀의 6분의 1, 그 외의 카로티노이드는 레티놀의 12분의 1로 간주한다. 그래서 식품의 총 비타민A 함량(RE)은 다음과 같이 계산한다.

$$\text{레티놀}(\mu g) + \frac{\text{베타카로틴}(\mu g)}{6} + \frac{\text{기타 카르티노이드}(\mu g)}{12}$$

한편, 일반적으로 비타민의 용량을 나타내는 데에 사용되는 국제단위 1 IU는 레티놀 0.3 μg에 해당한다.

비타민A의 하루 필요량은 섭취되는 형태, 간의 축적량과 흡수에 영향을 주는 요소들의 존재 여부 등에 따라 영향을 받으므로 정확한 권장량을 설정하기란 매우 어렵다. 그래서 비타민A 하루 권장량은 각 나라마다 다른데, 한국영양학회는 성인 남자 750 RE, 여자 650 RE를 권장하고 있다.

비타민A의 독성은 미리 형성된 비타민A를 다량 섭취할 때 나타나며 카로티노이드에 의해서는 일어나지 않는다. 비타민A 독성 증세는 급성과 만성으로 분류되는데, 급성 독성 증세는 한 번에 영양권장량의 100배가 넘는 과량의 비타민A를 복용하면 나타난다. 일반적으로 비타민A 과다에 의한 독성은 드물지만 태아는 매우 예민하기 때문에 임신 중 비타민A를 과다 섭취하면 선천성 기형이 많이 발생한다. 한국영양학회는 비타민A의 하루 상한섭취량을 3,000 RE(= ㉠ IU)로 정해두고 있다.

23. 윗글을 근거로 판단할 때 옳지 않은 것은?

① 한국영양학회가 권장하는 성인 남자의 비타민A 하루 섭취량은 2,100 IU이다.
② 식품을 기름에 튀겨 조리하면, 조리 후 시간이 지날수록 비타민A가 더 많이 파괴된다.
③ 우유를 섭취할 때 지방을 제거한 무지방 우유를 선택한다면 비타민A의 섭취량을 줄일 수 있다.
④ 한국영양학회의 기준에 따르면 성인 여자가 65,000 RE가 넘는 양의 미리 형성된 비타민A를 한 번에 섭취하면 급성 독성 증세가 나타날 수 있다.
⑤ ㉠은 10,000이다.

24. 윗글과 다음 <보기>를 근거로 판단할 때, 영양제 A ~ D의 1회 섭취분 비타민A 함량의 총합은?

<보 기>

다음은 영양제 A ~ D의 1회 섭취분 영양정보 표기에서 비타민 A 및 이와 관련된 영양소 함량 정보만을 모두 정리한 자료이다.

영양제	레티놀	베타카로틴	기타 카로티노이드	비타민A
A	50 μg	180 μg	-	-
B	-	420 μg	60 μg	-
C	4 μg	-	60 μg	-
D	-	-	-	600 IU

① 294 RE
② 315 RE
③ 332 RE
④ 344 RE
⑤ 348 RE

25. 다음 글을 근거로 판단할 때, <표>에서 동시수행 과제 수 상한 제도를 위반하지 않은 연구자만을 모두 고르면?

□ 동시수행 과제 수 상한 제도

○ 동시수행 연구개발과제 수 제한 기준

1. 주관과제책임자 및 세부과제책임자는 연구책임자로서 연구개발과제를 수행하는 것으로 산정.
2. 1개의 주관연구과제가 2개 이상의 세부과제로 나누어지는 경우 2개 이상의 세부과제에 참여하더라도 1개의 과제를 수행하는 것으로 산정.
3. 연구자는 연구책임자 또는 연구원으로서 최대 3개의 연구개발과제를 동시에 수행할 수 있으며, 이 중 연구책임자로서의 참여는 최대 2개까지만 가능.

○ 참여 연구원의 동시수행 과제 수 계상 방식 예시

연구자	김○○	이○○	박○○
A주관연구과제	책임자	-	-
세부1	책임자	연구원	연구원
세부2	연구원	책임자	연구원
세부3	-	책임자	-
B주관연구과제	-	-	-
세부1	책임자	-	연구원
세부2	연구원	연구원	연구원
세부3	-	책임자	-
동시수행 과제 수	2개	2개	2개

<표> 연구자별 과제 수행 현황

연구자	甲	乙	丙	丁
A주관연구과제	책임자	-	-	연구원
B주관연구과제	-	-	책임자	-
세부1	-	책임자	연구원	연구원
세부2	-	연구원	연구원	책임자
C주관연구과제	-	-	-	-
세부1	연구원	-	책임자	-
세부2	-	책임자	-	연구원
D주관연구과제	-	책임자	-	-
세부1	연구원	-	-	책임자
세부2	책임자	연구원	연구원	-
세부3	-	-	연구원	-

① 甲, 丙
② 甲, 丁
③ 乙, 丁
④ 甲, 乙, 丙
⑤ 乙, 丙, 丁

MEMO

제 11 회

7급 PSAT 하주응 상황판단
실전 모의고사

상황판단영역

1. 다음 글을 근거로 판단할 때 옳지 않은 것은?

> 제00조 ① 누구든지 멸종위기 야생생물을 포획·채취·방사·이식·가공·유통·보관·수출·수입·반출·반입(가공·유통·보관·수출·수입·반출·반입하는 경우에는 죽은 것을 포함한다)·죽이거나 훼손(이하 "포획·채취 등"이라 한다)해서는 아니 된다. 다만, 다음 각 호의 어느 하나에 해당하는 경우로서 환경부장관의 허가를 받은 경우에는 그러하지 아니하다.
> 1. 학술 연구 또는 멸종위기 야생생물의 보호·증식 및 복원의 목적으로 사용하려는 경우
> 2. 생물자원 보전시설이나 생물자원관에서 관람용·전시용으로 사용하려는 경우
> 3. 공익사업의 시행 또는 다른 법령에 따른 인가·허가 등을 받은 사업의 시행을 위하여 멸종위기 야생생물을 이동시키거나 이식하여 보호하는 것이 불가피한 경우
>
> ② 다음 각 호의 어느 하나에 해당하는 경우에는 제1항 본문을 적용하지 아니한다.
> 1. 인체에 급박한 위해를 끼칠 우려가 있어 포획하는 경우
> 2. 질병에 감염된 것으로 예상되거나 조난 또는 부상당한 야생동물의 구조·치료 등이 시급하여 포획하는 경우
> 3. 서식지외보전기관이 관계 법령에 따라 포획·채취 등의 인가·허가 등을 받은 경우
>
> ③ 제1항 단서에 따라 허가를 받고 멸종위기 야생생물의 포획·채취 등을 하였을 때에는 그 결과를 환경부장관에게 신고하여야 한다.
>
> ④ 야생생물이 멸종위기 야생생물로 정하여질 당시에 그 야생생물 또는 그 박제품을 보관하고 있는 자는 그 정하여진 날부터 1년 이내에 환경부장관에게 신고하여야 한다.

※ 기간을 계산할 때에는 초일(初日)은 산입하지 아니한다.

① 부상당한 멸종위기 야생동물의 구조·치료가 시급하여 포획하는 경우에는 환경부장관의 허가를 받지 않아도 된다.
② 멸종위기 야생식물을 생물자원관에서 전시용으로 사용하는 것에 대하여 환경부장관의 허가를 받았다면 해당 멸종위기 야생식물을 채취할 수 있다.
③ 학술 연구의 목적으로 멸종위기 야생동물의 사체를 반입하는 경우에는 환경부장관의 허가를 받지 않아도 된다.
④ 공익사업의 시행을 위하여 불가피하게 멸종위기 야생식물을 이식하려는 경우에는 환경부장관의 허가를 받아야 하고, 그 결과를 환경부장관에게 신고하여야 한다.
⑤ 야생동물이 2024년 7월 11일에 멸종위기 야생동물로 정하여진 경우, 2023년부터 2월 12일부터 그 야생동물의 박제품을 보관하고 있는 사람은 2025년 7월 11일까지 환경부장관에게 신고하여야 한다.

2. 다음 글을 근거로 판단할 때 옳지 않은 것은?(단, 기술보증기금의 본점은 서울에 위치한다)

> 제00조(기금의 설립) 담보능력이 미약한 기업의 채무를 보증하게 하여 기업에 대한 자금 융통을 원활하게 하기 위하여 기술보증기금(이하 "기금"이라 한다)을 설립한다.
>
> 제00조(등기) 기금은 본점의 소재지에서 설립등기를 함으로써 성립한다.
>
> 제00조(운영위원회의 설치) ① 기금의 업무 운영에 관한 기본 방침을 수립하기 위하여 기금에 운영위원회를 둔다.
>
> ② 운영위원회는 다음 각 호의 위원으로 구성한다.
> 1. 기금의 이사장
> 2. 중소벤처기업부장관이 소속 공무원 중에서 지명하는 사람 1명
> 3. 기획재정부장관이 소속 공무원 중에서 지명하는 사람 1명
> 4. 금융위원회가 소속 공무원 중에서 지명하는 사람 1명
> 5. 「중소기업은행법」에 따른 중소기업은행의 은행장이 소속 임원 중에서 지명하는 사람 1명
> 6. 금융회사의 임원 또는 집행간부 중에서 중소벤처기업부장관이 금융위원회와 협의하여 위촉하는 사람 3명
> 7. 「상공회의소법」에 따른 대한상공회의소 회장이 위촉하는 사람 1명
> 8. 기술 관련 전문가 중에서 중소벤처기업부장관이 과학기술정보통신부장관과 협의하여 위촉하는 사람 2명
>
> ③ 위원장은 기금의 이사장이 된다.
>
> ④ 제2항 제1호, 제5호 및 제6호의 위원은 해당 기관의 임원 또는 직원을 대리위원으로 지정하여 그 직무를 대행하게 할 수 있다.
>
> ⑤ 제2항 제5호부터 제8호까지의 위원의 임기는 2년으로 한다. 다만, 보궐위원의 임기는 전임자 임기의 남은 기간으로 한다.

① 기술보증기금의 운영위원회는 위원장을 포함하여 11명의 위원으로 구성된다.
② 대한상공회의소 회장이 위촉한 위원은 대한상공회의소 직원을 대리위원으로 지정하여 직무를 대행하게 할 수 있다.
③ 중소기업은행의 임원으로서 은행장의 지명에 의해 위원이 된 A가 7개월간 직무를 수행한 후 해촉되고 B가 그 자리를 대신하여 위원이 된 경우, B의 임기는 1년 5개월이다.
④ 기술보증기금이 성립하려면 서울에서 설립등기를 하여야 한다.
⑤ 중소벤처기업부장관의 위촉으로 위원이 된 금융회사 임원의 임기는 2년이며, 이 위원은 해당 금융회사의 직원을 대리위원으로 지정할 수 있다.

3. 다음 글을 근거로 판단할 때, <보기>에서 옳은 것만을 모두 고르면?

제00조 국가는 다음 각 호의 어느 하나에 해당하는 사람 중 별표1의 기준을 충족하는 사람에게 별표2에 따라 희귀질환의 진단 및 치료에 드는 비용을 지원할 수 있다.
1. 건강보험가입자 중 희귀질환자
2. 의료급여수급권자 중 희귀질환자

[별표1] 희귀질환자 의료비 지원대상자 소득·재산 기준
가. 소득기준: 월평균 소득이 「국민기초생활보장법」상 당해 연도 가구원수별 중위소득의 150% 미만
나. 재산기준: 「암환자에 대한 의료비 지원기준 등에 관한 고시」의 소아·아동암 환자 재산기준 미만

[별표2] 희귀질환자 의료비 지원 사업 지원내역
가. 건강보험가입자 : 지원내역 ①, ② 모두 신청가능
나. 의료급여수급권자 : 지원내역 중 ②만 신청가능

지원내역	지원범위	지원조건
① 요양급여 본인부담금	진료비	소득·재산기준 만족자
	보장구 구입비	소득·재산기준을 만족하고 장애인 등록을 한 자
② 간병비	월 30만 원	소득·재산기준 만족자

※ 「국민기초생활보장법」상 20△△년 가구원수별 중위소득

구분	1인 가구	2인 가구	3인 가구	4인 가구
금액(원/월)	180만	300만	400만	480만

※ 「암환자에 대한 의료비 지원기준 등에 관한 고시」에 의한 소아아동암 환자 재산기준

구분	1인 가구	2인 가구	3인 가구	4인 가구
금액(백만 원)	210	245	275	295

※ 보장구: 장애인이 장애의 보완을 위하여 사용하는 보조기구

<보 기>

ㄱ. 건강보험가입자 중 희귀질환자인 A가 속한 3인 가구의 20△△년 월평균 소득은 520만 원이고 재산이 2억 6천만 원이라면, A는 진료비를 지원받을 수 있다.
ㄴ. 의료급여수급권자 중 희귀질환자인 B가 속한 2인 가구의 20△△년 월평균 소득이 400만 원이고, 재산이 2억 4천 5백만 원이라면, B는 간병비를 지원받을 수 없다.
ㄷ. 건강보험가입자 중 희귀질환자인 C가 장애인 등록을 했다면, 소득 및 재산기준을 충족하지 못하더라도 보장구 구입비를 지원받을 수 있다.

① ㄱ
② ㄷ
③ ㄱ, ㄴ
④ ㄴ, ㄷ
⑤ ㄱ, ㄴ, ㄷ

4. 다음 글과 <상황>을 근거로 판단할 때, A ~ E 중 20△△년 한 해 동안 받을 특별정려금이 두 번째로 많은 사람은?

제00조(특별정려금의 지급) 각종 선거 및 투표기간 중 선거관리위원회 소속 공무원에 대하여 특별정려금을 지급한다.
제00조(지급대상) 특별정려금을 지급하는 선거(국민투표·주민투표를 포함한다. 이하 같다)의 종류는 다음 각 호와 같으며, 지급대상 공무원은 다음 각 호에 따른 선거관리위원회 소속 5급 이하 공무원으로 한다.
1. 「공직선거법」에 의한 선거
가. 임기만료에 의한 선거: 모든 선거관리위원회(읍·면·동선거관리위원회를 제외한다. 이하 같다)
나. 재·보궐선거: 당해 선거구의 선거관리위원회
2. 「국민투표법」에 의한 국민투표: 모든 선거관리위원회
3. 「주민투표법」에 의한 주민투표: 당해 투표실시구역의 선거관리위원회
제△△조(지급기간) 특별정려금은 각 선거별로 선거일이 속하는 달의 전 3월의 초일부터 선거일이 속하는 달의 다음 달의 말일까지 월 단위로 지급한다.
제00조(지급기준) ① 특별정려금의 직급별 매월 지급기준은 다음 각 호와 같다.
1. 5급 공무원: 150,000원
2. 6급 이하 공무원: 100,000원
② 제△△조에도 불구하고 2 이상의 선거 관리를 이유로 같은 달에 중복하여 특별정려금을 지급할 수 없다.

※ 선거관리위원회는 중앙선거관리위원회, 특별시·광역시·도선거관리위원회, 구·시·군선거관리위원회, 읍·면·동선거관리위원회로 구분한다.

<상 황>

○ 20△△년 선거·투표 일정

근거법	종류	시행일	선거구(투표실시구역)
공직선거법	임기만료에 의한 국회의원 선거	4. 15.	전국
	시장 재선거	4. 15.	경기도 안성시
주민투표법	주민투표	12. 10.	충청북도 보은군

○ A ~ E의 소속 및 직급

공무원	소속	직급
A	중앙선거관리위원회	5급
B	중앙선거관리위원회	6급
C	경기도 안성시 선거관리위원회	5급
D	충청북도 보은군 선거관리위원회	5급
E	충청북도 보은군 선거관리위원회	9급

① A
② B
③ C
④ D
⑤ E

5. 다음 글을 근거로 판단할 때 옳은 것은?

예포는 국가·부대·함정을 공식 방문하는 내외국의 국가원수, 고위관리 및 장성 등이 도착하거나, 군함이 외국의 항구에 입항하는 등의 각종 의례 시 그 수례 대상에 대하여 경의를 표시하기 위해 군대나 군함이 일정수의 공포탄을 발사하는 예식절차이다.

우리나라의 경우, 예포를 발사할 때에는 반드시 국기를 게양하도록 규정하고 있다. 발사간격은 육군과 공군은 3초, 해군은 5초를 표준으로 하지만, 장례식 등에서 조례포를 발사하는 경우에는 1분을 표준으로 한다. 예포는 국기를 게양하기 전이나 강하한 후, 야간에는 발사하지 않는다. 또한 무관(군인)인 수례자가 사복을 착용한 경우에도 발사하지 않지만, 문관인 경우에는 그렇지 않다.

예포의 발사 탄수는 국가에 따라서 다르나, 우리나라에서는 외빈 방문 시 국가원수 21발부터 총영사 11발까지 각 2발씩 차등을 두어 규정하고 있다. 미국과 일본도 우리나라와 발사 탄수가 동일하며, 탄수가 동일한 경우를 짝지어 내림차순으로 정리하면 아래의 표와 같다. 단, 미국과 일본은 우리나라와 달리 7발을 발사하는 경우도 정해두고 있다.

대한민국	미국	일본
국가원수	국가원수	국가원수
부통령, 삼부요인, 특명전권대사, 대장	총리, 대사	특명전권대사
참모총장, 중장	대장	대장
특명전권공사, 소장	중장	특명전권공사, 중장
준장	소장	임시대리대사, 소장
대리대사, 총영사	준장	임시대리공사, 총영사, 준장
-	영사	영사

영국의 경우, 우리와 같이 21발의 예포를 기본으로 하지만 왕실 구역인 하이드파크에서 예포를 쏘는 경우 총 41발, 왕실 기념일에 런던탑에서 예포를 쏘는 경우 62발(기본 21발, 왕실구역에 해당하므로 20발 추가, 런던시를 위하여 21발 추가)을 발사한다.

① 미국의 경우, 외국의 영사에 대한 예포의 발사 탄수는 7발이다.
② 우리나라의 해군이 조례포를 발사할 때에는 그 간격을 5초로 한다.
③ 우리나라의 경우, 외국의 준장에 대한 예포의 발사 탄수는 12발이다.
④ 우리나라의 경우, 미국의 대통령이 사복을 착용한 경우에는 예포를 발사하지 않는다.
⑤ 영국은 왕실구역에서 예포를 쏘는 경우, 기본 발사 탄수에 21발을 추가하여 발사한다.

6. 다음 글을 근거로 판단할 때, 갑과 정이 각각 선택한 숫자의 합은?

○ 갑, 을, 병, 정 4명은 1에서 9까지의 자연수가 하나씩 적혀있는 9장의 카드 중에서 1장씩을 동시에 선택한 후, 자신이 선택한 자연수를 각각 제곱했다. 이렇게 도출된 4개의 수를 갑, 을, 병, 정의 순서대로 각각 A, B, C, D라고 하자.
○ A와 C를 더한 값은 10의 배수이고, B와 D를 더한 값도 10의 배수이다. 이때 B와 D를 더한 값이 더 크다.
○ C는 A의 배수이고, B는 C와 D의 약수이다.
○ B는 1이 아니다.

① 8
② 9
③ 10
④ 11
⑤ 12

7. 다음 글과 <대화>를 근거로 판단할 때, B ~ E와 그에 대한 정보가 바르게 연결되어 있는 것은?

△△자전거동호회에서는 회원들의 학번과 나이, 동호회 가입연도에 근거하여 다음과 같은 규칙에 따라 존칭을 사용한다.

○ 존칭은 '형'으로만 한다.
○ 상대방보다 동호회 가입을 늦게 하고, 자신의 학번이 더 낮거나 나이가 더 적으면 상대방을 형이라고 부른다.
○ 상대방보다 동호회 가입을 일찍 하였더라도, 자신의 학번이 더 낮고 나이가 더 적으면 상대방을 형이라고 부른다.
○ 동호회 가입연도가 같고 상대방보다 나이가 더 적으면, 학번에 상관없이 상대방을 형이라고 부른다.
○ 동호회 가입연도가 같고 상대방보다 학번이 더 낮으면, 나이에 상관없이 상대방을 형이라고 부른다.
○ 이 외의 경우에는 상대방의 이름을 부른다.
※ 학번이 높다는 것은 대학교 입학년도가 더 빠르다는 것을 의미한다.

○ 다음은 A ~ E의 정보이다.

	A	?	?	?	?
학번	2016	2017	2017	2015	2018
나이	28	27	29	30	27
가입연도	2023	2021	2019	2020	2021

<대 화>

A: 여러분 안녕하세요! 새로 가입한 A라고 합니다.
D: A형 안녕! 난 D야.
B형! 빨리 와서 A형하고 인사해!
B: A형 안녕! 난 B라고 해.
E: C형! 드디어 형이 기다리던 신입회원이 들어왔네.

① B – 29세
② B – 2015학번
③ C – 2021년 가입
④ D – 30세
⑤ E – 2019년 가입

8. 다음 글과 <심사기초자료>를 근거로 판단할 때, 청년수당 지원 대상자로 선정되는 2명은?

A시는 甲 ~ 丁 중 2명을 선정하여 취·창업과 연관된 활동을 위해 사용할 수 있는 청년수당을 지원하려고 한다. 대상자는 가구소득, 미취업기간, 부양가족 수, 취업활동계획서를 기준으로 다음과 같은 심사기준에 따라 점수가 높은 순으로 선정한다.

<심사항목과 배점비율>

심사항목	가구소득	미취업기간	부양가족 수	계
배점비율(%)	40	50	10	100

<가구소득 점수>

가구소득 (백만원)	100 미만	100 ~ 199	200 ~ 299	300 이상
점수	100	80	70	60

<미취업기간 점수>

미취업기간(월)	24 이상	12 ~ 23	6 ~ 11	6 미만
점수	100	90	70	50

<부양가족 수 점수>

부양가족 수(명)	5 이상	4	3	2 이하
점수	100	95	90	85

<취업활동계획서 평가 등급>

평가 등급	반영 방식
A	가산점 10점
B	가산점 5점
C	가산점 0점
D 이하	선정불가

<심사기초자료>

성명	가구소득 (백만원)	미취업기간 (개월)	부양가족수 (명)	취업활동 계획서 등급
甲	95	10	2	B
乙	210	21	2	A
丙	150	18	5	D
丁	90	23	4	C

① 甲, 乙
② 甲, 丁
③ 乙, 丙
④ 乙, 丁
⑤ 丙, 丁

[9 ~ 10] 다음 글을 읽고 물음에 답하시오.

암환자는 종양세포가 소비하는 에너지 때문에, 또 항암치료 중에 정상세포가 입은 손상 정도에 따라 에너지와 단백질의 필요량이 늘어난다. 따라서 정상인에 비해 더 많은 칼로리를 섭취할 필요가 있다. 하루 권장 칼로리 섭취량은 표준 체중에 근거하여 1 kg당 30 kcal의 비율로 산출되는데, 예를 들어 표준 체중이 50 kg인 정상인은 하루 1,500 kcal 이상의 칼로리 섭취가 권장되지만, 암환자인 경우에는 여기에 약 20 %를 더한 1,800 kcal 이상이 권장된다. 단백질 섭취량도 정상인에 비해 20 ~ 30 g 정도 늘려주는 것이 좋다.

체중이 감소한다는 것은 이미 며칠 전부터 소비되는 에너지보다 섭취되는 에너지가 부족했다는 뜻이다. 체중의 변화로 하루 에너지 섭취가 적절했는지를 알고 식사량을 조절하는 것은 '사후약방문'인 셈이다. 또 체중이 감소하기 시작하면, 회복하기 위해 식사량을 늘려야 하는데 암환자들에게는 이 또한 쉬운 일이 아니다. 가뜩이나 암환자들은 항암제 부작용으로 식욕이 떨어져 있는 상태인데, 음식을 더 많이 먹어야 한다는 사실이 큰 부담이 된다. 가장 최선의 방법은 매일 부족하지 않게 음식을 먹어 체중을 유지하는 것이다.

그렇다면 필요한 칼로리와 영양소가 모두 함유된 식품으로 한 번에 먹는 방법은 없을까? 유감스럽게도 아직까지 그런 식품은 없다. 또한 식품마다 칼로리와 영양소 함량이 모두 다르기 때문에 먹을 때마다 식품의 영양소를 계산하며 먹는 것도 복잡하고 번거로운 일이다. 이때는 자신의 하루 칼로리에 맞게 먹어야 되는 식품의 필요량을 파악하는 것이 필요하다. 우선 주식으로는 빵, 밥, 국수 중 적정한 양을 정한다. 예를 들어 밥 한 공기는 210 g으로 300 Kcal이다. 빵인 경우에는 3쪽 정도, 국수는 한 공기 정도면 동일한 칼로리이다. 반찬은 매 끼니마다 동물성 단백질을 공급할 수 있는 쇠고기, 돼지고기, 생선류, 또는 계란, 두부 등에서 1 ~ 2종류를 선택하고 다양한 채소류 중에서 2 ~ 3종류로 구성한다. 여기에 영양균형을 위하여 우유 1 ~ 2잔, 그리고 과일 1 ~ 2회 정도를 간식으로 먹는다. 마지막으로 필수지방산의 섭취를 위해 반찬 등을 조리할 때 식물성 기름 3작은술 정도를 첨가하고, 견과류 약간을 섭취한다면 크게 무리 없이 하루 필요 칼로리와 영양소를 충족시킬 수 있다.

일반적으로 암환자들은 인스턴트식품이나 맵고 짠 음식들을 피하는 것이 좋다. 트랜스지방이 포함된 과자류나 도넛, 라면 등도 삼가는 것이 바람직하다. 그러나 환자가 입맛을 잃고 식사량이 떨어질 때는 먹고 싶은 음식을 먹게 해주는 일도 필요하다. 가령, 밥은 절대 못 먹겠는데 라면은 먹을 수 있다면 라면이라도 먹어야 한다. 안 좋은 음식들만 자주 먹는 것은 문제지만, 그냥 굶는 것보다는 낫기 때문이다.

9. 윗글을 근거로 판단할 때 옳은 것은?

① 우유와 계란은 적정 칼로리와 영양소가 모두 함유된 완전식품이다.
② 약간의 견과류와 동물성 기름 3큰술 정도에는 하루 권장 섭취량에 해당하는 충분한 필수지방산이 들어있다.
③ 도넛, 라면 등 트랜스지방이 포함된 식품은 암환자들에게 절대 금지된다.
④ 체중이 감소했다는 것은 체중 감소 당일의 칼로리 소비량이 칼로리 섭취량보다 많았다는 것을 의미한다.
⑤ 국수 1/2 공기와 빵 한 쪽을 먹으면 총 250 kcal 정도를 섭취하게 된다.

10. 윗글과 다음 <표준 체중(kg) 산출 공식>을 근거로 판단할 때, 키가 145 cm이고 건강한 甲과 키가 170 cm이고 암환자인 乙의 하루 권장 칼로리 섭취량을 바르게 짝지은 것은?

<표준 체중(kg) 산출 공식>

○ 키 150cm이상 : (신장[cm] − 100) × 0.9
○ 150cm미만 : 신장[cm] − 100

	甲	乙
①	1,350 kcal 이상	1,890 kcal 이상
②	1,350 kcal 이상	2,268 kcal 이상
③	1,620 kcal 이상	1,890 kcal 이상
④	1,620 kcal 이상	2,268 kcal 이상
⑤	1,944 kcal 이상	2,268 kcal 이상

11. 다음 글을 근거로 판단할 때 옳은 것은?

제00조(하천표지의 종류·표시방법 등) ① 하천표지는 다음 각 호와 같이 구분한다.

1. 하천명표지: 하천의 이름을 나타내는 표지로서 다음 각 목과 같이 구분한다.
   가. 일반형 하천명표지
   나. 미관형 하천명표지
2. 하천거리표지: 하천의 하구 또는 합류지점으로부터의 거리를 나타내는 표지로서 다음 각 목과 같이 구분한다.
   가. 입간판형 하천거리표지
   나. 둥근기둥형 및 사각기둥형 하천거리표지

② 하천표지의 설치장소는 다음 각 호의 기준에 따라 선정한다.

1. 하천명표지는 하천과 하천의 합류지점 부근, 하천이 국도·지방도 또는 철도 등과 교차하는 부근, 그 밖에 하천관리청이 하천의 이용 상황 등을 고려하여 하천명표지의 설치가 필요하다고 판단하는 지점에 설치하고, 미관형 하천명표지는 하천이용자가 많은 지역에 설치할 것. 다만, 「도로표지규칙」에 따른 하천표지가 설치된 경우에는 하천명표지를 설치하지 아니할 수 있다.
2. 하천거리표지는 다음 각 목의 구분에 따라 설치하되, 하천의 하구 또는 합류지점으로부터 1킬로미터의 간격을 두고 설치할 것. 다만, 설치 효용성이 적은 경우에는 하천거리표지를 설치하지 아니하거나 설치 간격을 조정할 수 있다.
   가. 입간판형 하천거리표지: 하천이용자가 많은 곳에 설치할 것.
   나. 둥근기둥형 및 사각기둥형 하천거리표지: 주변 경관을 고려하여 설치할 것. 다만, 국가하천과 지방하천의 경계지점 및 행정구역 경계지점에는 사각기둥형 하천거리표지를 설치해야 한다.
3. 같은 장소에 2개 이상의 하천표지를 설치할 경우에는 그 설치 위치를 적절히 조정할 것.

① 하천과 하천이 합류하는 지점에는 반드시 하천명표지를 설치하여야 한다.
② 같은 장소에 여러 개의 하천표지를 설치할 수 없다.
③ 미관형 하천명표지는 하천이용자가 많은 위치에 설치하며, 하천의 합류지점으로부터의 거리를 나타낸다.
④ A시와 B군의 경계지점에서는 둥근기둥형 하천거리표지를 설치해야 한다.
⑤ 하천과 철도가 교차하는 부근의 하천이용자가 많지 않은 지역에는 일반형 하천명표지를 설치할 수 있다.

12. 다음 글과 <상황>을 근거로 판단할 때, 분쟁 해결 결과 환급 및 배상받을 수 있는 총액이 가장 많은 사람부터 적은 사람 순으로 바르게 나열한 것은?

○ 결혼중개업 회원가입계약 해지 시 분쟁 해결 기준

분쟁 유형		해결 기준
사업자의 귀책사유로 인한 계약해지	계약 성립 후 만남 개시 전	가입비 환급 및 가입비의 20% 배상
	1회 만남 후	가입비 $\times \frac{잔여횟수}{계약횟수}$ 환급 및 가입비 × 20% 배상 단, 첫 번째 만난 상대방이 계약서에 기재된 소비자의 우선 희망 조건에 부합하지 않아 해지된 경우 가입비 환급 및 가입비의 20% 배상
회원의 개인사정으로 인한 계약해지	계약 성립 후 만남 개시 전	가입비의 80% 환급
	1회 이상 만남 후	가입비의 80% $\times \frac{잔여 횟수}{계약 횟수}$ 환급

※ 귀책사유란 사업자가 객관적으로 판별할 수 있는 사항(결혼정보, 직업, 학력, 병력 등)에 관한 정보를 상대방에게 허위로 제공한 경우, 관리소홀(3개월 내 1회도 만남을 주선하지 않은 경우), 계약서상 기재한 우선 희망 조건(종교, 직업 등 객관적인 내용에 한정)에 부적합한 상대를 소개한 경우 등을 말함.

<상 황>

사람	가입비(만 원)	계약 횟수(회)	만남 횟수(회)
A	100	10	0
B	50	5	1
C	100	5	2
D	80	4	0

※ A는 사업자가 계약 후 3개월이 넘도록 만남을 주선하지 않아 계약을 해지했고, B는 사업자가 소개한 첫 만남의 상대방이 계약서상 기재한 우선 희망 조건에 부합하지 않아 계약을 해지했으며, C와 D는 본인의 개인사정으로 계약을 해지했다.

① A – B – D – C
② A – D – B – C
③ A – D – C – B
④ D – A – B – C
⑤ D – A – C – B

13. 다음 글을 근거로 판단할 때, <보기>에서 옳은 것만을 모두 고르면?

조선시대 왕비의 딸은 공주라고 불렀고, 후궁의 딸은 옹주, 세자빈의 딸은 군주, 세자 후궁의 딸은 현주라고 하였다. 이들은 이름뿐만 아니라 실제 예우에서도 차이가 있었다. 예컨대 공주와 혼인한 부마는 종1품의 위에 봉작되었지만, 옹주와 혼인한 부마는 종2품의 위에, 군주와 혼인한 부마는 정3품의 부위에, 현주와 혼인한 부마는 종3품의 첨위에 봉작되었다. 아울러 공주에게 장가든 종1품의 위는 녹과로서 곡식 88석과 포 20필, 저화 10장을 받았으며 이에 더하여 과전으로서 105결의 토지를 받았는데, 옹주에게 장가든 종2품의 위는 녹과로서 곡식 76석과 포 19필, 저화 8장을 받았고 과전으로는 85결을 받았을 뿐이다. 이때, 1결은 100부의 토지 면적인데, 현재의 도량형으로 환산하면 1부는 58평이 된다. 그리고 군주에게 장가든 부위는 그보다 적은 곡식 67석, 포 17필, 저화 8장의 녹과와 65결의 과전을 받았고, 현주에게 장가든 종3품 첨위는 곡식 60석, 포 16필, 저화 6장의 녹과와 55결의 과전을 받았다.

아들도 딸의 경우와 비슷했다. 왕비가 낳은 아들은 대군에 봉작되었는데 봉작 연한은 따로 없었다. 반면 후궁이 낳은 아들은 군에 봉작되었으며 7세가 되었을 때 봉작했다. 대군과 군 그리고 공주와 옹주는 혼인 후 출합해서 사는 집의 규모에서도 차이가 있었다. 예컨대 집터의 규모가 대군과 공주는 30부였고 군과 옹주는 25부였다.

<보 기>

ㄱ. 세자 후궁의 딸과 혼인한 부마는 종3품의 첨위에 봉작되었다.
ㄴ. 옹주와 혼인한 부마는 군주와 혼인한 부마보다 포 2필과 저화 2장을 더 많이 받았다.
ㄷ. 공주와 혼인한 부마는 현주와 혼인한 부마에 비해 과전 29만 평을 더 많이 받았다.
ㄹ. 후궁이 낳은 아들과 마찬가지로 왕비가 낳은 아들도 7세가 되어서야 비로소 봉작될 수 있었다.

① ㄱ, ㄴ
② ㄱ, ㄷ
③ ㄴ, ㄹ
④ ㄱ, ㄷ, ㄹ
⑤ ㄴ, ㄷ, ㄹ

14. 다음 글을 근거로 판단할 때, 甲과 乙이 만난 날의 요일은?

甲은 화요일, 수요일, 목요일, 일요일에는 진실만 말하고, 그 외의 날에는 거짓만을 말한다.

乙은 월요일, 금요일, 토요일, 일요일에는 진실만 말하고, 그 외의 날에는 거짓만을 말한다.

어느 날 甲과 乙이 만났는데, 甲은 "나는 어제 거짓말을 했지만, 그제는 참말을 했어요"라고 말했고, 乙을 "나는 어제와 그제 모두 거짓말을 했어요"라고 말했다.

① 화요일
② 수요일
③ 목요일
④ 금요일
⑤ 토요일

15. 다음 글을 근거로 판단할 때, <보기>에서 옳은 것만을 모두 고르면?

○ 1부터 6까지 적힌 주사위를 던져서 나온 숫자에 따라 알파벳 카드를 골라서 단어를 만드는데, 나온 숫자별로 고를 수 있는 카드의 종류와 개수는 다음과 같다.
- 숫자 1이 나온 경우: 1획짜리 카드 1장
- 숫자 2가 나온 경우: 2획짜리 카드 1장
- 숫자 3이 나온 경우: 3획짜리 카드 1장
- 숫자 4가 나온 경우: 3획짜리 카드 1장과 1획짜리 카드 1장
- 숫자 5가 나온 경우: 3획짜리 카드 1장과 2획짜리 카드 1장
- 숫자 6이 나온 경우: 3획짜리 카드 2장

A	B	C	D	E	F	G	H	I	J	K	L	M
3획	3획	1획	2획	3획	3획	2획	3획	3획	2획	3획	1획	2획

N	O	P	Q	R	S	T	U	V	W	X	Y	Z
2획	1획	2획	2획	2획	1획	2획	1획	1획	2획	2획	2획	2획

○ 2개 이상의 알파벳을 왼쪽에서부터 차례대로 읽은 것을 단어라고 하고, 뽑은 카드는 뽑힌 순서와 상관없이 임의로 배열하여 단어를 만들 수 있다.

○ 주사위를 던진 후 카드를 고르지 않거나 지정된 개수보다 많거나 적게 고를 수는 없다. 또한, 고른 카드는 단어를 만드는 데에 모두 사용하여야 한다.

○ 알파벳 카드는 각각 한 장씩이며, 같은 카드를 중복하여 여러 번 사용할 수는 없다.

<보 기>

ㄱ. 주사위를 2번 던져 나온 숫자의 합이 8이라면 'MINE'이라는 단어를 만들 수 있다.
ㄴ. 주사위를 4번 던져서 나온 숫자의 합이 13 이하라면 'NATURE'라는 단어를 만들 수 있다.
ㄷ. 주사위를 4번 던져서 나온 숫자의 합이 14 이상이라면 'SLEEPY'라는 단어를 만들 수 있다.

① ㄱ
② ㄴ
③ ㄱ, ㄴ
④ ㄱ, ㄷ
⑤ ㄴ, ㄷ

16. 다음 글을 근거로 판단할 때, <보기>에서 반드시 옳은 것만을 모두 고르면?

○○중학교의 3학년 1반부터 8반까지 8개의 반은 가을체육대회에서 토너먼트 방식의 축구 시합을 했다. 빨간색, 파란색, 흰색 3가지 색의 유니폼이 모든 반에 지급되었으며, 각 반은 매 경기마다 상대와 다른 색의 유니폼을 입었다. 그리고 경기에서 이긴 반은 바로 다음 경기에서 직전 경기 때 자기 반이나 상대방 반이 입었던 색깔의 유니폼을 입지 않았다.

○ 1반과 2반 중 준결승전에 진출한 반은 준결승전에서 파란색 유니폼을 입었다.
○ 5 ~ 8반 중 결승전에 진출한 반은 결승전에서 파란색 유니폼을 입었다.

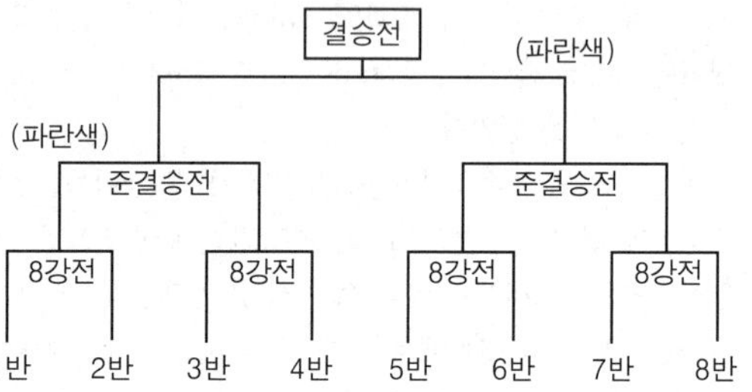

<보 기>

ㄱ. 준결승전에서 빨간색 유니폼을 입은 반은 총 2개이다.
ㄴ. 1반과 2반 중 하나는 첫 경기에서 흰색 유니폼을 입었다.
ㄷ. 8강전에서 3반이 흰색 유니폼을 입었다면 4반은 파란색 유니폼을 입었다.
ㄹ. 8강전에서, 5반과 7반이 서로 같은 색의 유니폼을 입었다면 6반과 8반은 서로 다른 색의 유니폼을 입었다.

① ㄱ, ㄴ
② ㄱ, ㄹ
③ ㄴ, ㄷ
④ ㄱ, ㄷ, ㄹ
⑤ ㄴ, ㄷ, ㄹ

17. 다음 글을 근거로 판단할 때, 화강암을 가진 사람은?

> A ~ E 5명의 학생은 3종류의 돌(화강암, 현무암, 석회암)을 이용하여 게임을 하고 있다. 각 학생은 3종류의 돌 중 한 종류의 돌만을 가지고 있다.
>
> 게임의 규칙 상 화강암을 가진 사람은 현무암을 가진 사람을 이기고, 현무암을 가진 사람은 석회암을 가진 사람을 이기며, 석회암을 가진 사람은 화강암을 가진 사람을 이긴다. 그리고 동일한 종류의 돌을 가진 사람들끼리는 서로 비긴다.
>
> 이들 중 화강암과 현무암을 가진 사람은 각각 2명이고 석회암을 가진 사람은 1명이다. 이들 5명은 다음과 같이 진술했는데, 현무암을 가진 두 사람의 진술만 거짓이고 나머지는 모두 참이다.
>
> A : 나는 B와 C를 이긴다.
> B : 나는 A와 D를 이긴다.
> C : 나는 B를 이긴다.
> D : C는 E와 비긴다.
> E : 나는 B를 이기고 D는 B에게 진다.

① A, B
② A, C
③ B, C
④ C, E
⑤ D, E

18. 다음 글을 근거로 판단할 때, <보기>에서 옳은 것만을 모두 고르면?

> 변의 길이가 정수인 직사각형을 R이라 하자. R은 한 변의 길이가 1인 정사각형(단위 정사각형)으로 나눌 수 있다. 그리고 R은 『세로 길이 × 가로 길이』로 나타낼 수 있는데, 이것은 단위 정사각형의 개수를 의미하게 된다. 예를 들어, R = 2 × 4인 경우 세로 길이가 2, 가로 길이가 4이고 단위 정사각형의 개수가 8개인 아래 그림과 같은 직사각형을 의미한다.
>
> f(R)은 R의 대각선 한 개가 지나는 단위 정사각형의 개수라고 정의한다. 즉, 아래와 같이 $f(2 \times 4)$는 4개이다.
>
> <예> R = 2 × 4, $f(2 \times 4) = 4$
>
> 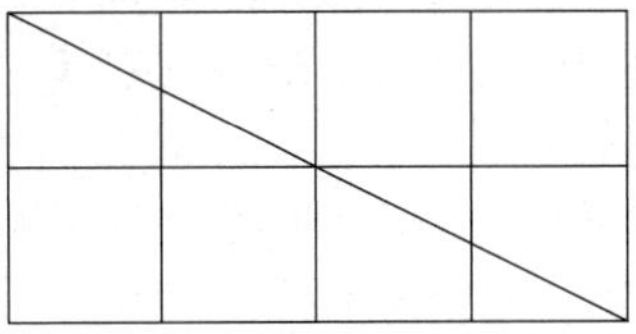

<보 기>

ㄱ. $f(2 \times 3)$은 4개이다.
ㄴ. 세로 길이와 가로 길이가 모두 자연수 n으로 동일한 직사각형에서 $f(n \times n)$은 항상 n개이다.
ㄷ. $f(3 \times 4)$는 $f(3 \times 3)$의 2배이다.
ㄹ. $f(5 \times 5) + f(5 \times 10) = 20$이다.

① ㄱ, ㄹ
② ㄴ, ㄷ
③ ㄱ, ㄴ, ㄷ
④ ㄱ, ㄴ, ㄹ
⑤ ㄴ, ㄷ, ㄹ

19. 다음 글을 근거로 판단할 때, 오늘 입원한 동물들을 입원실에 배정하는 방법의 수는?

△△동물병원에는 아래와 같이 7칸의 동물 입원실이 있다. 현재는 모든 입원실이 비어 있는 상태이고, 병원의 원장은 오늘 입원한 동물 6마리(개 3마리, 고양이 3마리)를 입원실에 배정하려고 한다.

1	2	3	4	5	6	7

같은 종류의 동물들이 인접한 입원실에 나란히 입원해 있으면, 서로 싸우거나 교감하여 소음이 발생하고 동물들이 스트레스를 받는다. 따라서 원장은 같은 종류의 동물들을 서로 인접한 입원실에 배정하지 않는다.

다만, 동물의 관리를 용이하게 하기 위해 같은 종류의 동물 중에서는 더 작은 동물을 더 작은 번호의 입원실에 배정한다. 오늘 입원한 동물 6마리의 크기는 모두 다르다.

① 8가지
② 12가지
③ 16가지
④ 18가지
⑤ 24가지

20. 다음 글과 <이동편의시설 설치 현황>을 근거로 판단할 때, 옳지 않은 것은?

「교통약자의 이동편의 증진법」은 장애인, 고령자, 임산부, 영유아를 동반한 사람, 어린이 등 일상생활에서 이동에 불편을 느끼는 교통약자가 편리하게 이동할 수 있도록 교통수단 등에 이동편의시설을 설치하도록 규정하고 있다. 그리고 이 법은 대상시설별로 어떤 이동편의시설을 설치해야 하는지에 대한 사항을 대통령령에서 규정하도록 위임하고 있다.

「교통약자의 이동편의 증진법 시행령」은 4종류의 이동편의시설(휠체어 승강 설비, 휠체어 보관함, 장애인 전용 화장실, 수직 손잡이)과 6종류의 교통수단(버스, 철도차량, 도시철도차량, 광역전철, 항공기, 선박)을 지정하고 있다.

<이동편의시설 설치 현황>

○ 각각의 이동편의시설은 3종류의 교통수단에 설치되어 있다.
○ 버스와 항공기에는 각각 서로 다른 2종류의 이동편의시설이 설치되어 있다.
○ 도시철도차량, 광역전철에는 각각 1종류의 이동편의시설만 설치되어 있다.
○ 버스에는 수직 손잡이가 설치되어 있으며, 이것은 철도차량과 선박에는 설치되어 있지 않다.

① 철도차량과 선박에는 각각 2종류와 3종류의 이동편의시설이 설치되어 있다.
② 도시철도차량과 광역전철에는 같은 종류의 이동편의시설이 설치되어 있다.
③ 버스에 설치된 시설물 종류가 모두 확인되면, 다른 교통수단에 설치된 이동편의시설의 종류도 모두 알 수 있다.
④ 선박에는 휠체어 승강 설비가 설치되어 있다.
⑤ 철도차량에는 휠체어 보관함이 설치되어 있다.

21. 다음 글을 근거로 판단할 때, 甲이 처음 사온 귤의 개수는?

> 甲은 귤 한 봉지를 사와서 첫날 전체의 3분의 1을 먹었다. 다음날 남아있는 귤의 절반을 먹고 2개를 더 먹었으며, 그 다음날에는 남아있는 귤의 절반을 먹었다. 그 직후 확인해 보니 봉지에는 2개의 귤이 남아 있었다.
>
> 甲은 귤을 먹을 때 온전히 한 개씩 먹었고, 일부만 쪼개어 먹고 일부를 남기는 일은 없었다.

① 12
② 14
③ 16
④ 18
⑤ 20

22. 다음 글을 근거로 판단할 때, 2024년 2차 시험 시작일의 날짜와 같은 날짜에 2차 시험이 시작되는 해는?

> 甲국의 인사위원회는 공무원 공개경쟁채용시험의 2차 시험을 6월의 네 번째 월요일에 시작하여 5일간 시행하는 것으로 결정하고, 이후 항상 이 원칙을 지켜 국민들이 시험일정을 쉽게 예측할 수 있도록 하였다.
>
> 2024년의 공무원 공개경쟁채용시험의 경우, 1차 시험은 3월 2일(토요일)에 시행되며, 2차 시험은 앞의 원칙에 따라 6월 ☐일(월요일)에 시행된다.

※ 2024년은 윤년이며, 이와 같이 연도가 4로 나누어 떨어지는 해는 윤년이다.

① 2029년
② 2030년
③ 2031년
④ 2032년
⑤ 2033년

23. 다음 글을 근거로 판단할 때, 말이 최단거리로 6번 자리에 도착할 때까지 이동한 총 칸수는?

○ 말은 1번 자리에 놓여있고, 최초 이동은 우측으로 한다.
○ 말은 한 번에 4칸 또는 7칸만 이동할 수 있다. 예를 들어 말이 2번 자리에 있는 경우 4칸 이동하여 6번 자리로 가거나, 7칸 이동하여 9번 자리로 갈 수 있고, 그 외의 자리로는 갈 수 없다.
○ 말은 숫자판의 밖으로는 이동할 수 없으며, 숫자판의 양 끝에 도달하기 전에는 이동방향을 바꿀 수 없다.
○ 이동 중 숫자판의 양 끝에 도달한 경우에는 방향을 바꾸어 아직 이동하지 못한 칸수만큼 이동한다. 예를 들어 10번 자리에서 우측으로 4칸을 이동하게 된 경우, 우측으로 2칸 이동하여 12번 자리까지 간 후에 다시 좌측으로 남은 2칸을 이동하여 10번 자리까지 이동한다.

1	2	3	4	5	6	7	8	9	10	11	12

좌 우

① 27칸
② 29칸
③ 31칸
④ 34칸
⑤ 35칸

24. 다음 글과 <상황>을 근거로 판단할 때, 민지와 현주의 여행 일정으로 가능한 것은?

달은 스스로 빛을 내지 못하고 태양빛을 반사시켜 빛을 내며, 달의 공전에 따른 지구 - 태양 - 달의 위치 변화에 따라 겉보기 모양이 아래와 같이 변한다. 이 중 삭(朔)은 달이 보이지 않는 상태로 가장 어두운 때이며, 망(望)은 보름달이 뜨는 때로 가장 밝은 때이다. 즉, 삭에서 상현을 거쳐 망으로 변할수록 점점 더 밝아지며, 망에서 하현을 거쳐 삭으로 변할수록 점점 더 어두워진다. 한편, 달의 겉보기 모양이 삭, 상현, 망, 하현, 삭으로 변화하는 데에는 각각 최소 6일에서 최대 8일이 걸린다.

삭 → 상현 → 망 → 하현 → 삭

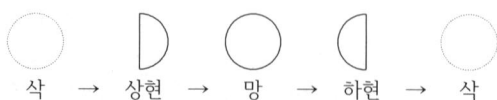

올해 7월과 8월의 달에 대한 정보는 다음과 같다.

○ 7월에는 삭, 상현, 망, 하현이 각각 1번씩 나타나고, 8월에는 삭이 2번, 상현, 망, 하현이 각각 1번씩 나타난다.
○ 7월은 상현이 된 날 후로 8일째에 망이 되고, 16일째에 하현이 된다.
○ 7월의 하현은 목요일이다.
○ 8월의 첫 번째 삭과 상현, 망은 모두 목요일이다.
○ 8월의 하현과 두 번째 삭은 모두 금요일이다.
○ 올해의 7월 1일은 월요일이다.

<상 황>

민지와 현주는 함께 몽골로 여행을 가려고 한다. 몽골 여행의 목표 중 하나는 밤하늘의 선명한 별과 은하수를 보는 것이다. 두 사람은 달이 밝을수록 별이 잘 보이지 않는다는 사실을 고려하여 여행 일정을 잡으려고 하는데, 올해는 7월 또는 8월 중에만 여행을 할 수 있다.

두 사람은 삭이 되는 날을 포함하되, 상현이나 하현이 되는 날은 피하여 총 7박 8일의 여행을 다녀오려고 한다. 민지의 경우 7월 13일까지는 여행이 불가능하며, 현주는 8월 22일부터 4일간은 반드시 한국에 있어야 한다.

① 7월 17일 ~ 7월 24일
② 7월 24일 ~ 7월 31일
③ 7월 30일 ~ 8월 6일
④ 8월 5일 ~ 8월 12일
⑤ 8월 10일 ~ 8월 17일

25. 다음 <캠핑장 정보>와 <평가 기준>을 근거로 판단할 때, 총점이 가장 높은 캠핑장은?

<캠핑장 정보>

평가 항목 / 장소	A시와의 거리	데크 개수		고도	수영장 유무
		3인용 이하	4인용 이상		
청풍 캠핑장	205 km	21개	15개	320 m	O
명월 캠핑장	181 km	27개	10개	480 m	X
자연 캠핑장	311 km	19개	19개	580 m	O
푸른 캠핑장	381 km	23개	26개	870 m	O
바다 캠핑장	195 km	29개	12개	790 m	X

<평가 기준>

○ A시와의 거리 항목은 그 거리가 짧은 캠핑장부터 순서대로 5, 4, 3, 2, 1점을 각각 부여한다.
○ 데크 개수 항목은 3인용 이하 데크 개수, 4인용 이상 데크 개수 항목으로 구분하여 다음과 같이 점수를 부여한다.
  - 3인용 이하 항목은 개수가 많은 캠핑장부터 순서대로 5, 4, 3, 2, 1점을 각각 부여한다.
  - 4인용 이상 항목은 개수가 많은 캠핑장부터 순서대로 7, 6, 5, 4, 3점을 각각 부여한다.
○ 고도 항목은 고도 600 m에 근접한 캠핑장부터 순서대로 5, 4, 3, 2, 1점을 각각 부여한다.
○ 수영장이 있는 캠핑장에는 가점 3점을 부여한다.
○ 총점은 항목별 점수와 가점을 모두 더하여 구한다.

① 청풍 캠핑장
② 명월 캠핑장
③ 자연 캠핑장
④ 푸른 캠핑장
⑤ 바다 캠핑장

MEMO

제 12 회

7급 PSAT 하주응 상황판단
실전 모의고사

상황판단영역

1. 다음 글을 근거로 판단할 때 옳은 것은?

> 제00조 이 법에 의하여 청원을 제출할 수 있는 기관은 다음 각 호와 같다.
> 1. 국가기관
> 2. 지방자치단체와 그 소속기관
> 3. 법령에 의하여 행정권한을 가지고 있거나 행정권한을 위임 또는 위탁받은 법인·단체 또는 그 기관이나 개인
>
> 제00조 청원은 다음 각 호의 어느 하나에 해당하는 경우에 한하여 할 수 있다.
> 1. 피해의 구제
> 2. 공무원의 위법·부당한 행위에 대한 시정이나 징계의 요구
> 3. 법률·명령·조례·규칙 등의 제정·개정 또는 폐지
> 4. 공공의 제도 또는 시설의 운영
>
> 제00조 청원이 다음 각 호의 어느 하나에 해당하는 때에는 이를 수리하지 아니한다.
> 1. 감사·수사·재판·행정심판·조정·중재 등 다른 법령에 의한 조사·불복 또는 구제절차가 진행 중인 때
> 2. 허위의 사실로 타인으로 하여금 형사처분 또는 징계처분을 받게 하거나 국가기관 등을 중상모략하는 사항인 때
> 3. 사인간의 권리관계 또는 개인의 사생활에 관한 사항인 때
>
> 제00조 청원서는 청원사항을 관장하는 기관에 제출하여야 한다.
>
> 제00조 동일인이 동일한 내용의 청원서를 동일한 기관에 2건 이상 제출하거나 2 이상의 기관에 제출한 때에는 나중에 접수된 청원서는 이를 반려할 수 있다.
>
> 제00조 청원을 관장하는 기관이 청원을 접수한 때에는 특별한 사유가 없는 한 90일 이내에 그 처리결과를 청원인에게 통지하여야 한다. 다만, 부득이한 사유로 소정의 처리기간 내에 청원을 처리하기 곤란하다고 인정하는 경우에는 60일의 범위 내에서 1회에 한하여 그 처리기간을 연장할 수 있다. 이 경우 그 사유와 처리예정기한을 지체 없이 청원인에게 통지하여야 한다.

① 甲, 乙, 丙 세 사람이 각각 자신의 이름으로 동일한 내용의 청원서를 접수한 경우, 乙과 丙의 청원서는 반려된다.

② 행정기관의 부당한 처분에 대하여 행정심판에서 처분취소의 재결을 받아 구제절차가 종결된 경우, 해당 처분에 의한 피해의 구제를 요구하는 청원을 제출할 수 있다.

③ 행정권한을 위임받은 법인의 행위에 대한 청원은 해당 법인의 사무소가 위치하는 곳의 관할지방법원에 제출해야 한다.

④ 현재 시행되고 있지 않는 제도나 법령에 대해서는 청원을 제출할 수 없다.

⑤ 청원을 접수한 기관은 최대 5개월 이내에 처리결과를 청원인에게 통지하여야 한다.

2. 다음 글을 근거로 판단할 때, <상황>의 A ~ G 중 건강보험 피부양자인 사람의 수는?

> 제00조(적용 대상 등) ① 국내에 거주하는 국민은 건강보험의 가입자 또는 피부양자가 된다. 다만, 다음 각 호의 어느 하나에 해당하는 사람은 제외한다.
> 1. 「의료급여법」에 따라 의료급여를 받는 사람
> 2. 「국가유공자 등 예우 및 지원에 관한 법률」에 따라 의료보호를 받는 사람
>
> ② 제1항의 피부양자는 다음 각 호의 어느 하나에 해당하는 사람 중 직장가입자에게 주로 생계를 의존하는 사람으로서 보수나 소득이 없는 사람을 말한다.
> 1. 직장가입자의 배우자
> 2. 직장가입자의 직계존속(배우자의 직계존속을 포함한다)
> 3. 직장가입자의 직계비속(배우자의 직계비속을 포함한다)과 그 배우자
> 4. 직장가입자의 형제·자매
>
> 제00조(가입자) ① 가입자는 직장가입자와 지역가입자로 구분한다.
> ② 모든 사업장의 근로자 및 사용자와 공무원 및 교직원은 직장가입자가 된다.
> ③ 지역가입자는 직장가입자와 그 피부양자를 제외한 가입자를 말한다.

<상 황>

> 공무원 A는 배우자 B, 장인 C, 장모 D, 그리고 두 명의 자녀 E와 F, 며느리 G와 한 집에서 살고 있다. B는 중학교 교사로 재직하고 있고, 소득이 없는 D는 가사를 돌보고 있다. 소득이 없는 C는 국가유공자로서 관련 법률에 의한 의료보호를 받고 있다. 자녀들 중 동생인 F는 중학생이고, 대학을 갓 졸업한 E는 군복무를 마친 후 현재까지 공무원시험을 준비하느라 소득이 없다. 이 집의 생계는 A와 B의 소득에 의존하고 있지만, E는 영어강사로서 건강보험 지역가입자인 아내 G의 소득으로 생활하고 있다.

① 2명
② 3명
③ 4명
④ 5명
⑤ 6명

3. 다음 글을 근거로 판단할 때 옳은 것은?

제00조 ① 낚시터업을 하려는 자는 해양수산부령으로 정하는 바에 따라 해당 수면을 관할하는 시장·군수·구청장의 허가를 받아야 한다.
② 낚시터업의 허가를 받으려는 수면이 둘 이상의 시·군·구에 걸쳐 있는 경우에는 면적이 큰 수면을 관할하는 시장·군수·구청장에게 허가를 받아야 한다.
제00조 ① 낚시터업 허가의 유효기간은 10년으로 한다. 다만, 수생태계와 수산자원의 보호 또는 공익사업의 시행 등을 위하여 대통령령으로 정하는 경우에는 그 유효기간을 10년 이내로 할 수 있다.
② 시장·군수·구청장은 제1항에 따라 허가한 낚시터업의 유효기간이 만료되는 경우에 낚시터업자가 유효기간의 연장을 신청하면 유효기간이 만료된 다음 날부터 매회 10년 이내에서 2회까지 그 기간을 연장할 수 있다.
제00조 시장·군수·구청장은 허가를 받은 낚시터업자가 다음 각 호의 어느 하나에 해당하면 그 허가를 취소하거나 6개월 이내의 기간을 정하여 그 영업의 전부 또는 일부의 정지를 명할 수 있다. 다만, 제1호 또는 제2호에 해당하면 그 허가를 취소하여야 한다.
1. 거짓이나 그 밖의 부정한 방법으로 낚시터업의 허가 또는 변경허가를 받거나 낚시터업 허가의 유효기간을 연장 받은 경우
2. 영업정지 기간 중에 영업을 한 경우
3. 허가를 받은 후 1년 이내에 영업을 시작하지 아니하거나 정당한 사유 없이 1년 이상 계속하여 휴업을 한 경우

① 낚시터업의 허가를 받으려는 수면이 3개의 시에 걸쳐 있다면, 낚시터업을 하려는 자는 해양수산부장관에게 허가를 받아야 한다.
② 낚시터업 허가에 필요한 모든 요건을 구비하였더라도 그 허가의 유효기간은 10년보다 짧을 수 있다.
③ 낚시터업자가 거짓 정보를 제공하여 낚시터업 허가의 유효기간을 연장 받았다면, 6개월 이내의 영업정지 처분을 받을 수 있다.
④ 낚시터업자가 3개월간 낚시터업 영업의 전부정지 처분을 받았다면, 영업정지 기간이 만료한 후에 유효기간 연장신청을 하여야 낚시터업 영업을 계속할 수 있다.
⑤ 낚시터업 허가 유효기간은 최초의 유효기간이 만료된 날부터 최대 2회, 총 10년 이내에서만 연장할 수 있다.

4. 다음 글과 <상황>을 근거로 판단할 때 옳은 것은?

특허가 등록되면 특허를 사용하여 경제활동을 하게 된다. 등록된 특허를 사용할 권리를 실시권이라 하는데, 실시란 특허 등록된 방법을 사용하거나 그 방법을 사용하여 생산한 물건을 사용·양도·대여하는 등의 행위를 말한다. 이러한 실시에는 특허권자가 직접 실시하는 경우 외에 타인에게 실시하도록 권리의 일부 또는 전부를 허용하는 경우가 있다. 이렇게 타인에게 허용하는 실시권은 크게 전용실시권과 통상실시권으로 나뉜다.

전용실시권이란 일정한 범위 내에서 특허를 실시할 수 있는 권리를 독점하는 것이다. 전용실시권은 설정된 범위 내에서는 특허권과 효력이 거의 동일하며, 전용실시권에 의해 특허가 실시되는 경우 특허권자라도 그 권리를 침해할 수 없고, 특허권자는 동일한 내용의 실시권을 중복해서 제3자에게 설정해 주어서는 안 된다. 또한 전용실시권자는 전용실시권에 의한 권리가 침해된 경우 특허권자의 허락 없이 단독으로 권리 침해자에게 침해의 금지를 청구할 수 있으며, 특허권자의 동의를 받으면 제3자에게 통상실시권을 설정해 줄 수도 있다.

반면, 통상실시권은 특허를 실시하여 수익을 낼 수 있는 권리이긴 하지만, 독점적 권리가 아니라는 점에서 전용실시권과 차이가 있다. 특허권자는 자신의 특허권에 대해 타인에게 통상실시권을 허용한 후에도 특허권자 자신이 특허를 계속 사용할 수 있으며, 다수의 제3자에게 동일한 권리범위의 통상실시권을 중복하여 허락할 수도 있다.

<상 황>

물건 A를 발명한 甲은 A에 대한 특허와 A를 생산하는 방법에 대한 특허를 등록하여 특허권을 보유하고 있는데, 현재 乙, 丙, 丁 세 사람이 甲에게 전용실시권 또는 통상실시권의 설정을 요청하고 있다.

① 甲은 乙, 丙, 丁 3명 중 2명 이상에게 통상실시권을 설정해 줄 수 없다.
② 甲이 乙에게 A의 생산에 대한 전용실시권을 설정해 준다면, 丙과 丁에게는 통상실시권만을 설정해 줄 수 있다.
③ 甲은 A의 사용에 대하여 乙에게는 전용실시권을, 丙에게는 통상실시권을 설정해 줄 수 있다.
④ 甲이 乙에게 A의 생산에 대한 전용실시권을 설정해 준다면, 乙은 甲의 동의를 받아 丙과 丁에게 A의 생산에 대한 통상실시권을 설정해 줄 수 있다.
⑤ 甲이 丙에게만 A의 생산에 대한 전용실시권을 설정해 주고 다른 실시권은 설정하지 않았다면, A를 사용하는 丁에 대하여 丙은 甲의 동의 없이 그 사용의 금지를 청구할 수 있다.

5. 다음 글을 근거로 판단할 때 옳은 것은?

> 예비군은 현역 군인이 아니라 일반 시민이 주병력이 되어 전쟁이나 천재지변 등의 상황에 병력을 추가 동원해야 할 필요가 있을 때를 대비하는 군사 조직이다. 이는 19세기 말 유럽에서 제대한 군인을 전시에 손쉽게 동원할 목적으로 처음 도입한 개념이다. 우리나라의 경우 1961년에 「향토예비군설치법」을 제정하였으나 실제로는 예비군을 편성하지 않고 있다가 1968년 남파공작원들의 청와대 기습 미수라는 사상 초유의 사태를 겪은 뒤, 그해 예비군을 창설하였다.
>
> 우리나라 예비군의 편성 대상은 기본적으로 군 복무나 대체복무를 마친 사람이다. 병사의 경우 복무를 마친 날의 다음 날부터 예비군 8년차인 해의 12월 31일까지 예비군으로 편입되지만, 훈련은 예비군 1년차에서 6년차인 사람에게만 부과된다. 이때, 복무를 마친 당해는 예비군 0년차이며, 이듬해를 1년차로 한다. 예를 들어, 2023년 12월 31일에 복무를 마친 경우 2024년 1월 1일부터 예비군 1년차가 되어 예비군 0년차인 기간이 없게 된다. 한편, 예비군 0년차에는 예비군훈련을 받지 않지만, 전쟁 등의 상황으로 소집령이 내려지면 이에 응해야만 한다.
>
> 부사관이나 장교의 예비군 복무 기간은 「군인사법」에 따른 계급별 연령정년까지로 한다. 즉, 하사는 만 40세까지, 중사는 만 45세까지, 중위·대위는 만 43세까지, 소령은 만 45세까지이다. 부사관·장교 예비군은 병사와 마찬가지로 군 복무를 마친 이듬해를 1년차로 하여 6년간 매년 1회 훈련에 동원되며, 7년차부터는 훈련은 부과되지 않고 정년까지 예비군 신분을 유지한다. 여군 부사관·장교의 경우에는 현역 복무를 마치면 퇴역하는 것이 원칙이나, 본인이 원하는 경우 예비역에 지원하여 예비군으로 편입될 수 있다.

① 우리나라의 예비군은 1961년에 창설되었다.
② 2025년 4월 6일에 군 복무를 마친 병사는 2033년 12월 31일까지 예비군 신분을 유지한다.
③ 여군 하사로 군 복무를 마친 사람은 의무적으로 만 40세까지 예비군에 편입된다.
④ 중위로 군 복무를 마친 사람이 예비군으로서 훈련에 동원되는 기간은 병사로 군 복무를 마친 사람이 예비군으로서 훈련에 동원되는 기간보다 길다.
⑤ 2024년 12월 31일에 군 복무를 마친 병사의 경우 2025년에는 예비군훈련을 받지 않는다.

6. 다음 글을 근거로 판단할 때, ㉠과 ㉡에 들어갈 수는?

> 비밀번호가 3자리로 설정되는 자물쇠가 있다. 이 자물쇠의 비밀번호 각 자리에는 0 ~ 9까지의 숫자 중 하나씩을 선택하여 설정할 수 있다.
>
> 현재 이 자물쇠의 비밀번호 각 자리는 모두 서로 다른 숫자들로 설정되어 있으며, 비밀번호(ABC)의 두 번째 숫자(B)를 세 번째 숫자(C)로 나눈 후 제곱하면 첫 번째 숫자(A)가 된다.
>
> 이 경우 가능한 비밀번호의 조합은 모두 (㉠)가지이며, 가능한 가장 큰 비밀번호와 가장 작은 비밀번호의 차이는 (㉡)이다.

	㉠	㉡
①	7	572
②	7	551
③	5	520
④	4	510
⑤	4	541

7. 다음 글을 근거로 판단할 때, 甲과 乙이 1년 동안 만난 횟수는?(단, 1년은 365일이다)

> 甲은 3일 일하고 하루 쉬고, 乙은 8일 일하고 이틀 쉬는 일정을 주말 및 공휴일과 무관하게 계속 반복한다.
> 甲과 乙은 모두 1월 1일부터 일을 시작하며, 두 사람이 동시에 쉬는 날에만 서로 만나기로 하였다.

① 10회
② 18회
③ 24회
④ 28회
⑤ 36회

8. 다음 글과 <학부생 甲의 대출기록>을 근거로 판단할 때, 甲에게 부과된 총 연체료는?

> <도서관 이용안내>
> ○ 학사과정 재학생의 경우 기본 대출기한은 14일입니다.
> ○ 대학원 재학생의 경우 기본 대출기한은 30일입니다.
> ○ 대출기한은 대출일을 불포함하여 산정합니다. 예를 들어 학부생이 1월 1일에 대출한 도서는 1월 15일까지가 기본 대출기한입니다.
> ○ 대출기한이 경과되지 않은 도서는 1책당 3회까지 연장이 가능합니다.
> ○ 1회 연장 시 대출기한은 10일씩 연장됩니다.
> ○ 연체료는 연체일(대출기한 초과일) 3일째부터 1책당 1일 100원씩 부과되며, 연체일 3일 이전 2일도 포함하여 연체료가 부과됩니다.

<학부생 甲의 대출기록>

도서명	대출일	반납일	비고
A	2024. 12. 13	2025. 2. 13	–
B	2024. 12. 13	2025. 2. 13	1회 연장
C	2025. 1. 28	2025. 2. 13	–
D	2025. 1. 28	2025. 2. 14	–

① 8,200원
② 8,400원
③ 8,600원
④ 8,900원
⑤ 9,100원

[9 ~ 10] 다음 글을 읽고 물음에 답하시오.

제00조 비상근무는 비상사태의 발생이 예상되는 경우 또는 비상사태에서 업무를 효율적으로 수행하기 위하여 필요한 경우에 인사혁신처장이 국무총리의 명을 받아 전국 또는 일정 지역을 지정하여 발령한다.

제00조 비상근무는 그 상황에 따라 다음과 같이 구분하여 발령한다.

1. 비상근무 제1호: 전시(戰時), 사변 또는 이에 준하는 비상사태가 발생하였거나 발생이 임박하여 긴장이 최고조에 이른 경우
2. 비상근무 제2호: 다음 각 목의 어느 하나에 해당하는 경우
   가. 전시, 사변 또는 이에 준하는 비상사태와 관련된 긴장이 고조된 경우
   나. 천재지변이나 그 밖에 이에 준하는 사유로 사회불안이 조성되고 사회질서가 교란될 우려가 있는 경우
3. 비상근무 제3호: 다음 각 목의 어느 하나에 해당하는 경우
   가. 전시, 사변 또는 이에 준하는 비상사태와 관련된 징후가 현저히 증가된 경우
   나. 천재지변이나 그 밖에 이에 준하는 사유로 긴급한 대응이 필요하다고 판단되는 경우
4. 비상근무 제4호: 제1호부터 제3호까지에서 규정한 경우 외에 위기상황에 신속하게 대응할 필요가 있는 경우

제00조 각급 기관의 장은 비상근무가 발령된 때에는 청사 등 중요시설물에 대한 경계·경비를 강화하여야 하고, 부득이한 경우를 제외하고는 출장을 억제하고 소속 공무원의 소재를 항상 파악하여야 하며, 비상근무의 종류별로 다음 각 호의 기준에 따라 휴가를 제한하고 토요일, 일요일 및 공휴일과 야간에 소속 공무원을 비상근무하도록 하여야 한다.

1. 비상근무 제1호가 발령된 때: 연가를 중지하고, 소속 공무원의 3분의 1 이상이 비상근무
2. 비상근무 제2호가 발령된 때: 연가를 중지하고, 소속 공무원의 5분의 1 이상이 비상근무
3. 비상근무 제3호가 발령된 때: 부득이한 사정이 있는 공무원을 제외하고는 연가를 억제하고, 소속 공무원의 10분의 1 이상이 비상근무
4. 비상근무 제4호가 발령된 때: 부득이한 사정이 있는 공무원을 제외하고는 연가를 억제하고, 인사혁신처장이 근무상 필요한 사항을 정하여 통보하는 바에 따라 비상근무

9. 윗글을 근거로 판단할 때 옳은 것은?

① 비상근무는 상황에 따라 종류를 결정하여 국무총리가 발령한다.
② 비상근무 제4호가 발령된 경우에는 공무원의 출장이 억제되지 않는다.
③ 천재지변으로 사회불안이 조성되어 비상근무가 발령됨에 따라 기관의 장이 소속 공무원의 5분의 1 이상이 비상근무하도록 조치했다면, 해당 기관 소속 공무원의 연가는 중지된다.
④ 비상근무의 발령에 따라 부득이한 사정이 있는 경우를 제외하고는 공무원의 연가가 억제되었다면, 비상근무 제3호가 발령된 것이다.
⑤ 비상근무의 발령에 따라 기관의 장이 소속공무원 200명 중 35명이 비상근무를 하도록 조치했다면, 비상근무 제2호가 발령된 것이다.

10. 윗글과 다음 <상황>을 근거로 판단할 때, 비상근무 제1호가 발령되었을 때 반드시 비상근무를 해야 하는 甲기관 소속 공무원의 인원수로 가능한 최솟값은?

<상 황>

비상근무 제2호가 발령되었을 때 甲기관에서는 소속 공무원 중 53명이 비상근무를 했는데, 이 인원수는 규정에 따른 최소 인원수를 초과한 것이었다.

① 14명
② 15명
③ 16명
④ 17명
⑤ 18명

11. 다음 글을 근거로 판단할 때 옳은 것은?

제00조(선거권자의 후보자추천) ① 관할선거구 안에 주민등록이 된 선거권자는 각 선거(비례대표국회의원선거 및 비례대표지방의회의원선거를 제외한다)별로 정당의 당원이 아닌 자를 당해 선거구의 후보자(이하 "무소속후보자"라 한다)로 추천할 수 있다.
② 무소속후보자가 되고자 하는 자는 관할선거구선거관리위원회가 후보자등록신청개시일전 5일(대통령의 임기만료에 의한 선거에 있어서는 후보자등록신청개시일전 30일, 대통령의 궐위로 인한 선거 등에 있어서는 그 사유가 확정된 후 3일)부터 검인하여 교부하는 추천장을 사용하여 다음 각 호에 의하여 선거권자의 추천을 받아야 한다.
1. 대통령선거: 5 이상의 시·도에 나누어 하나의 시·도에 주민등록이 되어 있는 선거권자의 수를 700인 이상으로 한 3천500인 이상 6천인 이하
2. 지역구국회의원선거 및 자치구·시·군의 장 선거: 300인 이상 500인 이하
3. 지역구시·도의원선거: 100인 이상 200인 이하
4. 시·도지사선거: 당해 시·도 안의 3분의 1 이상의 자치구·시·군에 나누어 하나의 자치구·시·군에 주민등록이 되어 있는 선거권자의 수를 50인 이상으로 한 1천인 이상 2천인 이하
5. 지역구자치구·시·군의원선거: 50인 이상 100인 이하. 다만, 인구 1천인 미만의 선거구에 있어서는 30인 이상 50인 이하
③ 제2항의 경우 검인되지 아니한 추천장에 의하여 추천을 받거나 추천선거권자수의 상한수를 넘어 추천을 받아서는 아니된다.
④ 제2항에 따른 추천장 검인·교부신청은 공휴일에도 불구하고 매일 오전 9시부터 오후 6시까지 할 수 있다.

※ 궐위(闕位): 어떤 직위나 관직이 비는 것 또는 빈자리.
※ 공휴일: 토요일·일요일 및 법정공휴일

① ○○도 내에 60개의 자치구·시·군이 있다면 도지사선거에 무소속후보자로 출마하고자 하는 사람은 최대 40개의 자치구·시·군에서 추천을 받을 수 있다.
② 비례대표도의원선거에 무소속후보자로 출마하려면 최소 100인의 선거권자의 추천을 받아야 한다.
③ 전임 대통령의 임기만료 전 하야에 의한 대통령 선거에 출마하려는 정당의 당원은 후보자등록신청개시일전 30일까지 선거권자의 추천을 받아야 한다.
④ 인구 1천 명인 ○○군의 지역구군의원선거에 무소속으로 출마하려는 사람은 선거권자 40인의 추천을 받아 후보자가 될 수 있다.
⑤ 후보자등록신청개시일이 3월 14일(월)인 지역구시의원선거에 대한 추천장의 검인·교부신청은 3월 7일(월)부터 가능하다.

12. 다음 글을 근거로 판단할 때, <상황>에서 나타난 모든 행위의 결과로 부과되는 개별소비세의 총액은?

제00조 ① 개별소비세는 특정한 물품, 특정한 장소 입장행위, 특정한 장소에서의 유흥음식행위 및 특정한 장소에서의 영업행위에 대하여 부과한다.
② 개별소비세를 부과할 물품과 그 세율은 다음과 같다.
1. 다음 각 목의 물품에 대해서는 기준가격을 초과하는 부분의 가격(이하 이 호에서 "과세가격"이라 한다)에 100분의 20의 세율을 적용한다.
가. 개당 500만 원을 초과하는 귀금속 제품
나. 개당 200만 원을 초과하는 고급 시계
다. 개당 200만 원을 초과하는 고급 가방
2. 다음 각 목의 물품에 대해서는 그 수량에 해당 세율을 적용한다.
가. 휘발유 및 이와 유사한 대체유류 : 리터당 475원
나. 경유 및 이와 유사한 대체유류 : 리터당 340원
③ 입장행위에 대하여 개별소비세를 부과할 장소와 그 세율은 다음과 같다.
1. 경마장 : 1명 1회 입장에 대하여 1천 원
2. 골프장 : 1명 1회 입장에 대하여 1만 2천 원
제00조 다음 각 호의 어느 하나에 해당하는 물품에 대해서는 개별소비세를 부과하지 아니한다.
1. 자기와 자기 가족만이 사용하기 위하여 자기가 직접 제조하는 물품
2. 「주세법」에 따라 주세가 부과되는 주류(酒類)

※ 「주세법」에 따라 주세가 부과되는 주류 : 알코올 도수 1도 이상의 음료

<상 황>

甲은 자신의 차로 동료 乙과 함께 A골프장에 가서 오전 7시부터 오후 3시까지 골프를 즐겼다. 골프를 마친 후 甲은 배우자 丙의 생일 선물을 준비하기 위해 백화점에 들러 270만 원짜리 보석 목걸이 1개와 220만 원짜리 고급 가방 1개를 구입했다. 쇼핑을 마치고 집에 돌아오는 길에 甲은 휘발유 40 L를 주유했고, 집에 도착해서 丙의 생일 파티를 열었다.

① 73,375원
② 79,300원
③ 83,000원
④ 85,375원
⑤ 183,575원

13. 다음 <기상예보용어>를 근거로 판단할 때, <기상예보>의 내용을 잘못 이해한 사람은?

<기상예보용어>

○ 바람(풍속) 강도 표현
바람이 매우 약하게 불다 :
풍속 1 m/s 이하, 순간최대풍속 2 m/s 이하
바람이 약하게 불다 :
풍속 2 ~ 4 m/s, 순간최대풍속 3 ~ 7 m/s
바람이 다소 불다 :
풍속 5 ~ 8 m/s, 순간최대풍속 8 ~ 12 m/s
바람이 다소 강하게 불다 :
풍속 9 ~ 12 m/s, 순간최대풍속 13 ~ 18 m/s
바람이 강하게 불다 : (폭풍주의보 기준)
풍속 13 ~ 17 m/s, 순간최대풍속 19 ~ 25 m/s
바람이 매우 강하게 불다 : (폭풍경보 기준)
풍속 18 m/s이상, 순간최대풍속 26 m/s 이상

○ 적설량 표현
매우 조금 : 적설량 0.2 ㎝ 미만
조금 : 적설량 1 ㎝ 미만
다소 : 적설량 1 ~ 5 ㎝ 미만(대도시 대설주의보 기준)
다소 많음 : 적설량 5 ~ 10 ㎝ 미만(일반지역 대설주의보 기준)
많음 : 적설량 10 ~ 30 ㎝ 미만(대도시 대설경보 기준)
매우 많음 : 적설량 30 ㎝ 이상(일반지역 대설경보 기준)

※ 기상특보에는 주의보와 경보, 두 가지가 있다.

<기상예보>

내일은 아침부터 전국 곳곳에 눈 소식이 있겠습니다. 강원 산간지방에는 많은 눈이 내리겠으며, 서울과 수도권지역은 다소 많은 눈이 내리겠습니다. 동해안지역은 눈이 매우 조금 내리겠지만 대신 바람이 다소 강하게 불겠습니다. 밤부터는 동해 근해의 순간최대풍속이 50노트(kn)에 이르는 경우도 있을 것으로 예상되니 야간에 출항하시는 어민들은 특히 주의하셔야겠습니다.

※ 1 kn = 0.5 m/s

① 갑 : 서울에 대설주의보가 내려질 수 있겠구나.
② 을 : 강원 산간지방에는 눈이 10 cm 이상 쌓이겠네.
③ 병 : 동해안지역에는 대설특보가 발효될 일은 없겠네.
④ 정 : 강원 산간지방에는 적어도 대설주의보가 내려지겠네.
⑤ 무 : 내일 밤에는 동해안에 폭풍경보가 발효되겠군.

14. 다음 글을 근거로 추론할 때, <보기>에서 옳은 것만을 모두 고르면?

A와 B는 가위바위보를 하는데, 승패의 결정은 일반적인 가위바위보의 규칙을 따르기로 하였다. 단, 가위바위보를 하기 전에 A는 본인이 무슨 패를 낼지 미리 예고하기로 하였다.

B는 A의 예고를 듣고 본인이 승리할 수 있는 패를 결정한다. 이를 'B의 1차 결정'이라고 부른다. A는 이와 같은 B의 1차 결정을 예측하여 본인이 승리할 수 있도록 패를 바꾸어 다시 결정한다. 이를 'A의 1차 결정'이라고 부른다. B는 또다시 'A의 1차 결정'을 예측하여 본인이 승리할 수 있는 패로 바꾸어 결정할 수 있는데, 이를 'B의 2차 결정'이라고 한다. 예를 들어, A가 가위를 낸다고 예고하면 B는 바위를 내는 것으로 1차 결정을 하고, 이에 따라 A는 보를 내는 것으로 1차 결정을 한다. 계속하여 패를 바꾼다면 B는 다시 가위를 내는 것으로 2차 결정을 하고, 이에 따라 A도 다시 바위를 내는 것으로 2차 결정을 한다.

이와 같이 패를 바꾸는 결정은 『…, A의 2차 결정, B의 3차 결정, A의 3차 결정, …』으로 계속 이어질 수 있는데, A와 B는 각자 적당한 차수에서 패를 바꾸는 것을 중단하고 최종적인 본인의 패를 결정한다.

<보 기>

ㄱ. A가 바위를 내겠다고 예고하고, A는 3차 결정에서, B는 6차 결정에서 각각 본인의 패를 최종 결정했다면 A가 승리한다.
ㄴ. B가 5차 결정에서 본인의 패를 최종 결정하고 가위를 내서 승리했다면, A는 보를 내겠다고 예고했을 것이다.
ㄷ. A는 4차 결정에서, B는 2차 결정에서 각각 본인의 패를 최종 결정했다면, A가 무슨 패를 예고했든 상관없이 반드시 B가 승리한다.

① ㄱ
② ㄴ
③ ㄱ, ㄴ
④ ㄱ, ㄷ
⑤ ㄱ, ㄴ, ㄷ

15. 다음 글을 근거로 판단할 때, A과목의 시험시간은?

A과목의 시험시간은 분 단위 표시했을 때 문제 개수의 3배이다. A과목의 시험에 응시한 甲은 첫 번째 문제부터 순서대로 빠짐없이 문제를 풀었으며, 시험 시작 후 40분이 지난 시점에 15번 문제의 풀이를 마쳤다. 이때 남아 있는 시험시간은 남아 있는 문제 개수의 4배였다.

① 1시간
② 1시간 5분
③ 1시간 10분
④ 1시간 15분
⑤ 1시간 20분

16. 다음 글에 근거할 때, <원문>을 암호문으로 변환한 것으로 옳은 것은?

영문 알파벳을 이용하여 간단한 암호문을 만드는 방법은 여러 가지가 있는데, 아래는 그 중 한 가지 방법을 사용하여 만든 암호문의 예이다.

NEVER → QHYHUD

이 암호문은 알파벳을 왼쪽으로 세 자리 이동해서 암호 알파벳을 정하고, 원문 문자와 대응되는 암호 문자를 골라 적어 작성한 것이다. 이러한 경우, 원문의 문자 A는 암호 문자 D로, 원문 문자 B는 암호 문자 E로, 그리고 원문 문자 W는 암호 문자 Z로, 그리고 원문 문자 X, Y, Z는 암호 문자 A, B, C로 변환된다.

원문 문자	…	M	N	O	P	Q	R	S	T	U	V	W	…
암호 문자	O	P	Q	R	S	T	U	V	W	X	Y	← 왼쪽 3칸	

이때 암호문의 가장 마지막에 원문 문자 A와 대응되는 암호 문자를 적어줌으로써, 다른 원문 문자가 대응되는 암호 문자를 판단할 수 있도록 해준다.

위의 암호화 방법은 세 자리를 이동한 암호 알파벳을 이용한 것이지만, 한 자리 또는 열 자리, 스무 자리 등으로 이동한 암호 알파벳을 이용할 수도 있다.

<원 문>

REMEMBER

① PCJCJYCPD
② OBJBJYBOX
③ MZHZHWZMF
④ QDLDLADQB
⑤ NAIAIFAIE

17. 다음 글을 근거로 판단할 때, 모든 도로를 감시할 수 있도록 감시카메라를 설치하는 데 소요되는 최소 비용은?

A시는 도시의 교차로에 감시카메라를 설치하고자 한다. 감시카메라가 교차로에 설치되면 그 교차로로 연결된 모든 도로의 감시가 가능해진다. A시에는 다음 그림과 같이 모두 6개의 교차로가 존재하고 이들 교차로는 8개의 도로로 연결되어 있다. 각 교차로에 감시카메라를 설치하는 비용은 <표>와 같다.

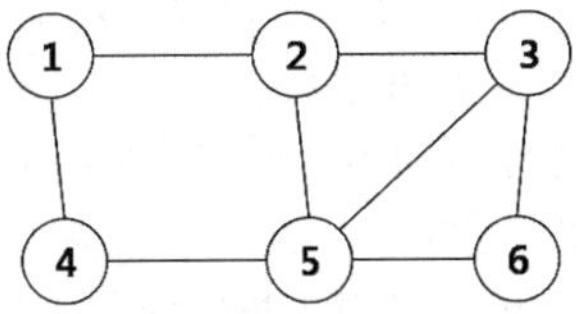

<표> 감시카메라 설치비용

(단위 : 만 원)

교차로	1	2	3	4	5	6
설치비용	40	65	43	48	72	36

① 119만 원
② 131만 원
③ 153만 원
④ 155만 원
⑤ 167만 원

18. 다음 글을 근거로 판단할 때, 2일에 파일(가)에 보관되었던 나머지 1개의 문서와 4일에 파일(나)에 보관되었던 문서들을 바르게 짝지은 것은?

파일 (가), (나), (다)에는 7개의 문서 A, B, C, D, E, F G가 보관된다. 문서의 보안을 위해, 모든 문서는 매일 전날 해당 문서가 보관되지 않았던 파일 2개 중 1개로 임의로 이동된다. 단, 파일 (나)에는 반드시 2개의 문서만을 보관해야 하며, 파일 (가)와 (다)에는 최소 1개 이상의 문서를 보관해야 한다.

<문서보관기록표>

	1일	2일	3일	4일
파일(가)		A, C		
파일(나)	D, E			
파일(다)			F, G	A, B, C

문서보관기록표가 군데군데 훼손되어 직원들의 증언을 수집했고, 직원들은 자신이 알고 있는 바를 모두 사실대로 진술했다.

○ 직원1 : 2일 - 파일(가)에 기록된 부분을 제외하고 나머지 남아있는 기록들은 모두 정확합니다. 2일에는 파일(가)에 문서 3개를 보관했는데 1개가 지워졌네요.
○ 직원2 : 파일(가)에는 1일과 4일에 동일한 문서가 보관되어 있었습니다.
○ 직원3 : 3일에는 실수로 파일(나)에 3개의 문서를 보관했는데, 그 실수 덕분에 다른 규칙을 어기지는 않은 것이 되더군요.

	2일 - 파일(가)	4일 - 파일(나)
①	B	D, E
②	B	F, G
③	F	D, E
④	G	E, F
⑤	G	F, G

19. 다음 글과 <상황>을 근거로 판단할 때, 처음 바구니에 담겨 있던 사과의 개수는?

> ○○사과농장은 관광객을 상대로 '사과 수확체험'을 실시하고 있다. 사과 수확체험을 실시하는 사과밭에는 사과가 담긴 바구니가 한 개 놓여있는데, 관광객은 사과 바구니에 담겨있는 사과의 개수를 확인한 뒤, 그와 동일한 개수의 사과를 수확하여 바구니에 담아야 한다. 그 직후 바구니에서 원하는 만큼의 사과를 가져가면 사과 수확체험이 끝난다. 사과 수확체험은 한 사람씩 순서대로 진행한다.

<상 황>

> 하루는 3명의 관광객이 사과 수확체험에 참가했는데, 그들은 사과를 각각 20개씩 가지고 갔다. 이 3명의 사과 수확체험이 끝난 후, 바구니에는 4개의 사과가 남아있었다.

① 14개
② 16개
③ 18개
④ 20개
⑤ 22개

20. 다음 글을 근거로 판단할 때 옳지 않은 것은?

> ○ 가영, 나리, 다솜, 마야 네 명은 각각 서로 다른 개수의 구슬을 가지고 있었다.
> ○ 네 사람은 각각 서로 다른 한 명에게 자신이 가지고 있던 구슬의 일부를 주었으며, 모두 서로 다른 한 명에게서 구슬을 받았다. 즉, 모두가 서로 구슬을 주고받았는데, 한 사람이 두 명 이상에게 구슬을 주거나 받은 경우는 없었다. 또한 동일한 두 사람이 서로 구슬을 주고받은 경우도 없었다.
> ○ 네 사람이 원래 가지고 있던 구슬의 개수는 각각 5개, 6개, 7개, 8개인데, 누가 몇 개의 구슬을 가지고 있었는지는 정확히 알려져 있지 않다.
> ○ 다른 누군가에게 주거나 받은 구슬의 개수는 1개, 2개, 3개, 4개인데, 누가 누구에게 몇 개의 구슬을 주거나 받았는지도 정확히 알려져 있지 않다.
> ○ 현재 확인된 사실은 다음 4가지이다.
> - 가영은 원래 8개의 구슬을 가지고 있었다.
> - 마야는 가영에게 구슬을 주었다.
> - 마야가 가지게 된 최종 구슬 개수는 2개이다.
> - 다솜의 최종 구슬 개수는 5개이다.

① 가영은 다솜에게 2개의 구슬을 주었다.
② 나리의 최종 구슬 개수는 8개이다.
③ 나리는 다솜에게서 3개의 구슬을 받았다.
④ 마야는 원래 5개의 구슬을 가지고 있었다.
⑤ 마야는 1개의 구슬을 받았다.

21. 다음 글을 근거로 판단할 때, <보기>에서 반드시 옳은 것만을 모두 고르면?

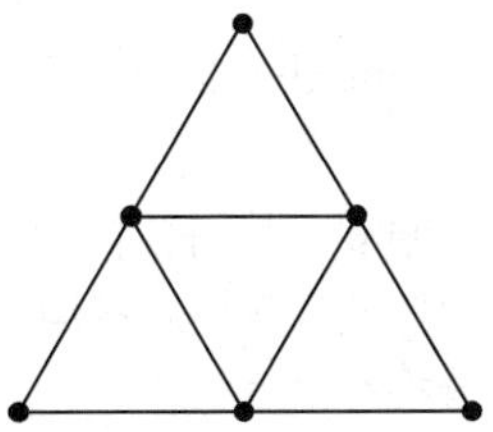

그림과 같이 큰 정삼각형 안에 4개의 작은 정삼각형이 있고, 그 위에 6개의 점이 있다. 6개의 점에는 A부터 F까지 6개의 알파벳으로 각각 하나씩 서로 다른 이름이 붙어 있는데, 그 정확한 위치는 알려져 있지 않지만 다음과 같은 몇 가지 정보는 사실인 것으로 확인되었다.

○ 각 CAF의 크기는 60°이다.
○ 각 EAF의 크기는 60°이다.
○ 점 B와 E, 그리고 F는 정삼각형의 동일한 한 변에 위치한다.

<보 기>

ㄱ. 각 DFE의 크기는 60°이다.
ㄴ. 각 ABC의 크기는 각 AFB의 크기보다 작다.
ㄷ. 직선 AF와 직선 CD는 평행하다.
ㄹ. 점 A와 C, D는 같은 정삼각형의 세 꼭지점이다.

① ㄱ, ㄷ
② ㄱ, ㄹ
③ ㄴ, ㄹ
④ ㄱ, ㄴ, ㄷ
⑤ ㄴ, ㄷ, ㄹ

22. 다음 글을 근거로 판단할 때, 2021년 1월 1일 0시부터 시작하여 1카툰이 완성되는 시점은?

고대 A인들은 1일을 1킨, 20킨을 1위날, 18위날을 1툰, 20툰을 1카툰으로 각각 정의하고, 1툰을 1년으로 사용하였기 때문에 그들에게 1년은 총 360일이었다.

오늘날의 달력은 지구가 태양을 한 바퀴 공전하는 데에 걸리는 시간을 1년이라고 정의하고 1년을 365일로 규정한다. 하지만 실제로 지구가 태양을 한 바퀴 공전하는 데에 걸리는 시간은 365.2422일이기 때문에 1년이 366일인 윤년을 둔다. 윤년을 결정하는 방법은 다음과 같다.

먼저 연도가 4로 나누어 떨어지는 해(이하 'L연도'라 한다)를 윤년으로 정하되, L연도 중에서 100으로 나누어 떨어지는 해(이하 'M연도'라 한다)는 1년이 365일인 평년으로 하고 M연도 중에서 다시 400으로 나누어 떨어지는 해는 윤년으로 한다. 평년의 경우 2월은 28일까지 있지만 윤년인 해에는 2월은 29일까지 있다.

① 2039년 8월 18일 24시
② 2039년 9월 17일 24시
③ 2040년 8월 17일 24시
④ 2040년 8월 18일 24시
⑤ 2040년 9월 17일 24시

23. 다음 글과 <상황>을 근거로 판단할 때, 甲이 오른쪽으로 옮긴 조약돌의 개수와 乙이 왼쪽으로 옮긴 조약돌의 개수를 순서대로 바르게 나열한 것은?

> ○ 술래는 다른 참가자를 등지고 앉아서, 숫자를 1부터 차례대로 소리 내어 센다.
> ○ 다른 참가자는 술래가 숫자를 한 번 셀 때마다 3개 또는 4개의 조약돌을 집어 옮기는데, 3개의 조약돌을 집었을 때에는 오른쪽으로 옮겨 놓고, 4개의 조약돌을 집었을 때에는 왼쪽으로 옮겨 놓는다.
> ○ 다른 참가자는 조약돌이 2개 이하로 남아서 더 이상 옮길 수 없게 되었을 때 '그만'을 외치고, 남아 있는 조약돌의 개수를 술래에게 말해준다.
> ○ 술래는 다른 참가자가 오른쪽으로 옮긴 조약돌의 개수와 왼쪽으로 옮긴 조약돌의 개수를 맞힌다.

<상 황>

> 甲과 乙은 조약돌 50개를 가지고 위의 규칙에 따라 역할을 바꾸면서 놀이를 두 번 진행했다. 甲이 15를 세었을 때 乙이 '그만'을 외쳤고 남아있는 조약돌은 없었으며, 乙이 14를 세었을 때 甲이 '그만'을 외쳤고 2개의 조약돌이 남아있었다.

① 20개, 24개
② 30개, 20개
③ 30개, 24개
④ 24개, 20개
⑤ 24개, 30개

24. 다음 글을 근거로 판단할 때, <보기>에서 반드시 옳은 것만을 모두 고르면?

> 甲의 주선으로 남자 甲, 乙, 丙, 丁, 戊와 여자 A, B, C, D, E가 미팅에 나왔다. 미팅의 진행 방식과 상황 및 결과는 다음과 같다.
>
> ○ 미팅 진행 방식
> 1. 남자 5명이 먼저 각자 마음에 드는 여자 3명을 1순위에서 3순위까지 선택하고, 쪽지에 순위와 이름을 모두 적어 주선자 甲에게 제출한다.
> 2. 여자 5명이 각각 마음에 드는 남자 1명을 선택하고, 그 이름을 적어 주선자 甲에게 제출한다.
> 3. 여자가 선택한 남자가 적어낸 쪽지에 해당 여자의 이름이 있으면 두 사람은 커플이 된다.
> 4. 두 명 이상의 여자가 한 명의 남자를 선택한 경우, 그 남자가 적어낸 쪽지에 두 여자의 이름이 모두 있으면 우선순위에 따라 커플이 결정된다.
>
> ○ 미팅 진행 상황 및 결과
> 1. 모든 사람이 규칙에 따라 이름을 적어내었다.
> 2. 남자 甲은 여자 A를 선택하고 C는 선택하지 않았다.
> 3. 남자 乙은 여자 C와 여자 D를 선택했다.
> 4. 남자 丙은 여자 D를 선택했다.
> 5. 남자 丁은 여자 B를 선택하지 않았다.
> 6. 여자 A와 여자 B를 선택한 남자는 각각 4명, 여자 C와 D를 선택한 남자는 각각 2명이었다.
>
> ○ 결과
> 1. 남자 甲과 여자 A는 서로 커플이 되었다.
> 2. 여자 중 커플이 된 사람은 A, C, E 3명이고, B와 D는 커플이 되지 못했다.

<보 기>

> ㄱ. 여자 C와 E는 남자 甲의 이름을 적어내지 않았다.
> ㄴ. 남자 乙과 여자 C가 커플이 되었다면, 여자 D는 남자 乙의 이름을 적어내지 않았다.
> ㄷ. 여자 D는 남자 丙의 이름을 적어내지 않았다.

① ㄱ
② ㄷ
③ ㄱ, ㄴ
④ ㄱ, ㄷ
⑤ ㄱ, ㄴ, ㄷ

25. 다음 글과 <사례>를 근거로 판단할 때, 타이어 적정 공기압이 가장 높은 경우부터 낮은 경우 순으로 바르게 나열한 것은?

자전거를 탈 때에는 자전거의 무게와 자전거에 장착된 타이어의 폭, 그리고 자전거를 타는 사람의 체중에 따라 적정한 타이어 공기압을 맞추어 주는 것이 좋다. 타이어 공기압이 적정 수준에 맞지 않게 공기를 많이 넣거나 적게 넣으면, 승차감이 나빠지거나 자전거가 잘 나아가지 않아 체력 소모가 많아질 수 있고, 타이어 자체에 손상이 생길 수도 있다. 이러한 적정 공기압을 계산하는 방법은 다음과 같다.

타이어 폭	타이어 적정 공기압(PSI)
20C	0.33 × 2.2 × (자전거 무게 + 체중) + 63.33
23C	0.33 × 2.2 × (자전거 무게 + 체중) + 53.33
25C	0.33 × 2.2 × (자전거 무게 + 체중) + 43.33
28C	0.33 × 2.2 × (자전거 무게 + 체중) + 33.33
32C	0.33 × 2.2 × (자전거 무게 + 체중) + 41.67

※ 자전거 무게와 체중의 단위는 kg을 사용함.

<사 례>

A. 타이어 폭이 23C이고 무게가 10 kg인 자전거에 몸무게가 60 kg인 사람이 타는 경우
B. 타이어 폭이 28C이고 무게가 9 kg인 자전거에 몸무게가 71 kg인 사람이 타는 경우
C. 타이어 폭이 32C이고 무게가 7 kg인 자전거에 몸무게가 53 kg인 사람이 타는 경우

① A − B − C
② A − C − B
③ B − A − C
④ B − C − A
⑤ C − B − A

MEMO

제 1 회

7급 PSAT 하주응 상황판단
실전 모의고사 정답 및 해설

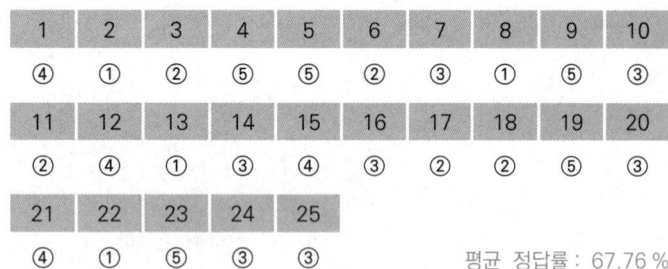

7급 PSAT 대비 실전모의고사

상황판단영역

- 제 1 회 -

출제·해설 : **하 주 응**

◐ 정 답

1	2	3	4	5	6	7	8	9	10
④	①	②	⑤	⑤	②	③	①	⑤	③
11	12	13	14	15	16	17	18	19	20
②	④	①	③	④	③	②	②	⑤	③
21	22	23	24	25					
④	①	⑤	③	③					

평균 정답률 : 67.76 %

1. TEXT 문제의 해설에서, 문단과 문장의 번호는 위에서부터 순서대로 세어 부여함.
2. 법조문 문제의 해설에서, 조(條)의 번호는 위에서부터 순서대로 제1조, 제2조, …로 표기함.

1.

정답 ④

정답률 : 80 %

선택지 검토

① 〔X〕 간척지의 농어업적 이용을 위한 종합계획을 수립하면서, 계획의 탄력적 시행을 위하여 사업시행방법을 계획의 내용에 포함시키지 않았다.
➡ [법 제2항 제4호] '사업시행방법'은 반드시 계획에 포함되어야 하는 사항이다.

② 〔X〕 친환경 농업단지를 조성하기로 계획하였던 간척지 700 ha 중 100 ha의 용도를 관광농업단지 조성용으로 변경하면서, 해당 지방자치단체의 장과 협의를 거치지 않았다.
➡ [법 제3항, 시행령 제2호] 용도별 면적의 100분의 10을 넘는 범위에서 변경하는 경우이므로, 해당 지방자치단체의 장과 협의를 거쳐야 한다.

③ 〔X〕 간척지의 농어업적 이용을 위한 종합계획을 수립한 후, 간척지운영위원회의 심의를 거치지 않고 그 내용을 고시하였다.
➡ [법 제3항 본문] 종합계획을 수립하는 경우에는 계획을 확정하고 고시하기 전에 반드시 간척지운영위원회의 심의를 거쳐야 한다. 제3항의 단서에 의해 심의를 거치지 않아도 되는 경우는 대통령령으로 정하는 경미한 사항을 '변경'하는 경우뿐이다.

④ 〔O〕 간척지의 농업적 이용을 위한 2020년 시행계획을 수립하는 과정에서 해양수산부장관과의 협의를 거치지 않았다.
➡ [법 제4항] 간척지의 '농업적' 이용을 위한 시행계획을 수립하는 경우에는 해양수산부장관과의 협의를 거치지 않아도 된다.

⑤ 〔X〕 2019년 3월에 처음 종합계획을 수립한 후 변화된 실태를 기초로 하여 2025년 3월에 두 번째로 종합계획을 수립하였다.
➡ [법 제1항] 종합계획은 5년마다 수립하여야 한다.

2.

정답 ①

정답률 : 73 %

보기 검토

ㄱ. 〔O〕 위원회는 공익신고자의 인적사항을 확인하기 위하여 공익신고자에게 필요한 자료의 제출을 요구할 수 있다.
➡ [제1항, 제2항] 공익신고자의 인적사항에 대한 진위여부를 확인하기 위하여 공익신고자에게 필요한 자료의 제출을 요구할 수 있다.

ㄴ. 〔X〕 공익신고를 이첩받은 수사기관은 수사 종료 후 수사결과의 요지를 공익신고자에게 통지하여야 한다.
➡ [제4항] 수사기관은 수사결과를 위원회에 통보하여야 하고, 위원회가 공익신고자에게 통지하여야 한다.

ㄷ. 〔X〕 위원회는 공익침해행위의 재발 방지를 위하여 영업정지 등의 조치를 취할 수 있다.
➡ [제5항] 위원회는 영업정지 등의 조치에 대한 의견을 제시할 수 있을 뿐, 직접 해당 조치를 취할 수는 없다.

ㄹ. 〔O〕 공익신고자가 조사결과에 대해 이의신청을 하더라도, 위원회는 조사기관에 재조사를 요구하지 않을 수 있다.
➡ [제7항] 위원회가 이의신청에 이유가 있다고 인정하지 않는 경우에는 재조사를 요구하지 않을 수 있다.

3.

정답 ②

정답률 : 88 %

선택지 검토

① 〔O〕 甲법인은 A호텔 건설공사의 시공 상황에 대하여 국토교통부장관에게 통보하여야 한다.
➡ [제1조] 해외건설사업자는 해외공사를 수행하는 경우에는 그 시공 상황에 관하여 국토교통부장관에게 통보하여야 한다.

② 〔X〕 해당 부실시공을 이유로 다른 해외건설사업자가 대리하여 시공을 하게 되었다면, 甲법인의 대표자는 10년 이하의 징역에 처해질 수 있다.
➡ [제5-6조] 원인제공자인 종업원 乙은 10년 이하의 징역에 처해질 수 있으며, 甲법인에게는 1억 원 이하의 벌금이 과해질 수 있다. 甲법인의 대표자에게는 해당되는 사항이 없다.

③ 〔O〕 A호텔 공사 현장으로부터 20 km 떨어진 곳에 병원이 있다면, 甲법인은 현장에 응급의료시설을 설치하지 않아도 된다.
➡ [제2조 단서] 현장으로부터 50킬로미터 이내의 지역에 의료시설이 소재하고 있는 경우에는 응급의료시설을 설치하지 않아도 된다.

④ 〔O〕 국토교통부장관이 해당 부실시공으로 인해 대외적 공신력이 떨어질 우려가 있다고 판단하더라도, 발주자가 거부하는 경우 국토교통부장관은 A호텔 건설공사를 다른 해외건설사업자에게 대리하여 시공하게 할 수 없다.
➡ [제3조] 발주자의 의사에 반하지 아니하는 경우에만 다른 해외건설사업자에게 대리하여 시공하게 할 수 있다.

⑤ 〔O〕 A호텔 공사 현장으로부터 50 km 이내의 지역에 의료시설이 없음에도 현장에 응급의료시설을 설치하지 않았다면, 甲법인에게는 1천만 원 이하의 과태료가 부과된다.
➡ [제2조, 제4조] 제2조 단서의 경우에 해당하지 않으므로 응급의료시설을 갖추어야 하며, 이를 위반하면 1천만 원 이하의 과태료가 부과된다.

4.

정답 ⑤

정답률 : 92 %

선택지 검토

① [X] A는 자기의 계산으로 변호사의 업무를 수행할 수 있다.

➡ [제4조 제1항] 법무법인의 구성원은 자기의 계산으로 변호사의 업무를 수행할 수 없다.

② [X] 甲이 B가 담당한 업무에 관하여 작성한 문서에는 B의 명의를 표시하고 甲의 인감을 날인하여야 한다.

➡ [제3조 제4항] 甲의 명의를 표시하고 B가 기명날인하거나 서명하여야 한다.

③ [X] 甲이 업무를 담당할 변호사를 지정하지 않은 경우에는 A, B, C, D, E 모두를 담당변호사로 지정한 것으로 본다.

➡ [제3조 제2항] 이 경우 '구성원 모두'를 담당변호사로 지정한 것으로 본다. 따라서 A, B, C를 담당변호사로 보며, 구성원이 아닌 D와 E는 제외된다.

④ [X] 甲은 D와 E 두 명만을 하나의 업무를 담당할 변호사로 지정할 수 있다.

➡ [제3조 제1항] 구성원 아닌 소속 변호사에 대하여는 구성원과 공동으로 지정하여야 하므로 A, B, C 중 1명이 함께 포함되어야 한다.

⑤ [O] F는 甲이 3개월 전 수임을 승낙한 사건에 관하여 변호사의 업무를 수행할 수 없다.

➡ [제4조 제1항] 법무법인의 구성원이었던 변호사는 법무법인의 소속 기간 중 그 법인이 수임을 승낙한 사건에 관하여는 변호사의 업무를 수행할 수 없다.

5.

정답 ⑤

정답률 : 93 %

선택지 검토

① [X] 파운드 단위에는 귀금속용으로 쓰이는 것과 약재용으로 쓰이는 것, 그 외의 상용으로 쓰이는 것, 총 3가지가 있다.

➡ [1문단 2문장] 파운드 단위에는 트로이파운드와 상용파운드 2종류가 있다.

② [X] 1트로이온스는 1트로이파운드의 16분의 1 질량이다.

➡ [1문단 4문장, 2문단 3문장] 1트로이파운드는 373.24177g, 1트로이온스는 31.1g이므로 12분의 1 정도이다.

③ [X] 트로이온스는 1878년 폐지된 이후 사용되지 않는다.

➡ [2문단 5문장] 1878년에 폐지된 것은 트로이파운드이고, 트로이온스는 현재에도 사용되고 있다.

④ [X] 영국의 1 oz.ap.가 미국의 1 oz.ap.보다 가볍다.

➡ [2문단] oz.ap.는 약용온스의 단위로서 질량을 나타낸다. 약용온스의 질량이 영국과 미국에서 차이가 있다는 언급은 없다.

⑤ [O] 온스는 질량 단위와 부피 단위로 모두 쓰이기 때문에 단위 기호를 다르게 써서 구별한다.

➡ [2-3문단] 온스는 질량 단위와 부피 단위로 모두 쓰이며, 질량 단위로 쓰일 때에는 단위 기호로 oz, oz.t., oz.ap.를 사용하고 부피 단위로 쓰일 때에는 단위 기호로 fl.oz.를 사용한다.

6.

정답 ②

정답률 : 48 %

제시문의 이해

● 가능한 경우는 다음과 같다.

A (4 - 2)	B (6 - 2)	C (8 - 5)	블럭 총 개수	경우
b : 1	a : 2	a : 5	8개	1
		a : 3, b : 1	7개	2
		a : 1, b : 2	6개	3
	b : 1	a : 5	7개	4
		a : 3, b : 1	6개	5
		a : 1, b : 2	5개	6
잔여 2칸	잔여 4칸	잔여 3칸		

보기 검토

ㄱ. [O] 3개의 상자에 담긴 블럭의 총 개수는 최소 5개이다.

➡ 최소 5개, 최대 8개이므로 옳다.

ㄴ. [X] 전체 블럭 중 a타입 블럭의 개수와 b타입 블럭의 개수가 동일하다면 C상자에는 4개의 블럭이 담겨 있다.

➡ [경우 3]과 [경우 5]에서 a타입 블럭의 개수와 b타입 블럭의 개수가 동일하다. [경우 3]에서 C상자의 블럭 개수는 3개이다.

ㄷ. [X] A상자와 C상자에서 각각 블럭을 1개씩 꺼내 B상자로 옮겼을 때 B상자가 가득 찼다면, 최초 C상자에 담긴 블럭의 개수는 3개이다.

➡ B상자의 잔여 공간은 4칸이다. 따라서 B상자가 가득 차려면 A상자와 C상자에서 각각 b타입 블럭 1개씩을 B상자로 옮겨야 한다. C상자에는 1개 또는 2개의 b타입 블럭이 있을 수 있고, 각각의 경우 C상자의 최초 블럭 개수는 4개 또는 3개이다.

ㄹ. [O] A상자에서 B상자로 1개의 블럭을 옮기고 C상자에서 A상자로 2개의 블럭을 옮겼을 때 A상자가 가득 찼다면, 최초 C상자에 담긴 블럭의 개수는 3개이다.

➡ A상자에서 B상자로 1개의 블럭을 옮기면 A상자의 잔여 공간은 4칸이 되고, C상자에서 b타입 블럭 2개를 옮겨야만 A상자를 가득 채울 수 있다. 이 경우 C상자의 최초 블럭 개수는 a타입 블럭 1개와 b타입 블럭 2개, 총 3개이다.

7.

정답 ③

정답률 : 82 %

〈상황〉의 이해

채점위원	A	B	C	문제별 합격선	甲	乙	丙
문제 1	5	10	6	7	7	10	3
문제 2	20	25	18	21	25	20	30
문제 3	30	30	30	30	33	27	25
문제 4	20	40	24	28	32	35	25
문제 5	50	40	45	45	30	45	50
통과한 문제의 개수					4 (합격)	3 (합격)	2

보기 검토

ㄱ. [O] 甲은 문제 2를 통과했다.

➡ 문제별 합격선은 21점이고, 갑은 25점으로 통과했다.

ㄴ. [X] 문제 4를 통과한 사람의 수는 3명이다.

➡ 甲과 乙 2명이다.

ㄷ. [O] △△자격시험의 합격자 수는 2명이다.

➡ 甲과 乙 2명이다.

8.

정답 ①

정답률 : 66 %

제시문의 이해

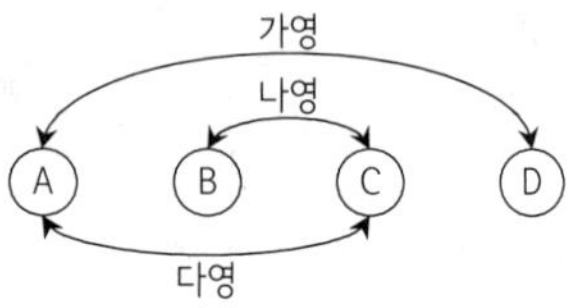

● 단어가 ABCD라고 했을 때, 나영이 처음으로 단어를 전달하는 2가지 경우의 결과는 다음과 같다.

<경우 1> 나영(2↔3) → 가영(1↔4) → 다영(1↔3)

	A	B	C	D
나영	A	C	B	D
가영	D	C	B	A
다영	B	C	D	A

<경우 2> 나영(2↔3) → 다영(1↔3) → 가영(1↔4)

	A	B	C	D
나영	A	C	B	D
가영	B	C	A	D
다영	D	C	A	B

즉, 나영이 처음으로 단어를 전달한 게임의 결과에서는 첫 번째 글자가 세 번째 또는 네 번째 위치에 놓인다.

선택지 검토

	제시된 단어	게임의 결과	
①	자린고비	비자린고	→ (X) 첫 글자가 두 번째에 위치 (다 → 나 → 가)
②	금시초문	시초문금	→ (O) 경우 1
③	정의구현	현구정의	→ (O) 경우 2
④	인재육성	재육성인	→ (O) 경우 1
⑤	재능기부	부기재능	→ (O) 경우 2

9.

정답 ⑤

정답률 : 98 %

선택지 검토

① (X) 보툴리눔 독소는 아세틸콜린의 분비를 촉진시켜 근육이 수축되는 것을 일시적으로 막는다.
➡ [2문단 3문장] 아세틸콜린이 분비되는 것을 막는 역할을 한다.

② (X) 보툴리눔 독소는 현재에도 미국 식품의약국에서 최초로 허가받은 용도로 가장 많이 사용된다.
➡ [2문단 1문장, 4문단 1문장] 최초로 허가받은 용도는 사시와 눈꺼풀 경련의 치료 목적인데, 현재에는 미용 목적으로 더 많이 사용된다.

③ (X) 3 ~ 6개월마다 보톡스 주사를 맞으면 정적 주름이 없어지는 효과를 지속적으로 볼 수 있다.
➡ [3문단 6문장] 정적 주름는 보톡스 주사를 맞아도 없어지지 않는다.

④ (X) 보톡스 주사의 근육 마비 효과는 목이나 어깨 근육 같은 큰 근육에는 잘 나타나지 않는다.
➡ [2문단 2문장] 목이나 어깨 근육이 굳어지는 근육경직에도 치료 효과가 있다.

⑤ (O) 미용목적으로 사용하는 경우, 일반적으로 1회 주사에 보톡스 한 병을 모두 사용하는 일은 없다.
➡ [4문단 2문장] 보톡스 한 병의 용량은 100단위이며, 미용 목적으로 주사할 때는 1회 주사에 보톡스 20단위 정도를 사용한다.

10.

정답 ③

정답률 : 97 %

풀 이

● 4문단 3문장, 5문장

70 kg 1명 기준 치사량 : 보톡스 주사 3,500단위

보톡스 주사 100단위 : 보툴리눔 독소 0.4 ~ 0.6나노그램

$(0.4 \sim 0.6)$나노그램 $\times$ 35배 $\times \frac{60\ kg}{70\ kg} = 12 \sim 18$나노그램

11.

정답 ②

정답률 : 78 %

선택지 검토

① (X) 자가용 화물자동차를 사용하여 자신의 화물만을 운송하는 경우, 화물자동차 운송사업을 하는 것으로 본다.
➡ [법 제1조 전단] 다른 사람의 요구에 응하여 유상으로 화물을 운송하는 경우를 화물자동차 운송사업으로 본다.

② (O) 승차장치의 바닥면적이 물품적재장치의 바닥면적보다 넓은 밴형 자동차는 화물자동차 운송사업에 사용할 수 없다.
➡ [시행규칙 제1조 단서, 제1호] 밴형 화물자동차의 경우 물품적재장치의 바닥면적이 승차장치의 바닥면적보다 넓어야만 한다.

③ (X) 5인승 일반형 화물자동차는 화물자동차 운송사업에 사용할 수 없다.
➡ [시행규칙 제1조] 일반형 화물자동차의 경우에는 승차 정원에 대한 제약이 없다.

④ (X) 밴형 화물자동차로 화물자동차 운송사업을 하는 甲이 乙의 요구에 따라 중량 15 kg인 인화성 물품을 유상으로 운송하는 경우, 乙은 甲의 화물자동차에 함께 탈 수 없다.
➡ [법 제1조 단서, 시행규칙 제2조 제1항 제2호 라목] 화물이 인화성 물품이고 밴형 화물자동차로 운송하는 경우에는 화주가 화물자동차에 함께 탈 수 있다.

⑤ (X) 벽돌 등의 건축기자재를 덤프형 화물자동차로 운송하는 경우, 화주는 해당 화물자동차에 함께 탈 수 있다.
➡ [시행규칙 제2조 제2항] 화주가 함께 탈 수 있는 화물자동차의 종류는 밴형 화물자동차에 한한다.

12.

정답 ④

정답률 : 64 %

풀 이

1	수직		2	
2	수직		4	
3		수평	8	
4	수직		16	
5		수평	32	
6	수직		64	
7		수평	128	
8	수직		256	㉠ 수직 5회
9		수평	512	
10	수직		1,024	
11		수평	2,048	
12	수직		4,096	
13		수평	8,192	㉡ 수평 6회
			⋮	

13.

정답 ①

정답률 : 95 %

보기 검토

ㄱ. 〔O〕 丙은 乙에 대하여 甲의 채권 중 5만 원에 대한 채권만을 대위하여 행사할 수 있다.

➡ [3문단 1-2문장] 채권의 일부를 변제한 대위자는 그 변제한 가액에 비례하여 채권을 대위하여 행사할 수 있다.

ㄴ. 〔X〕 丙이 甲의 채권을 대위하여 행사하기 위해서는, 甲의 승낙이 있어야 한다.

➡ [2문단 1-2문장] 물상보증인의 경우 변제만으로 변제에 의한 대위가 성립한다.

ㄷ. 〔O〕 甲이 乙과의 계약을 해제하면 甲은 丙에게 변제받은 5만 원과 이자를 상환하여야 한다.

➡ [3문단 4문장] 채권자가 계약을 해제한 때에는 채권자는 대위자에 대하여 변제받은 금액과 이자를 상환해야 한다.

ㄹ. 〔X〕 乙이 계속하여 10만 원을 변제하지 않는 경우, 丙은 甲과 乙간의 계약을 해제할 수 있다.

➡ [3문단 3문장] 계약을 해제할 권리는 채권자에게만 있다.

14.

정답 ③

정답률 : 71 %

풀이

● 甲 ~ 丁 4명이 4가지 종류의 사탕을 10개씩 나누어 가졌고, 네 사람은 각자 자신의 선호에 따라 종류별로 1개, 2개, 3개, 4개의 사탕을 가져갔다.

→ 사람 기준 가로 행의 각 칸에는 1, 2, 3, 4가 하나씩 들어가야 한다.

→ 사탕의 총 개수는 40개이다.

→ 개수가 많은 순서는 연유맛 > 커피맛 > 자두맛 > 누룽지맛이고 연유맛이 총 12개이므로 가능한 경우는 다음의 2가지이다.

	연유맛 >	커피맛 >	자두맛 >	누룽지맛
경우 1	12	11	10	7
경우 2	12	11	9	8

● 위의 사실들을 근거로 표의 빈 칸을 채우면 다음과 같다. 위의 2가지 경우 중 [경우 2]만 가능하다.

개수 많은 순서	2	4	1	3
사탕 / 사람	커피맛	누룽지맛	연유맛	자두맛
甲	1	2	3	4
乙	2	4	3	㉢ = 1
丙	4	㉡ = 1	3	2
丁	㉠ = 4	1	3	2
총 개수	11	8	12	9

➡ ㉠ + ㉡ + ㉢ = 4 + 1 + 1 = 6

15.

정답 ④

정답률 : 46 %

풀이

● '1800 : 960 = 15 : 8'이고, 피타고라스의 정리에 따라 '$17^2 = 15^2 + 8^2$'이므로 모니터의 가로와 세로 길이는 각각 15인치와 8인치이다.

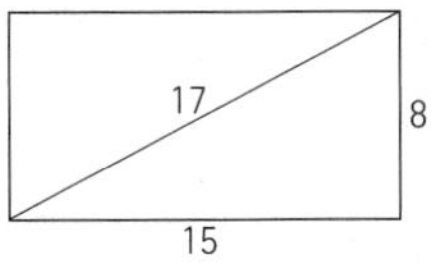

➡ 1800 ÷ 15 = 960 ÷ 8 = 120 ppi

16.

정답 ③

정답률 : 61 %

제시문의 이해

● 제시된 규칙에 따르면

a + a + a = b + b (a의 자리 수 + 1 = b의 자리 수)

3a = 2b

→ 3a는 2의 배수(짝수)이다. → a는 짝수이다.

→ 2b는 3의 배수이다. → b는 3의 배수이다.

보기 검토

ㄱ. 〔X〕 130은 우변에 들어가는 수가 될 수 있다.

➡ 이 경우 좌변의 합은 260이 되어야 한다. 그러나 260은 3으로 나누어떨어지지 않으므로 좌변에 들어갈 자연수를 찾을 수 없다.

ㄴ. 〔O〕 좌변에 들어가는 수는 반드시 짝수여야 한다.

➡ 우변은 똑같은 자연수를 2번 더하므로 반드시 짝수가 된다. 따라서 좌변의 합도 짝수가 되어야 하는데, 똑같은 자연수를 3번 더하여 짝수가 되려면 그 자연수는 짝수이어야만 한다.

ㄷ. 〔X〕 우변에 들어갈 수 있는 세 자리 수 중 가장 작은 수는 105이다.

➡ 세 자리 수이면서 가장 작은 수이려면 100 또는 100보다 최소한으로 더 큰 수이어야 한다. 그리고 해당 수는 3의 배수이어야 한다. 해당 조건을 만족시키는 수는 102이다. 68 + 68 + 68 = 102 + 102

ㄹ. 〔O〕 좌변에 들어가는 수가 한 자리 수인 경우는 1가지뿐이다.

➡ 좌변에 짝수인 한 자리 수를 사용하여 해당 규칙을 만족시키는 경우는 제시문에 예로 사용된 『8 + 8 + 8 = 12 + 12』밖에 없다.

17.

정답 ②

정답률 : 51 %

풀이

● 출근준비에 소요되는 시간을 최소로 하려면 샤워실 사용과 거울 사용이 모두 유휴시간 없이 연속되어야 한다.

또한 첫 샤워실 사용자의 샤워실 사용시간이 짧게 하여, 불가피하게 발생하는 최초의 거울 유휴시간을 최소로 하여야 한다.

	甲	乙	丙
샤워실	30분	10분	20분
거울	20분	35분	25분

乙을 가장 먼저 배치하고, 이후 유휴시간이 발생하지 않도록 배치할 수 있는지 시도해 보면 다음의 2가지 경우를 찾을 수 있다.

<경우 1>

샤워실	乙	丙	甲		
거울		乙	丙	甲	총 90분

<경우 2>

샤워실	乙	甲	丙		
거울		乙	甲	丙	총 90분

➡ 출근준비에 소요되는 최소 시간은 90분이다. 따라서 乙이 가장 먼저 6 : 30에 기상하면 08시까지 세 명 모두 준비를 마칠 수 있다.

18.

정답 ②

정답률 : 51 %

제시문의 이해

- [경우 1 : 가능] 갑순의 진술이 거짓인 경우

	갑순	을돌	병순	정돌	무순
MC	×	×	(○)	×	(○)
수상	○ 우정대상	○ 우정상	×	○ 친구상	×

- [경우 2 : 가능] 병순의 진술이 거짓인 경우

	갑순	을돌	병순	정돌	무순
MC	○	×	×	×	×
수상	○ 우정대상	○ 우정상	×	○ 친구상	×

- [경우 3 : 불가능] 무순의 진술이 거짓인 경우

	갑순	을돌	병순	정돌	무순
MC	○	×	×	×	×
수상	×	○	×	×	○ 친구상

→ 상을 받은 친구가 2명이므로, 이 경우는 전제조건에 위배된다.

선택지 검토

① [O] 갑순은 우정대상을 받았다.
➡ 경우 1, 2

② [X] 을돌은 MC를 맡았다.
➡ 해당하는 경우는 없다.

③ [△] 병순은 거짓말을 했다.
➡ 경우 2

④ [O] 정돌은 MC를 맡지 않았다.
➡ 경우 1, 2

⑤ [O] 무순은 거짓말을 하지 않았다.
➡ 경우 3이 불가능하므로 옳다.

19.

정답 ⑤

정답률 : 54 %

풀이 1

- 거북이 : 25분에 100 m → 5분에 20 m
  토끼 100 m = 거북이 40 m → 10분
  토끼 : 10분에 100 m → 5분에 50 m
- 토끼가 300 m 지점에서 잠듦.
  → 30분 뛰고 잠듦.
  → 거북이가 120 m 지점에 있을 때 잠듦.
- 토끼가 200 m를 달려 거북이와 같이 도착함.
  → 20분 달림
  → 거북이 : 80 m를 달려 결승선에 도착함.
  → 토끼 : 거북이가 420 m 지점에 있을 때 잠에서 깸.

➡ 토끼는 거북이가 120 m 지점에서 420 m 지점까지 300 m를 달리는 동안 잠들어 있었음
→ 토끼는 75분 동안 잠들어 있었음.

풀이 2

- 거북이 500 m → 125분
  토끼 500 m → 40분
  토끼와 거북이가 동시에 출발하여 동시에 도착했다. 즉 토끼는 75분을 낭비했고, 이 75분이 토끼가 잠들어 있던 시간이다.

20.

정답 ③

정답률 : 74 %

풀이

- 먼저 가산점을 제외한 점수를 먼저 비교한다.

이름	분임	직무평가(50 %)	해외연수(50 %)	가산점 제외 점수
甲	2	90 × 0.8 = 72	78	75
乙	3	75	81	78
丙	1	78	84	81
丁	3	73	81	77
戊	1	95 × 0.8 = 76	84	80

→ 최고 점수는 丙이다.
→ 가산점의 상한이 2점이므로 丙과 3점 이상 차이가 나는 甲, 乙, 丁은 丙보다 점수가 높을 수 없다. 丙에게 감점이 있더라도 2.5점 이상 차이가 나는 사람은 丙보다 점수가 높아질 수 없다.
→ 丙과 戊만 가점 및 감점을 파악하여 비교한다.

- 丙과 戊의 점수 비교

<table>
<tr><th>이름</th><th colspan="2">자격능력</th><th>기타</th><th>가점</th><th>성적</th></tr>
<tr><td rowspan="2">丙</td><td>한자능력 2급</td><td>컴퓨터활용능력 2급</td><td>국무총리상</td><td rowspan="2">1.5</td><td rowspan="2">82.5</td></tr>
<tr><td>0</td><td>0</td><td>1.5</td></tr>
<tr><td rowspan="2">戊</td><td>한자능력 1급</td><td>컴퓨터활용능력 1급</td><td>분임장</td><td rowspan="2">1.9</td><td rowspan="2">81.9</td></tr>
<tr><td>0</td><td>1.2</td><td>0.7</td></tr>
</table>

21.

정답 ④

정답률 : 65 %

풀이

	1주	2주	3주	4주
국가	영국	독일		
가이드		가인		
회계				가인

○ [조건 1] 첫째 주에는 영국을 여행한다.
○ [조건 2] 가인은 독일에서 가이드 역할을 담당하며, 가이드 역할을 담당한 이후에 회계 역할을 담당한다.
○ [조건 5] 역할을 2주 연속 담당하지 않도록 한다.

	1주	2주	3주	4주
국가	영국	독일		
가이드		가인		
회계				가인

○ [조건 1] 러시아는 스위스를 여행한 이후에 여행한다.
○ [조건 3] 라영은 스위스에서 회계를 담당한다.

	1주	2주	3주	4주
국가	영국	독일	스위스	러시아
가이드		가인		
회계			라영	가인

○ [조건 4] 가인과 다은이 한 국가에서 가이드나 회계 역할을 함께 담당하지 않도록 한다.
○ [조건 5] 네 사람은 모두 가이드 역할과 회계 역할을 한 번씩 담당한다.

	1주	2주	3주	4주
국가	영국	독일	스위스	러시아
가이드		가인	다은	
회계	다은	나리	라영	가인

○ [조건 5] 역할을 2주 연속 담당하지 않도록 한다.

	1주	2주	3주	4주
국가	영국	독일	스위스	러시아
가이드	라영	가인	다은	나리
회계	다은	나리	라영	가인

22.

정답 ①

정답률 : 34 %

제시문의 이해

- 정답을 맞히면 3점을 받고, 틀리면 - 1점을 받는다. 답을 기입하지 않으면(무응답) 1점을 받는다.
  → 만점 : 30점
  → 1문제 틀릴 때마다 만점에서 4점 감점
  → 1문제 무응답마다 만점에서 2점 감점
- 乙의 수학경시대회 점수는 26점이다.
  → 9문제 정답이고 1문제 오답, 또는 8문제 정답이고 2문제 무응답

보기 검토

ㄱ. (O) 乙이 틀린 문제가 없다면 乙만이 맞힌 문제가 있다.

⇒ 乙의 '?'는 모두 무응답이고 나머지는 모두 정답이다. 이때, 2번 문제는 乙만 정답을 맞혔다.

ㄴ. (X) 乙이 응답하지 않은 문제가 없다면 甲의 점수는 최소 12점 최대 30점이다.

⇒ 乙이 정답을 맞힌 문제는 9개, 틀린 문제는 1개이다.

	甲	乙
1	O	?
2	O	X
3	O	O
4	O	O
5	O	O
6	?	O
7	O	?
8	O	O
9	O	O
10	X	X

甲과 乙이 동일하게 응답한 문제는 6개인데, 乙이 오답을 낸 문제가 이 6개 중에 있고, 甲이 나머지 4문제를 모두 틀렸다면 최소 점수는 10점이 된다. 乙이 오답을 낸 문제가 2번(甲과 乙의 응답이 다른 문제)이고, 나머지 3문제(1, 6, 7번)에서 甲과 乙의 응답이 동일하다면(둘 모두 정답) 甲의 점수는 30점으로 최대가 된다.

ㄷ. (X) 乙이 틀린 문제가 없다면 丙의 점수가 甲의 점수보다 높을 수 있다.

⇒ 乙의 '?'는 모두 무응답이고 나머지는 모두 정답이다.

	甲	乙	丙
1	O	?	X
2	~~O~~	X	~~O~~
3	O	O	O
4	O	O	?
5	O	O	~~X~~
6	?	O	O
7	O	?	O
8	O	O	~~X~~
9	O	O	O
10	X	X	X

이 경우 甲이 확실히 틀린 문제는 1문제, 丙이 확실히 틀린 문제는 3문제이다. 그리고 丙의 점수가 甲보다 높아지도록 丙에게 가장 유리한 상황을 연출해 본다.(7번 문제는 甲과 丙의 응답이 동일하여 두 사람의 점수 비교에 영향을 주지 않으므로 무시한다.)

	甲	乙	丙
1	~~O~~	?	X
2	~~O~~	X	~~O~~
3	O	O	O
4	O	O	? (O)
5	O	O	~~X~~
6	~~? (X)~~	O	O
7	O	?	O
8	O	O	~~X~~
9	O	O	O
10	X	X	X

丙에게 가장 유리한 상황을 가정해도 甲과 丙은 동점이며, 丙의 점수가 더 높아지는 경우는 없다.

23.

정답 ⑤

정답률 : 40 %

풀이

乙와 丁이 서로 모순되는 진술을 하고 있으므로 둘 중 한 명은 거짓을 말하고 있다.

1. 乙의 진술이 참인 경우

甲 : 나는 C행 3열의 사물함을 쓰고 있어.
乙 : 丁의 사물함은 甲의 대각선 위치 중 가장 가까운 곳에 있어.

	1	2	3
A			
B		丁	
C			甲

戊 : 내 사물함은 甲과 같은 행에 있고, 乙과는 거리가 1인 같은 열에 있어.
丙 : 나와 거리 0인 위치에 2명이 사물함을 쓰고 있네.

	1	2	3
A	乙	丙1	
B		丁	丙2
C	戊		甲

→ 2가지 경우가 가능하다.

2. 丁의 진술이 참인 경우

甲 : 나는 C행 3열의 사물함을 쓰고 있어.
丁 : 내 사물함은 甲과 거리가 3인 위치에 있어.

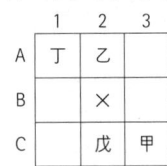

	1	2	3
A	丁		
B			
C			甲

戊 : 내 사물함은 甲과 같은 행에 있고, 乙과는 거리가 1인 같은 열에 있어.
丙 : 나와 거리 0인 위치에 2명이 사물함을 쓰고 있네.

	1	2	3
A	丁	乙	
B		×	
C		戊	甲

→ B2가 丙의 사물함이어야 하는데, 각 열에 있는 사물함이 모두 사용될 수는 없으므로 이 경우는 불가능하다.

24.

정답 ③

정답률 : 40 %

풀이

- 비밀번호에 사용할 수 있는 숫자
  (1) 좌우 대칭형의 숫자를 사용해야 한다. → 1, 8, 0
  (2) 2를 거울에 비춰보면 5로, 5를 거울에 비춰보면 2로 보인다. 따라서 2나 5를 단독으로 사용할 수는 없지만, _25_, _52_, 2_ _5, 5_ _2의 형태로는 사용할 수 있다. → 2, 5

- 비밀번호 구성 방법
  1001이나 0880과 같이 좌우 대칭의 형태로 구성해야 한다. 이렇게 구성해야만 거울에 비춰보아도 동일한 형태가 된다.

- 비밀번호 구성 방법의 수
  □○|○□
  위와 같은 형태로 구성해야 하고, 십의 자리와 일의 자리 숫자는 천의 자리와 백의 자리 숫자에 따라 1가지로 확정되므로 천의 자리와 백의 자리 숫자를 결정하는 방법의 수만 검토하면 된다.
  ex> 천의 자리에 1을 사용하면 일의 자리에도 1을 사용해야 한다.
  천의 자리에 2를 사용하면 일의 자리에는 5를 사용해야 한다.
  - □에 사용할 수 있는 숫자 : 1, 2, 5, 8 (4가지)
  - ○에 사용할 수 있는 숫자 : 1, 2, 5, 8, 0 (5가지) 중 □에 사용하지 않은 숫자 (4가지)

  ➡ 4 × 4 = 16가지

25.

정답 ③

정답률 : 51 %

제시문의 이해

학생	물리	화학	생물	지구과학	합	최고
A	90	( )	90	95	275	375
B	80	95	( )	90	265	365
C	95	90	95	90	370	-
D	( )	90	80	( )	170	370

보기 검토

ㄱ. 〔X〕 별도의 가중치를 부여하지 않고, 어떤 과목에도 100점을 받은 학생이 없다면 A가 선발될 수도 있다.

➡ A의 가능한 최고점수는 370점이다. 이때 C와 동점이 되는데, 최우선순위인 물리 과목의 원점수에서 C가 앞선다. 따라서 A가 선발될 수는 없다.

ㄴ. 〔O〕 물리에 2배의 가중치를 부여하는 경우 D가 선발된다면 D의 물리 과목 원점수는 100점이다.

➡ A의 최고점수가 465점까지 가능하고, C의 총점은 465점이 된다. A와 C 중에서는 반드시 C가 선발된다.(C의 물리점수가 더 높으므로) 따라서 D가 선발되려면 C를 이겨야 하는데, D의 물리 과목 점수가 95점인 경우 최고점수가 460점이 되어 C를 이길 수 없다. D가 C를 이기는 유일한 경우는 물리와 지구과학이 모두 100점인 경우뿐이다.

ㄷ. 〔X〕 화학에 2배의 가중치를 부여하는 경우 A가 선발된다면 A는 4과목 원점수의 합이 C보다 높다.

➡ A의 총점으로 가능한 점수는 475점, 465점, 455점, …이다. 그리고 B의 가능한 최고점수는 460점, C도 460점, D도 460점이다. A가 선발되려면 총점이 465점이나 475점이 되어 단독으로 가장 높은 총점을 받는 수밖에 없다. 즉, A의 화학 원점수는 100점 또는 95점이어야 하는데, 95점인 경우 원점수의 합이 370점이어서 C와 같아진다.

ㄹ. 〔O〕 생물에 2배의 가중치를 부여해도 B가 선발되지 못한다면, B의 생물 과목 원점수는 95점 이하이다.

➡ B의 총점으로 가능한 점수는 465점, 455점, …이다. 그리고 A의 가능한 최고점수는 465점, C도 465점, D는 450점이다. B의 총점이 465점인 경우는 우선순위 1위인 생물이 100점인 경우이고, 동점자 사이의 우선순위 비교에 의해 B가 A와 C를 이기고 선발된다. 그런데 선발되지 못했다고 했으므로 B의 총점은 455점 이하, 생물 원점수는 95점 이하이다.

제 2 회

7급 PSAT 하주응 상황판단
실전 모의고사 정답 및 해설

7급 PSAT 대비 실전모의고사

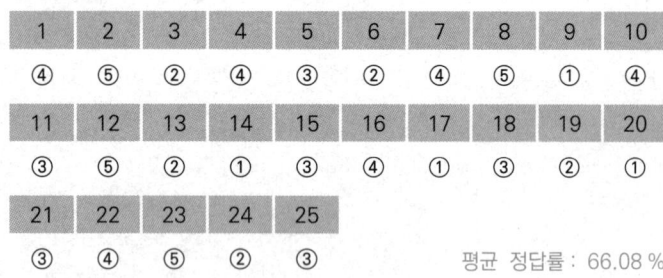

상황판단영역

- 제 2 회 -

출제·해설 : 하 주 응

◐ 정 답

1	2	3	4	5	6	7	8	9	10
④	⑤	②	④	③	②	④	⑤	①	④
11	12	13	14	15	16	17	18	19	20
③	⑤	②	①	③	④	①	③	②	①
21	22	23	24	25					
③	④	⑤	②	③					

평균 정답률 : 66.08 %

1. TEXT 문제의 해설에서, 문단과 문장의 번호는 위에서부터 순서대로 세어 부여함.
2. 법조문 문제의 해설에서, 조(條)의 번호는 위에서부터 순서대로 제1조, 제2조, …로 표기함.

1.

정답 ④

정답률 : 90 %

선택지 검토

① 〔X〕 옆집에서 가정폭력범죄가 발생한 사실을 알게 되었더라도, 그 이웃은 피해자나 법정대리인이 아니기 때문에 수사기관에 신고할 수 없다.
➡ [제1조 제1항] '누구든지' 가정폭력범죄를 알게 된 경우에는 수사기관에 신고할 수 있다.

② 〔X〕 아동과의 상담 과정에서 가정폭력범죄를 알게 된 아동상담소의 상담원은 피해아동이 신고를 반대하더라도 수사기관에 신고할 의무가 있다.
➡ [제1조 제3항] 가정폭력피해자의 '명시적인 반대의견이 없으면' 즉시 신고하여야 한다. 즉, 피해자가 반대하는 경우까지 즉시 신고해야 할 의무가 있는 것은 아니다.

③ 〔X〕 자신의 중개로 결혼한 가정에 가정폭력범죄가 발생한 사실을 알게 된 국제결혼중개업자는 정당한 사유가 없으면 즉시 가정폭력행위자를 고소하여야 한다.
➡ [제1조 제2항] 국제결혼중개업자에게 '신고'해야 할 의무는 있지만, 고소할 수는 없다.

④ 〔O〕 자신의 시어머니에게 가정폭력 피해를 당한 며느리는 가정폭력행위자인 시어머니를 고소할 수 있다.
➡ [제2조 제1-2항] 피해자는 가정폭력행위자가 배우자의 직계존속인 경우에도 고소할 수 있다.

⑤ 〔X〕 가정폭력 피해아동에게 고소할 법정대리인이나 친족이 없다는 사실을 안 아동복지시설의 종사자가 신청하면, 관할법원은 10일 이내에 고소할 수 있는 사람을 지정하여야 한다.
➡ [제2조 제3항] 관할법원이 아니라 '검사'가 10일 이내에 고소할 수 있는 사람을 지정하여야 한다.

2.

정답 ⑤

정답률 : 90 %

보기 검토

ㄱ. 〔X〕 적재중량 1.6톤의 화물자동차를 운전하는 甲은 편도 2차로인 자동차전용도로에서 95 km/h로 주행하였다. 비나 눈은 내리지 않았으며 가시거리는 150 m였다.
➡ [제1항 제2호] 자동차전용도로의 최고속도는 매시 90킬로미터이므로 기상 여건에 관계없이 규정된 최고속도를 위반하였다.

ㄴ. 〔O〕 승용차를 운전하는 乙은 편도 3차로인 일반도로에서 35 km/h로 주행하였다. 전날 내린 눈이 10 mm 정도 쌓여 있었으며 일부는 녹아 노면이 얼어붙어 있었다.
➡ [제1항 제1호 단서, 제2항 제2호 나목] 편도 3차로의 일반도로는 매시 80킬로미터 이내로 운전해야 하며, 노면이 얼어붙어 있으므로 100분의 50을 줄인 매시 40킬로미터 이내로 운전해야 한다. 따라서 규정된 최고속도를 준수했다.

ㄷ. 〔X〕 위험물운반자동차를 운전하는 丙은 편도 4차로인 고속도로에서 45 km/h로 주행하였다. 당일 아침 내린 눈이 내려 15 mm 정도 쌓여 있었고, 안개가 끼어 가시거리가 80 m였다.
➡ [제1항 제3호 나목 단서, 제2항 제2호 가목] 위험물운반자동차이므로 편도 2차로 이상 고속도로의 최고속도는 매시 80킬로미터이다. 가시거리가 100미터 미만이어서 100분의 50을 감속해야 하므로 매시 40킬로미터가 최고속도이다. 따라서 규정된 최고속도를 위반하였다.

ㄹ. 〔X〕 특수자동차를 운전하는 丁은 편도 1차로인 일반도로에서 50 km/h로 주행하였다. 주행 중에도 계속 비가 내려 노면이 젖어 있었다.
➡ [제1항 제1호, 제2항 제1호 가목] 편도 1차로의 일반도로이므로 최고속도는 매시 60킬로미터이며, 노면이 젖어 있었으므로 20 % 감속한 매시 48킬로미터가 최고속도이다. 따라서 규정된 최고속도를 위반하였다.

3.

정답 ②

정답률 : 91 %

선택지 검토

① 〔O〕 甲은 공익사업을 위한 공사에 착수하기 전에 乙과 丙에게 보상금 전액을 지급하여야 한다.
➡ [제2조] 공사에 착수하기 '이전'에 토지소유자에게 보상금 전액을 지급하여야 한다.

② 〔X〕 토지A를 관할하는 시·도지사와 乙이 모두 감정평가업자를 추천하지 않는다면, 甲은 1인의 감정평가업자에게 토지A에 대한 평가를 의뢰할 수 있다.
➡ [제5조 제1항 괄호] 2인의 감정평가업자에게 평가를 의뢰해야 한다.

③ 〔O〕 토지A와 토지B에 대한 보상시기가 다르더라도, 乙의 요구가 있으면 甲은 두 토지에 대한 보상금을 한꺼번에 지급하여야 한다.
➡ [제3조] 보상시기를 달리하는 동일인 소유의 토지가 여러 개 있는 경우, 토지소유자가 요구할 때에는 한꺼번에 보상금을 지급하도록 하여야 한다.

④ 〔O〕 공익사업에 의해 토지B 중 잔여지의 가격이 증가하더라도, 乙은 최초에 산정된 보상금 전액을 지급받을 수 있다.
➡ [제4조] 공익사업의 시행으로 인하여 잔여지(殘餘地)의 가격이 증가한 경우에도 그 이익을 甲의 토지 취득으로 인한 손실과 상계(相計)할 수 없으므로, 乙은 최초에 산정된 보상금 전액을 지급받을 수 있다.

⑤ 〔O〕 토지C를 관할하는 시·도지사와 丙은 토지C에 대한 보상액 산정을 위하여 각각 감정평가업자 1인씩을 추천할 수 있다.
➡ [제5조 제2항] 해당 토지를 관할하는 시·도지사와 토지소유자는 감정평가업자를 각 1인씩 추천할 수 있다.

4.

정답 ④

정답률 : 87 %

선택지 검토

① 〔X〕 헌법재판소는 대통령이 직무집행에서 법률을 위반한 경우 헌법 및 「국회법」에 따라 탄핵의 소추를 의결할 수 있다.

➡ [제1조] 탄핵소추의 의결은 국회가 한다.

② 〔X〕 국회 본회의는 법제사법위원회의 조사를 거치지 않으면 탄핵소추의 여부를 의결할 수 없다.

➡ [제2조 제2항] 본회의의 의결로 법제사법위원회의 조사를 거치지 않을 수 있으며, 이 경우 정해진 기간 내에 탄핵소추의 여부를 의결할 수 있다.

③ 〔X〕 헌법재판소의 탄핵심판은 헌법재판소가 국회의 의장으로부터 소추의결서의 정본을 송달받은 때로부터 개시된다.

➡ [제4조] 탄핵심판의 청구가 있어야 탄핵심판이 개시될 것이다. 탄핵심판의 청구는 국회의장이 아니라 소추위원(법제사법위원장)이다. 또한 소추의결서의 정본은 「국회의장 → 소추위원 → 헌법재판소」의 경로로 송달·제출된다.

④ 〔O〕 헌법재판소의 탄핵심판이 진행 중인 경우, 공무원의 임명권자는 탄핵심판의 피청구인이 된 공무원을 해임할 수 없다.

➡ [제5조] 헌법재판소의 결정이 있을 때까지 임명권자는 피청구인의 사직원을 접수하거나 해임할 수 없다.

⑤ 〔X〕 탄핵의 결정으로 파면된 공무원은 그가 위반한 법률에 의한 민·형사상의 책임을 면제받는다.

➡ [제7조] 탄핵결정은 피청구인의 민사상 또는 형사상의 책임을 면제하지 아니한다.

5.

정답 ③

정답률 : 81 %

제시문의 이해

리히터 규모	상용로그 (log 10^n = n)	지진계 파형의 진폭	
		미크론	mm
1	log 10^1 = 1	10	0.01
2	log 10^2 = 2	100	0.1
3	log 10^3 = 3	1,000	1
4	log 10^4 = 4	10,000	10
5	log 10^5 = 5	100,000	100
6	log 10^6 = 6	1,000,000	1,000
7	log 10^7 = 7	10,000,000	10,000

보기 검토

ㄱ. 〔O〕 1945년 이후, 약 1,500번 정도의 핵실험이 지하에서 시행되었다.

➡ [1문단] 1945년 이후 2,000번 정도의 핵실험 중 약 4분의 3(약 1,500번)이 지하 핵실험이었다.

ㄴ. 〔O〕 리히터 규모 4의 지진이 발생하면 진앙에서 100 km 떨어진 지점에 설치된 지진계에는 진폭 10 mm인 파형이 그려진다.

➡ [3문단] 리히터 규모 4 = log 10^4

10^4미크론 = 10,000미크론 = 10 mm

ㄷ. 〔X〕 ㉠의 값은 20보다 크다.

➡ [4문단] 리히터 규모 6.3 = TNT 290 kt

히로시마 원자폭탄 = TNT 15 kt

290 ÷ 15 = 19.33

6.

정답 ②

정답률 : 53 %

풀 이

○ 경상보조금의 총액은 400억 원이다.

○ 총 국회의석 수는 200석이다.

○ 최근에 실시된 임기만료에 의한 국회의원선거에는 정당 A, B, C, D가 모두 참여하였다.

정당	A	B	C	D
의석수	100	90	10	0
교섭단체 ?	○	○	×	×
의석수 비율	50 %	45 %	5 %	0 %
득표수 비율	40 %	40 %	15 %	5 %
제2조 제1항 (200억의)	100억 (50%)	100억 (50%)	—	—
제2조 제2항	—	—	20억 (5%)	8억 (제1호, 2%)
소 계	228억 (잔여분 : 172억)			
제3조 (86억의)	43억 (50%)	38.7억 (45%)	4.3억 (5%)	—
	34.4억 (40%)	34.4억 (40%)	12.9억 (15%)	4.3억 (5%)
정당별 총계	177.4억	173.1억	37.2억	12.3억

7.

정답 ④

정답률 : 73 %

제시문의 이해

쌈장	A	B	C	D	E	F
고추장	35	35	40	40	45	45
된장	40	50	30	50	30	40
간 마늘	25	15	30	10	25	15

보기 검토

ㄱ. 〔X〕 간 마늘의 비율이 가장 낮은 쌈장은 F이다.

➡ D가 간 마늘 비율 10 %로 가장 낮다.

ㄴ. 〔X〕 6가지 쌈장에 포함된 간 마늘의 비율은 모두 다르다.

➡ A와 E는 25 %로 같고, B와 F는 15 %로 같다.

ㄷ. 〔X〕 쌈장 A, B, E, F 중 2개를 골라서 1 : 1 비율로 혼합하면 3가지 재료의 혼합 비율이 C와 같은 쌈장을 만들 수 있다.

➡ 조합할 수 있는 전체 경우의 수는 6가지이지만, C의 고추장 비율이 40 %이므로, 고추장 비율이 40 %가 될 수 있는 AE, AF, BE, BF 4가지 조합만 검토한다. 된장까지만 확인하면 혼합비율이 C와 같아질 수 없다는 것을 확인할 수 있다.

쌈장	C	AE	AF	BE	BF
고추장	40	40	40	40	40
된장	30	35	40	40	45

※ C의 간 마늘 비율이 30%이므로 간 마늘 비율이 30%가 될 수 있는 조합을 찾아도 된다. 이때 가능한 조합이 없다는 것을 알 수 있다.

ㄹ. 〔O〕 쌈장 C와 F를 1 : 2의 비율로 혼합한 쌈장에 포함된 간 마늘의 비율과 동일한 비율의 간 마늘을 포함하고 있는 쌈장은 A, B, D, E 중에는 없다.

➡

쌈장	C	F × 2	C(F×2)
간 마늘 비율	30	30	(30 + 30) ÷ 3 = 20

간 마늘의 비율이 20 %인 쌈장은 A, B, D, E 중에는 없다.

8.

정답 ⑤

정답률 : 73 %

풀이

사업자		A	B	C	D
방역조치 이행		9월	8, 9월	7, 8, 9월	-
손실 발생 기간		7.1. ~ 9.14.	7.1. ~ 9.30.	7.1. ~ 8.25.	7.20. ~ 9.30.
업종		학원	수영장	카페	미용실
영업이익 (단위: 원)	전년	2억	4억	2억	1억
	△△년	8천만	1억	9천만	5천만
매출액 (단위: 원)		3억	11억	14억	3억
근무자 수		3명	8명	4명	2명

→ B : 근무자 수가 5인을 초과하므로 소기업이 아니다.
D : 미용실은 사회적 거리두기 4단계가 시행되어야 방역조치 이행 대상이 된다. 단, 8월 8일까지만 대상이 되므로 9월에 4단계가 시행된 <상황>에서는 방역조치 이행 대상이 아니다.

➡ 손실보상금 지원 대상이 아닌 사업자 : B, D

9.

정답 ①

정답률 : 77 %

보기 검토

ㄱ. 〔X〕 멸종된 생물에는 학명을 붙이지 않는다.
➡ [1문단 2문장] 학명은 현재 서식하고 있는 생물뿐만 아니라 멸종된 후 화석으로 발견되는 것들에도 붙여진다.

ㄴ. 〔X〕 식물은 반드시 삼명식 명칭으로 표기한다.
➡ [3문단 1문장] 삼명식 명칭이란 '아종'이 발견된 경우 아종명을 함께 쓰는 것을 말한다. 식물이라도 아종이 발견되지 않았다면 이명식 명칭을 붙인다.
[2문단 마지막] 한편, 식물의 경우 명명자의 이름을 반드시 붙여야 하지만 이것을 삼명식 명칭이라고 하지는 않는다.

ㄷ. 〔O〕 종(種), 속(屬), 과(科) 중에서 종(種)이 가장 작은 범주의 분류이고, 과(科)가 가장 큰 범주의 분류에 해당한다.
➡ [2문단 1문장] 종은 속에 소속된다.
[3문단 4문장] 과는 속이나 종보다 더 큰 범주이다.

ㄹ. 〔O〕 한 사람의 학자가 여러 종의 동·식물에 대해 학명을 붙인 경우, 그 학자의 이름이 학명에 표기되지 않는 경우도 있을 수 있다.
➡ [2문단 마지막] 동물의 경우에는 명명자의 이름을 붙이지 않아도 된다.

10.

정답 ④

정답률 : 71 %

선택지 검토

① 〔O〕 a와 b는 같은 속에 속하는 한 종의 아종들이다.
➡ Panthera 속에 속하는 tigris 종이며, 삼명식 명명법으로 표기된 것으로 보아 아종들임을 알 수 있다.

② 〔O〕 a와 d를 명명한 사람의 이름은 동일하다.
➡ 명명자의 이름이 두 경우 모두 'Linne'이다.

③ 〔O〕 a ~ d 중 가장 늦게 명명된 것은 b이다.
➡ b의 명명 연도가 1884년으로 가장 늦다.

④ 〔X〕 c는 식물의 학명일 수 있다.
➡ [2문단 마지막] 식물의 학명에는 반드시 명명자를 표기하도록 되어 있다. 따라서 명명자가 표기되지 않은 c는 식물의 학명이 아니다.

⑤ 〔O〕 e는 아종이 발견되지 않은 종이다.
➡ [3문단 2문장] 아종이 발견된 경우에는 반드시 삼명식 명칭으로 표기한다. e는 이명식으로 표기되어 있으므로 아종이 발견되지 않은 종이다.

11.

정답 ③

정답률 : 74 %

주차	월	화	수	목	금	토	일	총 거리
1	5 km	6 km	휴식	8 km	6 km	7 km	휴식	32
	9/7							
2	6 km	11 km	11 km	10 km	8 km	11 km	휴식	57
	14	9/15		9/17				
3	3 km	11 km	휴식	10 km	6 km	10 km	15 km	55
	21			9/24				
4	휴식	5 km	휴식	10 km	6 km	5 km	10 km	36
	28			10/1			10/4	
5	5 km	6 km	13 km	5 km	7 km	18 km	휴식	54
						10/10	11	
6	11 km	휴식	12 km	10 km	휴식	5 km	마라톤	38
							28	

선택지 검토

① 〔O〕 길동이는 9월 7일부터 훈련을 시작하였다.

② 〔O〕 길동이가 10월 중에 휴식을 취한 날은 총 3일이다.

③ 〔X〕 길동이가 10월 4일부터 10월 10일까지 뛴 거리는 총 54 km이다.
➡ 64 km이다.

④ 〔O〕 9월 17일과 24일에 길동이가 훈련한 거리는 동일하다.

⑤ 〔O〕 9월 15일이 포함된 주차의 총 훈련 거리가 다른 주차에 비해 가장 길었다.

12.

정답 ⑤

정답률 : 76 %

풀이

단체	예술가	활동 지원비	출시 작품 (1인당)	전시 지원비	전문가평가	총 지원금
A	7명	× 60 = 420	27점 (4점 미만)	× 20 = 140	보통	560
B	6명	× 50 = 300	28점 (4점 ~ 5점)	× 30 = 180	우수	480 × 1.2 = 576
C	9명	× 70 = 630	34점 (4점 미만)	× 20 = 180	미흡	810 × 0.7 = 567
D	5명	× 50 = 250	29점 (5점 이상)	× 40 = 200	우수	450 × 1.2 = 540
E	8명	× 60 = 480	44점 (5점 이상)	× 40 = 320	미흡	800 × 0.7 = 560

➡ B의 지원금 - D의 지원금 = 576 - 540 = 36만 원

13.

정답 ②

정답률 : 52 %

풀이

○ 공연장은 여섯 개의 시설 중 가장 끝에 위치해 있다.
→ 공연장이 '오른쪽 끝'에 있다고 가정하자.

					공연장

○ 쇼핑몰과 공연장 사이의 거리는 3 km이다.
○ 학교와 공연장 사이의 거리는 4 km이다.

	학교	쇼핑몰			공연장

○ 주유소와 카센터 사이의 거리는 3 km이다.

〈경우 1〉	주유소	학교	쇼핑몰	카센터	구청	공연장
〈경우 2〉	카센터	학교	쇼핑몰	주유소	구청	공연장

○ 학교에 가장 먼저 방문하지는 않는다.
○ 카센터는 가장 먼저 방문할 곳과 2 km 떨어져 있다.
○ 주유소는 甲이 가장 먼저 방문할 곳의 바로 오른쪽에 있다.
→ 이 조건들을 모두 만족시키는 것은 〈경우 2〉이다.

〈경우 2〉	카센터	학교	쇼핑몰	주유소	구청	공연장

➡ 甲이 가장 먼저 방문하는 곳 : 쇼핑몰

참고

• 공연장이 '왼쪽 끝'에 있다고 가정하면 다음과 같이 정리된다.

〈경우 1〉	공연장	구청	카센터	쇼핑몰	학교	주유소
〈경우 2〉	공연장	구청	주유소	쇼핑몰	학교	카센터

주유소는 甲이 가장 먼저 방문할 곳의 바로 오른쪽에 있다고 했는데, 학교에 가장 먼저 방문하지는 않는다고 했으므로 〈경우 1〉은 조건에 부합하지 않는다.
카센터는 가장 먼저 방문할 곳과 2km 떨어져 있고, 주유소는 甲이 가장 먼저 방문할 곳의 바로 오른쪽에 있다고 했으므로 〈경우 2〉도 조건에 부합하지 않는다.

14.

정답 ①

정답률 : 44 %

풀이

● 세 조건의 조합으로 가능한 경우는 다음의 8가지이다.

경우	군복무	컴활 자격증	어학연수
A	○	○	○
B	○	○	×
C	○	×	○
D	○	×	×
E	×	○	○
F	×	○	×
G	×	×	○
H	×	×	×

○ 군복무를 마쳤고 컴퓨터활용능력 자격증을 소지한 학생이 5명
→ A + B = 5

○ 군복무를 마쳤거나 어학연수 경험이 있는 학생이 8명
→ A + B + C + D + E + G = 8
→ F + H = 5

○ 컴퓨터활용능력 자격증을 소지했지만 어학연수 경험이 없는 학생이 5명
→ B + F = 5

○ 세 가지 조건을 하나도 갖추지 못한 학생이 3명
→ H = 3

● 세 가지 조건을 모두 갖춘 학생의 수 : A = 2명

<table>
<tr><td colspan="3">A + B = 5</td><td rowspan="4">A = 2</td></tr>
<tr><td colspan="2">B + F = 5</td><td rowspan="3">B = 3</td></tr>
<tr><td>F + H = 5</td><td rowspan="2">F = 2</td></tr>
<tr><td>H = 3</td></tr>
</table>

15.

정답 ③

정답률 : 64 %

제시문의 이해

국가	의사	국가	의사	국가	의사
미국 (상임)	찬성	카타르	~~기권~~	호주	?
한국	?	중국 (상임)	찬성	핀란드	찬성
투발루	~~기권~~	가봉	~~반대~~	러시아 (상임)	~~기권~~
영국 (상임)	찬성	프랑스 (상임)	찬성	알제리	찬성
수단	찬성	멕시코	찬성	브라질	~~반대~~

- 찬성 : 8개국 (과반수 충족)
- 반대 : 2개국
- 기권 : 3개국
- 상임이사국 중 4개국, 1개국 기권, 반대는 없음

보기 검토

ㄱ. 〔O〕 X의제는 통과된다.
➡ 상임이사국의 반대가 없고 과반수의 찬성 표시가 있으므로 X의제는 통과된다.

ㄴ. 〔X〕 '기권' 의사를 표시했던 1개 국가가 '반대'로 의사를 변경해도 X의제는 통과된다.
➡ 기권 의사를 표시한 국가 중 '러시아'는 상임이사국이다. 만일 러시아가 반대로 의사를 변경한다면 X의제는 통과되지 않는다.

ㄷ. 〔O〕 'U국의 안보에 관한 건'인 Y의제가 새로이 상정되고 표결 결과가 X의제에 대한 표결 결과와 동일했다면, Y의제는 통과될 수도 있다.
➡ 의사가 확인되지 않은 한국과 호주가 모두 '찬성'했다면, 10개국(이사국의 3분의 2)이 찬성한 것이므로 Y의제는 통과될 수도 있다.

16.

정답 ④

정답률 : 76 %

〈상황〉의 이해

	시간	이수 프로그램	포인트	장학금
甲	10시간	취업 클래스 중 2개 + 취업설명회 및 박람회	6, 7, 8	200,000원
		취업 클래스 모두 + 취업 관련 특강		
		취업 관련 특강 + 취업설명회 및 박람회		
乙	24시간	취업 캠프	10	500,000원
丙	14시간	취업 클래스 중 2개 + 취업 관련 특강 + 취업설명회 및 박람회	10	500,000원

보기 검토

ㄱ. (O) 甲이 획득한 포인트는 丙이 획득한 포인트보다 적다.

➡ 甲이 받을 수 있는 포인트는 6점 ~ 8점이고, 丙의 포인트는 10점이다. 따라서 반드시 丙의 포인트가 더 많다.

ㄴ. (X) 乙은 취업 클래스를 이수했다.

➡ 乙은 취업 캠프만 이수했다. 다른 프로그램들의 조합으로 24시간을 만들 수 없다.

ㄷ. (O) 丙은 취업 관련 특강을 이수했다.

➡ 옳다. 취업 관련 특강을 이수한 경우에만 14시간이 될 수 있다.

ㄹ. (O) 甲, 乙, 丙이 받는 장학금의 총합은 1,200,000원이다.

➡ 甲이 받을 수 있는 포인트에는 3가지 경우가 있지만 모두 5점 이상 10점 미만이므로 반드시 200,000원의 장학금을 받는다. 乙과 丙은 각각 500,000원을 받으므로, 총 1,200,000원이다.

17.

정답 ①

정답률 : 79 %

풀이

● 모든 국가의 순위가 甲의 예측과 2순위 이상씩 차이가 났다.

→ 甲의 예측을 기준으로 하여 각 국가의 순위로 가능한 경우를 모두 나열해 보자.

순위	1위	2위	3위	4위	5위
甲의 예측	미국	중국	한국	체코	일본
가능한 경우			미국	미국	미국
				중국	중국
	한국				한국
	체코	체코			
	일본	일본	일본		

→ 한국이 1위라면 체코는 2위 일본이 3위이다.

한국이 5위라면 중국은 4위 미국이 3위이다.

순위	1위	2위	3위	4위	5위
경우 1	한국	체코	일본	미국	중국
경우 2				중국	미국
경우 3	체코	일본	미국	중국	한국
경우 4	일본	체코			

● 乙은 단 한 국가의 순위만 맞혔다.

순위	1위	2위	3위	4위	5위
경우 1	한국	체코	일본	미국	중국
경우 2				중국	미국
경우 3	체코	일본	미국	중국	한국
경우 4	일본	체코			
乙의 예측	일본	미국	체코	중국	한국

→ 경우 1은 乙의 예측과 완전히 다르다.

→ 경우 3은 4위와 5위가 乙의 예측과 일치한다.

→ 경우 4는 1위, 4위, 5위가 乙의 예측과 일치한다.

→ 乙의 예측과 1개만 일치하는 경우는 경우 2이다.(4위만 일치)

➡ 결승전의 순위 : 한국 - 체코 - 일본 - 중국 - 미국

18.

정답 ③

정답률 : 50 %

보기 검토

ㄱ. (O) A가 2라운드까지 총점 144점을 얻어 벌칙에서 제외되고 B의 3라운드까지의 총점이 99점이었다면, 3라운드까지 C의 총점으로 가능한 최고 점수는 37점이다.

➡ 144점이 나오는 방법은 (9×8 + 9×8) 한 가지밖에 없다.

C의 총점을 최고로 만들기 위해서는 가능한 작은 수들의 조합으로 B의 99점을 만들어야 한다. (7×7 + 6×5 + 5×4) = 99

그렇다면 나머지 카드 0, 0, 1, 1, 2, 2, 3, 3, 4, 6 을 조합하여 만들 수 있는 최고 점수는 37점(6×4 + 3×3 + 2×2)이다.

ㄴ. (O) B와 C가 모두 2라운드까지 102점씩을 얻어 동시에 벌칙에서 제외되었다면, A는 2라운드까지 5나 6이 적힌 카드를 뽑지 않았다.

➡ 두 명이 동시에 102점이 되려면 두 사람 모두 9와 8, 6과 5의 조합으로 카드를 뽑아야 한다.(9×8 + 6×5) 따라서 나머지 한 사람은 5나 6이 적힌 카드를 뽑을 수 없다.

ㄷ. (X) 3명이 모두 100점 이상의 점수를 얻어서 아무도 벌칙을 받지 않는 경우가 있을 수 있다.

➡ 0부터 9까지의 카드 2벌(총 20장)을 사용하여 규칙에 따라 만들 수 있는 점수의 합으로 가장 큰 값은 285점(0×0 + 1×1 + ⋯ + 9×9)이고, 이것을 3으로 나누면 100보다 작은 값이 된다. 따라서 3명이 모두 100점 이상을 얻는 경우는 없다.

19.

정답 ②

정답률 : 66 %

풀이

● A-B-C-D-E-F-G-H-I-J는 정10각형의 꼭지점에 위치해 있다.

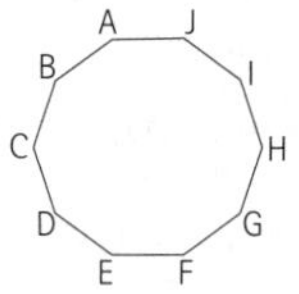

● 정10각형의 한 꼭지점에서 그을 수 있는 대각선의 개수는 7개이다.

정10각형 내부에 그을 수 있는 대각선의 총 개수는 $\frac{7\times10}{2}$ = 35개이다.

➡ 도로를 건설하는 방법의 수는 (35)가지이다.

20.

정답 ①

정답률 : 20 %

풀이

1. '□200'의 형태

→ 1200, 2200, 3200, 4200, 5200, 6200, 7200, 8200, 9200 → 총 9개

2. 2□00의 형태

→ 2000, 2100, 2200, 2300, 2400, 2500, 2600, 2700, 2800, 2900 → 총 10개

3. 20□0의 형태

→ 2000, 2010, 2020, 2030, 2040, 2050, 2060, 2070, 2080, 2090 → 총 10개

4. 200□의 형태

→ 2000, 2001, 2002, 2003, 2004, 2005, 2006, 2007, 2008, 2009 → 총 10개

2000은 총 3번 중복됐으므로 2개는 제외한다.

2200도 총 2번 중복됐으므로 1개는 제외한다.

➡ 9 + 10 + 10 + 10 - 2 - 1 = 36개

21.

정답 ③

정답률 : 42 %

〈상황〉의 이해

- 모든 정당 득표수의 총합은 600만 표이다.
- 표를 완성하면 다음과 같다.

의석	단계	구분	A당	B당	C당	D당
1	1	득표수	280	190	90	40
		획득 의석수	1	0	0	0
2	2	현재 수치	- 40	380	180	80
	3	획득 의석수	1	1	0	0
3	2	현재 수치	240	- 30	270	120
	3	획득 의석수	1	1	1	0
4	2	현재 수치	520	160	- 240	160
	3	획득 의석수	2	1	1	0
5	2	현재 수치	200	350	- 150	200
	3	획득 의석수	2	2	1	0
6	2	현재 수치	㉠ 480	㉡ - 60	㉢ - 60	㉣ 240
	3	획득 의석수	3	2	1	0

선택지 검토

① 〔O〕 A정당은 총 3석의 의석을 배분받는다.
➡ A정당은 1번째, 4번째, 6번째 의석을 배분받아 총 3석이 된다.

② 〔O〕 ㉠은 ㉣의 2배이다.
➡ ㉠은 480 ㉣은 240이다.

③ 〔X〕 ㉡은 ㉢보다 크다.
➡ ㉡과 ㉢ 모두 - 60으로 동일하다.

④ 〔O〕 5번째 의석은 B정당이 배분받는다.
➡ B정당은 5번째 의석 배분에서 1석을 배분받아 총 2석이 된다.

⑤ 〔O〕 D정당은 의석을 배분받지 못한다.
➡ D정당은 마지막까지 0석이다.

22.

정답 ④

정답률 : 56 %

풀 이

숫자	0	1	2	3	4	5	6	7	8	9
자음	ㄱ	ㄴ	ㄷ	ㄹ	ㅁ	ㅂ	ㅅ	ㅇ	ㅈ	ㅊ
모음	ㅏ	ㅑ	ㅓ	ㅕ	ㅗ	ㅛ	ㅜ	ㅠ	ㅡ	ㅣ

- 가힝(월) 냐호허(일) : 08월 22일
  가 : ㄱ, ㅏ = 0 + 0 = 0
  죄뇌 : ㅈ, ㄴ = 8 × 1 = 8
  냐 : ㄴ, ㅑ = 1 + 1 = 2
  호허 : ㅗ, ㅓ = 4 ÷ 2 = 2

- 흐흐흔두 : 178
  흐흐 : ㅡ, ㅡ = 8 ÷ 8 = 1
  흔 : ㅡ, ㄴ = 8 - 1 = 7
  두 : ㄷ, ㅜ = 2 + 6 = 8

23.

정답 ⑤

정답률 : 64 %

풀 이

○ 피아노를 연주하는 인형은 1번 또는 5번 자리에 진열되어 있다.
○ 3번 자리에 진열된 인형은 바이올린을 연주하고 있다.

1번	2번	3번	4번	5번
피아노		바이올린		피아노

○ A와 E는 비올라를 연주하는 B의 바로 옆자리에 진열되어 있다.

	비올라	
A/E	B	E/A

○ 바이올린을 연주하는 인형은 E가 아니다.
○ 4번 자리에 배치된 인형은 첼로나 콘트라베이스를 연주하지 않는다.

1번	2번	3번	4번	5번
피아노		바이올린	비올라	피아노
		A	B	E

○ C는 A 또는 B의 옆자리에 진열되지 않으며, 바이올린이나 피아노를 연주하지 않는다.
○ 첼로를 연주하는 인형은 C이나 E가 아니다.

1번	2번	3번	4번	5번
콘트라베이스	첼로	바이올린	비올라	피아노
C	D	A	B	E

24.

정답 ②

정답률 : 45 %

풀 이

※ 1차 참석 회원 수를 최소한으로 설정하고, 이들 중 2차와 3차에서 이탈하는 회원의 수를 최대로 만들자.

- 1차의 최소 참석 회원 수는 25명이다.
- 불참한 5명 중 4명은 3차부터 참석했으므로 2차에 새로 합류할 수 있는 사람은 1명이다. 이 1명을 합류시키고 1차 참석 회원 중 15명만 남겨서 최소한도인 16명을 채운다. 이렇게 하면 1-2차 모두 참석한 회원 수는 최소 15명이 된다.
- 2차에서 새로 합류한 회원은 3차도 의무적으로 참석해야 한다. 그리고 3차에서 새로 4명이 합류했으므로 1차부터 계속 참석한 회원을 2명만 남기면 최소한도인 7명을 채울 수 있다.

	1차 (25명 이상)	2차 (16명 이상)	3차 (7명 이상)
1차부터	25명	15명	2명
2차부터	-	1명	1명
3차부터	-	-	4명
참석	25명	16명	7명
불참	5명	4명	-
이탈	-	10명	23명

조언

- 최소, 최대를 물을 때에는 극단적인 경우를 상정하고 필요에 따라 조금씩 조정하는 방법을 사용한다.
- 선택지가 '개체 조합형'이므로 제시된 숫자를 대입하여 판단할 수도 있다.

25.

정답 ③

정답률 : 58 %

풀 이

1. 임기만료일 : 5월 29일 (월)

2. 임기만료일전 50일 : 초일 불산입
   5월 28일을 기산점으로 하여 역산한 50일
   4월 9일 (일)
   ※ 요일 계산 : 5월 29일에서 49일을 뺀 4월 10일이 월요일
   → 4월 9일은 일요일

3. 선거일 : 4월 9일 후 첫 번째 수요일
   4월 12일 (수)

4. 선거기간 14일 : 후보자등록마감일 후 6일부터 선거일(4월 12일)이 14일
   3월 30일 ~ 4월 12일 = 14일
   후보자등록마감일 후 6일 = 3월 30일

5. 후보자등록마감일 : 3월 30일 - 6일 = 3월 24일

↓ 초일 불산입

후보자등록마감일	1	2	3	4	5	6
3/24	25	26	27	28	29	3/30

※ 4~5단계 통합

↓ 초일 불산입 선거기간 (14일)

후보자등록 마감일 1 2 3 4 5 6 선거일

1 2 3 4 5 6 7 8 9 10 11 12 13 14

총 19일

3/24 4/12

	후보자등록마감일	선거일
①	3월 23일	4월 11일
②	3월 24일	4월 11일
③	3월 24일	4월 12일
④	3월 25일	4월 12일
⑤	3월 25일	4월 13일

제 3 회

7급 PSAT 하주응 상황판단
실전 모의고사 정답 및 해설

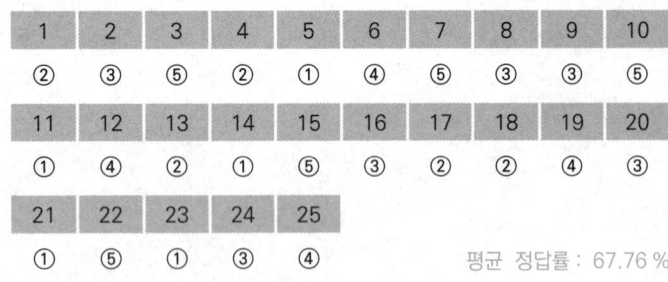

7급 PSAT 대비 실전모의고사

상황판단영역

- 제 3 회 -

출제·해설 : 하 주 응

◐ 정 답

1	2	3	4	5	6	7	8	9	10
②	③	⑤	②	①	④	⑤	③	③	⑤
11	12	13	14	15	16	17	18	19	20
①	④	②	①	⑤	③	②	②	④	③
21	22	23	24	25					
①	⑤	①	③	④					

평균 정답률 : 67.76 %

1. TEXT 문제의 해설에서, 문단과 문장의 번호는 위에서부터 순서대로 세어 부여함.
2. 법조문 문제의 해설에서, 조(條)의 번호는 위에서부터 순서대로 제1조, 제2조, …로 표기함.

1.

정답 ②

정답률 : 87 %

선택지 검토

① 〔X〕 甲의 질서위반행위에 대한 과태료 부과처분이 확정된 후, 법률이 개정되어 甲의 행위가 질서위반행위에 해당하지 않게 되었더라도, 행위 시의 법률에 따라 甲은 과태료를 납부하여야 한다.
➡ [제1조 제3항] 법률이 변경되어 해당 행위가 질서위반행위에 해당하지 아니하게 된 때에는 과태료의 징수를 면제한다.

② 〔O〕 미국의 영역을 비행하던 대한민국의 항공기 안에서 질서위반행위를 한 중국인 乙에게 이 법을 적용할 수 있다.
➡ [제2조 제3항] 대한민국 영역 밖에 있는 대한민국의 항공기 안에서 질서위반행위를 한 외국인에게 이 법을 적용할 수 있다.

③ 〔X〕 현재 15세인 丙이 2년 전에 행한 질서위반행위에 대하여 과태료를 부과할 수 있다.
➡ [제3조] 14세가 되지 아니한 자의 질서위반행위는 과태료를 부과하지 아니한다.

④ 〔X〕 A법인의 대표자 丁이 업무에 관하여 A법인에게 부과된 법률상의 의무를 위반한 때에는 丁에게 과태료가 부과된다.
➡ [제4조] 법인의 대표자가 업무에 관하여 법인에게 부과된 법률상의 의무를 위반한 때에는 법인에게 과태료를 부과한다.

⑤ 〔X〕 2024. 6. 5.에 행한 戊의 질서위반행위에 대한 과태료 부과처분이 2024. 7. 10.에 확정된 경우, 2029. 6. 5.까지 과태료를 징수하지 아니하면 해당 과태료는 시효로 인하여 소멸한다.
➡ [제5조] 시효 기간은 과태료 처분이 확정된 2024. 7. 10.부터 5년이다.

2.

정답 ③

정답률 : 82 %

선택지 검토

① 〔X〕 시설경비업의 허가를 신청하는 법인은 특수경비원을 제외한 일반경비원만으로 20명 이상의 인력을 갖추어야 한다.
➡ [비고 1] 일반경비원과 특수경비원 수의 합이 경비인력 허가 기준에 적합하면 된다.

② 〔X〕 호송경비업의 허가를 신청하는 법인이 허가를 신청하는 때에 자본금 1억 원을 갖추지 못한 경우, 부족한 자본금에 대한 확보계획서를 제출하고 허가를 받을 수 있다.
➡ [제1조 단서] 자본금은 허가 후 확보 허용 대상에서 제외된다.

③ 〔O〕 전자·통신 분야 기술 자격증 소지자 5명과 특수경비원 5명을 갖추었다면 기계경비업의 경비인력 기준을 충족한다.
➡ [표, 비고 1] 기계경비업의 인력기준은 전자·통신 분야 기술 자격증 소지자 5명을 포함한 10명 이상이고, 일반경비원과 특수경비원 수의 합이 경비인력 허가 기준에 적합하면 되므로, 이 경우 기준을 충족한다.

④ 〔X〕 특수경비업의 허가를 신청하는 때에 교육장을 갖추지 못하여 확보계획서를 제출하고 허가를 받았다면, 다음해 1월까지 20명 이상을 동시에 교육할 수 있는 교육장을 갖추고 법인의 주사무소를 관할하는 지방경찰청장의 확인을 받아야 한다.
➡ [제1조 단서] 허가를 받은 날부터 1개월 이내에 교육장을 갖추어야 한다.

⑤ 〔X〕 신변보호업자가 특수경비업무를 추가로 하고자 하는 경우 이미 갖춘 자본금 외에 최소 5억 원의 자본금을 추가로 확보해야 한다.
➡ [비고 2 단서] 이미 갖추고 있는 자본금을 포함하여 특수경비업무의 자본금 기준에 적합하여야 하므로 최대 4억 원의 자본금을 추가로 확보하면 된다.

3.

정답 ⑤

정답률 : 83 %

보기 검토

ㄱ. 〔O〕 경찰대학의 학사학위과정을 마친 졸업생은 6년간 국가경찰공무원으로 복무하여야 한다.
➡ [제3조, 제5조 제1항] 경찰대학의 학사학위과정을 마친 졸업생은 경위로 임명되어 6년간 국가경찰에 복무하여야 한다.

ㄴ. 〔X〕 본인의 고의로 직무를 감당할 수 없는 장애를 갖게 되어 의무복무를 이행하지 못한 경찰대학 학사학위과정 졸업생은 학비를 상환하지 않아도 된다.
➡ [제5조 제2항 제1호 괄호] '직무를 감당할 수 없는 장애'는 학비 상환의 면제 사유가 될 수 있다. 그러나 '고의로' 인한 장애인 경우는 면제가 되지 않는다.

ㄷ. 〔X〕 치안대학원 석사과정에 입학한 사람은 수당과 의복, 그 밖에 교육에 필요한 물품을 지급받는다.
➡ [제4조 제1-2항] 치안대학원 학생은 수당과 의복 등의 지급대상이 아니다.

ㄹ. 〔X〕 대통령은 치안대학원 석사학위과정의 교육을 담당하는 교수의 임용권을 경찰청장에게 위임할 수 있다.
➡ [제2조 제1-2항] 대통령이 경찰청장에게 위임할 수 있는 것은 '부교수'에 대한 임용권이다. 교수에 대한 임용권을 위임할 수 있다는 규정은 없다.

4.

정답 ②

정답률 : 96 %

선택지 검토

① (O) 재단에는 최대 5명의 이사를 둘 수 있다.
⇒ [제6조 제1항] 재단에는 5명 이내의 이사를 두며, 이사장은 이에 포함된다.

② (X) 재단의 이사는 모두 외교부장관의 추천을 받아 대통령이 임명한다.
⇒ [제6조 제3-4항] 이사장은 외교부장관의 제청으로 대통령이 임명하고, 당연직 이사는 대통령령에 의해 정해지며, 그 외의 이사는 이사장의 추천을 받아 외교부장관이 임명한다.

③ (O) 감사는 외교부장관이 임명하며, 비상근으로 한다.
⇒ [제6조 제1·2·5항] 정관으로 정하는 상근 이사 및 이사장 외의 임원은 비상근이므로 감사는 비상근이고, 임명권자는 외교부장관이다.

④ (O) 재단의 이사는 최장 6년까지 이사직에 있을 수 있다.
⇒ [제6조 제6항] 이사의 임기는 3년으로 하고 한 차례만 연임할 수 있다.

⑤ (O) 재단은 정관으로 정한 주된 사무소의 소재지에서 설립등기를 함으로써 성립한다.
⇒ [제4조, 제5조 제1항] 재단의 주된 사무소의 소재지는 정관으로 정하며, 주된 사무소의 소재지에서 설립등기를 함으로써 성립한다.

5.

정답 ①

정답률 : 90 %

〈상황〉의 이해

- 1차 투표 결과
  1위 : A(41표), 2위 : B(33표), 3위 : C(26표)
- 결선투표 결과
  - A와 B가 후보
  - 1차 투표에서 C에게 투표한 26명 중 10명(C>A>B)은 A에게, 16명(C>B>A)
  - A : B = 51 : 49로 A가 당선

보기 검토

ㄱ. (O) A와 B가 결선투표의 후보였다.
⇒ 1차 투표에서 1위는 A, 2위는 B였으므로 옳다.

ㄴ. (X) 결선투표에서 48표의 사표가 발생했다.
⇒ 49표이다.

ㄷ. (O) 결선투표에서 A에게 투표한 유권자 중 10명은 1차 투표에서 C에게 투표했다.
⇒ 선호도가 C>A>B인 유권자는 10명이다.

6.

정답 ④

정답률 : 57 %

보기 검토

ㄱ. (O) 甲은 한 자리 수를 만들 수 없다.
⇒ 한 자리 수는 첫 번째 자리 수(= 마지막 자리 수)가 '0'의 개수를 나타내야 하는데, 이와 같은 한 자리 수는 만들 수 없다.

ㄴ. (X) 甲이 만들 수 있는 가장 큰 수는 6,210,100,000이다.
⇒ 가장 큰 수를 만들기 위해 첫 번째 자리 수를 9라고 가정하면, 9가 한 번 사용되었으므로 9,000,000,001이 되어야 하는데, 이때 0의 개수가 8개가 되므로 첫 번째 자리 수는 9일 수 없다.
첫 번째 자리 수를 8이라고 가정하면 8,000,000,010이 되어야 하고, 이때 1이 한 번 사용되었으므로 8,100,000,010로 바꿔야 하는데, 이때 0의 개수가 7개가 되므로 첫 번째 자리 수는 8일 수 없다.
첫 번째 자리 수를 7이라고 가정하면 7,000,000,100이 되어야 하고, 이때 1이 한 번 사용되었으므로 7,100,000,100로 바꿔야 한다. 계속해서 1이 두 번 사용되었으므로 7,200,000,100로 바꾸고 2가 한 번 사용되었으므로 7,210,000,100로 바꿔야 하는데, 이때 0의 개수가 6개가 되므로 첫 번째 자리 수는 7일 수 없다.
직전의 경우에서 첫 번째 자리 수를 6으로 바꾸고 1의 위치만 조정하면 6,210,001,000으로 규칙을 만족시키는 가장 큰 수를 찾을 수 있다.

ㄷ. (O) 甲이 만들 수 있는 N자리 수의 각 자리 숫자들을 모두 더한 값은 N이다.
⇒ N자리 수의 각 자리에 들어가는 숫자는 '사용된 숫자의 개수'이다. N자리 수는 숫자 N개로 만들어지므로 '사용된 숫자의 개수'들의 총합은 반드시 N이다.

더 생각해 보기

- 甲이 만들 수 있는 수는 다음과 같다.
  N = 1, 2, 3, 6 → 없음
  N = 4 → 1,210
  N = 5 → 21,200
  N = 7 → 3,211,000
  N = 8 → 42,101,000
  N = 9 → 521,001,000
  N = 10 → 6,210,001,000
  ➡ 甲이 만들 수 있는 수는 모두 짝수이다.

7.

정답 ⑤

정답률 : 68 %

제시문의 이해

● 가능한 경우 : 3가지

1.

사람 \ 물품	침대	창	낚싯대	도끼
甲	100	~~90~~	~~100~~	~~90~~
乙	~~90~~	90	~~90~~	~~80~~
丙	~~80~~	~~90~~	90	~~80~~
丁	~~80~~	~~90~~	~~80~~	90

2.

사람 \ 물품	침대	창	낚싯대	도끼
甲	100	~~90~~	~~100~~	~~90~~
乙	~~90~~	~~90~~	90	~~80~~
丙	~~80~~	90	~~90~~	~~80~~
丁	~~80~~	~~90~~	~~80~~	90

3.

사람 \ 물품	침대	창	낚싯대	도끼
甲	~~100~~	~~90~~	100	~~90~~
乙	90	~~90~~	~~90~~	~~80~~
丙	~~80~~	90	~~90~~	~~80~~
丁	~~80~~	~~90~~	~~80~~	90

보기 검토

ㄱ. (X) 물품을 분배하는 방법에는 4가지가 있다.
➡ 3가지가 있다.

ㄴ. (X) 乙은 침대 또는 창을 분배받는다.
➡ 낚싯대를 분배받는 경우도 있다.

ㄷ. (O) 丙은 창 또는 낚싯대를 분배받는다.
➡ 옳다.

ㄹ. (O) 도끼는 丁이 분배받는다.
➡ 옳다. 어떤 경우이든 도끼는 丁이 분배받는다.

8.

정답 ③

정답률 : 70 %

풀이

응시자		A	B	C	D
영법별 소요시간 (초)	자유형	24	27	25	24
	평영	34	31	30	36
	트러젠	28	27	27	29
	잠영	10	7	8	11
	완주 시간	96	92	90	100
영법 점수		9	12	15	9
입영 시간(초)		291	255	270	273
	점수	12	0	6	6
익수자 운반거리(m)		22.9	19.0	21.7	24.3
	점수	9	6	9	12
총점		30	18	30	27

➡ A = C > D > B

9.

정답 ③

정답률 : 94 %

보기 검토

ㄱ. (X) 농산물에 대한 유전자재조합은 1970년에 처음 시도되었다.
➡ [1문단 2문장] 1970년은 DNA를 자를 수 있게 된 시기이다. 농산물에 대한 유전자재조합이 언제부터 시작되었는지에 대한 언급은 없다.

ㄴ. (O) 2018년 6월을 기준으로 우리나라에서 유전자재조합농산물로 승인된 품목 중 감자의 종류는 4개이다.
➡ [2문단 2문장] 감자 종 수 = 165 - 28 - 84 - 29 - 14 - 5 - 1 = 4

ㄷ. (O) 우리나라는 유럽연합에 비하여 더 엄격한 'Non-GM 식품' 표시 기준을 가지고 있다.
➡ [3문단 2문장, 5문장] 우리나라에서 'Non-GM 식품' 표시를 하기 위해서는 혼입률이 0 %여야 하므로 0.9 % 이하의 유럽연합과 5 % 이하의 일본보다 엄격한 기준을 가지고 있다.

ㄹ. (X) GM 농산물에 대한 반대론자들은 GM 농산물에 의한 환경 파괴 및 돌연변이의 위험이 과학적으로 검증된 바 있다고 주장한다.
➡ [4문단 4문장] '과학적으로 검증된 바 있다'는 주장은 제시되어 있지 않다.

10.

정답 ⑤

정답률 : 94 %

풀이

식품	주요 원재료	GM 농산물 비율	우리나라	유럽연합	일본
카놀라유	카놀라	카놀라 4 %	GM 식품	GM 식품	Non-GM 식품
올리고당	콩	콩 0.8 %	표시 없음	Non-GM 식품	Non-GM 식품
옥수수 스프	옥수수	0 %	Non-GM 식품	Non-GM 식품	Non-GM 식품

11.

정답 ①

정답률 : 92 %

보기 검토

ㄱ. (O) 1953년에 건설되고 2004년에 우수건축자산으로 등록된 건축자산은 문화재 등록 신청의 대상이 될 수 있다.
➡ [제4조] 우수건축자산으로 등록한 후 20년이 지나고, 건설된 후 50년이 지난 우수건축자산이므로 문화재 등록 신청의 대상이 될 수 있다.

ㄴ. (X) 1973.10.1.에 건설된 건축자산을 우수건축자산으로 등록하려면, 해당 건축자산의 소유자는 문화재청장에게 그 등록을 신청하여야 한다.
➡ [제3조 제1항] 시·도지사에게 신청하여야 한다.

ㄷ. (O) 지방건축위원회의 심의에 참석한 25명 중 7명이 한옥 등 문화재 분야의 전문가라면, 소유자가 우수건축자산 등록을 신청한 건축자산에 대하여 심의할 수 있다.
➡ [제3조 제2항] 참석한 위원 중 4분의 1 이상이 한옥 등 문화재 분야의 전문가여야 하므로, 최소 7명(25 ÷ 4 = 6.25 이상의 자연수)이 해당 분야의 전문가여야 한다.

ㄹ. (X) 문화재청장은 건축자산 정보체계 구축 사업에 필요한 비용의 일부를 지원하여야 한다.
➡ [제2조 제2항] 해당 지원의 주체는 국토교통부장관이며, 의무사항은 아니다.

12.

정답 ④

정답률 : 40 %

풀이

안건＼의원	甲	乙	丙	丁	휴식	회의만	누계
A	○	×	○	×	1분	13분	14분
보고 5분	문/답 4분	-	문/답 4분	-			
B	○	○	○	×	2분	17분	33분
보고 5분	문/답 4분	문/답 4분	문/답 4분				
C	×	○	○	○	1분	17분	51분
보고 5분		문/답 4분	문/답 4분	문/답 4분			
D	○	○	○	○	2분	21분	74분
보고 5분	문/답 4분	문/답 4분	문/답 4분	문/답 4분			

13.

정답 ②

정답률 : 85 %

풀이

요일	상황 기록	깃발	
월요일	오전 9시: 작업 시작 오후 1시: 비 옴, 소금 거둠 오후 2시: 비 그침, 소금 앉힘 오후 6시: 작업 종료	가 다 나	라
화요일	오전 9시: 작업 시작 오후 2시: 비 옴, 소금 거둠 오후 3시: 작업 종료	가 다	
수요일	오전 9시: 작업 시작, 소금 앉힘 오후 4시: 비 옴, 소금 거둠 오후 5시: 작업 종료	가, 나 다	라
목요일	오전 9시: 작업 시작, 소금 앉힘 오후 1시: 비 옴, 소금 거둠 오후 2시: 작업 종료	가, 나 다	
금요일	오전 9시: 작업 시작 오전 10시: 비 옴, 작업 종료	가	
토요일	비 옴 (작업 안 함)		

➡ 가 > 다 > 나 > 라

14.

정답 ①

정답률 : 22 %

기본사항에 대한 이해

● 투표 방식 : 다음 6가지 경우 중 하나를 선택하는 방식이다.

경우	1순위	2순위	3순위
a	甲	乙	丙
b	甲	丙	乙
c	乙	甲	丙
d	乙	丙	甲
e	丙	甲	乙
f	丙	乙	甲

● a + b + c + d + e + f = 20

풀이

※ 제시된 개표결과를 수식으로 정리하면서, 제시되지 않은 여사건도 함께 수식으로 정리하면 확인되는 정보가 배로 늘어나서 필요한 수치를 찾기가 편해진다.

○ 甲보다 乙을 선호하는 회원이 11명이었다.
→ c + d + f = 11 ⋯ Ⓐ, a + b + e = 9 ⋯ Ⓑ
○ 乙보다 丙을 선호하는 회원이 14명이었다.
→ b + e + f = 14 ⋯ Ⓒ, a + c + d = 6 ⋯ Ⓓ
○ 丙보다 甲을 선호하는 회원이 12명이었다.
→ a + b + c = 12 ⋯ Ⓔ, d + e + f = 8 ⋯ Ⓕ
○ 甲을 3순위로 적은 회원은 7명이었다.
→ d + f = 7 ⋯ Ⓖ
○ 丙을 3순위로 적은 회원은 5명이었다.
→ a + c = 5 ⋯ Ⓗ
→ 乙을 3순위로 적은 회원은? b + e = 8 ⋯ Ⓘ

Ⓑ − Ⓘ → a = 1
Ⓐ − Ⓖ → c = 4

찾아낸 값을 계속 대입하여 나머지 값을 찾으면,
b = 7, d = 1, e = 1, f = 6

경우	1순위	2순위	3순위
a = 1	甲	乙	丙
b = 7	甲	丙	乙
c = 4	乙	甲	丙
d = 1	乙	丙	甲
e = 1	丙	甲	乙
f = 6	丙	乙	甲

선택지 검토

① 〔O〕 甲이 1순위 8표를 득표하여 회장으로 선출되었다.
➡ 甲의 1순위 득표수(a + b)가 8표로 세 명 중 가장 많다.

② 〔X〕 丙이 1순위 7표를 득표하여 회장으로 선출되었다.
➡ 丙의 1순위 득표수(e + f)가 7표인 것은 맞지만, 회장이 되지는 못한다.

③ 〔X〕 甲을 2순위로 적은 회원은 8명이다.
➡ c + e = 5

④ 〔X〕 乙을 2순위로 적은 회원은 5명이다.
➡ a + f = 7

⑤ 〔X〕 丙을 2순위로 적은 회원은 7명이다.
➡ b + d = 8

15.

정답 ⑤

정답률 : 58 %

풀이

지역 \ 전용면적	40 m² 미만	40 m² 이상 50 m² 미만	50 m² 이상 60 m² 미만
서울특별시	0.80	0.90	1.00
광역시 및 수도권 내 시	0.75	0.85	0.95
시 및 수도권 내 군	0.70	0.80	0.90
기타지역	0.70	0.75	0.85

- A : 0.85 × 30 + 0.95 × 50 = 25.5 + 47.5 → 26 + 48 = 74
- B : 0.70 × 40 = 28

➡ 74 + 28 = 102대

16.

정답 ③

정답률 : 45 %

보기 검토

ㄱ. 〔O〕 甲은 최대 7장의 카드를 가져갈 수 있다.

➡ 한 번의 차례에 가져갈 수 있는 카드는 최대 3장이다. 따라서 다음과 같이 진행된다면 최대 7장의 카드를 가져갈 수 있다.

	1번째	2번째	3번째	합계
甲	6 이상 2장 5 이하 1장	6 이상 2장 5 이하 1장	5 이하 1장	총 7장
乙	5 이하 1장	5 이하 1장	-	총 2장

ㄴ. 〔O〕 甲이 자신의 첫 번째 차례에서 2장의 카드를 가져갔다면, 乙은 최대 5장의 카드를 가져갈 수 있다.

➡ 甲이 이후의 차례에서 카드를 1장씩만 가져간다면 乙은 최대 5장의 카드를 가져갈 수 있다.

	1번째	2번째	3번째	합계
甲	6 이상 1장 5 이하 1장	5 이하 1장	5 이하 1장	총 4장
乙	6 이상 2장 5 이하 1장	6 이상 1장 5 이하 1장	-	총 5장

ㄷ. 〔X〕 7장의 카드를 가져간 甲이 한 자리 수의 점수를 획득했다면, 乙이 승자가 될 확률은 50 %이다.

➡ 7장의 카드를 가져간 사람은 반드시 6 이상의 숫자를 모두 가지고 있다. 즉, 반드시 9를 가지고 있다. 그런데 획득한 점수가 한 자리 수라면, 7장의 카드 중에 1이 있다는 것이다.

이 경우 乙은 2, 3, 4, 5 중 2장의 카드를 가져간 것이고, 乙이 획득할 수 있는 점수는 6, 8, 10, 12, 15, 20의 6가지 중 하나이다. 이 중에서 乙이 승자가 될 수 있는 점수는 4가지이므로, 乙이 승자가 될 확률은 약 67%이다.

17.

정답 ②

정답률 : 59 %

풀이

- 깻잎 : 2 + 3 + 2 + 1 + 1 + 4 = 13

① 망아지 : 3 + 2 + 1 + 1 + 2 + 2 + 1 = 12

② 장아찌 : 2 + 2 + 1 + 1 + 2 + 4 + 1 = 13

③ 선풍기 : 2 + 2 + 1 + 4 + 2 + 1 + 1 + 1 = 14

④ 가시나무 : 1 + 2 + 2 + 1 + 1 + 2 + 3 + 2 = 14

⑤ 허수아비 : 3 + 2 + 2 + 2 + 1 + 2 + 4 + 1 = 17

18.

정답 ②

정답률 : 54 %

풀이

- 월요일에는 갑수가 문을 열었다.
  + 같은 날 문 여는 업무와 문 닫는 업무를 모두 한 사람도 없었다.
  목요일에는 을준과 정선 중 1명이 문을 열었다.
  병희는 화요일에 회사에 없었다.
  정선은 금요일에만 가장 먼저 출근하고 수요일에 가장 먼저 퇴근했다.

	월		화		수		목		금	
	오전	오후	오전	오후	오전	오후	오전	오후	오전	오후
갑수	○	×					×		×	
을준	×								×	
병희	×		×	×			×		×	
정선	×		×		×	×	×		○	×

- 을준은 목요일과 금요일에 추가업무를 했고 수요일까지 회사에 없었다.
  + 문 닫는 업무를 이틀 연속해서 한 사람은 없었다.
  + 같은 날 문 여는 업무와 문 닫는 업무를 모두 한 사람은 없다.

	월		화		수		목		금	
	오전	오후	오전	오후	오전	오후	오전	오후	오전	오후
갑수	○	×					×		×	×
을준	×	×	×	×	×	×	○	×	×	○
병희	×		×	×			×		×	×
정선	×		×		×	×	×		○	×

→ 확실한 빈 칸 채우기

	월		화		수		목		금	
	오전	오후	오전	오후	오전	오후	오전	오후	오전	오후
갑수	○	×	○	×			×		×	×
을준	×	×	×	×	×	×	○	×	×	○
병희	×	○	×	×			×		×	×
정선	×	×	×	○	×	×	×		○	×

- 모두가 두 가지 추가업무를 최소 한 번씩은 했다.
  → 수요일에는 병희가 문을 열었다.
  → 수요일에는 갑수가 문을 닫았다.
  + 문 닫는 업무를 이틀 연속해서 한 사람은 없었다.
  → 목요일에는 갑수가 문을 닫지 않았다.

	월		화		수		목		금	
	오전	오후	오전	오후	오전	오후	오전	오후	오전	오후
갑수	○	×	○	×	×	○	×	×	×	×
을준	×	×	×	×	×	×	○	×	×	○
병희	×	○	×	×	○	×	×		×	×
정선	×	×	×	○	×	×	×		○	×

선택지 검토

① 〔X〕 갑수는 수당 2만 원을 지급받는다.

➡ 3만 원을 지급받는다.

② 〔O〕 병희는 수요일에 가장 먼저 출근했다.

➡ 옳다.

③ 〔X〕 정선은 수당 3만 원을 지급받는다.

➡ 2만 원을 지급받을 수도 있다.

④ 〔X〕 을준과 병희가 지급받는 수당은 동일하다.

➡ 알 수 없다. 병희가 1만 원 더 많을 수도 있다.

⑤ 〔X〕 목요일에 가장 늦게 퇴근한 사람은 갑수이다.

➡ 병희 또는 정선이다.

19.

정답 ④

정답률 : 87 %

풀이 1

a	b	c	d	e	f	g	h	i	j	k	l	m	n	o	…
1	2	3	4	5	6	7	8	9	10	11	12	13	14	15	…
1	10	11	100	101	110	111	1000	1001	1010	1011	1100	1101	1110	1111	…

- demon → 100·101·1101·1111·1110

풀이 2

※ 알파벳의 순서와 선택지의 이진수 순서를 비교한다.

1. d는 e보다 앞선다.(d < e)
   → 100 < 101
   → ③④⑤ 중에 정답이 있다.
2. m-n-o의 순서이다.(m < o > n)
   → 1101 < 1111 > 1110
   → ④가 정답.

20.

정답 ③

정답률 : 70 %

풀이

○ 甲 : 9개월 동안 A국에 체류 → 거주자
- 소득 : 30만 달러
- 소득세액 : 30만 × 25% = 7만 5천 달러
- C국 과세관청에 7만 1천 달러 납부.
- 최종 A국 소득세액 = 7만 5천 - 7만 1천 = 4,000달러 → 5,600,000원

○ 乙 : 6개월 동안 A국에 체류 → 비거주자
- A국에서의 소득 : 20만 × 25% = 5만 달러
- 최종 A국 소득세액 = 5만 × 30% = 15,000달러 → 21,000,000원

- 합계 = 26,600,000원

21.

정답 ①

정답률 : 49 %

풀이

※ 종이상자를 지게에 싣고 내리는 데에 드는 노력은 어떤 경우든 동일하므로, 이를 제외하고 비교해도 ㉠과 ㉡의 차이를 정확히 파악할 수 있다.

- ㉠ 2개씩 5회
  - 지는 노력 : $2^2 \times 5 = 20$
  - 상자 지고 이동(5회) : 4 × 5 = 20
  - 빈 지게로 이동(4회) : 1 × 4 = 4

  → 총 노력 = 44

- ㉡ 4개, 3개, 3개
  - 지는 노력 : $4^2 + 3^2 \times 2 = 34$
  - 상자 지고 이동(3회) : 4 × 3 = 12
  - 빈 지게로 이동(2회) : 1 × 2 = 2

  → 총 노력 = 48

➡ ㉠과 ㉡의 차이 = 4

22.

정답 ⑤

정답률 : 52 %

풀이

손님	판매 의류(수량)	날짜	장바구니	판매가(원)	할인	정가 총액
A	코트(1), 바지(1)	12(월)	지참	261,000	10%	290,000
B	바지(1), 티셔츠(2)	26(월)	미지참	76,000	-	76,000
C	티셔츠(2), 스웨터(2)	21(수)	미지참	150,000	-	150,000
D	코트(1), 티셔츠(2), 스웨터(1)	13(화)	지참	262,400	20%	328,000
E	바지(1), 티셔츠(3)	22(목)	미지참	71,200	20%	89,000
F	코트(1), 티셔츠(2)	16(금)	미지참	266,000	-	266,000

바지 가격을 a, 코트 가격을 b, 티셔츠 가격을 c, 스웨터 가격을 d라 하자.

A: a + b = 290,000
B: a + 2c = 76,000
C: 2c + 2d = 150,000
D: b + 2c + d = 328,000
E: a + 3c = 89,000
F: b + 2c = 266,000

B와 E를 연립하면, c = 13,000
→ a = 50,000
→ b = 240,000
➡ d = 62,000 → 스웨터 1벌

23.

정답 ①

정답률 : 42 %

제시문의 이해

- 가능한 나이

甲		~~11~~		20			29		38		47
乙								32		41	
丙		11									
丁	10		19			28					
戊					23			32			

※ 모두 서로 나이가 다르므로 甲이 11세일 수는 없다.

보기 검토

ㄱ. 〔O〕 乙은 丁보다 나이가 많다.
➡ 乙은 최저 32세이고 丁은 최고 28세이므로 옳다.

ㄴ. 〔X〕 다섯 사람의 나이를 적은 것부터 순서대로 나열했을 때 丙 < 戊 < 丁 < 乙 < 甲이라면, 다섯 사람의 나이를 모두 정확히 알아낼 수 있다.
➡ 丙, 戊, 丁의 나이는 순서대로 11세, 23세, 28세이다. 그러나 이때 甲과 乙의 나이는 확정할 수 없다.

ㄷ. 〔X〕 戊가 丁보다 나이가 많고 甲이 乙보다 나이가 많다면 다섯 사람 중 30대인 사람은 한 명뿐이다.
➡ 戊가 丁보다 나이가 많을 때 戊의 나이는 23세나 32세 모두 가능하며, 만일 戊가 23세라면 甲과 乙은 각각 38세와 32세일 수도 있다. 따라서 옳지 않다.

ㄹ. 〔O〕 두 사람의 나이 차이가 5세인 경우가 있다면, 10대인 사람은 한 명뿐이다.
➡ 두 사람의 나이 차이가 5세인 경우는 丁이 28세이고 戊가 23세인 경우 한 가지 뿐이다. 이 경우 10대인 사람은 丙밖에 없다.

24.

정답 ③

정답률 : 45 %

〈상황〉의 이해

<table>
<tr><th></th><th colspan="2">1회차</th><th colspan="2">2회차</th><th colspan="2">3회차</th><th colspan="2">4회차</th></tr>
<tr><td>甲↻</td><td>바위</td><td>↻60</td><td>보</td><td rowspan="2">Ⓐ 가위
↺120
Ⓑ 바위
↻300
Ⓒ 보
↺180</td><td>보</td><td>-</td><td>㉡</td><td rowspan="2">ⓐ 가위
↺60
ⓑ 바위
↺180
ⓒ 보
↻300</td></tr>
<tr><td>乙↺</td><td>가위</td><td>-</td><td>㉠</td><td>가위</td><td>↺120</td><td>바위</td></tr>
<tr><td>위치</td><td colspan="2">4 (빨간불)</td><td colspan="2">Ⓐ 6 (꺼짐)
Ⓑ 5 (초록불)
Ⓒ 1 (파란불)</td><td colspan="2">Ⓐ 2 (초록불)
Ⓑ 1 (파란불)
Ⓒ 3 (초록불)</td><td colspan="2">Ⓐⓐ 3 (초록불)
Ⓐⓑ 5 (초록불)
Ⓐⓒ 3 (초록불)
Ⓑⓐ 2 (초록불)
Ⓑⓑ 4 (빨간불)
Ⓑⓒ 2 (초록불)
Ⓒⓐ 4 (빨간불)
Ⓒⓑ 6 (꺼짐)
Ⓒⓒ 4 (빨간불)</td></tr>
</table>

보기 검토

ㄱ. 〔O〕 2회차 가위바위보가 끝나고 버튼을 회전시킨 후 버튼에 초록불이 들어왔다면 ㉠은 '바위'일 것이다.

➡ [경우 Ⓑ] ㉠이 '바위'일 때에만 초록불이 들어올 수 있다.

ㄴ. 〔O〕 3회차 가위바위보가 끝나고 버튼을 회전시켰을 때, 버튼에 빨간불이 들어오는 경우는 없다.

➡ 옳다.

ㄷ. 〔X〕 4회차 가위바위보가 끝나고 버튼을 회전시킨 후 버튼에 빨간불이 들어와 있을 확률은 약 66%이다.

➡ 총 9가지 경우 중에 3가지 경우에 빨간불이 들어오므로, 확률은 1/3이다.

25.

정답 ④

정답률 : 73 %

풀 이

이름	계열	지원학과	국어	영어	수학	선발된 학과	
A	인문	교육학부	98	95	92	교육학부	
B	자연	공학부	92	90	79	261	자연과학부
C	자연	자유전공학부	87	96	88	271 + 10	자유전공학부
D	인문	상경학부	77	83	86	246	사회과학부
E	자연	공학부	88	85	90	263	공학부
F	인문	상경학부	100	100	100	300	상경학부
G	인문	자유전공학부	93	93	93	279	사회과학부
H	자연	자연과학부	100	90	94	자연과학부	

제 4 회

7급 PSAT 하주응 상황판단
실전 모의고사 정답 및 해설

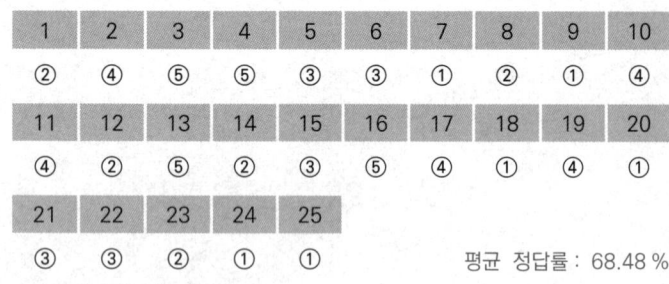

7급 PSAT 대비 실전모의고사

상황판단영역

- 제 4 회 -

출제·해설 : 하 주 응

◐ 정 답

1	2	3	4	5	6	7	8	9	10
②	④	⑤	⑤	③	③	①	②	①	④
11	12	13	14	15	16	17	18	19	20
④	②	⑤	②	③	⑤	④	①	④	①
21	22	23	24	25					
③	③	②	①	①					

평균 정답률 : 68.48 %

1. TEXT 문제의 해설에서, 문단과 문장의 번호는 위에서부터 순서대로 세어 부여함.
2. 법조문 문제의 해설에서, 조(條)의 번호는 위에서부터 순서대로 제1조, 제2조, …로 표기함.

1.

정답 ②

정답률 : 88 %

선택지 검토

① 〔X〕 객석 수가 1,200석인 공연장에서 공연을 하려는 공연단체의 대표는 공연비용의 1.15 % 이상을 안전관리비로 계상하여야 한다.
➡ [제1조 제1항 제1호] 공연장의 운영자가 공연장운영비용의 1 % 이상을 안전관리비로 계상하여야 하는 경우이다.

② 〔O〕 경기도 고양시에서 객석 수가 1,800석인 공연장을 운영하는 사람은 매년 2월 말일까지 고양시장에게 안전관리비의 사용내역서를 제출하여야 한다.
➡ [제1조 제3항 제1호] 객석 수가 500석 이상인 공연장이므로 그 운영자가 매년 2월 말일까지 시장(고양시장)에게 사용내역서를 제출하여야 한다.

③ 〔X〕 공연장의 안전관리담당자 외에 공연자에 대해서도 안전교육을 실시하고, 계상된 안전관리비의 일부로 그 비용을 충당한 공연장운영자에게는 1천만 원 이하의 과태료가 부과된다.
➡ [제1조 제2항 제3호] 공연자도 안전관리비로 안전교육을 실시할 수 있는 대상자이다. 따라서 위반이 아니고 과태료가 부과되지 않는다.

④ 〔X〕 대학교의 운동장에 임시로 무대와 800석의 객석을 설치하고 공연을 하려는 사람은 공연비용의 1 % 이상을 안전관리비로 계상하여야 한다.
➡ [제1조 제1항 제2호] 공연장 외의 장소이지만 1,000명 이상의 관람이 예상되는 경우라고 볼 수 없으므로 안전관리비를 계상할 필요가 없다.(%도 잘못되어 있다.)

⑤ 〔X〕 서울특별시 관악구의 공영주차장을 임대하여 2,000여 명의 관객을 대상으로 공연을 한 사람은 공연이 종료된 날로부터 1개월 이내에 서울특별시장에게 안전관리비의 사용내역서를 제출하여야 한다.
➡ [제1조 제3항 본문 및 제2호] 기한은 1개월이 아니라 30일이다. 또한 서울특별시장이 아니라 관악구청장에게 제출하여야 한다.

- 법령에서 광역지방자치단체의 장(특별시장, 광역시장, 도지사)는 일반적으로 시·도지사로 통칭하고 기초지방자치단체의 장(시장, 군수, 구청장)은 일반적으로 시장·군수·구청장으로 통칭한다. 이들의 구별은 기출문제에서도 종종 물어보는 포인트이므로 기억해두자.

2.

정답 ④

정답률 : 89 %

보기 검토

ㄱ. 〔O〕 고등징계위원회와 보통징계위원회의 민간위원을 모두 합하면 최소 8명이다.
➡ [제2조] 각 징계위원회의 구성원 총 7명 중 2분의 1(3.5) 이상이 민간위원이어야 한다. 따라서 각 위원회에는 최소 4명씩, 합하여 최소 8명의 민간위원이 있다.

ㄴ. 〔O〕 일반직공무원인 5급 사무관과 6급 주사가 함께 관련된 징계사건은 고등징계위원회에서 심의·의결한다.
➡ [제1조 제4항] 상하의 직위자가 함께 관련된 징계 사건은 그 중 최상위자의 관할 징계위원회에서 심의·의결한다.

ㄷ. 〔X〕 나급 전문임기제공무원에 대한 징계의결 요구서가 접수되면 보통징계위원회는 요구서가 접수된 날로부터 최장 60일 이내에 징계의결을 하여야 한다.
➡ [제1조 제2항, 제3조] 나급 전문임기제공무원에 대한 징계의결은 고등징계위원회가 최장 120일(기본 60일 + 연장 60일) 이내에 해야 한다.

ㄹ. 〔O〕 징계의결은 최소 3명의 찬성으로 이루어질 수 있다.
➡ [제2조, 제4조] 각 징계위원회의 구성은 위원장을 포함하여 7명이고, 최소 4명의 출석과 출석위원 과반수(최소 4명 출석 시 3명 이상)의 찬성으로 의결한다.

3.

정답 ⑤

정답률 : 93 %

선택지 검토

① 〔X〕 甲의원은 자신이 1년 전 이사로 재직했던 법인이 행정사무 감사 직무에 관련되었음에도 그 사실을 신고하지 않았다.
➡ 제1항 제3호 위반이다.

② 〔X〕 乙의원은 자신의 아들이 임직원으로 재직 중인 단체가 예산 심의 직무에 관련되었음에도 그 사실을 신고하지 않았다.
➡ 제1항 제4호 위반이다.

③ 〔X〕 자신이 직접 관련된 의안 심사 직무를 스스로 회피하지 않은 丙의원의 직무배제를 의결하는 과정에서 의장은 신속한 의결 처리를 위해 의결 현황을 기록하지 않았다.
➡ 제3항 위반이다. 의장에게는 의결 현황을 기록해야 하는 의무가 있다.

④ 〔X〕 丁의원은 자신의 특수관계사업자가 관련된 예산 심의가 종료된 후 이 같은 사실을 의장에게 신고하였다.
➡ 제1항 제5호 위반이다. 제1항 전단에 따라 '미리' 신고하여야 한다.

⑤ 〔O〕 자신의 조카가 행정사무 조사 직무에 관련된 사실을 알게 된 戊의원은 그 사실을 의장과 자신이 소속된 소관 상임위원회 위원장에게 미리 서면으로 신고하였으나, 스스로 해당 직무를 회피하지는 않았다.
➡ [제1항 단서] 스스로 직무를 회피하는 것은 의무사항이 아니다.

4.

정답 ⑤

정답률 : 85 %

선택지 검토

① (O) 甲회사 주식 100주를 보유하고 있는 주주 A는 甲회사에 대하여 이사의 책임을 추궁할 소의 제기를 청구할 수 있다.
➡ [제1항] 甲회사 발행주식 총수의 100분의 1(100주) 이상의 주식을 가지고 있는 주주는 회사에 소의 제기를 청구할 수 있다.

② (O) 2024년 4월 16일에 甲회사의 주식 120주를 보유하고 있던 주주 B가 甲회사에 이사의 책임을 추궁할 소의 제기를 청구하였는데 2024년 5월 20일까지도 소가 제기되지 않았다면, B는 즉시 소를 제기할 수 있다.
➡ [제3항] 요건을 갖춘 B가 소 제기 청구를 한지 30일이 지났으므로, B는 직접 소를 제기할 수 있다.

③ (O) 6개월 전부터 계속하여 乙회사 주식 20주를 보유하고 있는 주주 C는 서면으로 이사의 책임을 추궁할 소의 제기를 청구할 수 있다.
➡ [제6항] 乙회사는 상장회사이고, C는 주식 보유기간 요건(6개월)과 보유주식 수 요건(1만 분의 1 이상 : 2주)을 모두 충족시키고 있다.

④ (O) 이사의 책임을 추궁할 소를 제기하지 않으면 丙회사에 회복할 수 없는 손해가 생길 염려가 있어 丙회사 주식 300주를 보유하고 있는 주주 D가 직접 소를 제기한 경우, 소를 제기한 후 D가 100주의 주식을 처분하더라도 소의 제기는 유효하다.
➡ [제5항] 소를 제기한 이후에 보유 주식의 수가 발행주식 총수의 100분의 1 미만으로 감소한 경우에도 제소의 효력에는 영향이 없다.

⑤ (X) 2024년 6월 1일부터 丙회사 주식 20주를 보유하고 있는 주주 E는 2024년 11월 10일 회사에 대하여 이사의 책임을 추궁할 소의 제기를 청구할 수 있다.
➡ [제1항, 제6항] 丙회사는 비상장회사이고, E의 보유주식 수는 丙회사 발행주식 총수의 1천분의 1이며, 주식 보유기간은 6개월이 되지 않는다. 따라서 소 제기를 청구할 수 있는 어떤 요건도 충족되지 않는다.

5.

정답 ③

정답률 : 64 %

선택지 검토

① (O) 우리나라 민법은 점유의 성립에 관하여 객관설을 취하고 있다.
➡ [2문단 1문장] 민법은 '물건을 사실상 지배하는 자는 점유권이 있다'고 규정하고 있을 뿐 주관적인 의사가 필요함을 규정하고 있지 않다.

② (O) 통설은 형법상 절도죄의 요건인 절취행위자의 점유에 대하여 주관설을 취하고 있다.
➡ [3문단 마지막] 재물을 자신의 지배하에 두려는 의사를 가지고 타인의 재물을 취득하여 점유하였을 때 절도죄가 성립한다는 것이 통설이다.

③ (X) 절취에 대한 고의와 점유의 의사가 있다면 재물을 물색하는 행위만으로도 절도죄가 완성된다.
➡ [3문단 마지막] 절도죄가 완성되는 시기는 재물을 취득하여 점유하였을 때이다.

④ (O) 형법상의 절도죄에서는 민법상의 점유보조자도 점유자로 본다.
➡ [3문단 3-4문장] 본인을 대신하여 점유하는 자도 점유자로 본다.

⑤ (O) 폭행 또는 협박을 수단으로 하여 타인의 재물을 절취한 경우에는 절도죄가 성립하지 않는다.
➡ [3문단 5문장] 절도죄의 성립요건인 '절취'는 폭행이나 협박에 의하지 아니하고 점유자의 의사에 반하여 재물을 자기의 점유로 옮기는 것을 말한다. (폭행 또는 협박으로 타인의 재물을 강취한 경우에는 강도죄가 성립한다.)

6.

정답 ③

정답률 : 92 %

풀이

● 온전한 케이크 1개의 무게를 x라고 하자.

$x = 0.75x + 150$

$0.25x = 150$

$x = 600$ g

7.

정답 ①

정답률 : 85 %

보기 검토

콘덴서	정격전압	축전용량
ㄱ. 1H 203	50 V	20×10^3 = 20,000 pF
ㄴ. 2B 105	125 V	10×10^5 = 1,000,000 pF
ㄷ. 3B 502	1,250 V	50×10^2 = 5,000 pF
ㄹ. 2F 403	315 V	40×10^3 = 40,000 pF

● 정격전압 : ㄷ > ㄹ > ㄴ > ㄱ
● 축전용량 : ㄴ > ㄹ > ㄱ > ㄷ

8.

정답 ②

정답률 : 44 %

풀이

○ 최소 이동시간을 묻고 있으므로 이동시간이 짧은 경로들부터 골라서 그것들을 이용하는 방식부터 검토해 본다.
→ 이동시간이 2시간인 경로와 3시간인 경로만 골라보면 다음과 같다.

상행선	이동시간	하행선	이동시간
A → B	3		
		D → A	2
A → E	3		
B → D	3		
		D → C	3
		E → C	3

○ 이를 그림으로 표현하면 다음과 같다.

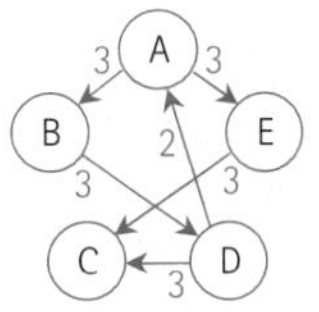

○ C지역에서 나가는 경로는 없고 들어가는 경로만 있으므로 C지역을 도착지로 하고 경로를 역추적하여 5개 지역을 모두 연결할 수 있는지를 확인하면 다음과 같이 1가지 경우가 발견되는데, 이 경우가 이동시간이 최소인 경우이다.

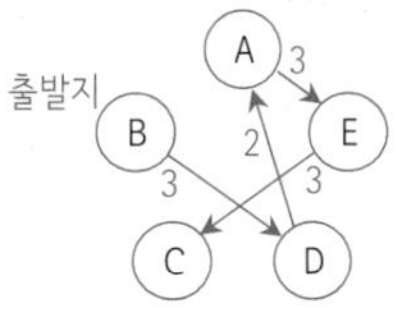

→ 출발지 : B, 이동시간 : 11시간

9.

정답 ①

정답률 : 84 %

선택지 검토

① 〔X〕 망암화차의 상세한 규격과 세부 도면은 『화포식언해』에 수록되어 있었다.
➡ [3문단] 『화포식언해』에 수록된 것은 주자총통 50문을 탑재할 수 있는 화차인데, 망암화차는 승자총통 40문을 탑재했으므로 이 둘은 같은 화차가 아니다. 망암화차가 『화포식언해』에 수록되어 있었다는 언급은 없다.

② 〔O〕 문종이 개발한 신기전 화차는 그 발사 각도를 최대로 했을 때 중신기전을 가장 멀리 날릴 수 있었다.
➡ [1문단 마지막] 신기전 화차는 최대 43도까지 발사 각도를 조절할 수 있었고, 43도의 발사 각도에서 최대의 사거리가 나왔다.

③ 〔O〕 신기전 화차 한 대에 중신기전을 최대한 탑재할 경우, 총 210냥의 화약이 사용되었을 것이다.
➡ [1문단 1문장, 4문단 4문장, 각주] 신기전 화차에는 중신기전 100발을 탑재할 수 있었고, 중신기전 한 개에는 추진체용 화약 2냥과 폭발용 화약 1돈이 사용되었다. 따라서 『100 × 2냥 1돈 = 200냥 100돈 = 210냥』의 화약이 사용되었을 것이다.

④ 〔O〕 『국조오례의서례』에서 신기전과 화차의 규격표기에 사용한 '리'와 '분' 단위는 10배의 차이가 나는 단위였을 것이다.
➡ [2문단 2문장] 1리는 0.3 mm이고 1분은 3 mm였다. 따라서 10배 차이가 나는 단위였다.

⑤ 〔O〕 중국 화궤공적차의 사격각도 조절범위는 신기전 화차보다 작았을 것이다.
➡ [1문단 3문장, 2문단 마지막] 화궤공적차에 사용된 일반적인 수레의 구조(수레바퀴의 축 위에 바로 바닥이 위치한 구조)에서는 최대 20도 이하의 발사각도만 나오지만 신기전 화차는 최대 43도까지 발사각도가 나왔다.

10.

정답 ④

정답률 : 89 %

풀이

○ 관련된 정보는 3문단 1문장과 4문단 4문장, 6문장에 있다.

○ 망암 화차 : 승자총통 40문 탑재
승자총통 1문의 화약 사용량 : 1냥
승자총통 1문의 철환 발사 개수 : 15발

○ 계산 (망암 화차 40대 기준)
- 철환 개수 : 15발 × 40문 × 40대 = 24,000발
- 화약 사용량 : 1냥 × 40문 × 40대 = 1,600냥

11.

정답 ④

정답률 : 90 %

선택지 검토

① 〔X〕 부모가 자녀의 출생 후 30일 동안 출생신고를 하지 않았다면 검사 또는 지방자치단체의 장이 출생신고를 하여야 한다.
➡ [제1조, 제2조 제3항] 출생신고의 의무기간은 30일이 아닌 1개월이다. 또한 검사 또는 지방자치단체장의 출생신고는 의무사항이 아니다.

② 〔X〕 기차나 선박 등의 교통기관에서 출생한 경우를 포함한 모든 출생신고는 출생지에서 하여야 한다.
➡ [제3조 제2항] 기차나 선박 등의 교통기관에서 출생한 경우에는 교통기관에서 내린 곳(최초로 입항한 곳)에서 신고할 수 있다.

③ 〔X〕 항해 중에 출생이 있는 경우, 선박의 선장은 24시간 이내에 출생신고서를 작성하여 최초로 입항한 항구에 있는 재외국민 가족관계등록사무소의 가족관계등록관에게 신고하여야 한다.
➡ [제4조] (해당 선박에 항해일지가 비치되어 있다면) 선장이 작성하는 것은 항해일지이다. 또한 이 경우 신고하는 것이 아니라 (항해일지의 등본을) 발송하는 것이며, 발송의 대상이 시·읍·면의 장인 경우도 있다.
[제3조 제2항] (해당 선박에 항해일지가 비치되어 있지 않다면) 그 선박이 최초로 입항한 곳에서 신고할 수 있지만, 신고의 주체가 선박의 선장은 아니다.

④ 〔O〕 혼인을 하지 않은 산모가 병원에서 출산한 직후 사망하였다면 해당 병원의 장이 출생신고를 하여야 한다.
➡ [제2조 제2항, 제5조] 혼인 외 출생자의 신고의무자는 모(母)이다. 신고의무자가 신고할 수 없는 경우이므로 당해 시설(병원)의 장이 신고를 하여야 한다.

⑤ 〔X〕 자녀가 출생 후 일주일 만에 사망한 경우 자녀의 부 또는 모는 출생신고를 하지 않아도 된다.
➡ [제6조] 출생의 신고 전에 자녀가 사망한 때에는 출생의 신고를 해야 하고, 동시에 사망의 신고도 하여야 한다.

12.

정답 ②

정답률 : 50 %

선택지 검토

① 〔X〕 화장품제조업자가 상호를 변경할 때에는 식품의약품안전처장에게 변경신고를 하여야 한다.
➡ [제2조] 화장품제조업자는 변경 사항을 '등록'하여야 한다.

② 〔O〕 맞춤형화장품판매업자가 파산선고를 받고 복권되지 아니한 경우 식품의약품안전처장은 해당 영업소의 폐쇄를 명하여야 한다.
➡ [제3조, 제4조 제2호, 제5조 본문·단서 및 제3호] 제5조 제3호에 해당하는 경우 식품의약품안전처장은 등록을 취소하거나 영업소를 폐쇄하여야 하는데, 맞춤형화장품판매업은 '신고'해야 하는 업종으로서 등록 취소가 아닌 영업소 폐쇄의 대상이다. 따라서 식품의약품안전처장은 영업소를 폐쇄하여야 한다.

③ 〔X〕 「정신건강증진에 관한 법률」에 따른 정신질환자는 화장품책임판매업의 등록을 할 수 없다.
➡ [제4조] 제1호는 화장품제조업만 해당한다. 따라서 「정신건강증진에 관한 법률」에 따른 정신질환자는 화장품책임판매업의 등록을 할 수 있다.

④ 〔X〕 화장품책임판매업자가 변경된 소재지를 등록하지 아니한 경우 식품의약품안전처장은 해당 영업소의 폐쇄를 명하여야 한다.
➡ [제5조 본문, 제1호] 영업소의 폐쇄는 맞춤형화장품판매업에 대해서만 명할 수 있다. 이 경우에는 등록을 취소할 수 있다.

⑤ 〔X〕 변경된 소재지를 등록하지 않아 2023년 1월 21일에 등록이 취소된 화장품제조업자는 2025년 1월 20일까지 화장품제조업 등록을 할 수 없다.
➡ [제4조 제4호, 제5조 제1호] 등록이 취소된 날로부터 1년까지만 화장품제조업 등록을 할 수 없으므로, 1년 이상 지난 2025년 1월 20일에는 화장품제조업 등록을 할 수 있다.

13.

정답 ⑤

정답률 : 37 %

풀이

- 甲이 맞힌 개별점수의 종류는 모두 동일
  11 × 6 = 66 → 다른 점수의 조합으로 만들 수 없는 점수
  2 × 6 = 12 → 다른 점수의 조합으로 만들 수 없는 점수
  3 × 6 = 18 → 다른 경우로 [7, 3, 2, 2, 2, 2] 한 가지가 더 있다.
  가능한 조합이 두 가지밖에 없다.
  7 × 6 = 42 → 7 × 2 = 14이므로, 11과 3의 조합으로 2개의 7을 대체할 수 있다.
  '丁은 두 가지 종류의 개별점수만 맞혔다'는 조건에도 부합한다.

→

甲	7	7	7	7	7	7
乙	7	7	7	7	11	3
丙	7	7	11	3	11	3
丁	11	3	11	3	11	3

➡ 3점을 맞힌 화살의 총 개수 = 6개

14.

정답 ②

정답률 : 88 %

풀이

- 1인당 사과의 개수 = x
  1인당 귤의 개수 = y
  총 회원 수 = z
  → $(x \times 700 + y \times 400) \times z = 16{,}500$
  → $16{,}500 = 1{,}500 \times 11 = (1 \times 700 + 2 \times 400) \times 11$

➡ 1인당 사과의 개수 = 1개
1인당 귤의 개수 = 2개 → 구입한 귤의 총 개수 = 22개
테니스 동아리의 총 회원 수 = 11명

15.

정답 ③

정답률 : 75 %

풀이

- 알사탕의 최대 개수가 100개 미만이므로 병이 담아온 알사탕의 개수는 50개 미만이다.
- 갑이 담아온 알사탕의 개수와 을이 담아온 알사탕의 개수는 짝수이다.
  → 갑이 담아온 알사탕 개수 = 8x개 or 6x개 or 4x개 …

1위	2위	3위	4위	
2x >	2y >	x >	y	
짝수	짝수	짝수	짝수	
ab	ba	cd	dc	
甲	乙	丙	丁	
86	68	43	34	→ 홀수 1개
84	**48**	**42**	**24**	**→ 모두 짝수**
82	28	41	14	→ 순위에 맞지 않음
80	08	40	04	→ 순위에 맞지 않음
68	86	34	43	→ 순위에 맞지 않음
64	46	32	23	→ 홀수 1개
62	26	31	13	→ 순위에 맞지 않음
60	06	30	03	→ 순위에 맞지 않음
48	84	24	42	→ 순위에 맞지 않음
46	64	23	43	→ 순위에 맞지 않음
42	24	21	12	→ 홀수 1개
40	04	20	02	→ 순위에 맞지 않음
28	82	14	41	→ 순위에 맞지 않음
		⋮		→ 이하 모두 순위에 맞지 않음

➡ Σ(甲 ~ 丁) = 84 + 48 + 42 + 24 = 198

16.

정답 ⑤

정답률 : 34 %

보기 검토

ㄱ. (O) 제품 1개를 만드는 데 필요한 최소 시간은 23분이다.

➡

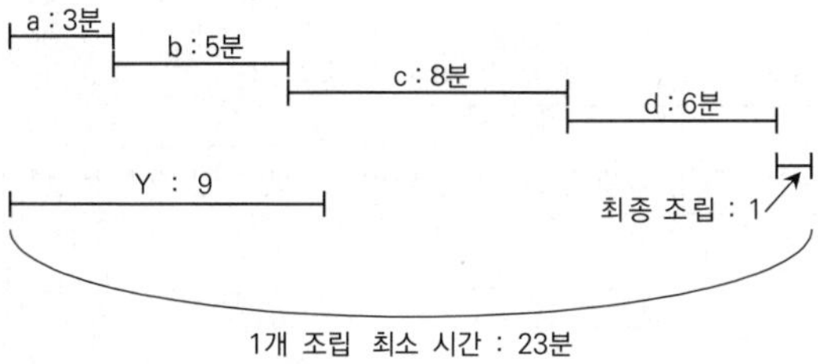

ㄴ. (O) 제품 10개를 만드는 데 필요한 최소시간은 95분이다.

➡ Y부품은 9분에 2개씩 생산되므로 항상 늦지 않게 공급이 가능하며, 10개를 공급하는 데 45분이면 충분하다. 따라서 고려하지 않아도 좋다.

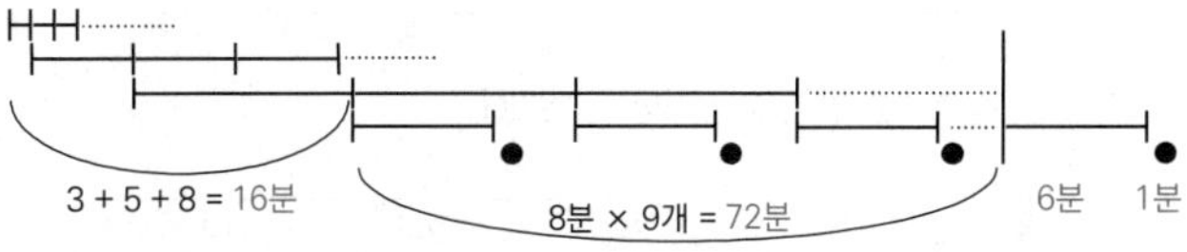

● → 최종조립 : 1분 ※ 10개 생산 : 95분

ㄷ. (O) c공정의 소요시간을 6분으로 단축시키면 제품 10개를 만드는 데 필요한 최소 시간이 20분 짧아진다.

➡ 첫 번째 제품을 생산하는 데 걸리는 시간이 2분 짧아진다. d공정에서 9번 발생하는 2분씩의 유휴시간이 없어져서 18분이 단축된다. 따라서 총 20분이 단축된다.

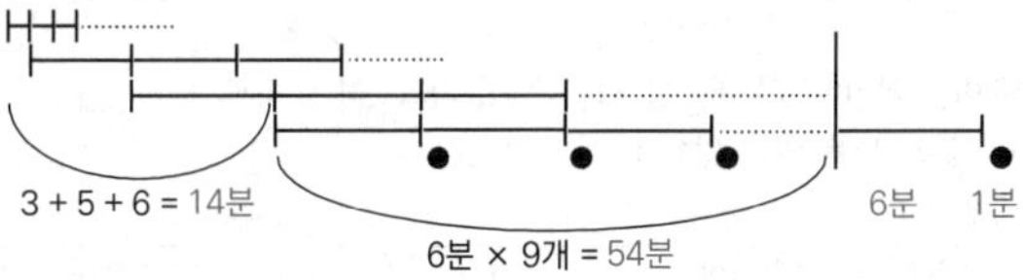

● → 최종조립 : 1분 ※ 10개 생산 : 75분

Y부품 생산 공정과 최종조립 공정은 별개의 공정으로 X부품 생산 공정과 동시에 진행할 수 있다.
Y부품 생산 공정은 소요시간이 충분히 짧아서 최종조립 공정이 시작되기 전까지 항상 부품을 미리 공급할 수 있다.
이 두 개의 공정은 X부푼 생산 공정에 영향을 주지 않으며, C공정의 소요 시간이 2분 단축되어도 영향을 받지 않는다.

17.

정답 ④

정답률 : 86 %

풀이

○ 제기를 짝수 번 찬 학생은 가희, 나리, 라진뿐이다.

가	나	다	라	마
짝수	짝수	홀수	짝수	홀수

○ 라진이는 제기를 18번 찼으며, 이는 나리보다 10번 이상 적게 찬 것이다.

라	나
18	28 이상 짝수

○ 제기를 가장 많이 찬 사람은 제기를 31번 찼고, 나리는 2위가 아니다.

라	나	나		최다
18	28 또는 30	28 또는 30		31

○ 4위와 5위가 제기를 찬 횟수의 차이는 7번이다.

<경우 1>

5위	4위	3위	2위	1위
라		나		최다
18	25	28 또는 30		31

<경우 2>

5위	4위	3위	2위	1위
	라	나		최다
11	18	28 또는 30		31

○ 다정이는 라진이보다 제기를 많이 찼고, 가희보다는 적게 찼다.

→ <경우 2>는 맞지 않는다.

<경우 1>

5위	4위	3위	2위	1위
라	다	나	가	최다
18	25	28 또는 30		31

→ 가희, 나리, 라진은 짝수이므로

5위	4위	3위	2위	1위	총합
라	다정	나	가	최다	
18	25	28	30	31	132

18.

정답 ①

정답률 : 15 %

제시문의 이해

상품 이동 후 최종소비국에서 가격이 최소가 되는 방법은 각각 다음과 같다.

○ 갑 → 을

1. 갑 → 을 : × 1.1
2. 갑 → 병 → 을 : × 1.3 × 0.8 = × 1.04

○ 갑 → 병

1. 갑 → 병 : × 1.3
2. 갑 → 을 → 병 : × 1.1 × 1.2 = × 1.32

○ 을 → 갑 : × 0.9

○ 을 → 병

1. 을 → 병 : × 1.2
2. 을 → 갑 → 병 : × 0.9 × 1.3 = × 1.17

○ 병 → 갑 (병 → 을 → 갑) : × 0.8 × 0.9 = × 0.72

○ 병 → 을 : × 0.8

상황 검토

ㄱ. 갑국의 소비자가 을국에서 20원에 팔리는 을국산 상품을 갑국에서 구입

➡ 을 → 갑 : 20 × 0.9 = 18

ㄴ. 을국의 소비자가 갑국에서 17원에 팔리는 갑국산 상품을 을국에서 구입

➡ 갑 → 을 : 17 × 1.04 = 17.68

ㄷ. 갑국의 소비자가 병국에서 23원에 팔리는 병국산 상품을 갑국에서 구입

➡ 병 → 갑 : 23 × 0.72 = 16.56

ㄹ. 병국의 소비자가 을국에서 14원에 팔리는 을국산 상품을 병국에서 구입

➡ 을 → 병 : 14 × 1.17 = 16.38

따라서 가격이 높은 순으로 나열하면 ㄱ > ㄴ > ㄷ > ㄹ 이 된다.

19.

정답 ④

정답률 : 47 %

풀이

문항의 개수는 9개인데 모두 6문항씩 맞혔으므로, 서로 다른 2명의 답안을 비교하면 동일하게 응답한 문항이 최소 3개 있으며, 정확히 3개일 경우 그 응답은 반드시 정답이다.

<예시>

A	정	정	정	정	정	정	오	오	오
B	오	오	오	정	정	정	정	정	정

동일하게 응답한 문항이 4개 이상일 경우에는, 해당 문항들의 응답이 반드시 정답이라고 할 수는 없으므로 주의한다.

<예시>

A	정	정	정	정	정	정	오	오	오
B	오	오	정	정	정	정	정	정	오

cf. 위의 2가지 예를 보고 예상할 수 있는 것처럼, 문항의 개수가 9개이고 두 사람이 각각 6개씩 맞힌 경우에는 동일한 응답을 한 문항의 수가 3개, 5개, 7개, 또는 9개이다. 4개, 6개 등은 불가능하다.

4명의 답안지에 적용해 보자. 두 명씩 짝을 지어, 동일한 응답을 한 문항이 정확히 3개인 경우만 찾는다.

문항	甲	乙	乙	丙	丙	丁	乙	丁
1	○	×	×	○	○	×	×	×
2	×	○	○	×	×	×	○	×
3	○	×	×	○	○	○	×	○
4	○	×	×	×	×	○	×	○
5	×	×	×	○	○	×	×	×
6	○	○	○	○	○	×	○	×
7	○	×	×	○	○	○	×	○
8	×	×	×	○	○	×	×	×
9	×	○	○	○	○	×	○	×

문항	정답	甲	丁
1	×	○	×
2	×	×	×
3	○	○	○
4	×	○	○
5	×	×	×
6	○	○	×
7	○	○	○
8	×	×	×
9	○	×	×

→ 甲과 丁이 공통으로 정답을 맞힌 문항의 개수 : 5개

20.

정답 ①

정답률 : 80 %

보기 검토

ㄱ. 16ec ➡ W + B = e + c = 35 + 44 = 79 ➡ 순색의 함량 : 21

ㄴ. 23ng ➡ W + B = n + g = 5.6 + 78 = 83.6 ➡ 순색의 함량 : 16.4

ㄷ. 8ia ➡ W + B = i + a = 14 + 11 = 25 ➡ 순색의 함량 : 75

ㄹ. 11pi ➡ W + B = p + i = 3.5 + 86 = 89.5 ➡ 순색의 함량 : 10.5

※ '순색'의 함량이 높은 것부터 낮은 것 순서로 나열

ㄷ, ㄱ, ㄴ, ㄹ

21.

정답 ③

정답률 : 55 %

풀이

1. 현재의 가구 제작 공정에서 가구 900개를 만들려면
   - ○ (제 4 공정) 합판 5장 재단·조립 → 가구 1개
     → 합판 4,500장 필요
   - ○ (제 3 공정) 베이어판 10장 압착 → 합판 1장
     → 베니어판 45,000장 필요
   - ○ (제 2 공정) 원목 조각 1개 재단 → 베니어판 100장
     → 원목 조각 450개 필요
   - ○ (제 1 공정) 원목 1개 재단 → 원목 조각 5개
     → 원목 90개 필요

※ 제 1 공정의 효율을 20 % 향상시켜 더 많은 원목조각을 만들어낼 수 있게 되었다.
→ 원목 1개에서 원목 조각 6개를 생산해낼 수 있게 되었다.
제 4 공정의 효율을 25 % 향상시켜 사용되는 합판의 개수를 줄일 수 있게 되었다.
→ 합판 5장으로 1.25개의 가구를 만들 수 있게 되었다.
→ 가구 1개를 만드는 데에 4장의 합판이 필요하다.

1. 새로운 가구 제작 공정에서 가구 900개를 만들려면
   - ○ (제 4 공정) 합판 4장 재단·조립 → 가구 1개
     → 합판 3,600장 필요
   - ○ (제 3 공정) 베이어판 10장 압착 → 합판 1장
     → 베니어판 36,000장 필요
   - ○ (제 2 공정) 원목 조각 1개 재단 → 베니어판 100장
     → 원목 조각 360개 필요
   - ○ (제 1 공정) 원목 1개 재단 → 원목 조각 6개
     → 원목 60개 필요

➡ 새로운 공정에서 가구 900개를 만들 경우, 현재의 공정에서 동일한 개수의 가구를 만드는 경우에 비해 절감되는 원목의 개수 = 90 - 60 = 30개

22.

정답 ③

정답률 : 68 %

풀이

과목	목전			철전			
회	1	2	3	1	2	3	
기본점수	7획	7획	7획	7획	7획	7획	42획
총 거리	270보	265보		80보	104보	111보	-
추가거리	30보	25보		0보	24보	31보	149분 = 14획 9분
추가점수	30분	25분	39분	0분	24분	31분	
총합							56획 9분

-159

+8

23.

정답 ②

정답률 : 55 %

〈조건〉의 이해

○ 각 공장이 점수를 받는 방법의 수는 아래와 같이 8가지이다.

○ 두 개의 공장이 점수를 나누어 받는 방법의 수는 아래와 같이 4가지이다.

생산성	5	5	5	5	3	3	3	3
노후화	3	3	1	1	3	3	1	1
종업원 수	2	1	2	1	2	1	2	1
총점	10	9	8	7	8	7	6	5
				폐쇄		폐쇄	폐쇄	폐쇄
	ⓐ	ⓑ	ⓒ	ⓓ	ⓕ	ⓖ	ⓗ	ⓘ

보기 검토

ㄱ. [O] 甲공장의 총점과 乙공장의 총점이 같은 경우는 없다.

➡ 한 공장이 10점, 9점, 8점, 7점을 받을 때 다른 공장은 5점, 6점, 7점, 8점을 받는다.

※ 전체 점수의 합이 15점이므로 이를 절반으로 나누면 7.5점이다. 그런데 점수의 배분은 자연수로 이루어지므로 두 공장이 동점인 경우는 없다고 판단할 수도 있다.

ㄴ. [X] 8점 이하의 총점을 받은 공장은 반드시 폐쇄된다.

➡ 전체 점수의 합이 15점이므로 총점으로 8점을 받으면 다른 공장의 총점은 7점이 된다. 따라서 총점이 8점인 경우에는 폐쇄되지 않는다.

ㄷ. [X] 종업원 수가 더 많은 공장이 폐쇄될 확률은 50 %이다.

➡ '종업원 수' 항목에서 2점을 받는 경우는 4가지이고, 이 중에서 폐쇄되는 것으로 결정되는 경우는 1가지이다. 즉, 확률은 25 %이다.

ㄹ. [O] 甲공장에서는 매월 60개의 불량품이 생산되고, 乙공장에서는 매월 51개의 불량품이 생산된다면 甲공장이 폐쇄될 확률은 25 %이다.

➡ 甲공장의 생산성이 더 높아서 5점을 받는 경우이다. 5점을 받고도 폐쇄되는 경우는 4가지 중 1가지, 즉 25 %의 확률이다.

24.

정답 ①

정답률 : 37 %

풀이

노란색 인형은 (1, 6) (2, 7) (3, 8)에 놓을 수 있다.
초록색 인형은 (1, 5) (2, 6) (3, 7) (4, 8)에 놓을 수 있다.
빨간색 인형은 (1, 4) (2, 5) (3, 6) (4, 7) (5, 8)에 놓을 수 있다.
파란색 인형은 (1, 3) (2, 4) (3, 5) (4, 6) (5, 7) (6, 8)에 놓을 수 있다.

가장 강하게 제약이 걸려 있는, 즉 가장 경우의 수가 적은 노란색 인형부터 초록색 → 빨간색 → 파란색 순으로 배치하면서 가능한 경우를 찾는다.

노란색	초록색	빨간색	파란색
1, 6	3, 7	2, 5	×
		5, 8	2, 4
	4, 8	2, 5	×
2, 7	1, 5	3, 6	×
	4, 8	3, 6	×
3, 8	1, 5	4, 7	×
	2, 6	1, 4	5, 7
		4, 7	×

● 가능한 배열

1	2	3	4	5	6	7	8
노란색	파란색	초록색	파란색	빨간색	노란색	초록색	빨간색
빨간색	초록색	노란색	빨간색	파란색	초록색	파란색	노란색

25.

정답 ①

정답률 : 82 %

보기 검토

ㄱ. [O] 소송목적의 값이 3,000만 원이고 보수의 감액 및 증액이 없다면, 소송비용에 산입되는 변호사의 보수는 180만 원이다.

➡ [제1조] 80만 + (2,000만 × 0.05) = 180만 원

ㄴ. [O] 소송목적의 값이 5,000만 원이고 변론 없이 판결이 내려진 경우, 소송비용에 산입되는 변호사의 보수는 최대 210만 원이다.

➡ [제1-2조, 제3조 제2항] (280만 ÷ 2) × 1.5 = 210만 원

ㄷ. [X] 소송목적의 값이 1억 원이고 피고의 전부자백에 의해 판결이 내려진 경우, 소송비용에 산입되는 변호사의 보수는 최소 132만 5천 원이다.

➡ [제1-2조, 제3조 제1항] (430만 ÷ 2) ÷ 2 = 107만 5천 원

ㄹ. [X] 소송비용에 산입하기 위하여 산정된 변호사의 보수가 현저히 부당하게 높다고 인정되는 경우, 법원은 산정된 금액의 2분의 1을 감액해야 한다.

➡ [제3조 제1항] 법원의 재량 사항이다. 법원은 산정된 금액의 2분의 1의 한도 내에서 감액할 수 있다.

제 5 회

7급 PSAT 하주응 상황판단
실전 모의고사 정답 및 해설

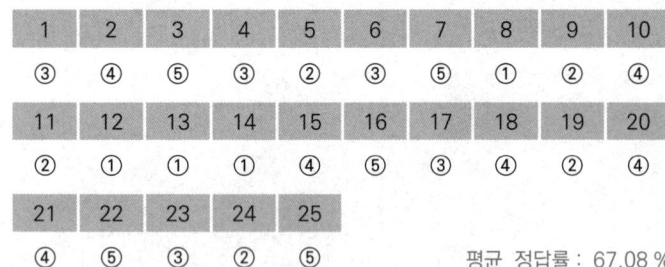

7급 PSAT 대비 실전모의고사

상황판단영역

- 제 5 회 -

출제·해설 : **하 주 응**

◐ 정 답

1	2	3	4	5	6	7	8	9	10
③	④	⑤	③	②	③	⑤	①	②	④
11	12	13	14	15	16	17	18	19	20
②	①	①	①	④	⑤	③	④	②	④
21	22	23	24	25					
④	⑤	③	②	⑤					

평균 정답률 : 67.08 %

1. TEXT 문제의 해설에서, 문단과 문장의 번호는 위에서부터 순서대로 세어 부여함.
2. 법조문 문제의 해설에서, 조(條)의 번호는 위에서부터 순서대로 제1조, 제2조, …로 표기함.

1.

정답 ③

정답률 : 91 %

선택지 검토

① 〔O〕 타인의 출입증을 대여하여 청사에 출입한 자는 최대 4.5개월까지 출입증의 발급이 제한될 수 있다.

➡ [제3조 제1항 제2호 나목, 제2항] 원칙적으로 3개월 동안 출입증의 발급이 제한되며, 50%(1.5개월)이 가산될 수 있다.

② 〔O〕 공무원증을 분실하고 그 사실을 신고하지 않은 경우 공무원증의 재발급이 원칙적으로 1개월간 제한된다.

➡ [제3조 제1항 제1호] 출입증의 분실을 신고하지 않은 경우 1개월 동안 출입증의 재발급이 제한된다.

③ 〔X〕 공무의 목적으로 임시공무출입증을 발급 받고 공무를 마친 후 출입증을 반납하지 않아 출입증 발급이 제한된 경우, 발급 제한 기간이 만료되기 전에는 청사에 출입할 수 없다.

➡ [제3조 제3항] 출입증 발급 및 재발급이 제한된 기간에는 일일방문증을 교부받아 출입할 수 있다.

④ 〔O〕 타인에게 일반출입증을 대여하여 청사에 출입하도록 한 사실이 적발된 경우, 해당 출입증을 반납하여야 한다.

➡ [제3조 제1항 제2호 나목] 타인에게 출입증을 대여한 경우 출입증을 반납하여야 한다.

⑤ 〔O〕 공무직원증을 타인에게 대여한 사실이 적발된 경우 위반사실확인서를 작성하여 제출해야 한다.

➡ [제3조 제1항 제2호 가목] 공무직원증을 타인에게 대여한 경우 위반사실 확인서를 작성하여 제출해야 한다.

2.

정답 ④

정답률 : 92 %

보기 검토

ㄱ. 〔O〕 국내 거주자라면 외국인도 국민제안을 제출할 수 있다.

➡ [제1조 제1호] 국민제안을 제출할 수 있는 국민에는 국내에 거주하는 외국인도 포함된다.

ㄴ. 〔O〕 4명이 공동으로 제출하여 채택된 중앙우수제안에 대하여 금상을 시상할 경우, 4명의 기여도가 동일하다면 제안자 1명당 300만 원의 부상을 지급할 수 있다.

➡ [제2조 제2항 제1호, 제3항] 금상에 대한 부상의 상한은 800만 원이지만, 3명 이상이 공동으로 국민제안을 제출한 경우에는 이를 50%까지 상향할 수 있다. 따라서 최대 1,200만 원을 4명에게 나누어 지급할 수 있고, 기여도에 따라 분배하므로 1명단 300만 원을 지급하는 것도 가능하다.

ㄷ. 〔X〕 중앙우수제안에 시상을 할 때에는 각 등급별로 최소 1개 이상의 국민제안을 선정하여 반드시 4개 등급 모두에 대해 시상하여야 한다.

➡ [제2조 제1항] 각 등급에 해당하는 국민제안이 없는 경우에는 해당 등급의 시상을 하지 않을 수 있다.

ㄹ. 〔O〕 중앙우수제안의 제안자가 사망한 경우, 제안자가 별도로 지정한 사람이 없는 한 그 상속인에게 부상이 지급된다.

➡ [제2조 제4항] 1순위자인 '제안자가 지정한 자'가 없는 경우 2순위인 상속인에게 지급된다.

3.

정답 ⑤

정답률 : 70 %

보기 검토

ㄱ. 〔O〕 코로나19로 인하여 휴업 중인 중소기업은 긴급부문에 대한 지원을 받을 수 없다.

➡ [유의 사항, 첫 번째] 휴업 기업의 경우 지원하지 않는다.

ㄴ. 〔X〕 긴급부문으로 지원을 받는 공공기관은 총사업비의 20 % 이상을 민간의 현물 또는 현금으로 부담해야 한다.

➡ [사업비 구성, 마지막] 공공기관은 총사업비에 민간부담금을 포함시킬 의무가 없다.

ㄷ. 〔O〕 지원금을 상한까지 모두 받으려고 하는 중소기업이 총사업비에서 민간의 현금으로 부담해야 하는 금액은 최소 175만 원이다.

➡ [사업비 구성, 중소기업] 지원금은 최대로 총사업비는 최소로 하면서 민간부담금의 최소 비율 20%와 현금부담금의 최소 비율 10%을 맞춰주면 현금부담금의 최소금액을 구할 수 있다.

80 : 20 = 7,000만 원 : 민간부담금

민간부담금 최소 금액 = 1,750만 원

현금부담금 최소 금액 = 175만 원

ㄹ. 〔O〕 사업계획서의 창업 아이템과 관련한 내용만으로 사업을 수행할 예정이며 사업자 등록을 마친 예비창업자는 AI가공바우처를 통한 지원금만으로 총사업비를 충당할 수 있다.

➡ [사업비 구성, 마지막] 예비창업자는 민간부담에서 제외되므로 지원금만으로 총사업비를 충당할 수 있다.

4.

정답 ③

정답률 : 62 %

풀 이

※ 여유시간을 고려한 적정인원을 산출할 때에는 각각의 적정인원에 '× 1.1'을 해주면 된다. 제시된 수식은 이것을 알려주기 위한 정보이다.

구분	현재 인원수	적정인원수			
		법정근로시간		실제근로시간 + 여유시간	
		적정	충·감원	적정	충·감원
A팀	20	19	- 1 (팀 이동)	17 × 1.1 → 19	- 1 (팀 이동)
B팀	5	8	+ 3	7 × 1.1 → 8	+ 3
C팀	30	35	+ 5	33 × 1.1 → 37	+ 7
계	55	62	+ 7	64	+ 9

5.

정답 ②

정답률 : 41 %

풀이

- 적어도 세 사람이 거짓을 말하고 있다고 했는데, 甲과 丙의 진술이 동시에 거짓일 수는 없다. 따라서 [甲, 乙, 丁] 또는 [乙, 丙, 丁]이 거짓을 말하고 있는 2가지 경우에 대해 판단하면 된다.

- [경우 1] 甲, 乙, 丁이 거짓을 말하는 경우

	음악	미술	체육
甲 F	○	×	○
乙 F	○		
丙 T	×	○	○
丁 F	×	○	○

丙이 참을 말하고 있으므로, 甲은 음악과 체육을 연구한다. 각자 두 가지 분야를 선택해 연구하므로 甲은 미술은 연구하지 않는다.
甲의 진술이 거짓이므로, 丙은 음악을 연구하지 않는다. 丙은 미술과 체육을 연구한다.
乙의 진술이 거짓이므로, 乙은 미술 또는 체육 중 한 분야의 연구를 하지 않아야 하며, 각자 두 가지 분야를 선택해 연구하므로 乙은 음악을 연구한다.
丁의 진술이 거짓이므로, 丁은 음악을 연구하지 않는다. 丁은 미술과 체육을 연구한다.

- [경우 2] 乙, 丙, 丁이 거짓을 말하는 경우

	음악	미술	체육
甲 T		○	
乙 F	○		
丙 F	○	×	○
丁 F	×	○	○

甲이 참을 말하고 있으므로, 丙은 음악을 연구하고 甲은 미술을 연구한다.
乙의 진술이 거짓이므로, 丙은 체육을 연구한다. 따라서 丙은 미술을 연구하지 않는다.
乙의 진술이 거짓이므로, 乙은 미술 또는 체육 중 한 분야의 연구를 하지 않아야 하며, 각자 두 가지 분야를 선택해 연구하므로 乙은 음악을 연구한다.
丁의 진술이 거짓이므로, 丁은 음악을 연구하지 않는다. 丁은 미술과 체육을 연구한다.

보기 검토

ㄱ. (X) 丙은 미술 분야를 선택했다.
➡ [경우 2] 아닐 수도 있다.

ㄴ. (X) 음악 분야는 두 사람이 선택했다.
➡ [경우 2] 세 사람일 수도 있다.

ㄷ. (O) 丙과 丁이 공통으로 선택한 연구 분야가 있다.
➡ 경우 1과 2에서 모두 丙과 丁은 체육 분야를 공통으로 선택했다.

6.

정답 ③

정답률 : 44 %

풀이

- 작업C는 세 명이 모두 참여하며 15분이 소요된다.
작업C는 세 명이 모두 참여하기 때문에 어떤 순서에 넣어도 전체 소요시간에 영향을 미치지 않으므로, 이 작업을 제외한 나머지 작업들의 최소 소요시간을 찾는다.

- 작업B는 乙이 수행할 때의 소요시간이 가장 짧다. 이를 이용할 수 있는지 검토해 본다.

작업A	작업B	작업D
甲 丙 20	乙 15	甲 丙 25
乙 丙 15		乙 丙 30

작업A를 乙과 丙이 수행하고 작업D를 甲과 丙이 수행하고, 작업B와 작업D를 동시에 진행하면 최소시간이 될 수 있다.(순서는 바꿀 수 있다.)

D 甲 丙 25 | A 乙 丙 15
B 乙 15

→ 40분

➡ 최소 소요시간 = 55분

7.

정답 ⑤

정답률 : 64 %

보기 검토

ㄱ. (O)

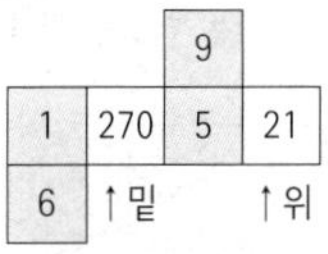

ㄴ. (O)

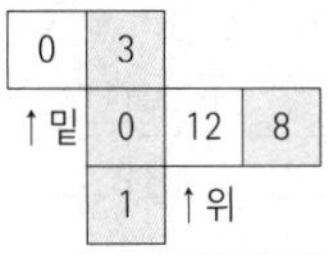

ㄷ. (X)

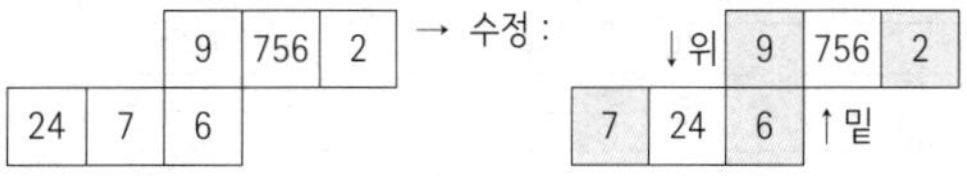

ㄹ. (O)

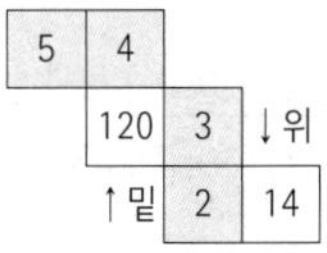

8.

정답 ①

정답률 : 37 %

풀이

○ 각 문제의 배점은 서로 다른 자연수이고, 1번 문제의 배점은 30점이며, 2번 문제의 배점이 가장 높다.
→ 2번 문제의 배점은 31점 이상이며, 3번과 4번 문제 배점의 합은 39점 이하이다.

- 乙: 나는 한 문제를 맞히고 24점을 받았어.
→ 乙은 3번 또는 4번 중 24점인 문제 하나만 맞혔다.

배점	30점	31점 이상	39점 이하 (하나는 24점)	
문제	1번	2번	3번	4번
甲		×		
乙		×		
丙		×		

- 丙: 그렇다면 내가 우리 셋 중에 가장 낮은 점수를 받았군.
→ 丙은 3번 또는 4번 중 24점이 아닌 문제 하나만 맞혔다.
→ 해당 문제의 배점을 a라고 할 때 乙과 丙의 점수의 합은 '24 + a'점이고, 이는 39점 이하이다.
→ 甲의 점수는 61점 이상이다.
→ 甲은 1번, 3번, 4번 문제를 맞혔고, 甲의 점수는 '30 + 24 + a'점이다.

○ 甲, 乙, 丙의 점수는 서로 다른 자연수로서 세 명의 점수를 합하면 100점이 된다.
→ 30 + 24 + a + 24 + a = 100
2a = 22
a = 11
➡ 丙의 점수는 11점이다.

9.

정답 ②

정답률 : 51 %

제시문의 이해

● 질문에 따라 乙이 들을 수 있는 답변과 그에 따라 알 수 있는 사실은 다음과 같다.

ㄱ. 4의 뒷면에 적힌 알파벳은 A인가? [아니요]

앞면	4	B	E	1	D
뒷면	C			A	

ㄴ. 1의 뒷면에 적힌 알파벳은 A인가? [예]

앞면	4	B	E	1	D
뒷면	C			A	

ㄷ. B의 뒷면에 적힌 숫자는 3보다 큰가? [예]

<table>
<tr><td>앞면</td><td>4</td><td>B</td><td>E</td><td>1</td><td>D</td></tr>
<tr><td rowspan="2">뒷면</td><td rowspan="2"></td><td rowspan="2">5</td><td>2</td><td rowspan="2"></td><td>3</td></tr>
<tr><td>3</td><td>2</td></tr>
</table>

ㄹ. B의 뒷면에 적힌 숫자는 3보다 작은가? [아니요]

<table>
<tr><td>앞면</td><td>4</td><td>B</td><td>E</td><td>1</td><td>D</td></tr>
<tr><td rowspan="4">뒷면</td><td rowspan="4"></td><td rowspan="2">3</td><td>2</td><td rowspan="4"></td><td>5</td></tr>
<tr><td>5</td><td>2</td></tr>
<tr><td rowspan="2">5</td><td>2</td><td>3</td></tr>
<tr><td>3</td><td>2</td></tr>
</table>

ㅁ. E의 뒷면에 적힌 숫자는 3보다 큰가? [아니요]

<table>
<tr><td>앞면</td><td>4</td><td>B</td><td>E</td><td>1</td><td>D</td></tr>
<tr><td rowspan="4">뒷면</td><td rowspan="4"></td><td>3</td><td rowspan="2">2</td><td rowspan="4"></td><td>5</td></tr>
<tr><td>5</td><td>3</td></tr>
<tr><td>2</td><td rowspan="2">3</td><td>5</td></tr>
<tr><td>5</td><td>2</td></tr>
</table>

ㅂ. E의 뒷면에 적힌 숫자는 3보다 작은가? [아니요]

<table>
<tr><td>앞면</td><td>4</td><td>B</td><td>E</td><td>1</td><td>D</td></tr>
<tr><td rowspan="4">뒷면</td><td rowspan="4"></td><td>2</td><td rowspan="2">3</td><td rowspan="4"></td><td>5</td></tr>
<tr><td>5</td><td>2</td></tr>
<tr><td>3</td><td rowspan="2">5</td><td>5</td></tr>
<tr><td>5</td><td>3</td></tr>
</table>

ㅅ. D의 뒷면에 적힌 숫자는 3보다 큰가? [아니요]

<table>
<tr><td>앞면</td><td>4</td><td>B</td><td>E</td><td>1</td><td>D</td></tr>
<tr><td rowspan="2">뒷면</td><td rowspan="2"></td><td>3</td><td>5</td><td rowspan="2"></td><td rowspan="2">2</td></tr>
<tr><td>5</td><td>3</td></tr>
</table>

ㅇ. D의 뒷면에 적힌 숫자는 3보다 작은가? [예]

<table>
<tr><td>앞면</td><td>4</td><td>B</td><td>E</td><td>1</td><td>D</td></tr>
<tr><td rowspan="2">뒷면</td><td rowspan="2"></td><td>3</td><td>5</td><td rowspan="2"></td><td rowspan="2">2</td></tr>
<tr><td>5</td><td>3</td></tr>
</table>

➡ 4와 1 뒷면의 알파벳을 알기 위해서는 반드시 ㄱ 또는 ㄴ 질문을 해야 한다.
B, E, D 뒷면의 숫자를 알기 위해서는 반드시 ㄷ, ㅅ, ㅇ 질문을 하여 경우의 수를 줄이는 것이 좋다.

선택지 검토

① [X] ㄱ → ㄹ → ㅁ
➡ 마지막 ㅁ 질문에 대해 갑이 '아니요'라고 답하고, 을은 D와 E의 뒷면에 적힌 숫자를 특정할 수 없다.

② [O] ㄴ → ㅇ → ㅁ

③ [X] ㄷ → ㅅ → ㅂ
➡ ㄱ, ㄴ 질문이 없으므로 4와 1의 뒷면을 특정할 수 없다.

④ [X] ㅂ → ㄱ → ㅅ
➡ 마지막 ㅅ 질문에 대해 갑이 '아니요'라고 답하고, 을은 B와 D의 뒷면에 적힌 숫자를 특정할 수 없다.

⑤ [X] ㅇ → ㄹ → ㄴ
➡ 두 번째 ㄹ 질문에 대해 갑이 '아니요'라고 답하고, 을은 B와 E의 뒷면에 적힌 숫자를 특정할 수 없다.

10.

정답 ④

정답률 : 47 %

풀이 1

● 다음과 같이 미지수를 설정하자.
- A의 십의 자리 수 = B의 십의 자리 수 = C의 일의 자리 수 = x
- A의 일의 자리 수 = y
- B의 일의 자리 수 = C의 십의 자리 수 = z

○ 두 자리 수 A에 2를 더하면 두 자리 수 B가 된다.
→ $10x + y + 2 = 10x + z$
→ $y + 2 = z$

○ 두 자리 수 A에 2를 곱하면 두 자리 수 C가 된다.
→ $(10x + y) \times 2 = 10z + x$
→ $19x + 2y = 10z$

➡ $19x + 2y = 10(y + 2)$
$19x - 8y = 20$
'짝수 - 짝수 = 짝수'이고, '홀수 × 짝수 = 짝수'이므로 x는 짝수이다.

<table>
<tr><td>x</td><td>19x</td><td rowspan="5">-</td><td>8y</td><td rowspan="5">= 20</td></tr>
<tr><td>2</td><td>38</td><td>~~18~~</td></tr>
<tr><td>4</td><td>76</td><td>56</td></tr>
<tr><td>6</td><td>114</td><td>~~94~~</td></tr>
<tr><td>8</td><td>152</td><td>~~132~~</td></tr>
</table>

→ $x = 4$, $y = 7$, $z = 9$

➡ A = 47, B = 49, C = 94
→ B + C = 143

풀이 2 선택지 활용

○ 두 자리 수 A에 2를 더하면 두 자리 수 B가 된다.
→ A + 2 = B

○ 두 자리 수 A에 2를 곱하면 두 자리 수 C가 된다.
→ 2A = C
➡ B + C = 3A + 2

따라서 선택지의 각 수에서 2를 뺀 값이 3의 배수여야 한다.

① 96 - 2 = 94
② 123 - 2 = 121
③ 141 - 2 = 139
④ 143 - 2 = 141 (3의 배수)
⑤ 190 - 2 = 188

➡ 선택지 ④번만 조건에 부합하므로 ④번이 정답.

11.

정답 ②

정답률 : 53 %

〈현황〉의 이해

전염성질환 수용				
<101호>	<102호>	<103호>	<104호>	<105호>
A, B	C	D, E, F	G, H	I

※ 전체 환자 수는 9명이고, 현황에 제시된 남성 환자 수는 7명이다. '여성 환자들은 모두 같은 병실에 입원해 있다'는 표현에서 나머지 2명은 모두 여성임을 알 수 있다.

○ 성인 남성 환자는 4명이며, 모두 전염성질환의 환자이다.
→ 이 4명은 <102호>와 <103호>에 입원해 있다. 그 외의 경우는 '남녀 분리'와 '8세 미만 분리'의 규칙에 어긋나게 되기 때문이다.

전염성질환 수용				
<101호>	<102호>	<103호>	<104호>	<105호>
A, B	C	D, E, F	G, H	I
	성인 남성	성인 남성		

○ 8세 미만의 환자는 3명이며 모두 남성이다.
○ 비전염성질환의 환자는 함께 수용한다.
○ 모든 병실의 최대 수용인원은 4명으로 하며, 위와 같은 특별한 사정이 없는 한 최대 수용인원에 도달하기 전에 다른 병실을 사용하지 않는다.
→ 이 3개의 조건을 함께 고려하면, 8세 미만의 환자 3명이 G, H, I가 될 수는 없음을 알 수 있다. 3명이 모두 비전염성질환의 환자라면 병실을 나눌 수 없기 때문이다.
→ 따라서 A와 B, 그리고 I가 8세 미만의 환자임을 알 수 있다.
→ 여성 환자들은 <104호>에 함께 입원해 있다.

전염성질환 수용				
<101호>	<102호>	<103호>	<104호>	<105호>
A, B	C	D, E, F	G, H	I
8세 미만	성인 남성	성인 남성	여성	8세 미만

선택지 검토

① 〔X〕 A는 여성 환자이다.
➡ 8세 미만의 환자이다.
② 〔O〕 I는 8세 미만의 환자이다.
➡ 옳다.
③ 〔X〕 여성 환자들은 모두 동일한 전염성질환의 환자이다.
➡ 비전염성질환 환자이다.
④ 〔X〕 8세 미만의 환자들은 모두 같은 병실에 입원해 있다.
➡ <101호>와 <105호>에 나누어 입원해 있다.
⑤ 〔X〕 성인 남성 환자 중 동일한 질환에 걸린 환자는 총 2명이다.
➡ 3명이다.

12.

정답 ①

정답률 : 40 %

보기 검토

ㄱ. 〔O〕 무승부가 되는 경우의 수는 총 10가지이다.
➡ A와 B가 서로 같은 동작으로 공격하는 경우 3가지
+ 한 사람이 가드를 하고 다른 한 사람이 공격(3가지)을 하는 경우 6가지
+ 두 사람 모두 가드를 취한 상태에서 경기가 종료되는 경우 1가지
= 10가지

ㄴ. 〔O〕 A가 스트레이트로 공격했을 때 이길 확률은 같은 공격을 하여 질 확률보다 높다.
➡ A가 스트레이트로 공격했을 때 이기려면, B가 훅을 해야 한다.($\frac{3}{7}$)
A가 스트레이트로 공격했을 때 지는 경우는 B가 어퍼컷을 하는 때이다.($\frac{1}{7}$)

ㄷ. 〔X〕 A가 지지 않을 확률은 B가 지지 않을 확률보다 높다.
➡ A가 지지 않을 확률
$= 1 - \text{A가 질 확률} = 1 - (\frac{1}{7}\times\frac{1}{7}+\frac{2}{7}\times\frac{2}{7}+\frac{2}{7}\times\frac{3}{7}) = 1 - \frac{11}{49} = \frac{38}{49}$
B가 지지 않을 확률
$= 1 - \text{B가 질 확률} = 1 - (\frac{2}{7}\times\frac{2}{7}+\frac{3}{7}\times\frac{1}{7}+\frac{1}{7}\times\frac{2}{7}) = 1 - \frac{9}{49} = \frac{40}{49}$

ㄹ. 〔X〕 A가 공격을 했을 때 무승부가 될 확률과 B가 공격을 했을 때 무승부가 될 확률은 같다.
➡ 한 사람이 공격했을 때 무승부가 되는 경우는 다른 사람이 같은 공격동작을 취하거나 가드를 취했을 때이다.
서로 같은 공격을 하는 경우는 두 사람에게서 모두 동일하게 계산되므로 확률을 비교할 때에는 제외하고 고려하지 않아도 된다.
A가 공격 했을 때 B가 가드를 하여 무승부가 될 확률
$= \frac{1}{7}\times\frac{1}{7}+\frac{2}{7}\times\frac{1}{7}+\frac{2}{7}\times\frac{1}{7} = \frac{5}{49}$
B가 공격 했을 때 A가 가드를 하여 무승부가 될 확률
$= \frac{2}{7}\times\frac{2}{7}+\frac{3}{7}\times\frac{2}{7}+\frac{1}{7}\times\frac{2}{7} = \frac{12}{49}$

13.

정답 ①

정답률 : 45 %

풀이

● 원고료
- 강의 1시간당 원고분량 상한: 200자 원고지 14매 = A4 4면
- A4 1면당 7,000원

담당강의	강사	수당	원고	원고료
적극행정의 이해 (현장강의 / 3시간)	A(대학 조교수)	15만 + 12만 = 27만	A4 15면 (12면)	7천 × 12 = 8만 4천
AI와 공직사회 (현장강의 / 2시간)	B(대학 정교수)	20만 + 8만 = 28만	A4 20면 (8면)	7천 × 8 = 5만 6천
공무원 성과평가 (사이버교육 / 3주일 / 20시간)	C(6급 공무원)	8만 × 3 = 24만	A4 55면	0

➡ 총액 : 27 + 28 + 24 + 8.4 + 5.6 = 93만 원

14.

정답 ①

정답률 : 74 %

〈표〉의 이해

기관			A	B	C
구분			유치원	공공기관	?
교육대상인원			30명	120명	500명
교육참여인원	전문강사에 의한 교육	가	3명	19명	138명
	내부교원·직원 등에 의한 교육	나	12명	23명	61명
	온라인 교육	다	3명	35명	114명
	그밖에 교육효과를 예상할 수 있는 교육	라	3명	?	27명
	합계		21명 (가+나+다+라)	54명 + ? (가+다+라)	340명 (가+나+다+라)

보기 검토

ㄱ. [O] A는 인터넷중독 예방교육 이수기준을 충족한다.

➡ A는 유치원이고 이수율이 70%이므로 이수기준을 충족한다.

ㄴ. [X] B의 경우, '그밖에 교육효과를 예상할 수 있는 교육'의 교육참여인원이 7명이라면 인터넷중독 예방교육 이수기준을 충족한다.

➡ B는 공공기관이므로 '가, 다, 라'의 방법으로 예방교육에 참여한 교육인원을 합산하여 산출한 이수율이 70% 이상이어야 한다. 따라서 '그밖에 교육효과를 예상할 수 있는 교육'의 교육참여인원이 30명 이상이어야 이수기준을 충족한다.

ㄷ. [X] C가 인터넷중독 예방교육 이수기준을 충족한다면, C는 초등학교, 중학교, 고등학교 중 어느 하나에 해당한다.

➡ '가, 나, 다, 라'의 방법으로 예방교육에 참여한 교육인원을 합산하여 산출한 이수율이 68%이므로 어린이집, 유치원은 아니며, 초·중·고등학교에 해당할 수 있다.

'가, 다, 라'의 방법으로 예방교육에 참여한 교육인원을 합산하여 산출한 이수율이 약 56%이므로 공공기관은 아니다.

'가, 나, 다'의 방법으로 예방교육에 참여한 교육인원을 합산하여 산출한 이수율이 약 63%이므로 대학교일 수 있다.

즉, 초·중·고등학교 외에 대학교일 수도 있으므로 옳지 않다.

15.

정답 ④

정답률 : 80 %

풀이

구분	감귤	고랭지배추	겨울무
2022년	5,900	4,100	1,500
2021년	-	-	2,600
2022년	5,200	-	1,900
2023년	-	2,800	-
2024년	5,400	3,600	-
최고·최저를 제외한 3개년 평균가격	5,500	3,500	2,000
	(80%) 4,400	(60%) 2,100	(60%) 1,200
2025년 예상가격	4,500	2,100	1,400
발령기준 충족 여부	X	O	X

품목	예상 공급량	적정 수요량		발령기준 충족 여부
감귤	82.61	79.10	(110%) 87.01	X
고랭지배추	245.83	231.58	(110%) 254.738	X
겨울무	188.45	146.94	(120%) 176.738	O

➡ 가격 또는 공급량 둘 중 하나의 발령기준만 충족하면 되므로, 유통조절명령이 발령되는 품목은 고랭지배추와 겨울무이다.

16.

정답 ⑤

정답률 : 70 %

〈표〉의 이해

교원	연구실적	비고	연구실적(편)	
갑	한국학술진흥재단 등재 학술지 논문 1편의 교신저자	총 저자 수: 3명	0.4	
을	SCI 논문 1편의 주저자	총 저자 수: 4명	0.33 × 2	0.92
	SCIE 논문 1편의 기타 공동저자	총 저자 수: 4명	0.17 × 1.5	
병	전문학술서적 단행본 1편의 단독저자	외국으로 출간	1.5	1.5
	일반교양서적 1편의 공동저자	총 저자 수: 5명	0	
정	국내 특허실적 1건	총 발명자 수: 3명	0.17	1.17
	외국 특허실적 1건	단독특허	1	

보기 검토

ㄱ. [X] 을은 총 0.5편의 논문실적을 인정받는다.

➡ 2편의 논문이 모두 국내 전문학술지 논문이라면 0.5편을 인정받는다. 그러나 각각 국제 전문학술지와 국제 일반학술지의 논문이므로 기준에 따라 0.92편을 인정받는다.

ㄴ. [O] 병의 연구실적은 갑의 연구실적의 3배 이상이다.

➡ 갑은 0.4편, 병은 1.5편을 인정받는다.

ㄷ. [O] 정은 1.17편의 지식재산권 등록실적을 인정받는다.

➡ 국내 특허실적에 대해 0.17편, 외국 특허실적에 대해 1편, 총 1.17편의 연구실적을 인정받는다.

17.

정답 ③

정답률 : 83 %

선택지 검토

① [O] 환경부장관은 정수기 품질검사기관의 영업장에 대하여 연 1회 이상의 정기지도·점검을 실시하여야 한다.

➡ [제1조 제3호, 제3조 제2항] 정수기 품질검사기관에 대한 정기지도·점검은 환경부장관의 소관이며, 연 1회 이상 실시하는 것도 옳다.

② [O] 제주특별자치도지사는 매년 6월부터 8월 사이에 먹는샘물의 제조업자의 영업장에 대한 정기지도·점검을 실시하여야 한다.

➡ [제1조 제1호, 제3조 제3항] 먹는샘물의 제조업자에 대한 정기지도·점검은 시·도지사의 소관이며, 연 2회 이상 실시하되 1회는 반드시 6월부터 8월 사이에 실시한다.

③ [X] 지방환경청장은 원생동물 검사분야의 먹는물 수질검사기관 영업장에 대한 정기지도·점검을 연 1회 이상 실시하여야 한다.

➡ [제1조 제4호] 원생동물 검사분야의 먹는물 수질검사기관에 대한 정기지도·점검은 국립환경과학원장의 소관이다.

④ [O] 강원도지사는 정수기 제조업자의 환경관계법령 위반에 대한 민원이 있는 경우 그 영업장에 대해 수시지도·점검을 실시할 수 있다.

➡ [제1조 제1호, 제3조 제4항] 정수기 제조업자에 대한 지도·점검은 시·도지사의 소관이며, 수시지도·점검을 실시 사유에 해당한다.

⑤ [O] 국립환경과학원장은 현장평가를 받은 먹는물 수질검사기관의 영업장에 대하여 정기지도·점검을 하지 않을 수 있다.

➡ [제3조 제2항 단서] 먹는물 수질검사기관에 대해서는 현장평가를 받은 경우에는 정기지도·점검을 받은 것으로 본다.

18.

정답 ④

정답률 : 95 %

선택지 검토

① 〔X〕 국내에서는 모든 마약성 진통제를 마약류로 분류한다.
➡ [2문단 5문장] 트라마돌의 경우 국내에서는 마약류로 분류하지 않는다.

② 〔X〕 마약성 진통제 중 속효성 진통제는 모두 주사로만 투여된다.
➡ [3문단 4문장] 경구 투여하는 약 중에도 속효성 진통제가 있다.

③ 〔X〕 아편에서 추출한 마약성 진통제는 모두 아편 수용체에 결합하는 강도가 강하다.
➡ [2문단 3-4문장] 코데인은 아편에서 추출한 진통제이지만 아편 수용체에 결합하는 강도가 약하다.

④ 〔O〕 트라마돌은 진통 효과가 약한 합성마약제로 다른 마약성 진통제에 비해 의존성이 낮다.
➡ [2문단 3-5문장] 트라마돌은 수용체 결합 강도가 약해서 약한 진통 효과를 보이는 마약성 진통제이며, 합성마약제로 분류된다. 또한 다른 마약성 진통제에 비해 의존성과 부작용이 낮은 편이다.

⑤ 〔X〕 속효성 마약성 진통제는 부작용의 우려 때문에 지속성 제제와 함께 사용해서는 안 된다.
➡ [3문단 5문장] 지속성 제제를 사용하는 동안 돌발적인 통증이 느껴지는 경우에는 속효성 제제를 추가적으로 투여할 수 있다.

19.

정답 ②

정답률 : 75 %

풀 이

○ 乙의 성격 유형은 ISTJ이고, 乙과 丙은 서로 비호감을 느낀다.
→ 丙 : ENFP

○ 丁의 성격 유형은 INTP이다.

甲	乙	丙	丁
	ISTJ	ENFP	INTP

○ 甲은 다른 세 명과 서로 무관심하다.
→ 乙과 丙은 4가지 척도가 모두 다르므로, 乙과 서로 무관심한 유형이라면 丙과도 무관심하다.

○ 丁은 다른 세 명과 서로 무관심하다.

乙	丙	甲		丁
ISTJ	ENFP	乙·丙과 무관심	중 丁과 무관심	INTP
		ISFP	ISFP	
		INTP		
		INFJ	INFJ	
		ESTP	ESTP → ②	
		ESFJ		
		ENTP		

20.

정답 ④

정답률 : 67 %

제시문의 이해

세부평가항목	배점	A			B			C			배점의 85%
		甲	乙	丙	甲	乙	丙	甲	乙	丙	
업무이해도	(20)	20	17	15	~~15~~	19	14	18	15	19	17
과업수행방안	(40)	35	38	31	39	40	34	31	~~32~~	33	34
추진방안	15	13	15	14	13	15	12	~~12~~	10	13	12.75
과업관리방안	(25)	23	22	20	25	22	23	23	21	24	21.25
계	100	(88)			(90)			85			

선택지 검토

① 〔X〕 B가 지원대상으로 선정된다.
➡ A가 선정된다.

② 〔X〕 업무이해도의 배점은 25점이다.
➡ 세부평가항목별로 부여된 최고점수를 확인해보면 순서대로 20점, 40점, 15점, 25점이다. 이를 모두 더하면 배점의 총합인 100점이므로, 세부평가항목별 배점은 각각 순서대로 20점, 40점, 15점, 25점이며, 업무이해도의 배점은 20점이다.

③ 〔X〕 C의 평가점수는 A보다 높다.
➡ A는 88점이고 C는 85점이다.

④ 〔O〕 각 기업이 각 평가위원으로부터 받은 세부평가항목별 평가점수 중 만점을 가장 많이 받은 기업은 B이다.
➡ A는 2개 항목, B는 3개 항목에서 만점을 받았고, C는 만점을 받은 항목이 없다.

⑤ 〔X〕 각 세부평가항목의 확정점수가 모두 배점의 75 % 이상인 기업 중 평가점수가 가장 높은 기업을 지원대상으로 선정한다면 A가 지원대상으로 선정된다.
➡ 배점의 75 %는 각각 순서대로 15점, 30점, 11.25점, 18.75점이다. 이 경우 해당 기준을 넘기지 못해 탈락하는 기업은 없다. 따라서 평가점수가 가장 높은 B가 선정된다.

21.

정답 ④

정답률 : 66 %

풀 이

월	화	수	목
소고기미역국 계란찜 계란장조림 흰쌀밥	콩나물국 시금치나물 돼지고기볶음 현미밥	닭볶음탕 두부조림 도토리묵 잡곡밥	칼국수 호박볶음 멸치볶음 김치
금	**토**	**일**	
배추된장국 고등어구이 깻잎무침 현미밥	북엇국 어묵볶음 떡갈비조림 흰쌀밥	소고기무국 참치볶음 계란말이 잡곡밥	

22.

정답 ⑤

정답률 : 51 %

풀이

○ A ~ I 총 9개의 칸으로 구역이 나뉘어 있는 보석상자에 총 45개의 보석이 들어있다.

○ 9개의 칸에는 최소 1개 이상씩의 보석이 들어있으며, 각 칸에 들어있는 보석의 개수는 모두 서로 다르다.

→ 9개의 칸에는 각각 1, 2, 3, 4, 5, 6, 7, 8, 9개의 보석이 들어있다.

○ A, B, C 3개의 칸에 각각 들어있는 보석의 개수를 모두 곱한 값은 12이다.

○ B, E, H 3개의 칸에 각각 들어있는 보석의 개수를 모두 곱한 값은 12이다.

→ 3개의 숫자를 곱해서 12가 되는 경우는 [1, 2, 6]과 [1, 3, 4] 2가지이다.

→ 두 경우에 모두 속해 있는 B는 '1'이다.

A	1	C
D	E	F
G	H	I

○ D, E, F 3개의 칸에 각각 들어있는 보석의 개수를 모두 곱한 값은 112이다.

→ 112 = 2 × 7 × 8

→ D, E, F 중 하나는 2이다.

→ B, E, H는 [1, 2, 6]이고, E가 '2'이다.

→ G와 I는 나머지 5, 9와 하나씩 대응된다.

A	1	C	3, 4
D	2	F	7, 8
G	6	I	5, 9

○ A, D, G 3개의 칸에 각각 들어있는 보석의 개수를 모두 곱한 값은 216이다.

→ 216 = 3 × 8 × 9

A 3	1	4
8	2	F 7
G 9	6	5

➡ 3 + 7 + 9 = 19

23.

정답 ③

정답률 : 95 %

선택지 검토

① [X] 비행장치를 주로 운용하는 곳은 충청북도 보은군 일대이고 보관하는 곳은 경상북도 상주시라면, 비행장치의 소유자는 서울지방항공청장에게 비행장치에 관해 신고하여야 한다.

➡ [제1조 제1-2항] 보관처(경상북도 상주시)를 기준으로 하므로, 부산지방항공청장에게 신고하여야 한다.

② [X] 비행장치의 소유자가 울산광역시에 거주하는 대한민국 국민에게 비행장치를 매도한 경우, 부산지방항공청장에게 말소신고를 하여야 한다.

➡ [제1조 제4항] 국내에서 소유권이 이전된 경우이므로 말소신고가 아니라 이전신고를 하여야 한다. 또한 비행장치의 보관처가 명시되어 있지 않으므로 관할 지방항공청을 알 수 없으며, 따라서 부산지방항공청장에게 신고해야 한다고 단언할 수 없다.

③ [O] 비행장치를 분실하여 그 존재를 확인하지 못한 지 2개월이 되었다면 관할 지방항공청장에게 말소신고를 하여야 한다.

➡ [제1조 제5항 제2호] 비행장치의 존재 여부가 2개월 이상 불분명한 경우에는 말소신고를 하여야 한다.

④ [X] 비행장치의 보관처를 변경신고한 경우, 새로운 보관처를 관할하는 지방항공청장으로부터 신고번호를 다시 부여받아야 한다.

➡ [제2조 단서] 변경신고의 경우에는 기존 신고번호를 유지한다.

⑤ [X] 비행장치의 신고번호가 S6509U라면, 해당 비행장치가 신고된 기관은 제주지방항공청이다.

➡ [별표 2] 마지막 자리 숫자 다음에 U가 부여된 경우는 부산지방항공청에 신고된 경우이다.

24.

정답 ②

정답률 : 94 %

선택지 검토

	소유자	보관처	관할	신고번호	비행장치의 종류
① [X]	甲	대구광역시	부산지방항공청	S4952Z	패러글라이더

➡ S9~, S4~는 동력패러글라이더, Z는 제주지방항공청

	소유자	보관처	관할	신고번호	비행장치의 종류
② [O]	乙	제주도	제주지방항공청	S7918Y	무인동력비행장치

➡ 옳다.

	소유자	보관처	관할	신고번호	비행장치의 종류
③ [X]	丙	강원도 춘천시	서울지방항공청	S9112	동력패러글라이더

➡ S4~, S9~는 패러글라이더 등

	소유자	보관처	관할	신고번호	비행장치의 종류
④ [X]	丁	세종특별자치시	서울지방항공청	S6745S	초경량헬리콥터

➡ S6~, S는 부산지방항공청

	소유자	보관처	관할	신고번호	비행장치의 종류
⑤ [X]	戊	전라북도 진안군	서울지방항공청	S2211X	타면조종형 동력비행장치

➡ S2~, X는 부산지방항공청

25.

정답 ⑤

정답률 : 90 %

풀이

직원	타부서 평가점수	80%	소속부서 평가점수	20%	최종점수	당해연도 목표달성률	최근 2년 이내 실근무경력
甲	70점	56	75점	15	71	120 %	12개월
乙	75점	-	60점	-	-	100 %	18개월
丙	65점	52	85점	17	69	130 %	13개월
丁	75점	-	75점	-	-	110 %	9개월
戊	80점	64	50점	10	74	115 %	15개월

제 6 회

7급 PSAT 하주응 상황판단
실전 모의고사 정답 및 해설

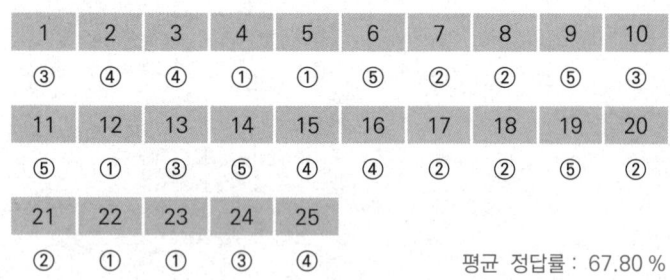

7급 PSAT 대비 실전모의고사

상황판단영역

- 제 6 회 -

출제·해설 : **하 주 응**

◐ 정 답

1	2	3	4	5	6	7	8	9	10
③	④	④	①	①	⑤	②	②	⑤	③
11	12	13	14	15	16	17	18	19	20
⑤	①	③	⑤	④	④	②	②	⑤	②
21	22	23	24	25					
②	①	①	③	④					

평균 정답률 : 67.80 %

1. TEXT 문제의 해설에서, 문단과 문장의 번호는 위에서부터 순서대로 세어 부여함.
2. 법조문 문제의 해설에서, 조(條)의 번호는 위에서부터 순서대로 제1조, 제2조, …로 표기함.

1.

정답 ③

정답률 : 93 %

선택지 검토

① 〔X〕 우수관리기준에 따라 축산물을 생산하는 자가 우수관리인증을 신청한 경우, 농림축산식품부장관은 우수관리인증을 해야만 한다.
➡ [제1조 제2항] '축산물'을 생산하는 자는 우수관리인증(농산물우수관리의 인증)을 받을 수 없다. 또한, 우수관리인증을 하는 주체는 농림축산식품부장관이 아니라 우수관리인증기관이다.

② 〔X〕 우수관리인증기관은 우수관리기준을 지키지 않았음이 점검을 통해 적발된 자에 대하여 6개월간 우수관리인증의 표시를 정지하도록 명할 수 있다.
➡ [제3조] 우수관리인증의 표시정지를 명할 때에는 3개월 이내의 기간을 정해야 한다.

③ 〔O〕 우수관리기준을 지키지 않았음이 여러 차례 적발되어 우수관리인증이 취소된 자는, 취소된 후 1년 동안 우수관리인증을 다시 신청할 수 없다.
➡ [제1조 제3항 제1호] 우수관리인증이 취소된 후 1년이 지나지 아니한 자는 우수관리인증을 신청할 수 없다.

④ 〔X〕 유효기간 만료 후에도 계속하여 우수관리인증을 유지하려면 유효기간 만료 1년 전까지 우수관리인증기관의 심사를 받아 우수관리인증을 갱신하여야 한다.
➡ [제2조 제2항] 우수관리인증을 갱신해야 하는 것은 맞지만, 갱신의 기간이 '유효기간 만료 1년 전까지'라고 규정되어 있지는 않다.

⑤ 〔X〕 우수관리인증기관은 조사 과정에서 부정한 방법으로 우수관리인증을 받은 것이 확인된 자에 대하여 시정명령을 할 수 있다.
➡ [제3조 단서] 부정한 방법으로 우수관리인증을 받은 경우에는 우수관리인증을 취소하여야 한다.

2.

정답 ④

정답률 : 81 %

선택지 검토

① 〔O〕 2023년 2월 1일에 임대차계약이 성립하였다.
➡ [제1조] 해당 날짜에 목적물의 사용과 그에 대한 차임의 지급을 서로 약정하였으므로 임대차계약이 성립하였다.

② 〔O〕 현재는 2023년 2월 1일에 약정한 임대차와 동일한 조건으로 다시 임대차한 상태인 것으로 본다.
➡ [제3조] 임대차기간이 만료한 후에도 임차인인 乙이 임차물인 건물 A를 계속 사용하고 있고, 임대인 갑(甲)이 이의를 제기하지 않고 있으므로 전임대차와 동일한 조건으로 다시 임대차한 것으로 본다.

③ 〔O〕 甲은 언제든지 乙에게 계약의 해지를 통고할 수 있다.
➡ [제3조 단서, 제2조] 당사자인 甲은 언제든지 계약해지의 통고를 할 수 있다.

④ 〔X〕 2025년 6월 1일에 乙이 계약해지의 의사를 우편으로 통고하고 2025년 6월 5일에 甲이 해당 우편을 수령하였다면, 2025년 12월 5일에 해지의 효력이 발생한다.
➡ [제2조 제2호] 임차인인 乙이 해지를 통고하는 경우 상대방인 甲이 통고를 받은 날로부터 1개월이 경과하면 해지의 효력이 발생한다. 6개월을 기준으로 기간을 계산하였으므로 옳지 않다.

⑤ 〔O〕 乙이 2025년 1월분 차임과 3월분 차임을 연체하고 있다면 甲은 임대차계약을 해지할 수 있다.
➡ [제4조] 차임연체액이 차임 2회분에 달하는 때에는 임대인은 계약을 해지할 수 있다. 이 경우 乙이 2개월분의 차임(차임 2회분)을 연체하고 있으므로 임대인인 甲은 계약을 해지할 수 있다.

3.

정답 ④

정답률 : 93 %

선택지 검토

① 〔O〕 A가 자기 소유의 산림에 불을 질렀으나 다른 사람 소유의 산림에까지 번져 피해를 입혔고, 이에 대하여 A에게 벌칙이 부과된 경우, A를 신고한 버스운전기사 甲은 300만 원의 포상금을 받을 수 있다.
➡ [제1조 제4항] 최소 2년의 징역형이 확정되므로 300만 원의 포상금이 지급될 수 있다.

② 〔O〕 B가 과실로 다른 사람 소유의 산림을 불에 태운 사실을 산림공무원인 乙이 공무수행 과정에서 인지하여 신고했고, B에게 징역형이 선고되었더라도, 乙은 포상금을 받을 수 없다.
➡ [제2조] 공무수행 과정에서 위반혐의를 인지한 공무원은 포상금 지급대상에서 제외된다.

③ 〔O〕 C가 자기 소유의 산림 0.5 ha에 불을 지른 사실을 식당 주인 丙이 신고하여 C에게 1년 6개월의 징역형이 선고된 경우, 丙은 100만 원의 포상금을 받을 수 있다.
➡ [제1조 제3항, 별표 단서] 징역 2년 미만, 피해규모 1 ha 미만이므로 100만 원의 포상금을 받을 수 있다.

④ 〔X〕 D가 과실로 다른 사람 소유의 산림을 태운 사실을 부동산중개인 丁이 신고하여 D에게 150만 원의 벌금형이 선고된 경우, 丁은 15만 원의 포상금을 받을 수 있다.
➡ [제1조 제5항, 별표 단서] 150만 원의 10 %인 15만 원으로 산정되지만, 포상금의 하한이 20만 원이므로 20만 원이 지급될 수 있다.

⑤ 〔O〕 E가 산림보호구역에 불을 지른 사실을 학원강사 戊가 신고하고 E에 대한 벌칙이 확정되었다면, 戊는 300만 원의 포상금을 받을 수 있다.
➡ [제1조 제1항] 최소 7년의 징역형이 확정되므로 300만 원의 포상금이 지급될 수 있다.

4.

정답 ①

정답률 : 84 %

보기 검토

경우	폐차되는 차량		대차되는 차량		
	종류	최대 적재량	종류	최대 적재량	
A (O)	일반형 화물자동차	5톤	일반형 화물자동차	8톤	[제2조 제2항 단서] 9톤 미만까지 허용된다.
B (O)	트레일러	25톤	트레일러	35톤	[제2조 제2항 본문] 37.5톤까지 허용된다.
C (X)	트레일러	15톤	트레일러	25톤	[제2조 제2항 본문] 22.5톤까지 허용된다.
D (X)	친환경 화물자동차	4톤	일반형 화물자동차	6톤	[제1조 제2항] 친환경 화물자동차는 친환경 화물자동차로만 대폐차가 허용된다. [제2조 제1항 단서] 톤수는 허용범위 내이다.
E (X)	일반형 화물자동차	3톤	친환경 화물자동차	5톤	[제2조 제1항 본문] 5톤 미만이어야 한다.

5.

정답 ①

정답률 : 86 %

보기 검토

ㄱ. (O) 순수한 물 속에는 동일한 양의 수소이온과 수산화이온이 들어있다.

➡ [1문단 1, 4문장] 순수한 물은 중성이고, H^+의 양과 OH^-의 양이 동일하다.

ㄴ. (X) 같은 용량의 두 수용액을 비교했을 때, pH 8인 수용액은 pH 7인 수용액보다 10배 많은 수소이온을 가지고 있다.

➡ [1문단 5문장] pH값이 1 낮다는 것은 H^+가 10배 더 많다는 뜻이다. 즉, pH 7인 용액 속 수소이온의 양이 10배 더 많다.

ㄷ. (O) pH가 5.6인 빗물은 산성이지만, 일반적으로 이 경우를 산성비라고 하지는 않는다.

➡ [1문단 1문장 + 4-5문장, 2문단 4문장] pH가 7인 경우가 중성이고, 이보다 수치가 낮으면 산성이다. 그러나 '산성비'는 일반적으로 빗물의 pH값이 5.6 미만인 경우를 말한다.

ㄹ. (X) 용량·온도·기압이 동일할 때, 순수한 물보다 50배 더 많은 수소이온을 가지고 있는 수용액은 알칼리성이다.

➡ [1문단] H^+가 50배 더 많다는 것은 pH값이 1 이상 더 낮다는 것으로 산성임을 의미한다.

6.

정답 ⑤

정답률 : 52 %

제시문의 이해

- A ≤ B
- A + B = C
- A + C = D

풀이 1 '사전식 배열법'으로 가능한 경우 모두 찾기

A	B	C	D	E	계
1	1	2	3	10	17
1	2	3	4	7	17
1	3	4	5	4	17
1	4	5	6	1	17
2	2	4	6	3	17

풀이 2 수식으로 정리하여 C, D 제외하고 찾기

A + B + C + D + E = A + B + A + B + A + A + B + E = 4A + 3B + E = 17

4×	A	3×	B	E	계
	1		1	10	17
	1		2	7	17
	1		3	4	17
	1		4	1	17
	2		2	3	17

7.

정답 ②

정답률 : 59 %

보기 검토

ㄱ. (X) 고대 이집트 사람들은 이진법을 활용한 표를 만들어 곱셈을 할 때 아라비아 숫자를 사용했다.

➡ [1문단 2문장] 고대 이집트의 숫자를 사용했다.

ㄴ. (X) 21 × 15의 답을 구하기 위해서는 반드시 2열 5행의 표를 만들어야 한다.

➡ [2문단 마지막] 교환법칙을 활용하면 2열 4행의 표를 만들어서 답을 구할 수도 있다. 15 × 21

1	21
2	42
4	84
8	168

좌 : 1 + 2 + 4 + 8 = 15

우 : 21 + 42 + 84 + 168 = 210 = 15 × 21

ㄷ. (O) 2열 5행의 표를 만들면 38 × 24의 답을 구할 수 있다.

➡ 교환법칙을 활용하면 가능하다. 24 × 38

1	38
2	76
4	152
8	304
16	608

좌 : 8 + 16 = 24

우 : 304 + 608 = 912 = 24 × 38

8.

정답 ②

정답률 : 69 %

풀이

1. 진행시간이 1시간 미만인 '인형극으로 만나는 명작동화'와 '동화 구연'을 제외한다.

프로그램명	일시
책 읽어주는 사서 선생님	12.2.(일) 11 : 00 ~ 12 : 00
북멘토 책 읽어주세요	12.8(토), 12.22.(토) 14 : 00 ~ 16 : 00
영어 멘토와 함께하는 스토리텔링	12.11.(화), 12.25.(화) 14 : 30 ~ 15 : 30

2. 11일은 참여할 수 없고, 25일에는 오전에만 참여할 수 있으므로, '영어 멘토와 함께하는 스토리텔링'은 제외한다.

프로그램명	일시
책 읽어주는 사서 선생님	12.2.(일) 11 : 00 ~ 12 : 00
북멘토 책 읽어주세요	12.8(토), 12.22.(토) 14 : 00 ~ 16 : 00

3. 프로그램명 글자 수가 더 많은 '책 읽어주는 사서 선생님'을 선택한다.

9.

정답 ⑤

정답률 : 80 %

선택지 검토

① [O] 수구는 제2회 올림픽부터 정식 종목으로 채택되었지만, 여자 경기는 제26회 올림픽까지 치러지지 않았다.
➡ [1문단 3문장] 남자 종목만 경기를 치르다가 제27회 시드니올림픽부터 여자 수구도 추가되었다.

② [O] 수구는 양 팀 합하여 총 14명의 선수가 경기를 한다.
➡ [1문단 1문장] 각각 7명씩의 선수로 구성된 두 팀이 경기를 한다.

③ [O] 연장전을 하지 않고 경기가 종료되는 경우, 총 9분의 휴식 시간이 주어진다.
➡ [2문단 1-2문장] 1 ~ 4피리어드 사이에, 각각 2분, 5분, 2분의 휴식시간이 주어진다.

④ [O] 한쪽 팀이 흰색 모자를 착용하는 경우, 다른 한쪽 팀은 짙은 파란색 모자를 착용해야 한다.
➡ [4문단 1-2문장] 한쪽 팀은 짙은 파란색, 한쪽 팀은 흰색 모자를 착용하여 모자의 색깔로 팀을 구분한다.

⑤ [X] 규정된 무게가 동일하기 때문에, 남자 경기용 공을 여자 경기에도 사용할 수 있다.
➡ [3문단 5-6문장] 남자 경기용 공과 여자 경기용 공의 둘레는 최소 1 cm의 차이가 있다. 규격 외의 공을 사용할 수 없으므로 남자 경기용 공을 여자 경기에 사용해서는 안 된다.

10.

정답 ③

정답률 : 81 %

선택지 검토

① [X] 골키퍼가 착용한 빨간색 모자 양쪽에 10cm 크기로 11번의 번호를 붙인 경우
➡ [4문단 4문장] 골키퍼는 1번을 쓴다.

② [X] 골문의 너비가 3 m이며, 경기장 바닥에서 크로스바 밑면까지의 거리가 2.6 m인 경우
➡ [3문단 3-4문장] 수심은 1.8 m 이상이어야 하고, 크로스바의 밑면은 수면에서 0.9 m 떨어져 있어야 한다. 따라서 바닥부터 크로스바의 밑면까지의 거리는 최소 2.7 m이어야 한다.

③ [O] 골키퍼가 공격을 저지하기 위하여 두 손으로 공을 잡아 상대편 선수로부터 빼앗은 경우
➡ [2문단 마지막] 골키퍼는 두 손으로 공을 잡을 수 있다.

④ [X] 남자 수구 경기장의 양쪽 골문 사이 거리가 25 m이며 폭이 17 m인 경우
➡ [3문단 1-2문장] 이것은 여자 경기장의 규격이고, 남자 경기장은 양쪽 골문 사이의 거리가 30 m이고 폭은 20 m이다.

⑤ [X] 3피리어드 시작 후 1분이 경과했을 때, 선수 중 한 명이 몸을 수영장 측면에 기대고 멈춰선 경우
➡ [2문단 4문장] 수구 경기 중에는 선수의 몸이 수영장 측면에 닿아서는 안 된다.

11.

정답 ⑤

정답률 : 91 %

보기 검토

ㄱ. [X] 지표면에 설치된 지진가속도계측기로 지반의 가속도를 계측한 시설물 관리자는 그 계측 자료를 계측한 다음 달 10일에 관할 구청장에게 제출하였다.
➡ [제1조 제2항 제1호] 지반의 가속도를 계측한 자료는 계측 후 지체 없이 제출하여야 하며, 행정안전부장관에게 제출하여야 한다.

ㄴ. [O] 행정안전부장관은 2024년 4월과 10월에 지진가속도계측기 관리의 이행실태 서면점검을 실시하고 11월에는 현장점검을 실시하였다.
➡ [제2조 제2-3항] 반기별로 1회의 서면점검을 실시했으므로 규정을 준수했다.

ㄷ. [X] 인천광역시장은 2024년에 총 3회의 주민대피지구 관리상태 점검을 하였으며, 그 시기는 8월·9월·11월이었다.
➡ [제3조] 주민대피지구의 관리상태 점검은 반기별로 1회 이상, 즉 1 ~ 6월과 7 ~ 12월 중에 각각 1회 이상 실시하여야 한다.

ㄹ. [X] 행정안전부장관은 2018년 2월에 처음으로 지진가속도계측기 관리에 대한 기준의 타당성을 검토하였다.
➡ [제4조] 2015년 1월 1일부터 2017년 12월 31일까지가 첫 3년이므로 이 기간 중에 첫 번째 검토가 이루어졌어야 한다.

12.

정답 ①

정답률 : 79 %

풀이

- A가구
  부부 : 200,000 × 2 = 400,000원
  유아 : 200,000 + 100,000 = 300,000원 (50 % 가산)
  → 700,000원
  → 국가와 X기업이 절반씩 부담하므로, 국가가 지급하는 보상금 = 350,000원

- B가구
  부부 + 두 딸 : 120,000 × 4 × 1.3 = 624,000원
  → 전액 국가가 지급, 624,000원

13.

정답 ③

정답률 : 45 %

제시문의 이해

● 이슬람력

1월	2월	3월	4월	5월	6월	7월	8월	9월	10월	11월	12월
30일	29일	30일	29일	30일	29일	30일	29일	30일	29일	30일	29일

↑ 라마단 (9월)

- 윤년일 경우에는 12월이 30일.
- 1년 = 354일 (윤년은 355일)

선택지 검토

① 〔O〕 라마단의 기간은 30일이다.

➡ [2문단 1문장, 4문단 1문장] 라마단은 이슬람력의 9월이고, 9월은 홀수인 달이므로 30일까지 있다.

② 〔O〕 AH 1356년의 일수는 354일이다.

➡ [2문단 3문장] 1356 ÷ 30 = 45 … 6
30으로 나누어 나머지가 6이므로 평년이다. 따라서 354일이 맞다.

③ 〔X〕 서기 2020년은 이슬람력으로 1399년이다.

➡ 서기 622년이 이슬람력 1년이다. 즉, 621년의 차이가 있는데, 이를 그대로 적용하면 2020 - 621 = 1399년이다. 그러나 이는 서력 1년이 365일이고 이슬람력은 354일이어서 11일의 차이가 있음을 고려하지 않은 것으로 옳지 않다. 윤년을 고려하지 않고 매년 11일씩의 차이가 있는 것으로 계산했을 때 1399 × 11 = 15,389일, 즉 이슬람력에 약 43년 정도를 더해주어야 한다. 따라서 서기 2020년은 이슬람력으로는 대략 1442년쯤이다. 게다가 서력으로 1년과 이슬람력으로 1년이 정확히 겹치지 않으므로 서기 2020년에는 이슬람력의 1441년이나 1443년도 걸쳐 있을 수 있다.

④ 〔O〕 서기 2021년의 라마단은 4월 중에 시작된다.

➡ [2문단 1문장, 4문단 1문장 + 4문장] 서기 2020년 4월 24일이 라마단의 시작, 즉 이슬람력 9월 1일이다. 이슬람력의 1년은 354일이므로 다음 9월 1일은 서기 2021년 4월 13일경이다.

⑤ 〔O〕 이슬람력의 12월은 우리나라의 여름에 해당할 수도 있다.

➡ [3문단] 태양력과 11일 정도 차이가 나는 역법을 보정하지 않고 사용하여 각 월과 계절이 점점 어긋나게 된다. 따라서 봄, 여름, 가을, 겨울 중 어느 계절에든 이슬람력의 12월이 들어갈 수 있다.

14.

정답 ⑤

정답률 : 66 %

제시문의 이해

● 10이 만들어지는 숫자카드의 조합
(4, 3, 3)
(4, 3, 2, 1)
(4, 2, 2, 1, 1)
(3, 3, 2, 2)
(3, 3, 2, 1, 1)

보기 검토

ㄱ. 〔X〕 승패가 결정되려면 적어도 4번의 가위바위보가 실시되어야 한다.

➡ 가장 빨리 10이 만들어지는 경우는 한 사람이 연달아 가위바위보를 이기고 [4], [3], [3]카드를 가져오는 경우이다. 따라서 최소 3회의 가위바위보를 실시해서 승패가 결정될 수도 있다.

ㄴ. 〔O〕 현재까지 3번의 가위바위보가 실시되었고, 甲이 [2], [2], [3]카드를 뽑았다면 乙은 이길 수 없다.

➡ 10을 만들려면 [2], [3]카드가 적어도 1장씩은 필요하다. 따라서 甲이 [2], [2], [3]카드를 가져갔다면 乙은 결코 이길 수 없다.
<다른 방식의 판단>
존재하는 모든 카드의 총합은 16이다. 甲이 [2], [2], [3]카드를 가져갔다면 남아있는 카드의 총합은 9이므로 乙이 나머지 카드를 모두 가져온다고 해도 10을 만들 수 없다.

ㄷ. 〔O〕 현재까지 6번 가위바위보가 실시되었고, 甲과 乙이 뽑은 카드의 개수가 같다면 무승부가 될 수도 있다.

➡ 존재하는 모든 카드의 총합은 16이다. 만일 甲이 가져간 카드의 총합이 8([3], [3], [2])이고 乙이 가져간 카드의 총합이 7([4], [2], [1])이면 나머지 한 장의 카드([1])를 누가 가져가더라도 10을 만들 수 없다.

15.

정답 ④

정답률 : 74 %

선택지 검토

① 〔O〕 A군과 B군이 동일한 성능의 칼을 무기로 전투를 하면, B군의 병력은 4가 남는다.

➡ [칼 = 냉병기, 선형법칙, 군사력 = 병력] 9 - 5 = 4

② 〔O〕 C군과 D군이 동일한 성능의 총을 무기로 전투를 하면, D군의 병력은 5가 남는다.

➡ [총 = 화기, 제곱법칙, 군사력 = 병력², $\sqrt{\text{잔존 군사력}}$ = 잔존 병력]
$\sqrt{13^2 - 12^2} = \sqrt{5} = 5$

③ 〔O〕 B군과 E군이 동일한 성능의 칼을 무기로 전투를 하면, E군의 군사력은 6이 남는다.

➡ [칼 = 냉병기, 선형법칙, 군사력 = 병력] 15 - 9 = 6

④ 〔X〕 A군과 D군이 동일한 성능의 총을 무기로 전투를 하면, D군의 군사력은 64가 남는다.

➡ [총 = 화기, 제곱법칙, 군사력 = 병력²] $13^2 - 5^2 = 144$

⑤ 〔O〕 C군과 E군이 동일한 성능의 총을 무기로 전투를 하면, E군의 군사력은 81이 남는다.

➡ [총 = 화기, 제곱법칙, 군사력 = 병력²] $15^2 - 12^2 = 81$

16.

정답 ④

정답률 : 55 %

보기 검토

ㄱ. 〔X〕 $f(5) = 6$이다.

➡ A 돌1 돌2 돌3 돌4 돌5 B

(방법 1) A → 돌1 → 돌2 → 돌3 → 돌4 → 돌5 → B
(방법 2) A → 돌1 → 돌2 → 돌3 → 돌5 → B
(방법 3) A → 돌1 → 돌2 → 돌4 → 돌5 → B
(방법 4) A → 돌1 → 돌3 → 돌4 → 돌5 → B
(방법 5) A → 돌1 → 돌3 → 돌5 → B

위와 같이 5개의 돌로 구성된 징검다리를 건너는 방법은 다섯 가지이다.

∴ $f(5) = 5$이다.

※ 방법 1 : 나머지 돌 3개를 모두 사용하는 방법
방법 2 ~ 4 : 나머지 돌 3개 중 2개를 사용하는 방법
방법 3 : 나머지 돌 3개 중 1개를 사용하는 방법

ㄴ. 〔O〕 $f(6) = f(4) + f(5)$이다.

➡ n이 1일 때부터 차례로 $f(n)$을 구해보면 다음과 같다.

n	1	2	3	4	5	6	7	…
$f(n)$	1	1	2	3	5	8	13	…

따라서 $f(6) = f(4) + f(5) = 3 + 5 = 8$이다. (보기 ㄷ 참조)

ㄷ. 〔O〕 $f(n+2) - f(n) = f(n+1)$이다.

➡ A 1 2 … n-2 n-1 n B

n까지 도달하는 방법은 ① 직전에 n-1를 밟고 한 개의 돌을 이동하는 방법과 ② 직전에 n-2를 밟고 두 개의 돌을 이동하는 방법, 2가지가 있다.

(경우 1) 직전에 n-1를 밟고 한 개의 돌을 이동하는 경우의 수
n-1번째 돌을 밟은 다음의 이동 방법은 n번째 돌을 밟는 것 1가지밖에 없다. 따라서 해당 경우의 수는 n-1번째 돌까지 도달하는 경우의 수와 같다.
$= f(n-1)$

(경우 2) 직전에 n-2를 밟고 두 개의 돌을 이동하는 경우의 수
n-2번째 돌을 밟은 밟은 다음의 이동 방법은 n번째 돌을 밟는 것 1가지밖에 없다. 따라서 해당 경우의 수는 n-2번째 돌까지 도달하는 경우의 수와 같다.
$= f(n-2)$

돌의 개수가 n개인 징검다리를 건너는 방법의 수 : $f(n)$
= n번째 돌까지 도달하는 방법의 수
$= f(n-1) + f(n-2)$
∴ $f(n+2) = f(n) + f(n+1)$
$f(n+2) - f(n) = f(n+1)$

참고

• 위에서 구한 $f(n)$값들은 $f(n+2) = f(n+1) + f(n)$의 피보나치 수열을 이룬다.

17.

정답 ②

정답률 : 57 %

제시문의 이해

라운드	甲		乙		丙		동전
1	앞	3	뒤	-1	뒤	-1	앞
2	포기	0	앞	3	포기	0	앞
3	앞	-1	앞	-1	뒤	3	뒤
4	앞	3	앞	3	뒤	-1	앞
소계	5		4		1		
5	3, -1		3, 0, -1		3, -1		
6	3, -1		3, -1		3, -1		
가능한 총합	11, 7, 3		10, 7, 6, 3, 2		7, 3, -1		

보기 검토

ㄱ. 〔X〕 5라운드에서 甲은 틀리고 丙은 맞힌다면, 甲은 단독 우승을 할 수 없다.

➡ 甲이 단독 우승을 하는 경우가 있다.

라운드	甲	乙	丙
소계	5	4	1
5	-1	-1	3
6	3	-1	-1
총합	7	2	3

ㄴ. 〔X〕 5라운드에서 乙이 선택을 포기한다면, 乙은 단독 우승을 할 수 없다.

➡ 乙이 단독 우승을 하는 경우가 있다.

라운드	참가자들의 선택		
	甲	乙	丙
소계	5	4	1
5	-1	0	-1
6	-1	3	-1
총합	3	7	-1

ㄷ. 〔O〕 3명 모두 공동 우승인 것으로 게임이 종료되는 경우가 있을 수 있다.

➡ 아래와 같은 경우 3명 모두 공동 우승일 수 있다.

라운드	참가자들의 선택		
	甲	乙	丙
소계	5	4	1
5	3	0	3
6	-1	3	3
총합	7	7	7
단독 정답	1회	1회	1회

18.

정답 ②

정답률 : 62 %

제시문의 이해

○ 甲과 乙은 가장 먼저 동시에 스터디룸에 들어갔다.
○ 丙과 丁은 동시에 스터디룸에서 나왔다.
→ 丙과 丁은 서로 다른 스터디룸을 사용했다.
→ 두 사람이 동시에 들어가고 다른 두 사람이 동시에 나왔으므로, 각 스터디룸의 총 이용시간은 같아야 한다.
→ 두 스터디룸의 이용시간은 각각 [30분 + 2시간], [1시간 + 1시간 30분]이다.

○ 甲은 스터디룸 1실, 乙은 스터디룸 2실을 사용했다.
○ 乙과 丁은 가장 오래 스터디룸을 사용한 사람이 아니다.
→ 두 사실을 모두 만족시키려면 甲이 30분, 乙이 1시간 또는 1시간 30분을 사용해야 한다.
→ 또한, 丙이 2시간을 사용해야 한다.

● 가능한 경우는 다음과 같다.

1실	甲	丙
2실	乙	丁
	乙	丁

보기 검토

ㄱ. 〔O〕 甲은 30분 동안 스터디룸을 이용했다.
➡ 옳다.

ㄴ. 〔X〕 乙은 1시간 동안 스터디룸을 이용했다.
➡ 1시간 30분일 수도 있다.

ㄷ. 〔O〕 丙은 丁보다 먼저 스터디룸에 들어갔다.
➡ 옳다.

ㄹ. 〔X〕 丁은 甲과 같은 스터디룸을 사용했다.
➡ 乙과 같은 2실을 이용했다.

19.

정답 ⑤

정답률 : 41 %

제시문의 이해

- 경우 1

학생	A	B	C	D
점수	B-3	B	B-6	B-18

- 경우 2

학생	A	B	C	D
점수	B-3	B	B-2	B-6

선택지 검토

① [O] A와 C의 점수 차이가 3점일 수 있다.
➡ 경우 1

② [O] A와 D의 점수 차이가 15점일 수 있다.
➡ 경우 1

③ [O] B와 C의 점수 차이가 2점일 수 있다.
➡ 경우 2

④ [O] B와 D의 점수 차이가 6점일 수 있다.
➡ 경우 2

⑤ [X] C와 D의 점수 차이가 9점일 수 있다.
➡ 12점 또는 4점 차이이다.

20.

정답 ②

정답률 : 60 %

보기 검토

ㄱ. [O] 마지막 거래를 포함하여 총 6회의 거래가 이루어졌고 마지막 거래에서 G가 H에게 4만 원에 그림을 판매했다면, 전체 거래 과정에서 그림을 구입한 사람은 최소 3명이다.

➡ 한 사람이 그림을 구입할 수 있는 횟수는 최대 2회이다. 이를 최대한 활용하면 구입한 사람의 수를 최소로 할 수 있다.

예시> C → D → G → H → D → G → H
　　　　1　　1　　1　　2　　3　　4

→ 구입한 사람의 수는 최소 3명이다.

ㄴ. [O] 마지막 거래를 포함하여 총 8회의 거래가 이루어졌다면, 그림의 최종 가격은 최소 2만 원이다.

➡ 그림을 판 사람이 자신이 판매한 가격과 동일한 가격에 그림을 다시 구입하는 것은 금지되므로, 그림의 가격을 최소로 유지하려면 최대한 많은 사람이 거래에 참여하여야 한다. 총 8명이 있으므로 7회의 거래까지 1만 원을 유지할 수 있고 8회차의 거래에서는 가격을 적어도 1만 원 올려야 한다.

예시> C → D → A → B → E → F → G → H → D
　　　　1　　1　　1　　1　　1　　1　　1　　2

→ 그림의 최종 가격은 최소 2만 원이다.

ㄷ. [X] 8명의 회원이 모두 가능한 최대의 횟수로 거래에 참여했다면 그림의 최종 가격은 반드시 9만 원이 된다.

➡ 한 사람이 그림을 구입할 수 있는 최대 횟수는 2회이며, 최초 판매자인 C는 이후 거래에 참여할 수 없다. 따라서 거래가 이루어지는 최대 횟수는 14회이다. 그리고 가격 인상을 최소로 한다면 그림의 최종 가격이 2만 원이 될 수도 있다.

예시> C → D → A → B → E → F → G → H
　　　　1　　1　　1　　1　　1　　1　　1
　　→ D → A → B → E → F → G → H
　　　　2　　2　　2　　2　　2　　2　　2

21.

정답 ②

정답률 : 63 %

풀이 1

○ A와 B가 가진 숫자들의 합은 같다.
○ B가 가진 숫자들의 합은 C의 2배이다.
→ A : B : C = 2 : 2 : 1

- 먼저 A, B, C 기준으로 가능한 경우를 생각해보자.
1 ~ 10까지의 숫자 중 2개씩을 합하여 동일한 숫자 2개를 만드는 경우, 가능한 가장 큰 수는 [7 + 10, 8 + 9] = [17, 17]이다. 그러나 A와 B가 모두 17인 경우, 17의 절반이 자연수가 아니므로 C의 숫자 합과 일치할 수 없다.
따라서 A와 B의 숫자들의 합은 16 이하의 짝수이다.
가능한 경우는 다음과 같다.

A	B	C
16	16	8
14	14	7
12	12	6
10	10	5
⋮	⋮	⋮

○ D가 가진 숫자들의 합은 E의 2배이다.
→ D : E = 2 : 1
→ A, B, C가 가진 숫자들을 제외한 나머지의 합이 3으로 나누어떨어지는 자연수이다.
※ 1 ~ 10의 총합은 55이므로, 다음과 같이 정리할 수 있다.

A	B	C	합	나머지	D	E	
16	16	8	40	15	10	5	→ 가능
14	14	7	35	20	-	-	→ 불가능
12	12	6	30	25	-	-	→ 불가능
10	10	5	25	30	20	10	→ 가능
⋮	⋮	⋮	⋮	⋮	⋮	⋮	

○ E가 가진 숫자들의 합이 가장 작다.
→ 네 번째 경우는 C의 합이 가장 작기 때문에 조건에 위배되며, 그 이하는 검토할 필요가 없다.
→ 가능한 경우는 다음의 1가지이다.

A	B	C	D	E
16	16	8	10	5

→ 이 경우에 해당하는 숫자의 조합은 다음과 같다.

A	B	C	D	E
16	16	8	10	5
6, 10	7, 9	3, 5	2, 8	1, 4

풀이 2

○ A와 B가 가진 숫자들의 합은 같다.
○ B가 가진 숫자들의 합은 C의 2배이다.
→ A : B : C = 2 : 2 : 1
→ C가 가진 숫자들의 합을 x라고 하면, A + B + C = 5x
○ D가 가진 숫자들의 합은 E의 2배이다.
→ D : E = 2 : 1
→ E가 가진 숫자들의 합을 y라고 하면, D + E = 3y
- 1 ~ 10의 총합은 55이므로,
→ 5x + 3y = 55
→ (x, y) = (8, 5) 또는 (5, 10)
○ E가 가진 숫자들의 합이 가장 작다.
→ (x, y) = (8, 5)

A	B	C	D	E
16	16	8	10	5

→ 이 경우에 해당하는 숫자의 조합은 다음과 같다.

A	B	C	D	E
16	16	8	10	5
6, 10	7, 9	3, 5	2, 8	1, 4

22.

정답 ①

정답률 : 56 %

풀이

1> 서연 + 현정 - 보아
= (수3 + 튤1 + 장2 + 백2) - (수1 + 튤1 + 장2) = 수2 + 백2 = 86
→ 수국 + 백합 = 43

2> 애리 - (수국 + 백합)
= 튤립 + 장미 = 66 - 43 = 23

3> 현지
= 튤립2 + 장미2 = 23 × 2 = 46

23.

정답 ①

정답률 : 41 %

제시문의 이해

● 여학생은 밑줄로 표시함.

1바퀴 : 甲, 乙, 丙, 丁, 戊
2바퀴 : 乙, 甲, 丙, 丁, 戊
3바퀴 : 乙, 甲, 丁, 丙, 戊 (남학생을 추월할 수 있는 여학생은 丁뿐이다.)
4바퀴 : 乙, 丁, 甲, 丙, 戊 (남학생을 추월할 수 있는 여학생은 丁뿐이다.)
5바퀴 : 乙, 丁, 戊, 甲, 丙 (남학생을 2명을 추월할 수 있는 남학생은 戊뿐이다.)
6바퀴 : 戊, 乙, 丁, 甲, 丙 (여학생을 2명을 추월할 수 있는 남학생은 戊뿐이다.)
7바퀴 : 丁, 戊, 乙, 甲, 丙
(여학생 1명과 남학생 1명의 순서로 연달아 추월할 수 있는 학생은 丁뿐이다.)
8바퀴 : 丁, 戊, 乙, 甲, 丙

보기 검토

ㄱ. [O] 한 번도 2위를 하지 못한 학생이 있다. ➡ 丙은 2위를 한 적이 없다.
ㄴ. [X] 결승선을 1위로 통과한 사람은 남학생이다. ➡ 여학생 丁이다.
ㄷ. [O] 모든 학생은 적어도 한 번씩 3위를 한 적이 있다.
➡ 모두 1회 이상 3위를 한 적이 있다.
ㄹ. [X] 甲은 최종적으로 5위를 했다. ➡ 4위를 했다.

24.

정답 ③

정답률 : 62 %

풀이

○ 총원은 12명이다.

○ 1번 조건에 따라 각 자동차의 최대 탑승인원은,
A : 6명, B : 4명, C : 3명

○ 2번과 3번 조건에 따라 1대의 자동차에 탑승하는 최소 인원수는 3명이다.
→ C에는 3명이 탑승한다.

○ 4번 조건에 따라 C에는 반드시 2명 이상의 남자가 탑승해야 한다.
→ 2, 3, 4번 조건에 따라 C에는 남자 2명 여자 1명이 탑승하고, 운전자는 남자이다.

자동차	운전석	조수석	일반석	총원
A				
B				
C	남자 1	남자 1	여자 1	3

○ 남은 사람은 총 9명이다. 이들을 3명 이상의 두 그룹으로 나누면서 모든 자동차의 탑승인원이 서로 다르게 하려면, 4명과 5명으로 나누어야 한다. 이때, 1번 조건에 따라 A에는5명, B에는 4명이 탑승한다.

자동차	운전석	조수석	일반석	총원
A				5
B				4
C	남자 1	남자 1	여자 1	3

○ 남은 9명은 각각 남자 3명 여자 6명이다. 이들을 4명과 5명으로 나누는데, 2번 조건에 따라 동성은 최소 2명이 되고, 3번 조건에 따라 이성이 최소 1명은 포함되어야 하며, 6번 조건에 따라 어느 그룹에서도 남녀 인원수가 같아지지 않게 하려면, 각각 [A : 남자 2명, 여자 3명]과 [B : 남자 1명, 여자 3명]으로 나누어야 한다. 이때, B의 운전자는 여자임을 알 수 있다.(운전자와 동성인 사람이 적어도 1명 있다.)

자동차	운전석	조수석	일반석	총원
A	남자 1	남자 1	여자 3	5
	여자 1	여자 1	여자 1, 남자 2	
B	여자 1	여자 1	여자 1, 남자 1	4
C	남자 1	남자 1	여자 1	3

선택지 검토

① [X] 자동차 A에는 6명이 탑승한다.
➡ 5명이 탑승한다.
② [X] 자동차 A는 남자가 운전하며, 3명의 여자가 탑승한다.
➡ 여자가 3명인 것은 옳으나, 여자가 운전할 수도 있다.
③ [O] 자동차 B의 운전자는 여자이며, 1명의 남자가 탑승한다.
➡ 옳다.
④ [X] 자동차 B에는 2명의 여자가 탑승한다.
➡ 3명의 여자가 탑승한다.
⑤ [X] 자동차 C의 조수석에는 여자가 탑승한다.
➡ 운전자가 남자이므로 조수석에도 남자가 탑승한다.

25.

정답 ④

정답률 : 65 %

제시문의 이해

● 이번 주 업무일 : 4일
매일 기본 업무 : 3시간
매일 지시 받은 업무 가능한 시간 : 5시간
→ 지시 받은 업무 가능한 시간 : 이번 주 총 20시간
매일 추가근무 가능한 시간 : 4시간 (주 12시간 한도)
→ 최대 12시간

● 지시 받은 업무
- 업무보고 4건 : 2시간
- 보고서 작성 10건 : 10시간
- 민원처리 8건 : 12시간
- 국정감사 자료 준비 1건 : 6시간
→ 총 30시간 필요.

보기 검토

ㄱ. [X] A사무관이 이번 주 내에 지시 받은 업무를 모두 완료하려면 12시간의 추가근무를 해야 한다.
➡ 10시간만 추가 근무를 하면 완료할 수 있다.
ㄴ. [O] 국장님의 갑작스런 출장으로 이번 주 업무보고가 모두 취소된다면, A사무관은 이틀만 추가근무를 하여 지시 받은 나머지 업무를 이번 주 내에 모두 완료할 수 있다.
➡ 2시간이 제외되고 총 28시간이 필요하므로, 8시간(이틀)만 추가근무를 하면 완료할 수 있다.
ㄷ. [O] A사무관이 국정감사 자료 준비 1건을 추가로 지시 받고, 이를 완수하기 위해 민원처리 업무를 최후순위로 미룬다면, 이번 주에 3건의 민원처리를 완료하지 못한다.
➡ 6시간이 추가되므로, 지시 받은 업무를 모두 수행하려면 16시간의 추가근무를 해야 하는데, 12시간이 추가근무의 상한이므로 4시간이 부족하다. 따라서 민원 처리 3건(4시간 30분)을 완료하지 못한다.

제 7 회

7급 PSAT 하주응 상황판단
실전 모의고사 정답 및 해설

7급 PSAT 대비 실전모의고사

상황판단영역

- 제 7 회 -

출제·해설 : 하 주 응

◐ 정 답

1	2	3	4	5	6	7	8	9	10
⑤	③	②	②	①	⑤	③	④	②	④
11	12	13	14	15	16	17	18	19	20
④	②	⑤	③	①	①	⑤	④	②	①
21	22	23	24	25					
④	①	④	③	①					

평균 정답률 : 65.40 %

1. TEXT 문제의 해설에서, 문단과 문장의 번호는 위에서부터 순서대로 세어 부여함.
2. 법조문 문제의 해설에서, 조(條)의 번호는 위에서부터 순서대로 제1조, 제2조, …로 표기함.

1.

정답 ⑤

정답률 : 73 %

보기 검토

ㄱ. [X] 서로 다른 유료도로관리권자가 관리하는 2개의 유료도로를 연속하여 통과하는 차량에 대해서, 하나의 유료도로관리권자가 통행료를 일괄하여 받으려면 유료도로관리청의 승인을 받아야 한다.

➡ [제1조 및 제2조] 유료도로관리청의 승인을 받아야 하는 것은 제1조의 통합채산제, 즉 동일한 하나의 유료도로관리권자가 관리하는 여러 개의 유료도로를 하나의 유료도로로 하여 통행료를 받는 경우이다. 제2조의 일괄수납에 대해서는 승인을 받아야 한다는 규정이 없다.

ㄴ. [X] 하나의 유료도로관리자가 2개의 유료도로를 관리하고 있다면, 그 유료도로들이 서로 연결되지 않아 교통상 관련이 없더라도 통행료를 통합하여 받을 수 있다.

➡ [제1조 제2호] 즉 동일한 하나의 유료도로관리권자가 관리하는 여러 개의 유료도로를 하나의 유료도로로 하여 통행료를 받으려면, 해당 유료도로들이 교통상 관련을 가지고 있어야 한다.

ㄷ. [X] 유료도로관리청의 승인을 받지 아니하고 통합채산제를 시행하여 2021년 1월과 2023년 3월에 과태료 부과처분을 받은 유료도로관리권자가 2024년 3월에 같은 위반행위를 하여 적발된 경우, 세 번째 위반행위에 대하여 1,000만 원의 과태료가 부과된다.

➡ [제3조 제1-2항] 최근 3년 내에 같은 위반행위를 여러 차례 범했을 때, 위반횟수별로 과태료가 늘어난다. 2024년 3월의 최근 3년은 2021년 3월부터이다. 따라서 2021년 1월에 과태료 부과처분을 받은 위반행위는 횟수에 산입되지 않고, 2024년 3월의 위반행위는 2차 위반이 되어 700만 원의 과태료가 부과된다.

2.

정답 ③

정답률 : 90 %

선택지 검토

① [X] 중앙토지수용위원회의 위원 정수는 최대 24명이다.

➡ [제2조 제1항] 최대 20명이다.

② [X] 중앙토지수용위원회의 비상임위원은 국토교통부장관의 제청으로 대통령이 임명한다.

➡ [제2조 제4항] 비상임위원은 국토교통부장관이 위촉한다.

③ [O] 중앙토지수용위원회 회의의 구성원 수와 지방토지수용위원회 회의의 구성원 수는 동일하다.

➡ [제2조 제5항, 제3조 제4항] 동일하다.

중앙토지수용위원회 : 위원장 + 상임위원 1명 + 위원 7명 = 9명

지방토지수용위원회 : 위원장 + 위원 8명 = 9명

④ [X] 지방토지수용위원회의 회의는 위원 2명의 찬성으로 의결될 수 있다.

➡ [제3조 제5항] 제4항에 따른 구성원(9명)의 과반수(최소 5명) 출석과 출석위원 과반수(최소 3명)의 찬성으로 의결한다. 따라서 최소 3명의 찬성이 필요하다.

위원장에게도 의결권이 있는지가 불분명하다. 그러나 의원장에게 의결권이 없다고 가정하여도 최소 5명 출석과 최소 3명의 찬성이 있어야 함은 동일하다.

⑤ [X] 중앙토지수용위원회 상임위원의 임기는 지방토지수용위원회 위촉위원의 임기보다 길다.

➡ [제4조] (중앙 및 지방) 토지수용위원회의 상임위원 및 위촉위원의 임기는 각각 3년이다. 임기와 관련한 규정은 이 규정이 유일하며, 위원의 임기는 중앙과 지방을 구분하지 않고 동일하게 3년으로 규정하고 있다.

3.

정답 ②

정답률 : 79 %

※ 마약류, 마약, 향정신성의약품, 대마의 용어 구분에 유의하자.

선택지 검토

① [O] 난치병을 앓고 있는 甲이 자가치료를 목적으로 의료기관에서 처방받은 향정신성의약품을 휴대하고 출국하는 경우

➡ [제2조 제5호]

② [X] 의약품 포장기계 제조업자인 乙이 시제품을 제작하기 위해서 마약을 취급하는 경우

➡ [제2조 제2호] 이 경우 취급할 수 있는 것은 향정신성의약품으로 한정된다.

③ [O] 전국체육대회에서 도핑 검사관으로 근무하는 丙이 검사를 위한 시험을 목적으로 마약류를 취급하는 경우

➡ [제2조 제4호]

④ [O] 의약품제조업자 丁이 향정신성의약품의 품목허가를 받기 위한 임상연구를 위해 마약류를 취급하는 경우

➡ [제2조 제1호]

⑤ [O] 의료봉사 단체 戊가 해외 의료봉사 활동을 위해 향정신성의약품을 취급하는 경우

➡ [제2조 제6호]

4.

정답 ②

정답률 : 36 %

〈상황〉의 이해

- 기본 상황

기본 %	20	30	40	10	계
인원수 (명)	6	9	12	3	30명
인원수 변동[1]	3 ~ 9	6 ~ 12	9 ~ 15	0 ~ 6	
성과연봉 금액	450 이상 600 미만	360 이상 450 미만	300 이하	0	-
↑ 600 이상 지급받는 교원 수 : 최소 0명, 최대 9명 이에 따라 최상위 20 % 내의 교원 수만 변동됨.[2]					

1) 제2항 단서
2) 제3항

- 성과연봉 기준액은 300만 원이었으며, 차등 지급된 성과연봉 금액은 각각 700만 원, 500만 원, 400만 원, 250만 원이었다.
  → 700만 원은 [제3항]에 따른 금액

기준	제3항	제2항				계
		20	30	40	10	
인원수 (명)	1 이상	2 ~ 8	6 ~ 12	9 ~ 15	0 ~ 6	30명
성과연봉 금액	700만 원	500만 원	400만 원	250만 원	0원	-

보기 검토

ㄱ. 〔O〕 지난해 국립○○대학에서 성과연봉으로 400만 원을 지급받은 교원은 최대 12명이다.
➡ 옳다.

ㄴ. 〔X〕 지난해 국립○○대학에서 성과연봉으로 500만 원을 지급받은 교원은 최대 9명이다.
➡ 해당 구간의 최대 인원은 9명이지만, 이 중 최소 1명이 700만 원을 받았기 때문에 최대 8명까지만 가능하다.

ㄷ. 〔X〕 지난해 국립○○대학에서 성과연봉으로 250만 원을 지급받은 교원이 15명이었다면, 500만 원을 지급받은 교원은 최대 6명이다.
➡ 성과연봉을 받지 못하는 인원과 400만 원을 받는 인원을 모두 최소로 하면 최대 8명일까지 500만 원을 지급할 수 있다.

ㄹ. 〔O〕 지난해 국립○○대학에서 성과연봉으로 지급된 금액의 총합은 최소 7,850만 원이다.
➡

인원수	1명	2명	6명	15명	6명	30명
성과연봉 금액	700만 원	500만 원	400만 원	250만 원	0원	최소 7,850만 원

5.

정답 ①

정답률 : 69 %

선택지 검토

① 〔O〕 17세인 단시간 근로자가 동의한다면, 사업자는 해당 근로자에 대하여 1일에 8시간, 1주일에 46시간까지 근로하게 할 수 있다.
➡ [3문단 2-3문장] 18세 미만인 근로자의 소정근로시간 상한은 1일에 7시간, 1주일에 40시간이고, 1일에 1시간, 1주일에 6시간까지 초과 근로하게 할 수 있다. 따라서 1일에 8시간, 1주일에 46시간까지 근로하게 할 수 있다.

② 〔X〕 단시간 근로자를 고용하고자 하는 사업자는 유사업종에 종사한 경력이 있는 자를 우선적으로 고용하도록 노력하여야 한다.
➡ [4문단 1문장] 사용자가 통상 근로자를 채용할 때에는 해당 사업장의 단시간 근로자를 우선 고려할 필요가 있지만, 단시간 근로자를 채용하는 데 있어서는 이런 점을 고려할 필요가 없다.

③ 〔X〕 동일 사업장에서 4주당 50시간씩 2년 동안 근무한 단시간 근로자가 퇴직금을 받지 못했다면 노동위원회에 시정을 신청할 수 있다.
➡ [2문단 마지막] 4주간 평균한 주당 근로시간이 12.5시간으로 15시간 미만이므로 퇴직금을 받을 수 없다.

④ 〔X〕 단시간 근로자의 근로조건은 동종업무에 고용되어 있는 통상 근로자와의 업무 내용상 경중의 차이를 고려하여 결정해야 한다.
➡ [2문단 2문장] 같은 사업장의 동종업무에 종사하는 통상 근로자의 근로시간을 기준으로 결정한다.

⑤ 〔X〕 단시간 근로자의 근로시간은 어떠한 경우에도 1일에 9시간을 초과할 수 없다.
➡ [3문단 2-3문장] 18세 미만이 아닌 근로자의 경우에는 1일 초과 근로시간의 제한이 없다. 1주당 12시간의 제한만 있다.

6.

정답 ⑤

정답률 : 41 %

풀이

- 로봇 A와 B가 동시에 총 10개의 제품을 생산하는데 걸리는 시간 = x
- 로봇 A와 B가 동시에 단위 시간당 생산하는 개수 = $\frac{10}{x}$
- 로봇 A가 단위 시간당 생산하는 개수 = $\frac{10}{x+8}$
- 로봇 B가 단위 시간당 생산하는 개수 = $\frac{10}{x+2}$

→ $\frac{10}{x+8} + \frac{10}{x+2} = \frac{10}{x}$

$x(x+2) + x(x+8) = (x+8)(x+2)$

$2x^2 + 10x = x^2 + 10x + 16$

$x^2 = 16$

$x = 4$

➡ 로봇 A가 10개의 단독으로 제품 甲을 생산할 때 걸리는 시간
= $x + 8 = 4 + 8 = 12$

7.

정답 ③

정답률 : 76 %

풀이

※ B와 C의 경우, 일반주거지역으로만 표기되어 있고 제1종과 제2종의 구분이 되어 있지 않음에 주의하자. 명확히 구분이 되어 있지 않기 때문에 경우를 나누어 따져 보아야 하고 '반드시 ~한' 경우가 발견되지 않을 수도 있지만, 용적률의 200 % ~ 250 %에서 범위가 중첩되므로 이 부분에서 '반드시 ~한' 경우가 발견될 수도 있다.
A의 전용주거지역, D와 E의 상업지역의 경우도 마찬가지이다.

※ 범위(구간)이 제시되어 있는 경우에는 항상,
(1) 범위가 중첩되는가 혹은 완전히 분리 되어 있는가?
(2) 범위의 양 끝(극단)은 어디인가?
등에 주목하도록 하자.

건물	대지면적	건축면적	층 수	건폐율	용적률	용도지역
A	120	60	5	60 / 120 (50 %)	300 / 120 (250 %)	전용주거지역
B	150	90	7	90 / 150 (60 %)	630 / 150 (420 %)	일반주거지역
C	80	45	4	45 / 80 (약 56 %)	180 / 80 (225 %)	일반주거지역
D	200	180	20	180 / 200 (90 %)	3600 / 200 (1800 %)	상업지역
E	200	120	2	120 / 200 (60 %)	240 / 200 (120 %)	상업지역

A : 제1종과 제2종에서 모두 용적률 기준을 초과한다. → 불허
B : 제1종과 제2종에서 모두 용적률 기준을 초과한다. → 불허
C : 건폐율 기준을 충족하고 용적률(225%)은 제1종과 제2종에 공통되는 200 % ~ 250 % 사이에 속해 있기 때문에, 어느 경우이더라도 건축이 허가된다.
D : 건폐율 90 %는 중심상업지역에서만 허가되고, 용적률 1,800 %는 모든 상업지역의 용적률 상한을 초과한다. → 불허
E : 용적률 120 %는 모든 상업지역의 용적률 하한에 미달된다. → 불허

8.

정답 ④

정답률 : 85 %

풀이

1. 시간

- 〔X〕A : 사파리 투어(2), 케이블카(1), 궁전(2), 야경 투어(3) → 8시간
- 〔O〕B : 사파리 투어(2), 궁전(2), 야경 투어(3) → 7시간
- 〔O〕C : 열기구(1), 사파리 투어(2), 궁전(2) → 5시간
- 〔O〕D : 열기구(1), 유람선(1), 야경 투어(3) → 5시간
- 〔X〕E : 케이블카(1), 고고학 박물관(2), 궁전(2), 야경 투어(3) → 8시간

2. 비용, 선호도

관광내용	관광비용		관광 상품			선호도
열기구	170 EUR	221,000원		C	D	★★★★★
유람선	50 EUR	65,000원			D	★★★
사파리 투어	90 EUR	117,000원	B	C		★★
궁전	60 EUR	78,000원	B	C		★★★★
야경 투어	355 TRY	71,000원	B		D	★★★★
		총 비용	150 EUR + 355 TRY 266,000원	320 EUR 416,000원	220 EUR + 355 TRY 357,000원	
		선호도 합	10	11	12	

조언

※ 최종 결정은 선호도의 총합으로 이루어지므로 선호도의 총합이 가장 높은 D가 금액 조건을 만족하는지 확인하고, 만족한다면 바로 답으로 선택하는 것도 하나의 방법이다.

9.

정답 ②

정답률 : 69 %

보기 검토

ㄱ. 〔X〕 전제상정소의 공법 시안은 공법상정소의 시안보다 토지의 비옥도를 3배 더 세밀하게 나누었다.
➡ [1문단] 공법상정소의 시안은 3등급으로 나누었고, 전제상정소의 시안은 6등급(전분 6등제)으로 2배 더 세밀하게 나누었다.

ㄴ. 〔O〕 전분 6등제에 따를 때, 1등전은 같은 면적의 6등전보다 수확량이 4배 더 많다.
➡ [2문단]
- 서로 다른 면적이라도 수확량이 같으면 같은 전세를 거둠.
- 같은 1결이면 면적이 달라도 같은 세액을 거둠.
  → 같은 1결이면 (등급에 상관없이) 수확량이 같음.
- 6등전 1결은 1등전 1결보다 네 배 넓음.
  → 1등전 1결의 면적은 6등전 1결의 면적의 1/4이지만, 수확량은 같음.
  → 같은 면적의 1등전과 6등전을 비교하면 1등전의 수확량이 4배 더 많음.

ㄷ. 〔O〕 작황이 좋지 않아 20 %의 손실이 발생하였을 경우, 과전법에 따른 세액은 쌀 24두이다.
➡ [5문단] 20 %의 손실 = 2분(分)의 손실
30두 - (3두 × 2) = 24두

ㄹ. 〔X〕 연분 9등법에 따라 상하년(上下年)에 거두는 1결당 세액은, 과전법에 따라 4분(分)의 손실이 있는 해에 거두는 1결당 세액보다 많다.
➡

과전법	작황	10	9	8	7	6	5	4	3	2	1
	세액	30	27	24	21	18	15	12	9	면제	면제

공법	연분 9등	상상	상중	상하	중상	중중	중하	하상	하중	하하
	세액	20	18	16	14	12	10	8	6	4

10.

정답 ④

정답률 : 68 %

풀이

- [3문단] • 1파(把)의 쌀 생산량 = 1줌
  • 1결(結) = 10,000파(把)
  • 1결(結)의 쌀 생산량 = 10,000줌
- [4문단] 손실이 없을 때의 1결당 쌀 생산량 = 400두
- 400두 = 10,000줌
  1두 = 25줌 = 8 kg = 8,000 g
  1줌 = 320 g (8,000 ÷ 25)

11.

정답 ④

정답률 : 74 %

선택지 검토

① 〔O〕 경찰서장은 乙에게는 범칙금을 부과할 수 없다.
➡ [제1조 제2항] 乙은 18세가 되지 않았으므로 '범칙자'에 해당하지 않는다.

② 〔O〕 甲은 20○○년 3월 20일까지 범칙금을 납부하여야 한다.
➡ [제3조 제1항, 각주] 통고처분서를 받은 3월 10일부터 10일 이내에 납부해야 한다. 초일은 산입하지 않으므로 3월 20일이 기간의 마지막 날이다.

③ 〔O〕 甲이 20○○년 3월 22일에 범칙금을 납부한다면, 납부해야 할 금액은 3만 6천 원이다.
➡ [제3조 제2항] 범칙금 납부기간이 지났으므로, 0.2배(6천 원)를 가산하여 3만 6천 원을 납부해야 한다.

④ 〔X〕 甲이 20○○년 3월 30일까지 범칙금을 납부하지 않으면, 경찰서장은 甲에 대한 즉결심판을 청구하여야 한다.
➡ [제4조 제1항] 제3조 제1항과 제2항에 따라 범칙자가 통고처분서를 받은 날로부터 10일 + 20일 동안 범칙금을 납부하지 않은 경우에, 즉 이 상황에서는 甲이 4월 9일까지 범칙금을 납부하지 않은 경우에 즉결심판을 청구해야 한다.

⑤ 〔O〕 甲에 대한 즉결심판이 청구된 경우, 甲이 즉결심판 선고 전에 4만 5천 원을 납부하고 그 증명서류를 제출하면, 경찰서장은 즉결심판 청구를 취소하여야 한다.
➡ [제4조 제2항] 즉결심판 선고 전까지 범칙금(3만 원) + 범칙금의 0.5배(1만 5천 원) = 4만 5천 원을 납부하고 증명서류를 제출하였으므로, 경찰서장은 즉결심판 청구를 취소하여야 한다.

12.

정답 ②

정답률 : 97 %

선택지 검토

① 〔X〕 강원도 속초시장은 당해 연도 보험목적물의 구조별 현황을 그 해 3월 31일까지 강원도지사에게 제출하여야 한다.
➡ [제1조 제2항] '전년도' 보험목적물의 구조별 현황을 매년 3월 31일까지 강원도지사를 거쳐 행정안전부장관에게 제출하여야 한다.

② 〔O〕 보험사업자는 풍수해보험료율을 산정하기 위하여 행정안전부장관에게 전년도 보험목적물의 지역별 피해액에 관한 자료를 요청할 수 있다.
➡ [제1조 제2항, 제3항] 보험사업자는 풍수해보험료율의 산정 등을 위하여 행정안전부장관에게 제2항에 따른 통계자료를 요청할 수 있다.

③ 〔X〕 풍수해보험관리지도를 정비한지 5년이 경과하였다면, 보험사업자는 그 타당성을 재검토하여야 한다.
➡ [제2조 제2항] 타당성의 재검토는 행정안전부장관이 한다.

④ 〔X〕 풍수해를 예방하기 위하여 필요한 통계자료를 집적하는 세부 절차는 시·도지사가 각 지역의 실정을 고려하여 정한다.
➡ [제1조 제4항] 행정안전부장관이 정한다.

⑤ 〔X〕 지방자치단체의 장은 풍수해보험관리지도를 관리할 수 있는 전산체계를 구축하여야 한다.
➡ [제2조 제1항, 제3항] 지방자치단체의 장이 풍수해보험관리지도의 작성에 관한 일부 사항을 위임받을 수는 있지만, 전산체계의 구축과 관리는 행정안전부장관이 한다.

13.

정답 ⑤

정답률 : 75 %

풀이

※ 점수의 차이를 묻고 있으므로 동일한 응답을 한 문제(1, 3, 7)는 제외하고 비교한다.

● 응시생 총원 : 40명

기준	정답자 수	배점
정답률이 10 % 미만인 문제	4명 미만	5점
정답률이 30 % 미만인 문제	12명 미만	3점
정답률이 50 % 미만인 문제	20명 미만	2점
정답률이 50 % 이상인 문제	20명 이상	1점

● 차이 = 13 - 2 = 11

문제	1	2	3	4	5	6	7	8	9	10	총점
정답	c	a	a	d	b	a	b	d	a	d	
정답자(명)	20	10	31	14	4	39	37	3	16	38	
배점	1	3	1	2	3	1	1	5	2	1	20
甲	c	a 3	a	c	b 3	c	b	d 5	a 2	a	13
乙	c	c	a	a	d	a 1	b	b	c	d 1	2

14.

정답 ③

정답률 : 66 %

풀이

● 3월 1일부터 6월 30일까지는 총 122일이다.
3월 1일을 1일로 하여 순서대로 날짜를 헤아리면, 5월 31일은 92일이고 6월은 93일 ~ 122일이다.
→ A는 4월 1일과 2일에 점검을 했다.
= 32일과 33일에 점검을 했다.
→ B는 3월 1일에 점검을 했다.
= 1일에 점검을 했다.

시스템	점검일정				
A	32	39	46	···	$7x+4\,(x=4,5,\cdots)$
	33	40	47	···	$7x+5\,(x=4,5,\cdots)$
B	1	4	7	···	$3y+1\,(y=0,1,\cdots)$

● 6월 중에 점검을 하는 날

시스템	점검일정 (6월)									
A	95	96	102	103	109	110	116	117	-	-
B	94	97	100	103	106	109	112	115	118	121

➡ 103일 : 6월 11일
109일 : 6월 17일

15.

정답 ①

정답률 : 55 %

풀이

다음과 같이 '✓' 표시된 칸을 하나씩 뒤집으면 모든 타일이 흰색 면을 보이게 된다. 뒤집는 순서는 상관없으며, 3회만 뒤집으면 된다.

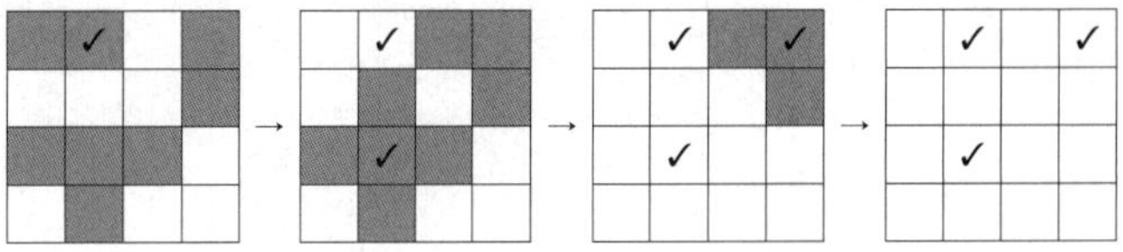

16.

정답 ①

정답률 : 60 %

보기 검토

ㄱ. [O] 甲이 최저가 상품은 구매하지 않기로 하였다면, 최대 4개의 상품을 구매할 수 있다.

➡ 1,000원 단위로 상품이 있다고 하였으므로, 모든 품목의 최저가에 1,000원을 더하여 생각한다.
A(13,000원) + B(19,000원) + C(9,000원) + D(55,000원) = 96,000원

ㄴ. [X] 甲이 최저가 상품은 구매하지 않기로 하였다면, E품목은 구매할 수 없다.

➡ 최저가 상품은 구매하지 않기로 했으므로 E품목을 가장 싸게 구매하면 62,000원이 필요하다. 나머지 38,000원으로 A(13,000원)와 B(19,000원), A(13,000원)와 C(9,000원), 또는 B(19,000원)와 C(9,000원)를 구매하여 3개의 상품을 구매할 수 있다.

ㄷ. [O] 甲이 D품목에서 최고 품질의 상품을 구매하려 한다면, 반드시 C품목을 함께 구매해야 한다.

➡ D품목에서 최고 품질의 상품을 구매하면 28,000원이 남는다. A와 C, 또는 B와 C를 구매하여야 3개 상품을 구매한다는 조건을 만족시킬 수 있다.

ㄹ. [X] 甲이 C품목에서 최고 품질의 상품을 구매하기로 하고 D품목의 상품도 구매하려 한다면, D품목에서는 최저가 상품을 구매해야만 한다.

➡ C품목에서 31,000원을 사용하면 69,000원이 남고, 여기에 A와 D를 최저가로 구매하면 3,000원이 남는다. 이 3,000원으로 D품목에서 조금 더 비싼 상품을 구매할 수 있다.

17.

정답 ⑤

정답률 : 44 %

풀이

1. 3원 동전 1개와 4원 동전 2개로 두 종류의 조각을 모두 구입할 수 있었다고 했으므로 최대 11원 이내의 범위에서만 검토한다. 가능한 가격은 3, 4, 7, 8, 11원이다.

마을	동전 (개수)		지불할 수 있는 금액									
A	3 (1)	4 (2)	3	4	5	6	7	8	9	10	11	…
B	4 (2)	5	3	4	5	6	7	8	9	10	11	…
C	5	6	3	4	5	6	7	8	9	10	11	…
					가격 범위							

2. B마을에서 둘 모두 구입할 수 없었으므로 두 조각의 가격은 각각 7원과 11원이다.
3. '청동새' 조각 : A마을 구입 가능 - B마을 구입 불가 - C마을 구입불가 → 7원
4. '은두꺼비' 조각 : A마을 구입 가능 - B마을 구입 불가 - C마을 구입가능 → 11원
5. 가격의 합 = 7 + 11 = 18원

참고

- 프로베니우스의 동전
  서로소인 2개의 자연수 a와 b의 사용 횟수에 제한이 없을 때, a와 b의 합으로 나타낼 수 없는 자연수의 최댓값은 『ab - a - b』이다.
  서로소인 2개의 자연수 a와 b의 사용 횟수에 제한이 없다면, 『ab - a - b』보다 큰 자연수는 모두 a와 b의 합으로 나타낼 수 있다.

18.

정답 ④

정답률 : 61 %

제시문의 이해

- 각 팀의 인원수가 2명씩으로 동일하므로, 1라운드에서 평균값을 구하기 위해 2로 나누는 것은 사실 필요 없는 행위나 마찬가지이다. 결국 1라운드의 승패 결정 방법과 3라운드의 승패 결정 방법은 동일하다고 할 수 있다.

보기 검토

ㄱ. [X] A와 B가 한 팀이 되면 1라운드에서 반드시 탈락한다.

➡ A와 B의 합은 58이다. G와 H의 경우 그 합이 50이어서 A와 B의 합보다 작다. 따라서 A와 B가 한 팀이 되었을 때 1라운드에 반드시 탈락한다고 할 수는 없다.

ㄴ. [O] H와 I가 한 팀이 되어 2라운드에 진출했다면, H와 I는 반드시 3라운드에도 진출할 수 있다.

➡ H는 12명 중 가장 작은 수를 가지고 있고, I는 12명 중 가장 큰 수를 가지고 있다. 따라서 2라운드의 승패 결정 방식으로는 어떤 팀을 상대하든 반드시 승리한다.

ㄷ. [O] C와 E가 '5팀'이 되면 반드시 최종 우승팀이 된다.

➡ C와 E의 합은 160이 된다. 이 둘을 제외한 가장 큰 수를 가진 2명, I와 L의 합은 158이다. 따라서 두 수의 합으로 승패를 가리면 C와 E의 팀은 어떤 팀을 상대로도 반드시 승리한다. '5팀'은 1라운드와 3라운드만 치르고, 1라운드와 3라운드는 두 수의 합으로 승패를 결정하므로 C와 E가 '5팀'이 되면 반드시 최종 우승팀이 된다.

19.

정답 ②

정답률 : 69 %

풀이

자동차	제조국	연비		에너지소비효율등급
A	대한민국	14.1 km/L		2
B	독일	6.1 L/100km	약 16.4 km/L	1
C	미국	31 mpg	약 13.2 km/L	3
D	인도	10.8 km/L		4

➡ B - A - C - D

20.

정답 ①

정답률 : 36 %

풀이

WESTERNELECTRIC

● 로고에 점의 위치로 표시하는 방법

문자		W	E	S	T	E	R	N	E	L	E	C	T
위	년	1938	1939	1940	1941	1942	1943	1944	1945	1946	1947	1948	1949
아래	월	1	2	3	4	5	6	7	8	9	10	11	12

※ 점의 위치(아래 - 연도, 위 - 월)에 주의한다.
※ 'E'가 여러 개이므로 어느 위치의 'E'인지에 주의한다.
→ 1943년 10월

● 2개의 영문자로 표시하는 방법

문자	A	B	C	D	E	H	K	L	M	N	P	S
연도	1936	1937	1938	1939	1940	1941	1942	1943	1944	1945	1946	1947
월	1	2	3	4	5	6	7	8	9	10	11	12

※ 사용되지 않는 영문자가 있음에 주의한다.
※ 문자의 순서(1 - 연도, 2 - 월)에 주의한다.
→ L N

21.

정답 ④

정답률 : 74 %

제시문의 이해

교전 기간		교전 장소
8.21. ~ 9.15.	8.21. ~ 9.15.	돈강 서쪽
9.17 ~ 10.25.	9.17. ~ 10.12.	돈강 북쪽
	10.1. ~ 10.25.	곡물창고
11.13. ~ 12.31.	11.13. ~ 12.14.	시 외곽
	12.1. ~ 12.31.	기차역
	12.8. ~ 12.25.	중앙광장
	12.11. ~ 12.29.	볼가강 남쪽

※ 교전이 없었던 기간 : 9.16, 10.26 ~ 11.12

선택지 검토

① 〔X〕 8월 31일 ~~34소총병사단~~ ➡ 돈강 서쪽. 34소총병사단은 중앙광장.
② 〔X〕 ~~9월 16일~~ 교전 없었던 날
③ 〔X〕 ~~10월 27일~~ 교전 없었던 날
④ 〔O〕 11월 20일 1077대공포연대 ➡ 시 외곽. 1077대공포연대만 있었음.
⑤ 〔X〕 12월 30일 ~~90전차여단~~ ➡ 기차역. 90전차여단은 볼가강 남쪽.

22.

정답 ①

정답률 : 47 %

풀이

● A → B → C → D → E → C → A → B → C → D → ⋯
6회의 정차를 주기로 같은 패턴이 반복된다.

198 ÷ 6 = 33 ⋯ 1

『A → B → C → D → E → C』의 패턴이 33회 반복된 후 1개의 도시를 더 운행하고 정차했으므로, 급행시외버스가 198번째로 정차하는 도시는 A도시이다.

23.

정답 ④

정답률 : 53 %

풀이

● 기준 요일
7월 1일(월) + 3 → 8월 1일(목) + 3 → 9월 1일(일) + 2 → 10월 1일(화) + 3 → 11월 1일(금) + 2 → 12월 1일(일)

명칭	날짜	요일
광복절	8월 15일	목
추석 (연휴)	9월 12일 ~ 14일	목, 금, 토
개천절	10월 3일	목
한글날	10월 9일	수
크리스마스	12월 25일	수

● 방영 횟수
법정공휴일을 고려하지 않을 때, 7월 1일부터 12월 29일까지는 모든 프로그램의 방영 횟수가 동일하다. 그리고 12월 30일(월)과 12월 31일(화)이 추가되므로 A와 B의 방영 횟수는 C, D, E보다 1회씩 더 많다.
A = B = C + 1 = D + 1 = E + 1
이제 법정공휴일을 반영하면(공통된 방영횟수를 α라고 하자),
A(월) = α + 1
B(화) = α + 1
C(수) = α - 2
D(목) = α - 3
E(금) = α - 1
➡ 가장 적게 방영된 프로그램 : D

24.

정답 ③

정답률 : 49 %

풀이

	1		2		3		4		5		6
술래	A	→ 시계	B	→ 반시계	F	→ 반시계	D	→ 시계	E	→ 반시계	B
박수	1번	→	2번	→	2번	→	1번	→	3번	→	

보기 검토

ㄱ. (X) 여섯 번째까지 6명 모두 최소 한 번씩은 술래가 되었다.
➡ C는 술래가 되지 않았다.

ㄴ. (O) 네 번째 술래는 D였다.
➡ 옳다.

ㄷ. (O) 여섯 번째 술래가 박수를 4번 치고 일곱 번째 술래가 벌칙을 받는다면, 벌칙을 받는 사람은 D이다.
➡ B가 박수를 4번 치면 반시계 방향으로 4번째에 앉은 D가 일곱 번째 술래가 된다.

ㄹ. (X) F가 A의 바로 다음 술래가 될 수는 없다.
➡ A가 박수를 5번 치면 F가 술래가 된다.

25.

정답 ①

정답률 : 89 %

선택지 검토

① (O) 병역을 기피할 목적으로 외국국적을 취득하고 대한민국 국적을 상실한 사람도 38세가 된 때부터는 재외동포체류자격을 부여받을 수 있다.
➡ [제2조 제2항 단서, 제1호] 병역을 기피할 목적으로 외국국적을 취득하고 대한민국 국적을 상실한 경우에는 재외동포체류자격을 부여하지 않지만, 38세가 된 때에는 그러하지 아니하다.

② (X) 3개월 이상 국내에 체류하는 모든 외국국적동포는 건강보험 관계 법령의 규정에 따라 건강보험을 적용받을 수 있다.
➡ [제5조] 국내거소를 신고한 경우에만 적용된다. 체류기간도 3개월이 아니라 90일로 규정되어 있다.

③ (X) 외국국적동포가 재외동포체류자격으로 국내에 3년을 초과하여 체류하고자 하면 반드시 출국 후 재입국하여야 한다.
➡ [제4조 제2항] 체류기간 연장허가를 받으면 3년을 초과하여 체류할 수 있다.

④ (X) 재외동포체류자격으로 입국한 외국국적동포는 입국 후 14일 이내에 법무부장관에게 국내거소신고를 하여야 한다.
➡ [제3조 제1-2항] 14일의 기간은 신고한 거소를 이전하여 신거소 신고를 하는 경우에만 적용된다. 또한 국내거소신고는 지방출입국·외국인관서의 장에게 하는 것이고, 의무사항도 아니다.

⑤ (X) 법무부장관은 이 법을 적용하기 위하여 필요하면 외국국적동포에게 직권으로 재외동포체류자격을 부여할 수 있다.
➡ [제2조 제1항] 재외동포체류자격의 부여는 외국국적동포에게 신청에 의해서만 이루어진다. 직권에 의해 부여할 수 있다는 규정은 없다.

제 8 회

7급 PSAT 하주응 상황판단
실전 모의고사 정답 및 해설

7급 PSAT 대비 실전모의고사

상황판단영역

- 제 8 회 -

출제·해설 : 하 주 응

◐ 정 답

1	2	3	4	5	6	7	8	9	10
③	①	①	③	②	⑤	②	①	②	⑤
11	12	13	14	15	16	17	18	19	20
⑤	④	②	④	①	⑤	③	④	②	③
21	22	23	24	25					
③	⑤	⑤	④	④					

평균 정답률 : 66.08 %

1. TEXT 문제의 해설에서, 문단과 문장의 번호는 위에서부터 순서대로 세어 부여함.
2. 법조문 문제의 해설에서, 조(條)의 번호는 위에서부터 순서대로 제1조, 제2조, …로 표기함.

1.

정답 ③

정답률 : 97 %

선택지 검토

①〔X〕참전명예수당은 계좌에 입금하는 방식으로만 지급된다.
➡ [제2조 제4항 단서] 현금으로 지급할 수 있는 경우도 있다.

②〔X〕보훈보상대상자이면서 참전유공자로도 등록된 A는 참전명예수당과 보훈급여금을 모두 지급받을 수 있다.
➡ [제2조 제1항 단서] 본인이 선택한 하나만 지급된다.

③〔O〕62세에 참전유공자로 등록된 B는 65세가 되는 날이 속한 달부터 참전명예수당을 지급받을 수 있다.
➡ [제2조 제2항] 참전명예수당 지급연령(65세)이 되기 전에 등록된 경우, 참전명예수당 지급연령(65세)이 된 날이 속하는 달부터 지급한다.

④〔X〕67세에 참전유공자 등록을 신청한 C는 65세가 된 날이 속한 달부터 참전유공자 등록이 결정된 날이 속한 달까지의 기간에 해당하는 참전명예수당을 일시금으로 지급받을 수 있다.
➡ [제2조 제2항 단서] 참전명예수당 지급연령(65세)이 지난 후에 등록신청을 한 경우에는 등록신청을 한 날이 속하는 달부터 지급한다.

⑤〔X〕참전유공자로 등록되었지만 국적을 상실한 66세 D는 참전명예수당을 지급받을 수 없다.
➡ [제2조 제3항] 참전유공자가 국적을 상실한 경우에도 참전명예수당을 지급할 수 있다.

2.

정답 ①

정답률 : 91 %

보기 검토

ㄱ.〔O〕시장 등은 최근 4회의 정기점검에서 위반사실이 없었던 목욕장업 사업장에 대한 점검횟수를 조정할 수 있다.
➡ [제2조 제1항 단서, 제2항 제1호 나목] 목욕장업 사업장에 대해서는 반기(6개월)마다 1회 정기점검을 실시해야 한다. 따라서 최근 4회의 정기점검에서 위반사실이 없었다는 것은 최근 2년간 위반사실이 없었다는 것을 의미한다. 이 경우 시장 등은 점검횟수를 조정할 수 있다.

ㄴ.〔X〕식품접객업 사업장에서 전분으로 제조한 이쑤시개를 음식물과 함께 무상으로 제공하는 행위는 금지된다.
➡ [제1조 제1호] 전분으로 제조한 이쑤시개는 무상제공 금지 물품이 아니다.

ㄷ.〔X〕시장 등이 대규모 점포에서 순수종이 재질로 제작된 1회용 쇼핑백을 무상으로 제공함을 인지한 경우 수시점검을 실시해야 한다.
➡ [제1조 제3호 단서, 제2조 제2항 제2호 나목] 순수종이 재질로 제작된 1회용 쇼핑백은 무상제공 금지 물품이 아니다. 따라서 수시점검 실시 사유에 해당하지 않는다.

ㄹ.〔O〕원칙적으로 대규모 점포에 대한 연간 정기점검 횟수는 객석면적이 33m²인 식품접객업 사업장에 대한 연간 정기점검 횟수의 4배이다.
➡ [제2조 제2항 제1호 가목의 3), 다목] 대규모 점포에 대한 정기점검 횟수는 분기에 1회(연간 4회)이고 객석면적이 33m²인 식품접객업 사업장에 대한 정기점검 횟수는 연 1회이다.

3.

정답 ①

정답률 : 51 %

선택지 검토

①〔O〕검찰업무에 특히 참고가 될 사건에 관한 내사사건기록은 대검찰청에서 보존한다.
➡ [제4조 제2항, 제3조, 제1조 제3항] 검찰업무에 특히 참고가 될 사건에 관한 내사사건기록은 준영구로 보존하며, 보존기간이 준영구에 해당하는 내사사건기록은 대검찰청에서 보존한다.

②〔X〕공소시효의 기간이 2년 이하인 사건에 관한 진정사건기록은 3년간 형사사건기록 보존청에서 보존한다.
➡ [제1조 제2항] 진정사건기록은 해당 사건을 종결한 검찰청에서 보존한다.

③〔X〕8년의 유기 금고형이 확정된 사건기록은 제1심법원에 대응하는 검찰청에서 보존한다.
➡ [제2조 제2항, 제1조 제3항] 10년 미만의 유기의 금고의 형이 확정된 사건기록은 준영구로 보존하므로, 대검찰청에서 보존한다.

④〔X〕공소시효의 기간이 2년 이하인 사건에 대하여 공소기각의 재판이 확정된 사건기록은 3년간 보존한다.
➡ [제2조 제3항] 공소기각의 재판이 확정된 사건기록은 공소시효 기간 동안 보존하므로, 보존기간이 3년이 될 수는 없다.

⑤〔X〕과료의 형을 선고하는 재판이 확정된 사건기록은 형의 시효가 완성될 때까지 보존한다.
➡ [제2조 제1항 단서] 과료의 형이 선고된 경우에는 형의 시효와 상관없이 3년간 보존한다.

4.

정답 ③

정답률 : 77 %

제시문의 이해

- 전쟁 또는 내전 등으로 근무 여건이 고도로 열악한 상황이 상당 기간 지속되는 국가의 경우 각각의 지급액에 '가'지역 지급액의 100분의 50을 가산하여 지급
  → 각각의 지급액에 '가'지역 지급액의 100분의 50(1,250 또는 1,150달러)을 추가로 지급하는 것이다. 이를 반영하면 다음과 같다.

지역 \ 직급		1 · 2 · 3급	4 · 5 · 6 · 7급
가	일반	2,500	2,300
	열악한 상황	3,750	3,450
나	일반	1,500	1,400
	열악한 상황	2,750	2,550
다	일반	800	720
	열악한 상황	2,050	1,870

선택지 검토

① [X] 유럽에 근무하는 5급 공무원 A는 근무지의 상황에 따라 특수지근무수당으로 3,450달러를 받을 수 있다.
➡ 5급 공무원이 3,450달러를 받는 경우는 '가'지역 중 위험지역에 근무하는 경우이다. 그러나 유럽에는 '가'지역으로 분류되는 국가가 없다.

② [X] 6급 공무원 B가 받는 특수지근무수당이 1,400달러라면, B의 근무지는 공관환경지수가 390점 이상 460점 미만인 지역이다.
➡ 1,400달러의 수당은 '나'지역인 경우에 지급된다. 공관환경지수가 460점 이상 570점 미만인 지역이 '나'지역으로 구분된다.

③ [O] 투르크메니스탄에서 근무하는 7급 공무원 C는 해당 국가의 상황에 따라 최소 1,400달러에서 최대 2,550달러의 특수지근무수당을 지급받을 수 있다.
➡ 투르크메니스탄은 '나'지역이므로 기본적으로 1,400달러를 받게 되고, 이곳이 위험지역이라면 '가'지역 지급액의 100분의 50(1,150달러)을 추가하여 2,550달러까지 받을 수 있다.

④ [X] 캄보디아에 근무하는 3급 공무원 D는 특수지근무수당으로 해당 국가의 상황에 따라 최소 800달러에서 최대 1,200달러를 받을 수 있다.
➡ 캄보디아는 '다'지역 국가이므로 특수지근무수당은 800달러이다. 만일 해당 국가의 근무 여건이 고도로 열악한 상황이라면 1,250달러를 더하여 2,050달러의 수당을 받을 수 있다.

⑤ [X] 미주에서 근무하는 E가 2,000달러 이상의 특수지근무수당을 지급받고 있다면, E의 근무지는 반드시 볼리비아이다.
➡ 미주의 모든 지역이 일반지역이라면, '가'지역에 해당하는 볼리비아에서만 2,000달러 이상을 받을 수 있다. 그러나 '나'지역 국가 중 근무 여건이 고도로 열악한 지역이 있고 E가 그곳에서 근무하고 있거나, E가 3급 이상의 공무원이면서 '다'지역 국가 중 근무 여건이 고도로 열악한 지역에서 근무하고 있다면 가산 수당을 합쳐 2,000달러 이상을 받을 수 있다. 따라서 E의 근무지가 볼리비아라고 단정할 수 없다.

5.

정답 ②

정답률 : 64 %

선택지 검토

① [X] 팀원이 사업기간이 2년인 사업계획서를 과장 전결 문서로 기안하여 상신하였다.
➡ 사업기간이 2년인 사업계획에 대한 전결권자는 국장이다.

② [O] 팀장이 본인의 휴가신청서를 과장 전결로 기안했으나, 과장이 출장으로 장기간 부재중이어서 본인의 대결로 결재하였다.
➡ 팀장의 휴가에 대한 전결권자는 과장이 맞다. 과장이 출장 등으로 장기간 부재중인 경우, 과장의 바로 하위 직급자인 팀장이 대결을 할 수 있다.

③ [X] 과장은 팀장이 국장 전결 문서로 상신한 팀원 징계 관련 문서에 결재한 후 국장에게 전달하였다.
➡ 팀원 징계와 관련된 사무의 결재권자는 원장이므로, 국장 전결 문서로 상신된 경우 오류 사항을 제시하고 반려해야 한다.

④ [X] 국장은 국장 전결 문서로 상신된 과장의 출장신청서에 결재를 완료하였다.
➡ 과장의 출장에 대한 전결권자는 과장 본인이다.

⑤ [X] 원장은 사업비 1억 원의 사업계획서를 수신하고 국장 전결 사항임을 이유로 문서를 반려하였다.
➡ 사업비 1억 원 이상의 사업계획에 대한 결재권자는 원장이다.

6.

정답 ⑤

정답률 : 41 %

풀 이

- 공장별 1일 이윤 비교

제품	A × 6.5(천 원)	B × 6.0(천 원)	C × 7.5(천 원)
청주 × 10(시간)	200 × 65	170 × 60	150 × 75
이천 × 10(시간)	180 × 65	150 × 60	
용인 × 12(시간)	150 × 78	-	140 × 90

→ 용인에서 C를 생산한다.(용인A < 용인C)
→ 청주A와 이천A의 차이 = 20 × 65 = 1,300
청주B와 이천B의 차이 = 20 × 60 = 1,200
→ 청주A와 이천B를 선택한다.

제품	A × 6.5	B × 6.0	C × 7.5
청주 × 10	200 × 65 = 13,000	170 × 60 = 10,200	150 × 75 = 11,250
이천 × 10	180 × 65 = 11,700	150 × 60 = 9,000	
용인 × 10	150 × 78 = 11,700	-	140 × 90 = 12,600

➡ 13,000 + 9,000 + 12,600 = 34,600(천 원)
→ 34,600,000원

7.

정답 ②

정답률 : 83 %

제시문의 이해

- 카드 숫자의 총합은 55이다.
  - 55는 2로 나누어 떨어지지 않으므로 A와 B의 점수가 같을 수는 없다.
  - 한 사람이 짝수인 점수를 받으면 다른 한 사람은 반드시 홀수인 점수를 받는다. [홀수 - 짝수 = 홀수], [짝수 - 홀수 = 홀수]이므로, 두 사람의 점수 차가 짝수가 될 수는 없다.
- 5장씩 나누어 가졌을 때,
  - 최소 점수는 15점이다. (1, 2, 3, 4, 5)
  - 최대 점수는 40점이다. (6, 7, 8, 9, 10)
  - 최대 점수 차는 25점이다.
  - 두 사람의 점수 차가 가장 작은 경우는 25점과 26점인 경우로 1점 차이다.

보기 검토

ㄱ. (O) A가 얻을 수 있는 최소 점수는 15점이다.
➡ [1, 2, 3, 4, 5]의 카드를 고른 경우로, 이때가 최소 점수이다.

ㄴ. (X) 두 사람의 점수 차이가 2점인 경우가 있다.
➡ 두 사람의 점수 차가 짝수가 될 수는 없다.

ㄷ. (O) 두 사람의 최대 점수 차이는 25점이다.
➡ 40점(6, 7, 8, 9, 10)과 15점(1, 2, 3, 4, 5)인 경우에 점수 차가 25점으로 최대이다.

ㄹ. (X) 두 사람이 동점인 경우가 발생할 수 있다.
➡ 점수의 총합은 55점이다. 두 사람이 같은 점수를 받을 수는 없다.

8.

정답 ①

정답률 : 77 %

풀 이

친구	성별	나이	평균학점	특이사항	
A	여	26	?	-	
甲	여	24	3.75	재수강	
乙	남	29	4.37	-	
丙	남	25	3.28	재수강	← 학점 미달, but 재수강
丁	여	23	~~3.15~~	-	← 학점 미달
戊	여	21	4.41	-	

○ 조원의 학점 평균은 3.5 이상이어야 하지만, 해당 과목을 재수강하는 경우라면 학점이 3.5 미만이어도 조원으로 선택할 수 있다.
→ 丁은 포함시킬 수 없다. ③⑤ 제외 → ①②④

○ 동일한 성별로만 조를 편성해서는 안 된다.
→ 乙, 丙 중 최소 한 명이 포함되어야 함. → ①②④

○ 가장 나이가 많은 조원과 가장 나이가 적은 조원의 나이 차이는 5세 이하여야 한다.
→ 乙이 포함된 경우 丁이나 戊가 함께 포함될 수 없다. → ② 제외 → ①④

○ 현재 연인관계이거나 서로 호감을 가지고 있는 두 사람이 있다면, 그 중 한 사람만 조원이 될 수 있다.
→ 丙과 戊가 함께 포함되어서는 안 된다. → ④제외 → 정답 : ①

9.

정답 ②

정답률 : 89 %

보기 검토

ㄱ. (X) 조선 초 저화가 발행됨과 동시에 오승포의 사용은 전면 금지되었을 것이다.
➡ [4문단 1문장] 처음 저화를 발행했을 때에는 오승포와 함께 사용되었다가 이후에 오승포의 사용이 금지되었다.

ㄴ. (O) 하륜이 제안한 소저화로는 종전에 유통되던 저화의 단점을 완벽히 제거할 수 없었다.
➡ [1문단 2문장, 2문단 마지막] 소저화도 100문 단위 미만의 소액거래의 경우에는 소용이 없어서, 저화의 단점을 해결하기에는 부족했다.

ㄷ. (X) 호조의 제안에 따르면 조선통보 100냥의 가치는 오승포 1필의 가치와 같았다.
➡ [3문단 3문장, 1문단 2문장] 조선통보 100문 = 저화 1장 = 오승포 1필

ㄹ. (O) 조선 초에 쌀 1두를 최소 단위로 하여 거래에 사용하면 800문에 해당하는 물건은 거래할 수 없었을 것이다.
➡ [1문단 2문장, 2문단 2문장] 쌀 2두 = 저화 1장 = 1,000문
즉, 쌀 1두는 500문에 해당하므로 이것을 최소단위로 하면 500문과 1,000문 사이에서 가격이 형성된 물품은 거래를 할 수 없다.

10.

정답 ⑤

정답률 : 73 %

풀 이

[3문단 3문장 + 1문단 2문장]
조선통보 100문 = 저화 1장 = 조선통보 1냥 = 쌀 2두 = 오승포 1필
조선통보와 저화는 1:1로 대응된다.

쌀 250두 → 조선통보 125냥
오승포 300필 → 조선통보 300냥 ➡ 총 425냥 = 저화 425장

조선통보와 저화를 그대로 합산하여 425가 되는 ⑤가 정답.

11.

정답 ⑤

정답률 : 87 %

선택지 검토

① (X) 소방청장은 매년 10월 31일까지 다음 연도의 구조·구급 기본계획을 수립하여야 한다.
➡ [제1조 제1항, 제2조 제1-2항] 구조·구급 기본계획은 5년마다 수립한다. 매년 10월 31일까지 수립해야 하는 것은 '연도별 구조·구급 집행계획'이다.

② (X) 구조·구급 기본계획에는 구조·구급대원의 안전사고 방지에 관한 사항이 포함되어야 한다.
➡ [제1조 제2항] 구조·구급 기본계획에는 구조·구급대원의 안전사고 방지에 관한 사항이 포함되지 않는다.

③ (X) 소방청장은 구조·구급대원의 건강관리를 위하여 필요한 세부 집행계획을 포함한 시·도 집행계획을 계획 시행 전년도 12월 31일까지 수립하여야 한다.
➡ [제3조 제1항] 시·도 집행계획은 소방본부장이 수립한다.

④ (X) 연도별 구조·구급 집행계획을 수립할 때에는 중앙 구조·구급정책협의회의 협의를 거칠 필요가 없다.
➡ [제2조 제2항] 연도별 구조·구급 집행계획도 중앙 구조·구급정책협의회의 협의를 거쳐 수립하여야 한다.

⑤ (O) 구조·구급 기본계획에는 구조·구급 전문인력 양성에 관한 사항이 포함되어야 한다.
➡ [제1조 제2항 제3호] 조·구급 전문인력 양성에 관한 사항은 구조·구급 기본계획에 포함되어야 하는 사항이다.

12.

정답 ④

정답률 : 87 %

풀이

병의 경우 모든 업무에 있어서 고르게 높은 점수를 받고 있다.
따라서 업무에 따라 고른 성과를 내지 못하는 갑, 을, 정이 가장 잘 할 수 있는 업무를 우선 배정받을 수 있도록 해야 한다.

사원 \ 업무	a	b	c	d
갑	90	78	45	69
을	11	71	50	89
병	88	90	85	93
정	40	80	65	39

➡ 업무완성도 점수 총합의 최댓값 : 90 + 89 + 85 + 80 = 344점

13.

정답 ②

정답률 : 66 %

보기 검토

ㄱ. [X] 4세대 방사광가속기가 발생시키는 빛의 밝기는 2세대가 만들어내는 것에 비해 10^{16}배 이상 밝다.
➡ [2문단 2-3문장] 2세대 × 수천만(10^7) ≒ 3세대, 3세대 × 1억(10^8) ≒ 4세대
2세대 × 수조(10^{15}) ≒ 4세대
10^{16}배까지 미치지 못할 수 있다.

ㄴ. [X] 4세대 방사광가속기의 빛 발생 시간은 2천만 분의 1나노초이다.
➡ [1문단 마지막, 2문단] 1펨토초(fs)는 1나노초(ns)의 100만분의 1에 해당하므로, 20펨토초는 100만분의 20나노초 = 5만분의 1나노초이다.

ㄷ. [O] 1밀리초는 1펨토초의 1조 배에 해당하는 시간이다.
➡ [2문단] 1밀리초(ms) = 10^{-3}초(s)
1펨토초(fs) = 10^{-15}초(s)
1밀리초(ms) = 1펨토초(fs) × 10^{12} → 1조 배

14.

정답 ④

정답률 : 64 %

풀이

○ Ⓐ와 Ⓑ, Ⓒ와 Ⓓ, Ⓔ와 Ⓕ, Ⓖ와 Ⓗ를 각각 더한 값이 모두 같으며, 이 값은 Ⓘ의 값과 동일하다.
→ Ⓘ는 9이다.
→ 나머지는 각각 (1, 8), (2, 7), (3, 6), (4, 5)이다.

○ Ⓑ와 Ⓒ, Ⓓ와 Ⓔ, Ⓕ와 Ⓖ, Ⓗ와 Ⓘ를 각각 더한 값이 모두 같으며, 이 값은 Ⓐ의 2배이다.
→ Ⓐ는 5이다.
→ 나머지는 각각 (1, 9), (2, 8), (3, 7), (4, 6)이다.

※ 위의 조건이 모두 충족되도록 숫자를 배치하면,

		Ⓐ5		
	Ⓑ4		Ⓗ1	
Ⓒ6		Ⓘ9		Ⓖ8
	Ⓓ3		Ⓕ2	
		Ⓔ7		

선택지 검토

① [O] Ⓗ는 홀수이다.
➡ 1이므로 옳다.

② [O] Ⓘ는 홀수이다.
➡ 9이므로 옳다.

③ [O] Ⓐ와 Ⓔ를 더한 값은 Ⓑ와 Ⓖ를 더한 값과 같다.
➡ 5 + 7 = 4 + 8

④ [X] Ⓓ와 Ⓘ를 더한 값은 Ⓕ와 Ⓗ를 더한 값의 3배이다.
➡ 3 + 9 = (2 + 1) × 4

⑤ [O] Ⓒ와 Ⓕ를 더한 값은 Ⓓ와 Ⓗ를 더한 값의 2배이다.
➡ 6 + 2 = (3 + 1) × 2

15.

정답 ①

정답률 : 81 %

풀이

※ '차이'를 묻고 있으므로, B는 무시하고 R과 G가 붙어있는 부분 위주로 살피면 조금 더 빨리 판단할 수 있다.(괄호 안에 표기)

보기 - 차이	적록색약이 아닌 사람		적록색약인 사람	
ㄱ 0구역	R R R R B B B B R B G G B B R G G B R R G G B R R	5구역 (3구역)	R R R R B B B B R B G G B B R G G B R R G G B R R	5구역 (3구역)
ㄴ 5구역	B R R B B B G B B B B G B G R B G R G R R R B B R	9구역 (6구역)	B R R B B B G B B B B G B G R B G R G R R R B B R	4구역 (1구역)
ㄷ 7구역	B G R G R G R B B G B R B B R B R R B B R B R B B	13구역 (9구역)	B G R G R G R B B G B R B B R B R R B B R B R B B	6구역 (2구역)
ㄹ 6구역	R R R G B G B B G B G G G R B B G R R B R R G G R	10구역 (7구역)	R R R G B G B B G B G G G R B B G R R B R R G G R	4구역 (1구역)

➡ ㄷ > ㄹ > ㄴ > ㄱ

16.

정답 ⑤

정답률 : 45 %

풀이

● 공개되지 않은 숫자 : 4, 6, 8, 9, 10

참가자	A	B	C	D	E
공개한 숫자	2	7	3	5	1
숨긴 숫자로 가능한 숫자	~~4~~ 10	4	9	6 ~~8~~ ~~9~~ ~~10~~	8
숨긴 숫자	10	4	9	6	8
두 숫자의 합	12	11	12	11	9

➡ A가 지목하여 승리할 수 있는 상대 참가자 : B, D, E

17.

정답 ③

정답률 : 41 %

〈상황〉의 이해

- 생산 소요 시간 : 11시간 30분 = 690분

기계	생산 속도	생산량 (690분)		
		정상	오류	차이
A	1개 / 10분 3개 / 40분	52개	69개	17개
B	1개 / 15분 3개 / 55분	38개	46개	8개
C	1개 / 20분 3개 / 70분	30개	34개	4개
총 합		120개	149개	29개

→ 실제 생산된 완제품은 정상의 경우보다 17개 많은 137개이다. 따라서 오류가 발생한 기계는 A이며, A에서 생산된 69개 중 17개가 불량제품임을 알 수 있다. (69 ÷ 4 = 17 ··· 1)

선택지 검토

① 〔X〕 A 기계에서 52개의 완제품이 생산되었다.
➡ 69개가 생산되었다.

② 〔X〕 B 기계에서 46개의 완제품이 생산되었다.
➡ 38개가 생산되었다.

③ 〔O〕 C 기계에서 30개의 완제품이 생산되었다.
➡ 옳다.

④ 〔X〕 모든 기계가 정상적으로 가동되었다면 130개의 정상제품이 생산되었을 것이다.
➡ 총 120개가 생산되었을 것이다.

⑤ 〔X〕 C 기계가 생산 도중 자동으로 정지한 시간은 총 80분이다.
➡ 총 90분이다.

더 생각해 보기

- 정상 작동 시 생산량 및 자동 정지 시간

〈A 기계〉
690분 = 40분 × 17 + 10분 → 3 × 17 + 1 = 52개 생산
작동 정지시간 : 170분

〈B 기계〉
690분 = 55분 × 12 + 30분 → 3 × 12 + 2 = 38개 생산
작동 정지시간 120분

〈C 기계〉
690분 = 70분 × 9 + 60분 → 3 × 9 + 3 = 30개 생산
작동 정지시간 90분

18.

정답 ④

정답률 : 88 %

풀 이

과	정원	현 인원	순번		순번	현안	보고 순서
			최초	반복			
건강정책과	23	20	1	5	1	국민건강조사	1
					2	지역보건법령	9
건강증진과	24	23	3	2	2	금연클리닉 운영	6
					1	비만예방사업	3
구강정책과	37	32	2	1	-	치과의료지도	2
정신건강정책과	24	16	4	3	1/2	정신건강연구	4/7
					3	절주계획수립	10
					1/2	마약중독자보호	4/7
자살예방정책과	23	23	5	4	1	자살예방사업	5
					2	자살자 가족 지원	8

선택지 검토

① 〔X〕 '지역보건법령'을 '국민건강조사'보다 먼저 보고한다.
➡ 지역보건법령 : 9, 국민건강조사 : 1

② 〔X〕 '절주계획수립'을 '치과의료지도'보다 먼저 보고한다.
➡ 절주계획수립 : 10, 치과의료지도 : 2

③ 〔X〕 '자살예방사업'을 '정신건강연구'보다 먼저 보고한다.
➡ 자살예방사업 : 5, 정신건강연구 : 4 or 7

④ 〔O〕 '비만예방사업'을 '마약중독자보호'보다 먼저 보고한다.
➡ 비만예방사업 : 3, 마약중독자보호 : 4 or 7

⑤ 〔X〕 '자살자 가족 지원'을 '금연클리닉 운영'보다 먼저 보고한다.
➡ 자살자 가족 지원 : 8, 금연클리닉 운영 : 6

19.

정답 ②

정답률 : 66 %

풀 이

※ 대통령이 사망하기 전까지는 대통령을 포함시키는 것을 잊지 않도록 한다.

1. 행사장에 폭탄 테러 발생. 이글즈와 라이언 사망, 피닉스는 무사함.
 → (2번)상원의장, (5번)국무부장관
2. 의사당에 테러리스트 침입. 총격전 상황. 이글즈와 드래곤, 다이노스 사망.
 → (2번)하원의장, (4번)재무부장관, (6번)법무부장관
3. 베어즈, 타이거, 자이언트 피살.
 → (7번)노동부장관, (8번)복지부장관, (9번)주택도시개발부장관
4. 2차 폭탄 테러 발생. 피닉스가 위험하다.
5. 피닉스, 이글즈 ,유니콘 ,드래곤, 라이언, 베어즈 사망.
 → (1 ~ 5번)대통령, 상원임시의장, 국방부장관, 내무부장관, 농업부장관
 (7번)운수부장관
6. 테러 진압 완료. 상황 종료.

대통령 - 상원의장 - 하원의장 - 상원임시의장 - 국무부장관 - 재무부장관 - 국방부장관 - 법무부장관 - 내무부장관 - 농업부장관 - 상무부장관 - 노동부장관 - 복지부장관 - 주택도시개발부장관 - 운수부장관 - 에너지부장관 - 교육부장관 - 제대군인부장관 - 국토안보부 장관

➡ 상무부장관

20.

정답 ③

정답률 : 50 %

풀이

1. 의사·의결정족수 : 과반수 출석 과반수 찬성 → 6명 이상 출석 4명 이상 찬성
2. [제2조 제1항] 위원장 A 반드시 출석
3. 의결정족수를 충족시키는 최소 인원을 '당연직'과 '가솔린 차량' 위주로 선택한다.
   (1) 찬성 3명 : A, B, D → 주차비 0원
   찬성이 1명 부족하므로 I와 J 중 1명 → 관외 주차비 10,000원
   (2) 찬성 또는 반대 2명 : F, H → 모두 가솔린 : 주차비 0원

이름	당연직여부	관외/관내	의견	차량
A(위원장)	×	관내	찬성	가솔린
B	○	관내	찬성	전기
C	×	관내	반대	하이브리드
D	○	관내	찬성	가솔린
E	×	관외	반대	전기
F	×	관내	반대	가솔린
G	○	관내	반대	전기
H	×	관내	반대	가솔린
I	×	관외	찬성	하이브리드
J	×	관외	찬성	하이브리드

➡ 최소 주차비 : 10,000원

21.

정답 ③

정답률 : 69 %

○ 성격유형이 현실형인 학생은 3명이었다.
○ 성격유형이 설득형인 학생은 3명이었다.

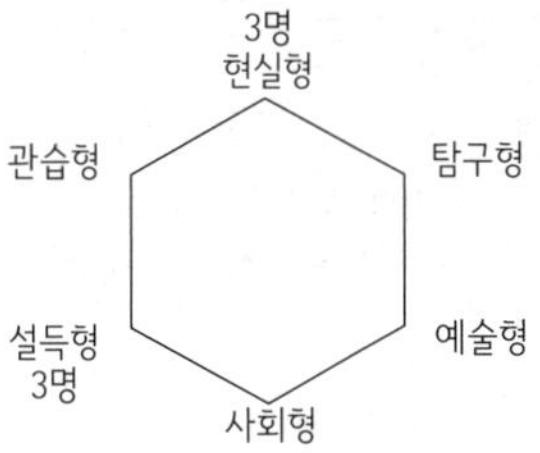

○ 갑, 을, 정, 무 4명은 다른 학생들에게는 없는 성격유형을 한 가지씩 가지고 있었다.
→ 갑, 을, 정, 무는 각각 관습형, 탐구형, 예술형, 사회형에 한 명씩 배치되어야 하므로, 병의 성격유형은 현실형과 설득형이다.
○ 무는 사회형이면서 일관성은 낮은 성격으로 평가받았다.
→ 무의 성격유형은 현실형과 사회형이다.

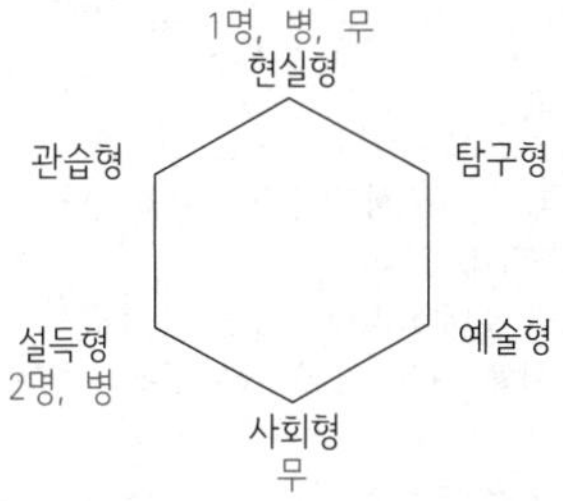

○ 갑은 무와 한 가지 성격유형을 공유하며, 성격의 일관성이 중간정도인 것으로 나타났다.
→ 갑은 관습형, 탐구형, 예술형 중에 배치되어야 하므로, 갑의 성격유형은 현실형과 예술형이다.

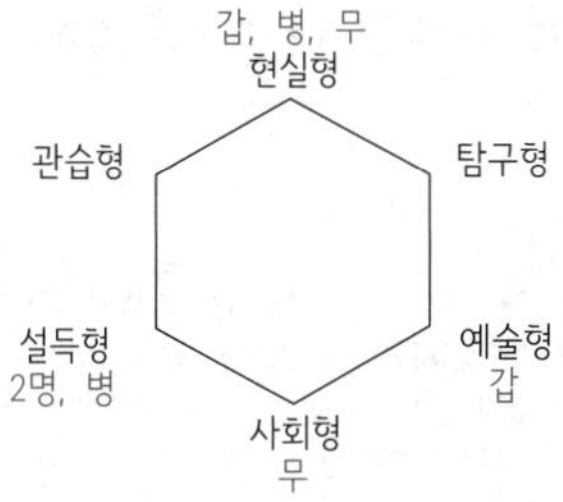

※ 최종 결과로 다음 2가지 경우가 가능하다.

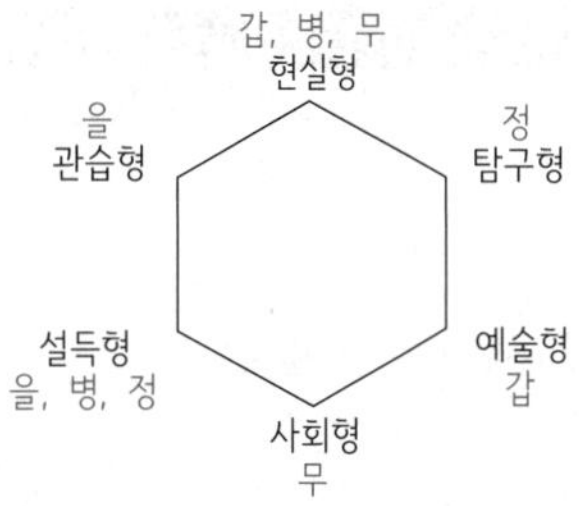

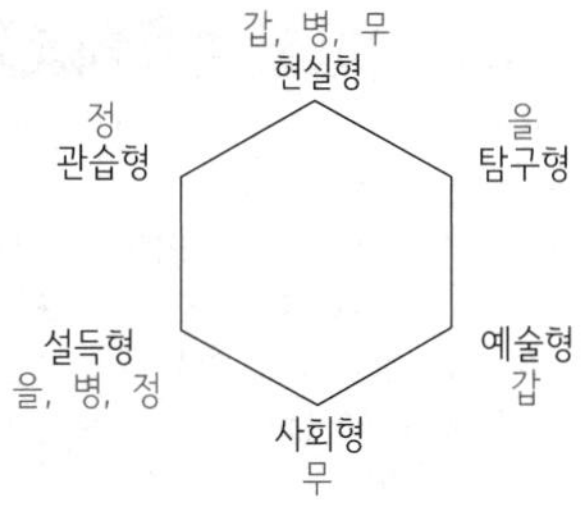

성격의 일관성	고	1명	을 or 정
	중	2명	갑, 병
	저	2명	을, 무 or 정, 무

선택지 검토

① [O] 갑의 성격유형은 현실형과 예술형이다.
② [O] 성격유형이 설득형인 3명은 을, 병, 정이다.
③ [X] 을과 병의 성격의 일관성 정도는 동일하다.
➡ 병은 중간정도이고, 을은 높거나 낮아서 두 사람이 동일한 경우는 없다.
④ [O] 성격의 일관성이 높은 사람은 1명이다.
⑤ [O] 성격의 일관성이 낮은 사람은 2명이다.

22.

정답 ⑤

정답률 : 13 %

풀이

● 점심식사 비용
- 월요일 : 6명 + 부장 = 7명 → 35,000원
- 그 외 평일 : 5명 + 부장 = 6명 → 30,000원
※ 부장도 인원수에 포함시켜야 함에 주의!

● 최댓값
1. 평일 일수를 최대로 만든다.
2. 월요일 수를 최대로 만든다.
3. 3·1절이 토요일이나 일요일과 겹치게 한다.

일	월	화	수	목	금	토
1	2	3	4	5	6	7
8	9	10	11	12	13	14
15	16	17	18	19	20	21
22	23	24	25	26	27	28
29	30	31				

→ 35,000 × 5 + 30,000 × 17 = 685,000원

참고

● 최솟값
1. 평일 일수를 최소로 만든다.
2. 월요일 수를 최소로 만든다.
3. 3·1절이 토요일이나 일요일과 겹치지 않게 한다.

일	월	화	수	목	금	토
					1	2
3	4	5	6	7	8	9
10	11	12	13	14	15	16
17	18	19	20	21	22	23
24	25	26	27	28	29	30
31						

→ 35,000 × 4 + 30,000 × 16 = 620,000원

23.

정답 ⑤

정답률 : 31 %

풀이

월 : 01 ~ 12 (11 제외. 0 또는 1 중 하나가 반드시 필요.)
일 : 01 ~ 31 (11과 22 제외. 0, 1 또는 2 중 하나 이상 반드시 필요.)
시 : 00 ~ 23 (11과 22 제외. 0, 1 또는 2 중 하나 이상 반드시 필요.)
분과 초 : 00 ~ 59 (11, 22, 33, 44, 55 제외.)

● 가장 이른 날짜 및 시각

1. 일과 시에 0, 1 또는 2 중 하나 이상이 반드시 필요하므로, 월에 0을 사용하고 일과 시에 1과 2를 사용한다.

0		1		2					
월		일		시		분		초	

2. 숫자가 작은 순서로 빈 칸을 채운다.

0	3	1	4	2	5	6	7	8	9
월		일		시		분		초	

3. 25시는 불가능하므로 이를 고려하여 수정한다.

0	3	2	4	1	5	6	7	8	9
월		일		시		분		초	

4. 분과 초에 사용할 수 없는 숫자가 있으므로 그 중 작은 숫자를 일과 시로 옮겨 재배치한다.

0	3	2	6	1	7	4	8	5	9
월		일		시		분		초	

● 가장 늦은 날짜 및 시각

1. 일과 시에 각각 0, 1 또는 2 중 하나 이상이 반드시 필요하다. 월을 10월 또는 12월로 하면 일과 시에 사용할 숫자가 부족하므로 월에 0을 사용하고 일과 시에 1과 2를 사용한다. 그리고 일과 시에는 임시로 1과 2를 배치한다.

0			1		2				
월		일		시		분		초	

2. 숫자가 큰 순서로 빈 칸을 채운다.

0	9	8	1	7	2	6	5	4	3
월		일		시		분		초	

3. 일부터 가능한 숫자로 교체하며 재배치한다. 9월은 30일까지임에 주의한다.

0	9	2	8	1	7	5	6	4	3
월		일		시		분		초	

선택지 검토

① 〔X〕 甲이 찾을 수 있는 가장 늦은 때의 '일'은 29일이다.
➡ 28일이다.

② 〔X〕 甲이 찾을 수 있는 가장 늦은 때의 '분'은 58분이다.
➡ 56분이다.

③ 〔X〕 甲이 찾을 수 있는 가장 이른 때는 1월 중에 있다.
➡ 3월 중에 있다.

④ 〔X〕 甲이 찾을 수 있는 가장 이른 때의 '시'는 15시이다.
➡ 17시이다.

⑤ 〔O〕 甲이 찾을 수 있는 가장 이른 때의 '초'는 59초이다.
➡ 옳다.

24.

정답 ④

정답률 : 62 %

발언 검토

	0	1	2	3	4	5	6	7	8	9	숫자 개수
1~9	0	1	1	1	1	1	1	1	1	1	9
10~19	1	11	1	1	1	1	1	1	1	1	20
20~29	1	1	11	1	1	1	1	1	1	1	20
30~39	1	1	1	11	1	1	1	1	1	1	20
40~49	1	1	1	1	11	1	1	1	1	1	20
50~59	1	1	1	1	1	11	1	1	1	1	20
60~69	1	1	1	1	1	1	11	1	1	1	20
70~79	1	1	1	1	1	1	1	11	1	1	20
80~89	1	1	1	1	1	1	1	1	11	1	20
90~99	1	1	1	1	1	1	1	1	1	11	20
100	2	1	0	0	0	0	0	0	0	0	3
총 개수	11	21	20	20	20	20	20	20	20	20	192

○ 〔O〕 甲: 1페이지부터 100페이지까지의 페이지 번호에는 0부터 9까지의 정수 중에 '1'이 가장 많이 사용돼.
➡ 21개로 가장 많이 사용된다.

○ 〔O〕 乙: 甲이 말한 경우에 1이 제일 많이 나오는지는 잘 모르겠지만, '0'이 가장 적게 나오는 건 확실해.
➡ 11개로 가장 적게 나온다.

	0	1	2	3	4	5	6	7	8	9	숫자 개수
101~109	9	10	1	1	1	1	1	1	1	1	27
110~119	1	21	1	1	1	1	1	1	1	1	30
120~129	1	11	11	1	1	1	1	1	1	1	30
130~139	1	11	1	11	1	1	1	1	1	1	30
140~149	1	11	1	1	11	1	1	1	1	1	30
150~159	1	11	1	1	1	11	1	1	1	1	30
160~169	1	11	1	1	1	1	11	1	1	1	30
170~179	1	11	1	1	1	1	1	11	1	1	30
180~189	1	11	1	1	1	1	1	1	11	1	30
190~199	1	11	1	1	1	1	1	1	1	11	30
200	2	0	1	0	0	0	0	0	0	0	3
총 개수	20	119	21	20	20	20	20	20	20	20	

○ 〔O〕 丙: 101페이지부터 200페이지까지라면 '1'이 가장 많이 나오겠지.
➡ 101부터 199까지 모두 백의 자리 숫자가 1이기 때문에, 1이 가장 많이 나올 수밖에 없다.

○ 〔X〕 丁: 丙이 말한 경우라면 '1'은 짝수 번 나오겠네.
➡ 119번으로 홀수 번 사용된다.

25.

정답 ④

정답률 : 59 %

보기 검토

ㄱ. 〔X〕 결과값 '0'을 얻기 위해 제거해야 하는 막대의 최소 개수는 6개이다.
➡ '0 × 8'을 표시했을 때, 막대를 최소로 제거하여 결과값 '0'을 얻을 수 있다. 이때 제거하는 막대의 개수는 5개이다.

ㄴ. 〔O〕 결과값 '0'을 얻기 위해 제거해야 하는 막대의 최대 개수는 16개이다.
➡ '1 - 1'을 표시했을 때, 막대를 최대로 제거하여 결과값 '0'을 얻을 수 있다. 이때 제거하는 막대의 개수는 16개이다.

ㄷ. 〔X〕 결과값 '4'를 얻기 위해 제거해야 하는 막대의 최소 개수는 9개이다.
➡ '0 + 4', '2 × 2', '2 + 2' 등으로 표시할 때, 막대를 최소로 제거하여 결과값 '4'를 얻을 수 있다. 이때 제거하는 막대의 개수는 8개이다.

ㄹ. 〔O〕 결과값 '12'를 얻기 위해 제거해야 하는 막대의 최대 개수는 9개이다.
➡ '5 + 7' 또는 '3 × 4'로 표시할 때, 막대를 최대로 제거하여 결과값 '12'를 얻을 수 있다. 이때 제거하는 막대의 개수는 9개이다.

조언

- 제거해야 하는 막대의 '최소 개수'를 물으면, '+ 또는 ×'를 사용하는 방법을 생각한다.
- 제거해야 하는 막대의 '최대 개수'를 물으면, '-'를 사용하는 방법을 생각한다.
- 보기 ㄹ과 같은 경우에는 '-'를 사용할 수 없다. 즉, '+ 또는 ×'를 사용해야 하므로 연산기호에서 제거하는 막대의 개수는 반드시 4개로 확정된다. 따라서 '숫자'에서 제거해야 하는 막대의 개수만 추가로 검토하면 된다.

제 9 회

7급 PSAT 하주응 상황판단
실전 모의고사 정답 및 해설

7급 PSAT 대비 실전모의고사

상황판단영역

- 제 9 회 -

출제·해설 : **하 주 응**

◐ 정 답

1	2	3	4	5	6	7	8	9	10
③	②	①	③	③	⑤	④	③	③	⑤
11	**12**	**13**	**14**	**15**	**16**	**17**	**18**	**19**	**20**
⑤	②	①	②	①	④	②	⑤	②	⑤
21	**22**	**23**	**24**	**25**					
④	①	④	②	⑤					

평균 정답률 : 67.72 %

1. TEXT 문제의 해설에서, 문단과 문장의 번호는 위에서부터 순서대로 세어 부여함.
2. 법조문 문제의 해설에서, 조(條)의 번호는 위에서부터 순서대로 제1조, 제2조, …로 표기함.

1.

정답 ③

정답률 : 86 %

선택지 검토

① 〔X〕 부산광역시 사하구에 약국을 개설하려는 약사는 부산광역시장에게 약국의 개설 사실을 신고하여야 한다.

➡ [제1조 제2항] 사하구청장에게 개설등록을 하여야 한다.

② 〔X〕 병원 안에 약국을 개설하고 약국의 개설등록을 하려고 한 약사에게는 5천만 원 이하의 벌금이 부과될 수 있다.

➡ [제1조 제3항] 병원 안에 약국을 개설하려는 경우에는 등록을 받지 않는다. 이에 대한 처벌조항은 없다.

③ 〔O〕 2개의 약국을 개설하여 그 중 1개는 자신이 관리하고 다른 1개는 다른 약사에게 관리하도록 한 약사는 1년 이하의 징역에 처해질 수 있다.

➡ [제2조 제1항, 제4조 제2항] 제2조 제1항을 위반한 경우이다. 1년 이하의 징역 또는 1천만 원 이하의 벌금에 처해질 수 있다.

④ 〔X〕 3주 동안 약국을 휴업하면서 이를 신고하지 않은 약사에게는 100만 원 이하의 과태료가 부과될 수 있다.

➡ [제3조 단서] 휴업기간이 1개월 미만인 경우에는 신고하지 않아도 된다.

⑤ 〔X〕 2주의 휴가 기간 중에 약사가 아닌 친척에게 약국을 관리하도록 한 약사는 최대 5년의 징역에 처해질 수 있다.

➡ [제2조 제2항, 제4조 제2항] 이 경우의 최고 형량은 1년의 징역 또는 1천만 원의 벌금이다.

2.

정답 ②

정답률 : 91 %

선택지 검토

① 〔X〕 甲이 한국환경공단의 석면피해인정을 받지 못한다면, 요양급여는 지급받을 수 있지만 사망 시 장의비는 지급받을 수 없다.

➡ [제1조, 제2조 제1항] 제1조 제1호 및 제2호(요양급여 또는 요양생활수당)을 받고자 할 때에는 한국환경공단의 석면피해인정을 받아야만 한다. 그러나 제3호(장의비)를 받는 경우에 대해서는 석면피해인정을 받아야 할 것을 규정하고 있지 않다.

② 〔O〕 甲이 요양급여를 받으려면 석면질병에 관한 의학적 소견을 적은 서류를 첨부하여 화성시장에게 석면피해인정을 신청하여야 한다.

➡ [제2조 제2항] 주소지(경기도 화성시)를 관할하는 시장(화성시장)에게 신청하도록 규정되어 있으므로 옳다.

③ 〔X〕 甲이 석면피해인정을 신청하면 한국환경공단은 경기도지사에게 즉시 甲의 신청 사실을 통지하여야 한다.

➡ [제2조 제3항] 경기도지사에게 알려야 할 의무가 있는 것은 화성시장이다.

④ 〔X〕 甲이 석면피해인정을 신청하면 한국환경공단은 늦어도 2개월 내에 석면피해인정 여부를 결정해야 한다.

➡ [제2조 제4항] 연장기간을 포함하여 최장 90일 이내에 결정하여야 한다. 한편, 기본적인 제한기간은 60일이다. 60일과 2개월은 같은 기간이 아니다.

⑤ 〔X〕 한국환경공단이 甲에 대한 석면피해인정 여부의 결정기간을 연장할 때에는 화성시장에게 통지하여야 하고, 화성시장은 그 사실을 경기도지사와 甲에게 알려야 한다.

➡ [제2조 제5항] 경기도지사와 甲에게도 한국환경공단이 직접 통지하여야 한다.

3.

정답 ①

정답률 : 79 %

선택지 검토

① 〔O〕 법인의 신원을 확인하는 경우에는 항상 관련 증서나 문서에 기재된 법인명을 명의의 기준으로 한다.

➡ [제2호] 사업자등록증을 확인하는 경우와 납세번호를 부여받은 문서를 확인하는 경우로 나뉘지만, 두 경우 모두 해당 증서(문서)에 기재된 법인명을 명의의 기준으로 한다.

② 〔X〕 외국인의 신원을 확인하는 경우에는 외국인등록증에 기재된 정보보다 여권에 기재된 정보를 우선 적용한다.

➡ [제1호 나목] 외국인등록증이 발급되지 아니한 경우에만 여권에 기재된 정보로 확인한다.

③ 〔X〕 주민등록이 되어 있지 않은 재외국민의 신원은 「재외국민등록법」에 따른 등록부에 기재된 성명 및 등록번호로만 확인할 수 있다.

➡ [제1호 가목 2)] 여권에 기재된 성명 및 여권번호로 확인할 수도 있다.

④ 〔X〕 법인이 아닌 단체의 신원을 확인하는 경우, 명의의 기준은 언제나 단체명이지만 번호의 기준은 고유번호인 경우와 납세번호인 경우로 나뉜다.

➡ [제3호 본문] 단체를 대표하는 개인의 명의를 기준으로 하는 경우도 있다.

⑤ 〔X〕 개인의 신원을 확인하는 것이 곤란한 경우의 명의와 번호의 기준은 주민등록에 관한 사무를 총괄하는 행정안전부장관이 정한다.

➡ [제1호 다목] 과학기술정보통신부장관이 정한다.

4.

정답 ③

정답률 : 94 %

선택지 검토

① 〔X〕 행정안전부장관은 시·군 시행계획에 따라 풍수해저감사업에 사용되는 비용의 일부를 국고로 지원하여야 한다.

➡ [제2조 제3항] 제2항에서 시·군 시행계획을 반영하여 시·도 시행계획을 수립한다고 했으므로 시·군 시행계획에 따라 풍수해저감사업에 사용되는 비용의 일부를 국고로 지원한다고 할 여지가 없는 것은 아니지만, 이와 무관하게 국고지원은 의무사항이 아니라 재량사항이라는 점에서 옳지 않다.

② 〔X〕 인천광역시장은 풍수해저감종합계획을 매년 수립하여 행정안전부장관에게 승인을 받아야 한다.

➡ [제1조 제1-2항] 제2항에 시·도 풍수해저감종합계획의 수립 주기는 규정되어 있지 않다. 이것만으로도 이 선택지는 옳다고 할 수 없지만 조금 더 정확히 추론해 보면, 시·도 종합계획은 시·군 종합계획을 기초로 수립되고 시·군 종합계획은 5년마다 수립되므로 시·도 종합계획도 5년마다 수립되는 것으로 보는 것이 옳다.

③ 〔O〕 서울특별시장은 2018년 4월에 공표한 방재성능목표에 대한 타당성 여부를 2023년에 검토하여야 한다.

➡ [제3조 제3항] 5년마다 검토하여야 하므로 옳다.

④ 〔X〕 군산시장은 풍수해의 예방 및 저감을 위한 2023년 시행계획을 2022년에 행정안전부장관에게 제출하여야 한다.

➡ [제2조 제1항] 시·군 시행계획은 시·도지사에게 제출하여야 한다.

⑤ 〔X〕 행정안전부장관은 관계 중앙 행정기관의 장과 협의하여 방재성능목표를 지역별로 설정하고 이를 시·도지사에게 통보하여야 한다.

➡ [제3조 제1항] 행정안전부장관이 마련하는 것은 '방재성능목표 설정 기준'이지 '지역별 방재성능목표'가 아니다. 또한 통보 대상은 특별시장·광역시장·시장 및 군수이지 시·도지사(특별시장·광역시장·도지사)가 아니다. 도지사는 제외된다.

5.

정답 ③

정답률 : 64 %

보기 검토

ㄱ. 〔X〕 소방총감은 소방청장의 제청으로 대통령이 임용한다.

➡ [제2조 제1호 단서] 소방총감은 대통령이 '임명'한다.

ㄴ. 〔O〕 소방경으로 신규채용된 사람은 1년의 시보임용기간이 만료된 다음 날 정규 국가소방공무원으로 임용된다.

➡ [제5조 제1항] 소방경(소방위 이상)은 1년간 시보로 임용하며, 그 기간이 만료된 다음 날에 정규 국가소방공무원으로 임용한다.

ㄷ. 〔X〕 대통령은 근무성적이 불량한 소방정에 대해 정직처분을 내릴 수 있다.

➡ [제2조 제1호 단서] 소방정(소방준감 이하)에 대한 정직 처분권자는 소방청장이다.

ㄹ. 〔O〕 소방청장은 국가소방간부후보생 선발시험으로 선발된 사람으로서 시보임용 기간 중에 있는 국가소방공무원(소방위)의 교육훈련성적이 불량할 때에는 해당 국가소방공무원을 면직시킬 수 있다.

➡ [제2조 제2호, 제3조, 제5조 제1-2항] 소방위의 임용권자는 소방청장이며, 시보임용 기간 중에 있는 국가소방공무원의 교육훈련성적이 불량할 때에는 임용권자가 면직시킬 수 있다.

6.

정답 ⑤

정답률 : 90 %

선택지 검토

① 〔X〕 산차는 수증기를 가하지 않았기 때문에 생차에 해당한다.

➡ [1문단 6문장] 생차와 숙차의 구분 기준은 발효의 여부이다. 따라서 형태가 산차라는 것만으로는 생차인지 숙차인지 알 수 없다.

② 〔X〕 칠자병차는 전통 방식으로 제조된 청병의 한 종류이다.

➡ [2문단 2문장] 칠자병차는 현대식 숙차 제다법을 시행한 이후에 생산된 보이차이다. 따라서 전통 제조 방식이 사용된 것은 아니며, '숙차' 제조법이라 했으므로 '생차이면서 병차인 청병'도 아니다.

③ 〔X〕 '7542 보이차'는 '8582 보이차'보다 10년 먼저 생산된 차이다.

➡ [2문단 후반] 네 자리 숫자로는 그 차가 생산된 정확한 연도를 알 수 없다.

④ 〔X〕 '8582 보이차'는 두 종류의 찻잎을 8 : 2의 비율로 섞어 만든 차이다.

➡ [2문단 후반] 네 자리 숫자 중 세 번째 숫자가 찻잎을 섞는 비율과 관련되어 있지만 정확한 정보를 알 수는 없다.

⑤ 〔O〕 '7542 보이차'와 '8582 보이차'는 같은 공장에서 서로 다른 방식으로 생산된 차이다.

➡ [2문단 후반] 공장을 나타내는 마지막 숫자가 '2'로 동일하다. 또한 두 차는 각각 75년 생산방식과 85년 생산방식이 적용되어 서로 다른 방식으로 생산된 차이다. (찻잎의 혼합 비율을 나타내는 세 번째 숫자도 서로 다르다. 이를 근거로 서로 다른 방식으로 생산되었음을 짐작할 수도 있다.)

7.

정답 ④

정답률 : 69 %

풀이

			마시멜로			
월	화	수	목	금	토	일
1 코코아	2 아메리카노	3 코코아	4 아메리카노	5 카페라떼	6 코코아	7
8 아메리카노	9 코코아	10 아메리카노	11 코코아	12 카페라떼	13 아메리카노	14
15 코코아	⑫ 16 아메리카노	17 코코아	18 아메리카노	19 카페라떼	20 코코아	21

➡ 12월 16일에 모든 조건을 충족시킬 수 있다.

8.

정답 ③

정답률 : 73 %

풀이

지원자 / 과목	甲	乙	丙	丁	戊	과목 평균
A	9	8	10(만점)	5	8	8
	+ 1	0	+ 2	- 3	0	
B	8	7	6	6	8	7
	+ 1	0	- 1	- 1	+ 1	
C	7	7	7	10	4	7
	0	0	0	+ 3	-3	
변환점수	+ 2	0	+ 1	- 1	- 2	
가산점	0	0	+ 2	0	0	
기준점수	2	0	3	-1	-2	

9.

정답 ③

정답률 : 88 %

※ 유해성심사와 위해성평가의 구분에 주의.

선택지 검토

① [X] 환경부장관은 유해화학물질을 함유하고 있는 방부제에 대하여 품목별로 2년마다 위해성평가를 실시하여야 한다.

➡ [제6조 제1항] 위해성평가의 주체는 환경부장관이 아니라 '국립환경과학원장'이다. 또한 '2년마다 위해성평가 계획을 수립하여야 한다'고 규정되어 있을 뿐, '2년마다 위해성평가를 실시하여야 한다'고 규정되어 있지는 않다.

② [X] 국립환경과학원장은 국내에서 연간 5톤이 제조될 예정인 신규화학물질에 대하여 위해성평가를 하여야 하고, 그 결과를 환경부장관에게 보고하여야 한다.

➡ [제4조] 제1호의 경우에는 해당하지 않는다. 제2호의 경우에 해당하는지에 대한 언급은 없어서 반드시 위해성 평가를 해야 하는 상황인지 알 수 없다. 또한 '화학물질'에 대한 위해성평가의 결과를 환경부장관에게 보고해야 한다는 규정은 없다. (제6조 제3항의 보고의무 규정은 '제품'에 대한 위해성평가의 경우에만 해당한다.)

③ [O] 위해우려제품에 대한 위해성평가를 실시한 경우, 국립환경과학원장은 반드시 결과보고서를 작성하여 환경부장관에게 보고하여야 한다.

➡ [제6조 제3항] 옳다. '제품'에 대한 위해성평가를 실시한 경우에는 환경부장관에게 보고하여야 한다.

④ [X] 연간 3톤의 등록대상기존화학물질을 수입하려는 자는 수입 전에 국립환경과학원장에게 등록신청을 하여야 한다.

➡ [제2조] 등록신청은 '환경부장관'에게 하여야 한다.

⑤ [X] 수입되는 양이 연간 30톤인 화학물질에 대한 유해성심사에서 위해성평가가 반드시 필요하지는 않다는 결과가 나왔다면, 국립환경과학원장은 해당 화학물질에 대한 위해성평가를 하지 않을 수 있다.

➡ [제4조 제1호] 국내 제조·수입되는 양이 연간 10톤 이상인 화학물질인 경우에 해당하기 때문에 위해성평가를 하여야 한다.

10.

정답 ⑤

정답률 : 75 %

풀이

<상황>에서는 모두 위해가 없는 것으로 판단되었다. 따라서 각각의 수치는 모두 아래의 '위해 X' 경우에 해당되어야 한다.

비발암독성	노출한계	위해 O	100 이하	
		위해 X	100 초과	㉠
	유해지수	위해 O	1 이상	
		위해 X	1 미만	㉡
발암성	노출한계	위해 O	10,000 이하	
		위해 X	10,000 초과	㉢
	초과발암위해도	위해 O	10^{-4}이상	
		위해 X	10^{-6} 이하	㉣

초과발암위해도의 경우 0.000001 이하여야 하는데, <상황>에서 $\frac{74}{(㉣)}$라고 했으므로 이를 소수로 변환하면 0.00000074 이하가 되어야 한다. 따라서 ㉣은 10^8 정도가 되어야 한다.

	㉠	㉡	㉢	㉣
①	98	0.98	10,000	1,000,000
②	100	1.01	10,100	10,000,000
③	102	0.97	10,100	10,000,000
④	104	1.02	10,000	100,000,000
⑤	106	0.98	10,100	100,000,000

※ ㉠~㉢까지 정답이 아닌 것을 소거하면 선택지 ③과 ⑤가 남는다. 이때 위해가 없는 것으로 판단되려면 $\frac{74}{(㉣)}$이 작아야 하기 때문에, 계산을 하지 않고도 ㉣이 더 큰 ⑤가 답임을 알 수 있다.

11.

정답 ⑤

정답률 : 78 %

풀이

- 규칙에 따라 전체 순서를 정하는 것만으로도 쉽게 풀 수 있다.

- 규칙에 의하면 G와 동일 부서인 '홍보부' 직원이 마지막이 될 수는 없으므로, 홍보부 직원을 미리 제외한 상태에서 순서를 정하면 조금 더 빨리 풀 수 있다.

순서	성명	부서	직급	근속연수
3	B	기획부	과장	3년
2	C	영업부	대리	1년
1	D	영업부	과장	4년
4	F	기획부	대리	3년

12.

정답 ②

정답률 : 60 %

제시문의 이해

가장 유리한 방법으로 지원금을 받는다면 다음과 같이 지원금을 받는다.

<표 1> ○○군 지원금

비닐 종류	농업용(투명)	농업용(유색)	비농업용
지원금	100원 / kg	200원 / kg	50원 / kg

<표 2> 한국환경자원공사 지원금

비닐 종류	농업용(투명)	농업용(유색)	비농업용
지원금	70원 / kg	150원 / kg	100원 / kg

선택지 검토

甲 : 농업용 투명 비닐 10 kg, 농업용 유색 비닐 10 kg, 비농업용 비닐 10 kg을 수거. 모두 ○○군 지원금

➡ 100 × 10 + 200 × 10 + 50 × 10 = 3,500원

乙 : 농업용 투명 비닐 20 kg(비닐 재활용 인증), 농업용 유색 비닐 5 kg, 비농업용 비닐 5 kg을 수거.

가장 유리한 방법

➡ (100 × 20) × 1.5 + 200 × 5 + 100 × 5 = 4,500원

- 甲과 乙의 지원금 차이 = 1,000원

13.

정답 ①

정답률 : 66 %

풀이

- 2번 엔진만 정상 작동하므로 실린더, 배기밸브, 인젝터 중 2종류가 불량이다.

엔진 NO.	부품 교체 여부						정상 작동 여부
	피스톤	실린더	흡기 밸브	배기 밸브	플러그	인젝터	
1	○	×	○	×	○	×	×
2	×	○	×	○	×	○	○
3	×	○	×	○	○	×	×
4	○	×	○	×	×	○	×
5	×	×	○	○	×	○	×

→ 실린더와 배기밸브를 교체하고 인젝터를 교체하지 않은 3번 엔진이 정상 작동하지 않으므로 인젝터는 불량이다.

→ 배기밸브와 인젝터를 교체하고 실린더를 교체하지 않은 5번 엔진이 정상 작동하지 않으므로 실린더는 불량이다.

14.

정답 ②

정답률 : 76 %

풀 이

- 8명의 평균 점수가 64점이었으므로, 8명의 총점은 512점이다.
  (8 × 64 = 512)

학생	A	B	C	D	E	F	G	H
점수	60	72	32	48	76	88	?	?
합계	376						136	512

○ G는 8명 중 가장 높은 점수를 받았으며,
→ 현재 확인되는 가장 높은 점수는 F의 88점이다. 따라서 G의 점수는 92점, 96점, 100점 중 하나이다.
G의 점수는 다른 어떤 학생이 받은 점수의 2배였다.
→ 만점이 100점이므로 '다른 어떤 학생'의 점수는 50점 이하여야 한다.
따라서 '다른 어떤 학생'으로 가능한 사람은 C, D, 또는 H이다.

(1) C × 2 = G?
G의 점수는 C의 2배이므로 64점이다. 이는 최고점수가 아니므로 조건에 맞지 않는다. 즉, C는 '다른 어떤 학생'이 아니다.
(2) D × 2 = G?
G의 점수는 D의 2배이므로 96점이다. 이는 최고점수라는 조건에도 맞는다.
(3) H × 2 = G?

$$(G + H) \times \frac{2}{3} = G$$

$136 \times \frac{2}{3} = 90.666\cdots$으로 자연수인 값이 나오지 않으므로, 이 경우도 아니다.

- 위에서 확인한 바에 따라 최종 결과를 정리하면 다음과 같다.

학생	A	B	C	D	E	F	G	H
점수	60	72	32	48	76	88	96	40
합계	376						136	512
순위	5	4	8	6	3	2	1	7

보기 검토

ㄱ. [O] H는 7등이다.
➡ 옳다.
ㄴ. [O] D의 점수는 G의 점수의 절반이다.
➡ 옳다.
ㄷ. [X] 5등과 8등의 점수 차이는 16점이다.
➡ 5등(A)은 60점이고 8등(C)은 32점이다. 점수 차이는 28점이다.
ㄹ. [X] G는 2문제를 틀렸다.
➡ 1문제를 틀려서 96점이다.

15.

정답 ①

정답률 : 47 %

〈현황〉의 이해

기업	2020년도 배당금	2021년도 배당금	2022년도 배당금
A	7,000	10,000 고배당기업	13,000 전년 대비 23 %
B	5,000	5,000	8,000 고배당기업
C	14,000	12,000	10,000

보기 검토

ㄱ. [X] A기업은 2022년에 고배당기업으로 지정된다.
➡ 배당금증가율이 약 23 % 정도이므로 고배당기업으로 지정되지 않는다.
ㄴ. [X] 2021년에 A기업 주식 100주를 보유한 비실명주주 甲에게 부과된 배당소득 관련 세금은 총 10만원 미만이다.
➡ 비실명주주에 대한 세금 계산이므로 38 %의 세율은 그대로 적용한다. 배당소득세와 주민세를 모두 계산하면,
1,000,000 × 41.8 % = 41만 8천 원
ㄷ. [O] 2022년에 B기업 주식 100주를 보유한 실명주주 乙에게 부과된 배당소득세는 7만 2천 원이다.
➡ 2016년에 B기업은 고배당기업이다. 실명주주이므로 세율 9 %를 적용한다.
배당소득세는 800,000 × 9 % = 7만 2천 원
ㄹ. [X] 2021년에 A기업 실명주주와 C기업 비실명주주에게 각각 적용되는 배당소득세율은 24 %p 차이가 난다.
➡ 2021년 A기업은 고배당기업이므로 실명주주에 대한 세율은 9 %이다.
비실명주주에 대한 세율은 항상 38 %이다.
즉, 38 - 9 = 29 %p 차이가 난다.

16.

정답 ④

정답률 : 67 %

제시문의 이해

- 음영 표시된 부분 = 요건 미충족

졸업요건 / 학생	취득 학점		영어 점수	봉사활동 시간		졸업 논문
	교양	전공		교내	교외	
甲(경영)	40	67	790	10	50	승인
乙	35	75	800	0	55	미제출
丙(복수전공)	40	77	750	0	54	미제출
丁	40	70	950	50	50	승인

보기 검토

ㄱ. [X] 현재까지 취득한 학점이 졸업을 위한 기준 학점 미만인 학생은 두 명이다.
➡ 세 명이다.
ㄴ. [X] 기준 이상의 영어점수를 취득하지 못한 학생은 없다.
➡ 있다. 甲은 경영학과이므로 800점 이상을 받아야 한다.
ㄷ. [X] 丙이 졸업논문을 제출하여 지도교수의 승인을 받는다면, 이번 학기를 마친 후 즉시 졸업할 수 있다.
➡ 취득한 전공학점이 기준에 미달하므로 졸업할 수 없다.
ㄹ. [O] 졸업요건을 모두 충족시킨 학생은 현재 한 명뿐이다.
➡ 옳다. 丁 한 명뿐이다.

17.

정답 ②

정답률 : 51 %

풀이

○ 과장은 丁으로부터 화장품을 선물 받고, 부장에게 한우 세트를 선물했다.

○ 차장은 사원에게 홍삼을 선물 받았다.

부장	차장	과장	대리	사원
한우	홍삼	화장품		
↑	↑	↑	↑	↑
과장	사원	丁		

○ 甲은 대리로부터 와인을 선물 받았다.

→ 甲은 대리가 아니다. 와인을 받을 수 있는 사람은 사원밖에 없다.

				甲
부장	차장	과장	대리	사원
한우세트	홍삼	화장품	과일세트	와인
↑	↑	↑	↑	↑
과장	사원	丁		대리
	甲			

○ 乙과 丙은 과장이 아니며, 丙은 戊로부터 선물을 받았다.

→ 戊가 과장이다.

→ 丙은 부장이며, 대리에게 선물을 주었다.

丙		戊		甲
부장	차장	과장	대리	사원
한우세트	홍삼	화장품	과일세트	와인
↑	↑	↑	↑	↑
과장	사원	丁	부장	대리
戊	甲		丙	

○ 丁은 과일세트를 선물 받은 사람이 아니다.

→ 과일세트를 선물 받은 사람은 乙이다.

丙	丁	戊	乙	甲
부장	차장	과장	대리	사원
한우세트	홍삼	화장품	과일세트	와인
↑	↑	↑	↑	↑
과장	사원	차장	부장	대리
戊	甲	丁	丙	乙

18.

정답 ⑤

정답률 : 40 %

〈규칙〉과 〈상황〉의 이해

회원 전원이 투표했으므로

○ 투표에서 나오는 총점은 720점이다. (3 + 2 + 1) × 120 = 720

○ 후보 1인의 최다 득점은 360점이다.

○ 후보 1인의 최소 득점은 120점이다.

보기 검토

ㄱ. (O) 모든 회원이 甲에게 B표를 줬다면, 甲은 부위원장으로 선출된다.

➡ 甲의 득점은 240점이고, 나머지 480점의 점수를 乙과 丙이 나누어 받게 된다. 이때, 3인의 점수가 모두 다르다고 했으므로 乙과 丙 중 1명은 240점을 초과하고, 1명은 240점 미만이 된다. 따라서 甲은 부위원장이 된다.

ㄴ. (O) 60명의 회원이 乙에게 C표를 줬다면, 乙은 위원장이 될 수 없다.

➡ 乙이 나머지 60명의 회원에게 A표를 받으면 최고 점수가 되는데, 이때의 점수는 240점이다. 나머지 480점의 점수를 甲과 丙이 나누어 받게 되는데, 이중 1명의 점수는 반드시 240점을 초과한다. 따라서 乙은 위원장이 될 수 없다.

ㄷ. (O) 80명의 회원이 丙에게 A표를 줬다면, 丙은 위원장으로 선출된다.

➡ 丙은 최소 280점(80 × 3 + 40 × 1)을 받는다. 이때 甲과 乙 중 1명이 나머지 A표(40표)를 모두 받아서 얻을 수 있는 최고 점수는 280점(40 × 3 + 80 × 2)인데, 3인의 점수가 모두 다르다고 했으므로 甲과 乙은 반드시 280점보다 낮은 점수를 받게 된다. 따라서 丙은 위원장으로 선출된다.

19.

정답 ②

정답률 : 67 %

풀이

※ 상승과 하강은 표현은 다르지만 "제자리에 멈춰 있다"고 이해하면 된다.

● 신호를 해석하면 다음과 같다.

신호	111	110	10?	001	001	01?	100	011	000
이동	이륙	북	서 / 하강	동	동	남 / 상승	서	남	착륙

● 확인이 가능한 북, 동, 동, 서, 남 중에서 서로 반대 방향인 것을 상쇄시키면 동쪽으로 한 칸 이동한 것이 된다.

		이륙			

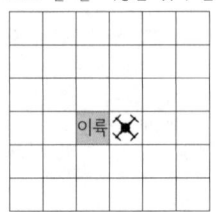

● 나머지 확인이 불가능한 두 경우(서쪽 또는 하강, 남쪽 또는 상승)를 조합하면 다음과 같이 이동 가능한 경우들이 있다.

서쪽	남쪽	서 1칸, 남 1칸	A
	상승	서 1칸	B
하강	남쪽	남 1칸	C
	상승	제자리	D

동쪽으로 한 칸 이동한 후 위와 같이 4가지 경우로 이동하면 최종 착륙 위치로 가능한 것은 다음의 4곳이다.

		B	D		
		A	C		

20.

정답 ⑤

정답률 : 70 %

풀이

● 가장 왼쪽 숫자의 2배가 가장 오른쪽 숫자와 같았다.

→

1			2
2			4
3			6
4			8

● 오른쪽 두 자리 수는 왼쪽 두 자리 수의 2배였다.

→

1	1	2	2
2	2	4	4
3	3	6	6
4	4	8	8

1	6	3	2
2	7	5	4
3	8	7	6
4	9	9	8

● 두 번째와 세 번째 숫자가 동일했다.

→

4	9	9	8

➡ 각 숫자를 모두 더한 값 = 30

21.

정답 ④

정답률 : 37 %

〈상황〉의 이해

- 동구는 인구 상한을 초과하므로 반드시 분할되어야 한다.
- 서구, 중구, 동남구는 인구 하한에 미달되므로 반드시 다른 자치구와 합한 후 분할해야 한다. 이 경우, 다른 자치구와 합한 인구는 20만 명 이상 30만 명 이하여야 한다. 그래야만 균등 분할한 두 선거구의 인구가 법률상의 하한과 상한을 만족시키게 된다.

→ 중구는 서구, 북구, 남구와 합할 수 없다. (∵ 합한 인구가 20만 명 미만)

→ 중구는 반드시 동구와 합한 후 분할해야 한다.

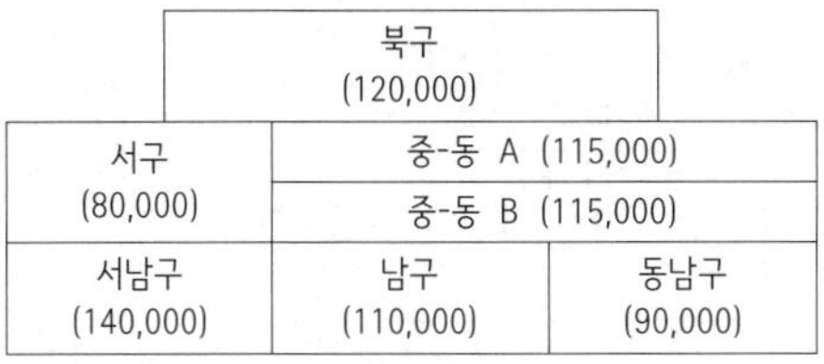

→ 동남구는 반드시 남구와 합한 후 분할하여야 한다.

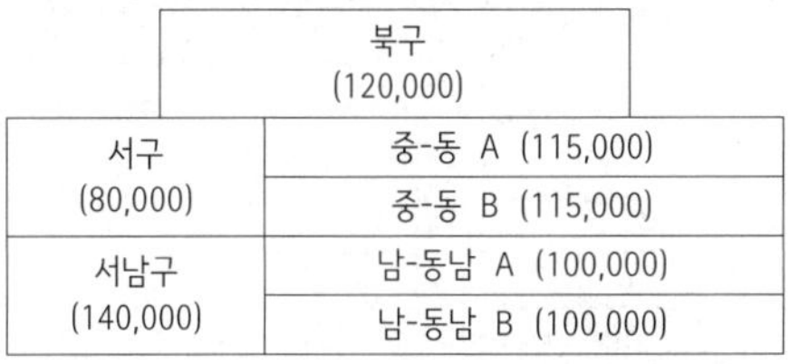

북구
(120,000)
서구
(80,000)
중-동 A (115,000)
중-동 B (115,000)
서남구
(140,000)
남-동남 A (100,000)
남-동남 B (100,000)

→ 서구는 북구와 합한 후 분할하거나 서남구와 합한 후 분할하여야 한다. 이때, 단독으로 선거구를 구성하는 자치구가 반드시 한 개 만들어진다.

<경우 1>

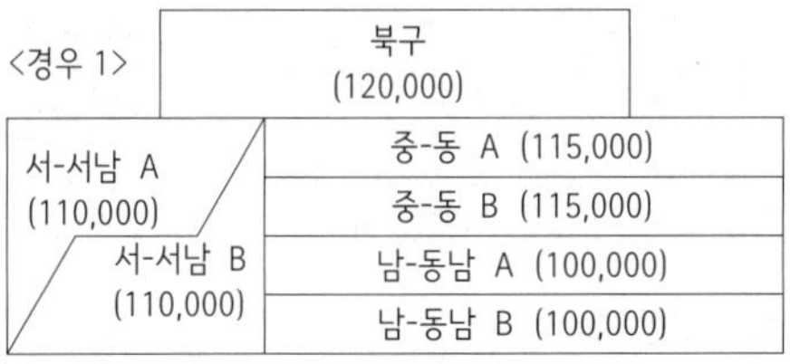

<경우 2>

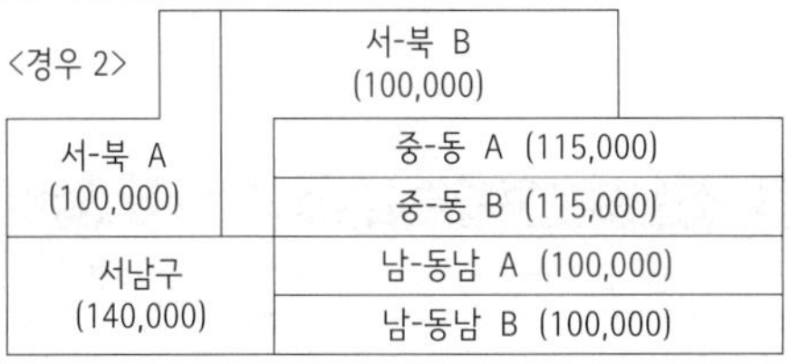

선택지 검토

① 〔X〕 총 8개의 선거구가 구성된다.
➡ 두 경우 모두 총 7개의 선거구가 구성된다.

② 〔X〕 인구가 10만 명인 선거구가 4개 구성된다.
➡ <경우 2>에서만 그렇다. <경우 1>에서는 2개만 구성된다.

③ 〔X〕 북구는 단독으로 하나의 선거구가 된다.
➡ <경우 1>에서만 그렇다.

④ 〔O〕 인구가 11만 5천 명인 선거구가 2개 구성된다.
➡ 두 경우에서 공통적으로 중구와 동구가 합쳐진 후 둘로 분할되어 인구가 11만 5천 명인 선거구 2개가 구성된다.

⑤ 〔X〕 인구가 13만 명을 초과하는 선거구는 구성되지 않는다.
➡ <경우 2>에서 서남구가 단독 선거구가 되고, 인구는 14만 명이다.

22.

정답 ①

정답률 : 39 %

풀이

- 각 팀의 성적

7종목이므로 1등부터 4등까지 각 순위마다 합계 7명씩이 있어야 한다.

팀	1등(명)	2등(명)	3등(명)	4등(명)
甲	5	0	3	6
乙	2	7	4	1

- 점수체계에 따른 팀별 총점

	1등	2등	3등	4등
A방식	5	a	b	1
B방식	c	2	1	0

<A방식>

甲 : 25 + 0a + 3b + 6 = 3b + 31

乙 : 10 + 7a + 4b + 1 = 7a + 4b + 11

※ 乙팀의 총점이 甲팀의 총점보다 3점 더 높다.

甲 + 3 = 3b + 34 = 7a + 4b + 11 = 乙

7a + b = 23

a는 2등의 점수이고, b는 3등의 점수이므로 다음과 같은 경우가 가능하다.

a	4	4	3
b	3	2	2

이 경우들 중 7a + b = 23를 만족시키는 것은 a = 3, b = 2이다.

따라서 甲팀의 점수는 37점이다.

<B방식>

甲 : 5c + 3

※ B방식으로 계산한 甲팀의 총점은 A방식으로 계산한 甲팀 총점의 절반 이하이다.

5c + 3 ≤ 18.5

c는 1등의 점수이므로 2등의 점수인 2점보다 큰 자연수이다.

∴ c = 3

甲 : 5c + 3 = 18

乙 : 2c + 14 + 4 = 24

➡ B방식으로 계산했을 때의 우승팀 : 乙

우승팀의 총점 : 24점

23.

정답 ④

정답률 : 51 %

풀이

● 일차적으로 확인할 수 있는 정보를 정리하면 다음과 같다.

	사과	배	자두	감	지출	
			200원			
甲						甲 = 乙
乙						
丙						丙 > 丁
丁						
					2,400원	

○ 甲과 乙은 각각 두 종류 이상의 과일을 구매했는데, 구매한 과일 중 같은 종류는 배뿐이었으며, 두 사람이 지출한 금액은 동일했다.

→ 두 사람이 각각 두 종류 이상의 과일을 구매하고 지출한 금액이 동일해지는 경우는 다음의 2가지가 있다.

(1) 200 + 100 + 300 = 200 + 400 = 600

(2) 400 + 100 + 200 = 400 + 300 = 700

그러나 200원인 과일은 배가 아니라 자두이므로, (1)의 경우는 아니다.

→ (2)의 경우에 해당하며 배의 가격은 400원이다.

→ 사과와 감의 가격을 알 수 없으므로 다음과 같이 2가지 경우를 생각해야 한다.

(1)

배	사과	자두
배	감	

(2)

배	감	자두
배	사과	

→

	사과	배	자두	감	지출	
		400원	200원			
甲	1개	1개	1개	1개	700	甲 = 乙
乙		1개			700	
丙						丙 > 丁
丁						
					2,400원	

○ 네 명이 지출한 총액은 2,400원이었다.

→ 丙과 丁이 지출한 금액의 합은 1,000원이다.

○ 丙과 丁은 서로 다른 종류의 과일만 구매했다.

→ 서로 다른 종류만 구매하여 금액의 합이 1,000원이 되려면, 4종류의 과일을 모두 1개씩 구매하여야 한다.

○ 세 명이 구매한 과일이 한 종류 있었다.

→ 이 한 종류는 '배'이다.

→

	사과	배	자두	감	지출	
		400원	200원			
甲	1개	1개	1개	1개	700원	甲 = 乙
乙		1개			700원	
丙	1개	1개	1개	1개	1,000원	丙 > 丁
丁						
					2,400원	

보기 검토

ㄱ. 〔O〕 네 명이 구매한 과일은 총 9개였다.

➡ 옳다.

ㄴ. 〔O〕 甲이 사과를 구매했다면, 乙은 감을 구매했다.

➡ 가능한 경우가 아래의 2가지이므로, 한 사람이 사과를 구매했다면 다른 한 사람은 감을 구매했다.

(1)

배	사과	자두
배	감	

(2)

배	감	자두
배	사과	

ㄷ. 〔O〕 丙이 배를 구매하지 않았다면, 세 종류의 과일을 구매한 사람은 2명이다.

➡ 丙과 丁의 구매 금액 합계가 1,000원인데, 丙이 배(400원)을 구매하지 않았다면(丁이 배를 구매했다면) 丙이 나머지 3종류를 모두 구매해야만 더 많은 금액을 지출한 것이 된다. 이때, 세 종류의 과일을 구매한 사람은 甲과 乙 중 1명과 丙, 총 2명이다.

ㄹ. 〔X〕 자두를 구매한 사람은 한 명뿐이다.

➡ 2명이다.

24.

정답 ②

정답률 : 76 %

풀이

● 짝을 지은 2명의 번호의 합은 최댓값이 23(= 11 + 12)이므로, 짝을 지어 만들어질 수 있는 제곱수는 4, 9, 16이다.

제곱수	두 수의 조합			
4	1, 3			
9	1, 8	2, 7	3, 6	4, 5
16	4, 12	5, 11	6, 10	7, 9

● 3번, 9번, 10번 학생은 제곱수를 이루었다.

→ 9와 10이 사용되는 경우는 각각 1가지씩만 있다.

제곱수	두 수의 조합			
4	1, 3			
9	1, 8	2, 7	3, 6	4, 5
16	4, 12	5, 11	6, 10	7, 9

→ 6, 7, 9, 10이 사용되는 다른 경우를 제외하고 3이 사용되는 경우를 찾으면 다음과 같이 1가지만 가능하다.

제곱수	두 수의 조합			
4	1, 3			
9	1, 8	~~2, 7~~	~~3, 6~~	4, 5
16	4, 12	5, 11	6, 10	7, 9

→ 이미 사용된 1, 3, 6, 7, 9, 10을 사용하지 않고 추가로 2개의 제곱수를 더 만드는 방법은 다음과 같이 1가지이다.

제곱수	두 수의 조합			
4	1, 3			
9	~~1, 8~~	~~2, 7~~	~~3, 6~~	~~4, 5~~
16	4, 12	5, 11	6, 10	7, 9

→ 제곱수를 만드는 데에 사용되지 않는 숫자는 2와 8이다.

➡ 벌칙을 받는 학생의 번호 : 2번, 8번

25.

정답 ⑤

정답률 : 59 %

선택지 검토

① 〔X〕 법관이나 법원공무원은 구·시·군선거관리위원회의 위원이 될 수 없다.

➡ [제1조 제2항] 각급선거관리위원회의 위원이 될 수 없는 공무원은 법관과 법원공무원 및 교육공무원 '이외의' 공무원이다.

② 〔X〕 읍·면·동선거관리위원회의 구성원은 위원장을 포함하여 총 8명이다.

➡ [제1조 제1항 제4호, 제2조 제2항] 읍·면·동선거관리위원회의 위원은 7명이며, 위원장은 7명의 위원 중에서 호선한다.

③ 〔X〕 중앙선거관리위원회의 위원장이 사고로 직무 수행이 불가능할 때에는 부위원장이 그 직무를 대행한다.

➡ [제2조 제3-4항, 제3조] 부위원장은 구·시·군선거관리위원회와 읍·면·동선거관리위원회에만 두며, 중앙선거관리위원회에는 상임위원을 둔다. 따라서 중앙선거관리위원회의 위원장의 직무 대행은 상임위원이 한다.

④ 〔X〕 56세가 되는 때에 중앙선거관리위원회의 상임위원이 된 사람은 상임위원으로서 4년을 초과하여 근무할 수 없다.

➡ [제3조 제3항] 중앙선거관리위원회의 상임위원은 근무상한 60세의 제한을 받지 않는다. 근무상한 60세의 제한을 받는 것은 시·도선거관리위원회의 상임위원이다.

⑤ 〔O〕 시·도선거관리위원회 위원의 임기는 6년이다.

➡ [제4조] 구·시·군선거관리위원회를 제외한 나머지 선거관리위원회 위원의 임기는 모두 6년이다.

제 10 회

7급 PSAT 하주응 상황판단
실전 모의고사 정답 및 해설

7급 PSAT 대비 실전모의고사

상황판단영역

- 제 10 회 -

출제·해설 : 하 주 응

◐ 정 답

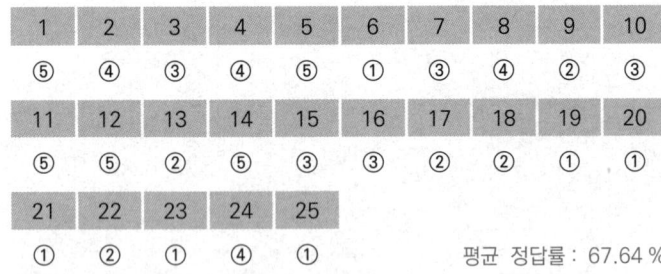

1	2	3	4	5	6	7	8	9	10
⑤	④	③	④	⑤	①	③	④	②	③
11	12	13	14	15	16	17	18	19	20
⑤	⑤	②	⑤	③	③	②	②	①	①
21	22	23	24	25					
①	②	①	④	①					

평균 정답률 : 67.64 %

1. TEXT 문제의 해설에서, 문단과 문장의 번호는 위에서부터 순서대로 세어 부여함.
2. 법조문 문제의 해설에서, 조(條)의 번호는 위에서부터 순서대로 제1조, 제2조, …로 표기함.

1.

정답 ⑤

정답률 : 62 %

제시문의 이해

공동기금법인	참여 사업장 수	수혜 근로자 수	총 지원한도	출연 총액 = 연간 지원한도
A	10개소	410인	[제3호] 5년 10억	2억 원
B	20개소	870인	[제3호] 5년 10억	7억 원
C	5개소	95인	[제2호] 4년 5억	1억 원
D	27개소	1,020인	[제3항] 6년 20억	10억 원

※ [제2조 제1항] 1년간 지원하는 금액은 출연 총액을 초과할 수 없다.
※ [제2조 제2항]의 지원한도 요건은 'or'로 연결되어 있는 반면, [제2조 제3항]의 지원한도 요건은 'and'로 연결되어 있음에 주의한다.

보기 검토

ㄱ. (X) 근로복지공단은 A법인에 대한 지원 기간을 3년으로 하고, 매년 3억 원씩 지원할 수 있다.
➡ 지원 기간을 3년으로 할 수는 있으나(5년 내), 1년간 지원하는 금액은 2억 원을 초과할 수 없다.

ㄴ. (X) 근로복지공단이 B법인에 대해 지원할 수 있는 지원금의 총액은 최대 7억 원이다.
➡ 제3호가 적용되는 경우로서 기간 내 최대 지원 금액은 10억 원이다.

ㄷ. (O) 근로복지공단은 C법인에 대해 4년 동안 매년 1억 원씩 지원할 수 있다.
➡ 지원한도가 4년 내 총 5억 원이고, 연간 지원한도가 1억 원이므로 매년 1억 원씩 지원할 수 있다.

ㄹ. (O) 근로복지공단은 D법인에 대한 지원 기간을 3년으로 하고, 그 기간 동안 최대 20억 원까지 지원할 수 있다.
➡ 제3항이 적용되는 경우로서 기간은 6년 이내로 하고, 최대 20억 원까지 지원할 수 있다.

2.

정답 ④

정답률 : 52 %

선택지 검토

① (O) 시험 원서접수 마감일까지 장애인으로 등록되지 않았더라도 시험 응시에 어려움이 있는 사람에게 편의를 제공할 수 있다.
➡ [제2조 제2호] 장애인으로 등록되지 않았더라도 편의를 제공받을 수 있는 경우가 있다.

② (O) 뇌병변 장애인에게는 휠체어 전용 책상을 제공할 수 있다.
➡ [제3조 제1호 바목] 뇌병변 장애인에 대한 편의제공 항목에 포함되는 내용이다.

③ (O) 장애인 보조기구의 지참은 지체 장애인뿐만 아니라 시각 장애인과 청각 장애인에게도 허용된다.
➡ [제3조 제1호 나목, 제2호 라목, 제3호 다목] '장애인 보조기구의 지참 허용'은 모든 장애 종류별 편의제공 항목에 포함되어 있다.

④ (X) 시각 장애인에게는 답안지 대필의 편의를 지원할 수 없다.
➡ [제3조 제1호 라목, 제2호 라목] 시각 장애인에게도 답안지 대필의 편의를 지원할 수 있다.

⑤ (O) 시각 장애인에게는 점자 문제지나 확대 문제지뿐만 아니라 축소 문제지를 제공할 수도 있다.
➡ [제3조 제1호 가목 + 제2호 라목, 제2호 가목, 나목] 세 가지 종류의 문제지 모두 제공할 수 있는 항목에 포함되어 있다.

3.

정답 ③

정답률 : 79 %

제시문의 이해

● 위치정보사업자의 위치정보시스템 → 자동조회
위치정보 수동조회 시스템 → 수동조회
● 제2조 및 제4조 제1-2항
→ 요구조자가 직접 이동전화로 구조를 요청한 경우, 해당 이동전화의 위치를 자동으로 파악할 수 있으므로 자동조회를 원칙으로 함을 이해할 수 있다. 그러나 요구조자의 배우자나 친족이 구조를 요청한 경우 해당 요청자가 요구조자와 함께 있지 않을 수 있으므로 자동조회를 원칙으로 할 수 없다.

선택지 검토

① (X) 요구조자의 동생이 요구조자의 긴급구조를 요청한 경우에는 원칙적으로 위치정보사업자의 위치정보시스템을 이용한 자동조회를 통해 위치정보를 확인한다.
➡ [제2조 제2호, 제4조 제2항] 요구조자의 동생(2촌의 친족)이 요구조자의 긴급구조를 요청한 경우, 위치정보 수동조회 시스템을 통해 위치정보를 요청·확인할 수 있다. 이 경우에 대해 자동조회를 원칙으로 한다는 규정은 없다.

② (X) 소방서장은 이동전화 위치정보의 수동조회를 위해서 소방서에 위치정보 수동조회 시스템을 설치할 수 있다.
➡ [제3조] 수동조회 시스템 설치의 주체는 소방청장이며, 소방서에는 설치하지 않는다.

③ (O) 서울종합방재센터장은 위치정보 수동조회 시스템이 가동되지 않는 경우, 소방청 119종합상황실에 위치정보를 요청할 수 있다.
➡ [제1조 제1호, 제3조, 제4조 제4항] 본 규정에서 시·도 소방본부 종합상황실은 서울종합방재센터로, 소방본부장은 서울종합방재센터장으로 대체될 수 있다. 따라서 제4조 제4항에 따라 서울종합방재센터장은 위치정보 수동조회 시스템이 가동되지 않는 경우, 소방청 119종합상황실에 위치정보를 요청할 수 있다.

④ (X) 요구조자가 직접 이동전화를 이용하여 소방청 119종합상황실에 긴급구조를 요청한 경우, 소방청장은 위치정보사업자에게 이동전화 위치정보를 요청할 수 있다.
➡ [제1조 제3호] 이 경우 위치정보 요청권자는 소방청장이 아니라 119종합상황실장이다.

⑤ (X) 소방서장은 위치정보 수동조회가 필요하다고 판단되는 경우 소방청 119종합상황실에 요청하여 위치정보를 확인한다.
➡ [제4조 제3항] 이 경우 소방서장은 시·도 소방본부 종합상황실에 위치정보 조회를 요청하여 위치정보를 확인한다.

4.

정답 ④

정답률 : 91 %

보기 검토

ㄱ. 〔X〕 천일식제조소금 제조업을 하려는 자는 허가신청서를 포함하여 총 4가지의 서류를 제출하여야 한다.

➡ [제2조 제1항] 허가신청서와 별표의 4가지 서류를 합하여 총 5가지이다.

ㄴ. 〔O〕 염전을 개발하는 자는 허가받은 사항을 변경하려는 경우와 폐전하려는 경우에 모두 허가증을 제출하여야 한다.

➡ [별표 2, 제2조 제2항] 두 경우 모두 허가증을 첨부하여야 한다.

ㄷ. 〔X〕 염전을 개발하려는 자와 천일염 제조업을 하려는 자는 모두 허가신청 시에 염전 개발 준공을 증명할 수 있는 서류를 제출하여야 한다.

➡ [별표 1] 염전을 개발하려는 자의 첨부 서류에는 염전개발 준공을 증명할 수 있는 서류가 포함되지 않는다.

ㄹ. 〔O〕 전라남도 신안군에서 천일염 제조업을 하는 자가 폐업하려는 경우, 전라남도지사에게 폐업 허가를 받아야 한다.

➡ [제1조 단서] 폐업하려는 경우에도 허가를 받아야 하며, 허가권자는 도지사이다.

5.

정답 ⑤

정답률 : 28 %

풀이

● 감귤을 10개, 9개, 8개, …, 2개씩 묶음으로 포장할 때의 묶음의 개수를 각각 a, b, c, …, h, i라고 하자. 이때 甲이 수확한 감귤의 개수는

10개씩 포장 : 10a + 1

9개씩 포장 : 9b + 1

8개씩 포장 : 8c + 1

7개씩 포장 : 7d + 1

6개씩 포장 : 6e + 1

5개씩 포장 : 5f + 1

4개씩 포장 : 4g + 1

3개씩 포장 : 3h + 1

2개씩 포장 : 2i + 1

→ 10a + 1 = 9b + 1 = 8c + 1 = 7d + 1 = 6e + 1 = 5f + 1 = 4g + 1 = 3h + 1 = 2i + 1

→ 10a = 9b = 8c = 7d = 6e = 5f = 4g = 3h = 2i

→ 2, 3, 4, …, 10의 최소공배수는 2,520

→ 수확한 감귤의 개수는 『2,520x + 1』개이며 4,000개 이하를 수확했으므로 수확한 감귤의 개수는 2,521개이다.

➡ 2,521 ÷ 16 = 157 … 9

16개씩 한 묶음으로 포장하면 9개의 감귤이 남는다.

6.

정답 ①

정답률 : 76 %

풀이

※ 1개월은 무조건 30일로 계산함에 주의한다.

※ 표에 제시된 1일당 과징금의 단위는 '천 원'임에 주의한다.

● 甲 : 액화석유가스 위탁운송사업자

→ 2019년도 총매출액 기준 : 16억 원 초과 : 1일당 360,000원

→ 36만 × 60일 = 2,160만 원

● 乙 : 액화석유가스 저장자

→ 저장능력 기준 : 30톤 초과 100톤 이하 : 1일당 100,000원

→ 10만 × 45일 = 450만 원

➡ 합계 : 2,610만 원 (26,100,000원)

7.

정답 ③

정답률 : 51 %

보기 검토

ㄱ. 〔O〕 甲이 乙에게 알려주는 a ~ d의 합의 최솟값은 2이고, 최댓값은 20이다.

➡ 최솟값 : 2 (1월 1일)

최댓값 : 20 (9월 29일)

ㄴ. 〔X〕 甲이 乙에게 알려주는 a ~ d의 곱의 최솟값은 0이고, 최댓값은 162이다.

➡ 최솟값 : 0 (1 ~ 10월, 1 ~ 10일, 20일 30일)

최댓값 : 36 (12월 29일)

ㄷ. 〔O〕 甲이 乙에게 알려준 a ~ d의 합이 6이고 곱이 4라면, 乙이 날짜를 맞힐 확률은 약 33 %이다.

➡ 곱이 4인 경우는 11월 14일, 11월 22일, 12월 12일, 12월 21일 4가지.

이 중 합이 6인 경우는 3가지.

乙은 3가지 중 하나를 말했을 것이므로 맞힐 확률은 1/3 ≒ 33%

8.

정답 ④

정답률 : 48 %

풀이

※ 각 방식으로 변환한 낱말의 첫 글자만으로 배열하고, 그것이 불가능할 때에만 이후 글자를 살핀다.

철수	4	2	1	6	7	5	3
	만	거	갓	압	조	모	낭
낱말	남이섬	거리감	작가	방향	조감도	모서리	한국화
영희	섬	감	가	향	도	리	화
	5	2	1	6	3	4	7

➡ 3개의 낱말(거리감, 작가, 방향)은 두 가지 방식에서 모두 2·1·6번째 순서에 놓인다.

9.

정답 ②

정답률 : 68 %

풀이

○ 甲의 주소지 우편번호에는 0과 1이 사용되지 않았다.

○ 우편번호의 왼쪽부터 두 번째 숫자는 첫 번째 숫자의 2배이다.

첫 번째	두 번째	세 번째	네 번째	마지막
2	4			
3	6			
4	8			

○ 우편번호의 왼쪽부터 마지막 숫자는 처음 두 숫자의 합이다.

첫 번째	두 번째	세 번째	네 번째	마지막
2	4			6
3	6			9
4	8			~~12~~ → 불가능

○ 우편번호의 왼쪽부터 세 번째 숫자는 5개의 숫자 중 가장 크다.

첫 번째	두 번째	세 번째	네 번째	마지막
2	4			6
3	6			~~9~~ → 불가능

○ 우편번호의 왼쪽부터 네 번째 숫자는 나머지 숫자들의 합의 4분의 1이다.

→ 왼쪽부터 네 번째 숫자는 자연수이므로, 나머지 숫자들의 합은 4의 배수이다.

첫 번째	두 번째	세 번째	네 번째	마지막
2	4	8	5	6

→ 나머지 숫자들의 합 : 20

➡ 홀수인 숫자들의 합 = 5

10.

정답 ③

정답률 : 52 %

풀이

○ 甲은 두 달 이상 연이어 공연을 관람하지 않았으며, 같은 달에는 1회만 공연을 관람했다.

○ 乙은 G페스티벌에 가지 않았다.

	5월	6월		7월	8월	9월
	G 페스	서울 1	서울 2	부산	Z 영화	M 페스
甲 (3)	○	×	×	○	×	○
乙 (2)	×					
丙 (4)						

○ 甲과 乙이 같은 공연을 관람한 바로 다음 달에 乙과 丙이 같은 공연을 관람했다.

→ 乙이 관람한 2회는 연이은 두 달의 공연이며, 그 중 첫 번째 공연은 甲이 관람한 공연과 같다.

→ 乙이 관람한 2회는 7월과 8월의 공연이다.

	5월	6월		7월	8월	9월
	G 페스	서울 1	서울 2	부산	Z 영화	M 페스
甲 (3)	○	×	×	○	×	○
乙 (2)	×	×	×	○	○	×
丙 (4)						

○ 丙은 1개의 페스티벌을 관람했으며, 세 달 이상 연이어 공연을 관람하지 않았다.

→ 총 4회를 관람했으므로 가능한 경우는 다음의 세 가지이다.

(6월은 공연이 2회 있음에 주의!)

	5월	6월		7월	8월	9월
	G 페스	서울 1	서울 2	부산	Z 영화	M 페스
甲 (3)	○	×	×	○	×	○
乙 (2)	×	×	×	○	○	×
丙 (4)	○	○	○	×	○	×
	×	○	○	○	×	○
	×	○	○	×	○	○

○ 甲과 乙이 같은 공연을 관람한 바로 다음 달에 乙과 丙이 같은 공연을 관람했다.

	5월	6월		7월	8월	9월
	G 페스	서울 1	서울 2	부산	Z 영화	M 페스
甲 (3)	○	×	×	○	×	○
乙 (2)	×	×	×	○	○	×
丙 (4)	○	○	○	×	○	×
	~~×~~	~~○~~	~~○~~	~~○~~	~~×~~	~~○~~
	×	○	○	×	○	○
경우 1	甲, 丙	丙	丙	甲, 乙	乙, 丙	甲
경우 2	甲	丙	丙	甲, 乙	乙, 丙	甲, 丙

선택지 검토

① 〔O〕 甲은 2개의 페스티벌을 모두 관람했다.

➡ 두 경우에서 모두, 甲은 2개의 페스티벌 공연을 모두 관람했다.

② 〔O〕 乙은 서울 콘서트를 관람하지 않았다.

➡ 두 경우에서 모두, 乙은 서울 콘서트를 관람하지 않았다.

③ 〔X〕 丙은 G페스티벌을 관람했다.

➡ [경우 2] G페스티벌을 관람하지 않고, M페스티벌을 관람했을 수도 있다.

④ 〔O〕 서울콘서트 2개를 모두 관람한 사람이 있다.

➡ 두 경우에서 모두, 丙은 서울콘서트 2개를 모두 관람했다.

⑤ 〔O〕 Z 국제영화제를 관람한 사람은 2명이다.

➡ 두 경우에서 모두, 乙과 丙이 Z 국제영화제를 관람했다.

11.

정답 ⑤

정답률 : 52 %

풀이

● 甲 ~ 丁의 진술을 근거로 상황을 정리하면 다음과 같다.

甲: 나는 '기권'을 선택하지 않았어.

乙: 나는 하나 이상의 안건에 대하여 '찬성'을 선택했어.

丙: 나는 '반대'를 선택하지 않았어.

丁: 나는 두 안건 모두에 대하여 '반대'를 선택했어.

	안건 1			안건 2			
	찬성	반대	기권	찬성	반대	기권	
	3	2	0	1	2	2	
甲			×			×	기권 ×
乙			×				찬성 최소 1
丙	○	×	×		×		반대 ×
丁	×	○	×	×	○	×	반대 2
戊			×				

● 안건 1 : 戊가 반대한 경우에만 안건 1에 대한 모든 의견이 확정된다.

	안건 1			안건 2			
	찬성	반대	기권	찬성	반대	기권	
	3	2	0	1	2	2	
甲	○	×	×			×	기권 ×
乙	○	×	×				찬성 최소 1
丙	○	×	×		×		반대 ×
丁	×	○	×	×	○	×	반대 2
戊	×	○	×				

➡ 戊는 안건 1에 대해 '반대'했다.

● 안건 2 : 戊가 찬성 또는 반대한 경우, 안건 2에 대한 모든 의견이 확정된다.

	안건 1			안건 2						
				戊 찬성			戊 반대			
	찬성	반대	기권	찬성	반대	기권	찬성	반대	기권	
	3	2	0	1	2	2	1	2	2	
甲	○	×	×	×	○	×	○	×	×	기권 ×
乙	○	×	×	×	×	○	×	×	○	찬성 최소 1
丙	○	×	×	×	×	○	×	×	○	반대 ×
丁	×	○	×	×	○	×	×	○	×	반대 2
戊	×	○	×	○	×	×	×	○	×	

➡ 戊는 안건 2에 대해 '기권'했다.

12.

정답 ⑤

정답률 : 66 %

풀이

농민	연소득	피해액	피해액/연소득		가구원 수	1인당 연소득		연령		평가점수
甲	3,000	1,500	1/2	5	2	1,500	2	71세	5+1	13
乙	8,000	1,000	1/8	1	6	1,333	4+1	48세	2	8
丙	5,500	1,100	1/5	4	4	1375	3+1	51세	3	11
丁	12,000	2,000	1/6	3	3	4,000	1	43세	1	5
戊	4,900	700	1/7	2	5	980	5+1	67세	4+1	13

➡ 甲과 戊에게 1억 원을 2 : 5의 비율로 나누어 전달한다.

13.

정답 ②

정답률 : 62 %

풀이

- 2023년 10월에 취득했으므로 취득세율은 6%.
  → 38,000만 원 × 6% = 2,280만 원
- 주택 보유기간이 약 22개월이므로 특별공제액 = 0원
- 아파트이므로 기본공제액 = 107m² × 10만 원 = 1,070만 원
- 2025년 8월에 양도했으므로 양도소득세율은 40%

양도차익		양도가액	62,000	
	-	취득가액	38,000	
	-	취득세	2,280	
과세표준	-	특별공제액	0	
	-	기본공제액	1,070	= 20,650
양도소득세율	× 40 %			
양도소득세액	8,260만 원			

14.

정답 ⑤

정답률 : 81 %

풀이

법관	휴직기간	휴직사유	봉급	휴직기간 중 보수 총액	
				적용 규정	보수 총액
A	3개월	일본의 법률연구기관에서 법률연수	500만 원	제1조	500만 × 0.5 × 3개월 = 750만 원
B	3개월	국내대학에서의 법률연수	700만 원	제3조	0원
C	3개월	결핵성 질환으로 인한 요양	400만 원	제2조 제1항 단서 전단	400만 × 0.8 × 3개월 = 960만 원
D	4개월	질병요양 이외의 법관 직무를 수행하기 곤란한 객관적 사정	400만 원	제2조 제2항 본문, 단서	400만 × 0.8 × 3개월 + 400만 × 0.5 × 1개월 = 1,160만 원
E	2개월	공무상 질병으로 인한 요양	600만 원	제2조 제1항 단서 후단	600만 × 1.0 × 2개월 = 1,200만 원

➡ E - D - C - A - B

15.

정답 ③

정답률 : 98 %

선택지 검토

① 〔X〕 문화체육관광부장관은 관련 법인 또는 단체의 추천을 받아 위원장과 부위원장을 제외한 위원을 최대 20명까지 위촉할 수 있다.
➡ [제1조 제2항] 위원의 수는 위원장과 부위원장을 포함하여 최대 20명이다.

② 〔X〕 위원장은 간행물이 유해간행물로 결정된 경우, 지체 없이 해당 간행물의 발행인 등에 대한 사실을 문화체육관광부장관에게 통보하여야 한다.
➡ [제2조 제3항] 유해간행물의 '결정 사실'을 문화체육관광부장관에게 '보고'하여야 한다.

③ 〔O〕 문화체육관광부장관은 유해간행물 결정 사실에 대한 보고를 받은 경우, 해당 간행물을 유해간행물로 고시하여야 한다.
➡ [제2조 제3항, 제3조] 위원장이 보고한 (유해간행물) 결정 사실에 따라 지체 없이 해당 간행물을 유해간행물로 고시하여야 한다.

④ 〔X〕 간행물이 「청소년 보호법」 제9조 제1항 제1호에 해당하는 경우, 여성가족부장관은 해당 간행물을 청소년유해간행물로 지정할 수 있다.
➡ [제2조 제2항] 위원회가 해당 간행물을 청소년유해간행물로 결정하고 그 사실을 여성가족부에 통보할 뿐, 여성가족부장관이 지정하는 것은 아니다.

⑤ 〔X〕 간행물이 자유민주주의 체제를 전면 부정하더라도 체제 전복 활동을 선동하지는 않는다면, 위원회는 해당 간행물을 유해간행물로 결정하지 않을 수 있다.
➡ [제2조 제1항 제1호] 자유민주주의 체제를 전면 부정한다면 제1호의 요건을 충족시키는 것이므로 위원회는 해당 간행물을 유해간행물로 결정하여야 한다.

16.

정답 ③

정답률 : 87 %

선택지 검토

① 〔O〕 사회학을 전공하여 4년제 대학을 졸업한 경우 인증심사원이 되기 위한 학력요건을 충족한다.
➡ [1] 사회학 전공으로 4년제 대학을 졸업했다면 학력요건을 충족한다.

② 〔O〕 2년제 대학에서 경제학을 전공하여 졸업하고 연구소에서 2년 동안 실무에 종사한 경우 인증심사원이 되기 위한 학력요건을 충족한다.
➡ [1] 경제학 전공으로 2년제 대학을 졸업하고 2년의 실무경력이 있다면 학력요건을 충족한다.

③ 〔X〕 행정학을 전공하여 4년제 대학을 졸업하고 국제 제품환경규제 대응 관련 분야의 박사학위를 취득한 경우 인증심사원이 되기 위한 학력요건 및 실무경력 요건을 모두 충족한다.
➡ [2-나] 박사학위 소지자의 실무경력은 3년으로 인정된다. 실무경력이 4년이 되지 않으므로 '2-가'의 요건을 충족하지 못한다.

④ 〔O〕 환경경영 컨설팅 분야의 석사 학위를 취득한 후 해당 분야의 연구소에서 2년 동안 실무에 종사한 경우 인증심사원이 되기 위한 실무경력 요건을 충족한다.
➡ [2-나] 석사학위 소지자는 2년의 실무경력을 인정받고, 그 외에 2년의 실무경력이 있으므로 총 4년의 실무경력을 인정받는다. 따라서 실무경력 요건을 충족한다.

⑤ 〔O〕 공학 계열의 2년제 대학을 졸업한 자가 친환경제품 개발 관련 분야의 기사 자격을 취득한 후 기업체의 친환경제품 생산 분야에서 2년 동안 실무에 종사한 경우 인증심사원이 되기 위한 학력요건 및 실무경력 요건을 모두 충족한다.
➡ [1, 2-나] 공학 계열의 2년제 대학을 졸업하고 기업체에서 2년의 실무경력을 쌓았으므로 학력조건을 충족한다. 또한 기사 자격으로 인정받는 2년을 포함하여 총 4년의 실무경력이 인정되므로 실무경력 요건도 충족한다.

17.

정답 ②

정답률 : 84 %

선택지 검토

① (O) 공무원이 다른 공무원의 부패행위를 신고하여 1억 원의 손실감소 효과가 발생한 경우, 4백 5십만 원의 보상금을 지급할 수 있다.
➡ [별표 제1호 나목 표] 손실감소액이 1억 원인 경우의 보상금 산정액은 4백 5십만 원이다.

② (X) 공무원이 다른 공무원이 1백만 원의 금품을 수수한 사실을 신고하였으나, 조사 결과 밝혀진 수수액이 총 1백 5십만 원인 경우, 최대 3백만 원의 보상금을 지급할 수 있다.
➡ [별표 제1호 가목 단서] 조사 과정에서 추가로 밝혀진 금품 수수액은 보상대상에서 제외하므로, 신고 금액 1백만 원의 2배인 2백만 원 이내에서 보상금을 지급할 수 있다.

③ (O) 법무감사담당관실 소속공무원이 다른 공무원의 금품수수행위를 신고한 경우 보상금을 지급하지 않는다.
➡ [제3조 제3호] 신고 공무원이 법무감사담당관실 소속공무원인 경우에는 보상금을 지급하지 않는다.

④ (O) 공무원이 다른 공무원의 부패행위를 신고하여 4억 원의 이익증대 효과가 발생한 경우, 지급할 수 있는 보상금은 최대 1천만 원이다.
➡ [별표 제1호 나목 표, 제2호 가목] 신고 금액이 4억 원인 경우 보상금은 1,050만 원으로 산정된다. 그러나 지급한도가 1천만 원이므로 보상금의 최대 금액은 1천만 원이다.

⑤ (O) 공무원이 다른 공무원의 금품 2백만 원 수수행위를 신고하여 5천만 원의 이익증대 효과가 발생한 경우, 4백만 원의 보상금을 지급할 수 있다.
➡ [별표 제1호, 제2호 나목] 신고 금액 2백만 원의 2배인 4백만 원 이내의 금액과 이익증대 효과에 의한 보상금 3백만 원 중 신고 공무원에게 유리한 기준 금액(더 큰 금액)을 보상금으로 지급한다.

18.

정답 ②

정답률 : 67 %

선택지 검토

① (O) 공연히 허위의 사실을 적시하여 사람의 명예를 훼손한 경우 그 사실을 적시한 방법에 따라 법정 최고 형량이 달라진다.
➡ [1문단 4-5문장, 9-10문장] 허위 사실을 적시한 경우의 형량은 최고 징역 5년 등이지만, 출판물을 이용하여 허위 사실을 적시한 경우의 형량은 최고 징역 7년 등으로 달라진다.

② (X) 공연히 사실을 적시하여 사자의 명예를 훼손한 경우, 사자명예훼손에 해당하여 최고 2년의 징역에 처해질 수 있다.
➡ [1문단 6-7문장] 사자명예훼손은 '허위의 사실'을 적시한 경우에만 성립한다.

③ (O) 단순명예훼손과 사자명예훼손의 법정 최고 형량은 동일하다.
➡ [1문단 3문장, 8문장] 두 경우 모두 2년 이하의 징역이나 금고 또는 500만 원 이하의 벌금으로, 형량의 상한이 동일하게 규정되어 있다.

④ (O) 사자명예훼손의 경우 피해자의 배우자나 직계친족 등의 고소가 있어야만 공소를 제기할 수 있다.
➡ [2문단] 사자명예훼손은 친고죄이며, 피해자가 사망한 경우의 고소권자는 피해자의 배우자, 직계친족 또는 형제자매 등이다.

⑤ (O) 출판물명예훼손의 경우 피해자가 가해자의 처벌을 원하지 않는다면 공소를 제기할 수 없다.
➡ [2문단 1문장] 출판물명예훼손은 반의사불벌죄이다.

19.

정답 ①

정답률 : 88 %

보기 검토

ㄱ. (O) 현장실습 Ⅳ를 이수하던 학생이 질병으로 교육과정을 중도 포기하더라도, 포기 전까지 80일을 이수했다면 해당 교과목을 이수한 것으로 인정받을 수 있다.
➡ [제1조, 제2조 제3항] 현장실습 Ⅳ의 실습기간은 20주(100일, 1주 = 5일)이다. 중도 포기하더라도 그 사유가 질병이라면 80%(80일) 이상을 이수한 경우 이수한 것으로 인정된다.

ㄴ. (X) 3학년 여름방학과 겨울방학에 각각 현장실습 Ⅸ과 Ⅹ를 이수하고, 4학년 여름방학에 현장실습 Ⅺ을 이수한 학생은 현장실습 학점으로 총 11학점을 인정받을 수 있다.
➡ [제2조 제1항] 계절제의 경우 10학점까지만 인정한다.

ㄷ. (O) 현장실습 Ⅵ의 지도교수는 실습기간 중 2회 이상 실습기관을 방문하여 학생과 실습기관의 현장실습 현황을 청취해야 한다.
➡ [제4조] 현장실습 Ⅵ는 '학기제' 교과목이므로 실습기간 중 2회 이상 실습기관을 방문하여 학생과 실습기관의 현장실습 현황을 청취해야 한다.

ㄹ. (X) 편입 전의 학교에서 1학기를 이수하고, 편입 후 1학기를 이수하여 전체성적 평점이 3.4인 편입생은 현장실습학기제 교육과정을 신청할 수 있다.
➡ [제3조] 편입생의 경우 본교(편입한 학교)에서 2학기 이상 이수해야 신청 자격을 얻는다.

20.

정답 ①

정답률 : 61 %

제시문의 이해

골의 종류	골의 높이(mm)	골조율	수직압축강도(%)	평면압축강도(%)	골의 개수
A	4.5~5.0	1.54	100	100%	34 ± 2
B	2.5~3.0	1.45	85	120 초과	50 ± 2
C	3.5~4.0	1.33	92.5 초과 100 미만	110	40 ± 2
E	1.1~1.4	1.26	60	350	93 ± 5

● 수직압축강도 : A골 > C골 > B골
C골의 물성은 A골과 B골 사이에서 A골에 가깝다. 따라서 C골의 수직압축강도는 A골과 B골 중간인 92.5에서 A골에 가까운 수치로 나타나야 한다.

● 평면압축강도 : B골 > C골 > A골
C골의 물성은 A골과 B골 사이에서 A골에 가깝다. 따라서 B골의 평면압축강도는 A골과 C골 차이인 10을 초과하는 만큼 C골보다 높게 나타나야 한다.

보기 검토

ㄱ. (O) ㉠은 130일 수 있다.
➡ 옳다. 120을 초과하는 범위에 있다.

ㄴ. (X) ㉡은 90일 수 있다.
➡ 옳지 않다. 92.5 초과 100 미만의 범위에 있어야 한다.

ㄷ. (O) 완충성은 A골 > C골 > B골의 순으로 높다.
➡ [2문단 4문장, 7문장] B골은 완충성이 A골에 비해 떨어지고, C골의 물성은 A골과 B골 사이이다.

ㄹ. (X) 단위 길이당 골의 개수가 적을수록 평면압축강도가 더 높다.
➡ [2문단, 표] 골의 개수가 많을수록 평면압축강도가 더 높다.

21.

정답 ①

정답률 : 56 %

풀이

○ 2박 3일간 맛집투어를 했다.

○ 수요일에는 한 번만 식사를 했는데, 오후 7시 ~ 8시에 냉면집에서 식사를 했다.

→ 2박 3일 중에는 수요일이 반드시 포함된다.

→ 월 ~ 금의 5일 중에서 연속된 3일간 맛집 투어를 했다.

	월	화	수	목	금
점심					
저녁			냉		

○ 보쌈집은 매주 금요일이 정기휴일이고, 횟집은 매주 목요일이 정기휴일이다.

○ 횟집보다 냉면집에서 먼저 식사를 했다.

→ 맛집투어를 한 2박 3일은 수 ~ 금요일이다. 이 경우가 아니면 횟집보다 냉면집에서 먼저 식사를 할 수 없다.

	월	화	수	목 (회 ×)	금 (보 ×)
점심				보	회
저녁			냉	보	회

○ 한식집은 금요일에는 오후 3시부터 오후 10시까지만 영업을 한다.

○ 중국집은 목요일, 금요일에는 오전 8시부터 오후 6시까지만 영업을 한다.

→

	수	목	금
점심		보, 한, 중	회, 중
저녁	냉	보, 한	회, 한

○ 중국집보다 한식집에서 먼저 식사를 했다.

→ 목요일 점심에는 중국집에서 식사를 하지 않았다.

→ 중국집에서는 금요일 점심에 식사를 했다.

→ 횟집에서는 금요일 저녁에 식사를 했다.

	수	목	금
점심		보, 한	중국집
저녁	냉	보, 한	횟집

22.

정답 ②

정답률 : 30 %

풀이

● 등식 1: a + b + c = a × b - c

1) a, b, c 중 2개가 홀수 → 좌변은 짝수, 우변은 홀수이므로 등식 성립 불가

2) a, b, c 중 1개가 홀수 → 좌변은 홀수.

a, b는 짝수, c는 홀수인 경우 우변도 홀수

등식 성립 가능.

① [a = 2] 2 + 2c = b → (a, b, c) = (2, 4, 1) or (2, 8, 3)

② [a = 4] 4 + 2c = 3b → (a, b, c) = (4, 2, 1) or (4, 6, 7)

③ [a = 6] 6 + 2c = 5b → (a, b, c) = (6, 4, 7)

④ [a = 8] 8 + 2c = 7b → (a, b, c) = (8, 2, 3)

⇒

경우	a	b	c	d
1	2	4	1	
2	2	8	3	
3	4	2	1	
4	4	6	7	
5	6	4	7	
6	8	2	3	

● 등식 2: a - b = c - d

경우	a	b	c	d
1	2	4	1	3
2	2	8	3	9
3	4	2	1	-1
4	4	6	7	9
5	6	4	7	5
6	8	2	3	-3

보기 검토

ㄱ. 〔O〕 a는 b보다 크다.

➡ 경우 5에만 해당하므로 반드시 정확히 맞힐 수 있다.

ㄴ. 〔X〕 b는 c보다 크다.

➡ 경우 1과 경우 2에 해당하므로 맞히지 못할 수도 있다.

ㄷ. 〔O〕 c는 d보다 크다.

➡ 경우 5에만 해당하므로 반드시 정확히 맞힐 수 있다.

ㄹ. 〔X〕 d는 a보다 크다.

➡ 경우 1과 경우 2, 경우 4에 해당하므로 맞히지 못할 수도 있다.

23.

정답 ①

정답률 : 86 %

선택지 검토

① [X] 한국영양학회가 권장하는 성인 남자의 비타민A 하루 섭취량은 2,100 IU이다.

➡ [2문단 2+4문장, 3문단 2문장] 국제단위 1 IU = 레티놀 0.3 ㎍ = 0.3 RE
성인 남자 하루 권장량 = 750 RE = 750 × 10/3 = 2,500 IU

② [O] 식품을 기름에 튀겨 조리하면, 조리 후 시간이 지날수록 비타민A가 더 많이 파괴된다.

➡ [1문단 3-4문장] 튀긴 후에도 지방의 산패에 의한 산화가 일어나 비타민A의 파괴가 증가한다.

③ [O] 우유를 섭취할 때 지방을 제거한 무지방 우유를 선택한다면 비타민A의 섭취량을 줄일 수 있다.

➡ [1문단 1문장] 비타민A는 우유의 지방에 포함되어 있으므로, 무지방 우유를 선택하면 비타민A의 섭취량을 줄일 수 있다.

④ [O] 한국영양학회의 기준에 따르면 성인 여자가 65,000 RE가 넘는 양의 미리 형성된 비타민A를 한 번에 섭취하면 급성 독성 증세가 나타날 수 있다.

➡ [3문단 2문장, 4문단 2문장] 650 RE × 100 = 65,000 RE

⑤ [O] ㉠은 10,000이다.

➡ [2문단 2+4문장] 국제단위 1 IU = 레티놀 0.3 ㎍ = 0.3 RE
따라서 3,000 RE = 10,000 IU

24.

정답 ④

정답률 : 85 %

풀이

- 레티놀(㎍) + $\frac{\text{베타카로틴(㎍)}}{6}$ + $\frac{\text{기타 카르티노이드(㎍)}}{12}$

$= 54 + \frac{600}{6} + \frac{120}{12}$

$= 164$ ㎍ = 164 RE

- 비타민A 600 IU = 180 RE

➡ 344 RE

25.

정답 ①

정답률 : 81 %

풀이

연구자	甲	乙	丙	丁
A주관연구과제	책임자			연구원
B주관연구과제			책임자	
세부1		책임자	연구원	연구원
세부2		연구원	연구원	책임자
C주관연구과제				
세부1	연구원		책임자	
세부2		책임자		연구원
D주관연구과제		책임자		
세부1	연구원			책임자
세부2	책임자	연구원	연구원	
세부3			연구원	
동시수행 과제 수	3개 (책임 : 2)	~~3개 (책임 : 3)~~	3개 (책임 : 2)	~~4개 (책임 : 2)~~

➡ 위반하지 않은 연구자 : 甲, 丙

제 11 회

7급 PSAT 하주응 상황판단
실전 모의고사 정답 및 해설

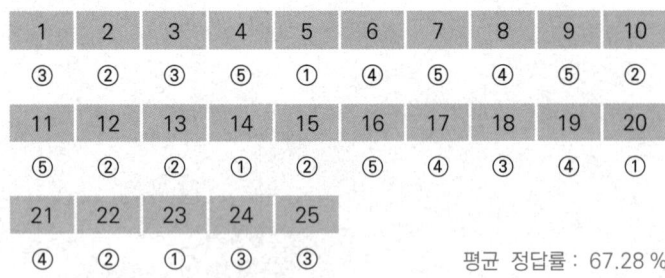

7급 PSAT 대비 실전모의고사

상황판단영역

- 제 11 회 -

출제·해설 : **하 주 응**

◐ 정 답

1	2	3	4	5	6	7	8	9	10
③	②	③	⑤	①	④	⑤	④	⑤	②
11	12	13	14	15	16	17	18	19	20
⑤	②	②	①	②	⑤	④	③	④	①
21	22	23	24	25					
④	②	①	③	③					

평균 정답률 : 67.28 %

1. TEXT 문제의 해설에서, 문단과 문장의 번호는 위에서부터 순서대로 세어 부여함.
2. 법조문 문제의 해설에서, 조(條)의 번호는 위에서부터 순서대로 제1조, 제2조, …로 표기함.

1.

정답 ③

정답률 : 87 %

선택지 검토

① [O] 부상당한 멸종위기 야생동물의 구조·치료가 시급하여 포획하는 경우에는 환경부장관의 허가를 받지 않아도 된다.
➡ [제2항 제2호] 제2항에 따라 '제1항 본문에 따른 금지'의 예외가 되는 경우이다. 이 경우 별도의 허가는 필요 없다.

② [O] 멸종위기 야생식물을 생물자원관에서 전시용으로 사용하는 것에 대하여 환경부장관의 허가를 받았다면 해당 멸종위기 야생식물을 채취할 수 있다.
➡ [제1항 제2호] 생물자원관에서 전시용으로 사용하려는 경우, 환경부장관의 허가를 받아 채취할 수 있다.

③ [X] 학술 연구의 목적으로 멸종위기 야생동물의 사체를 반입하는 경우에는 환경부장관의 허가를 받지 않아도 된다.
➡ [제1항 제1호] '반입'은 사체(죽은 것)의 경우에도 금지된다. 다만, 환경부장관의 허가를 받으면 반입할 수 있다.

④ [O] 공익사업의 시행을 위하여 불가피하게 멸종위기 야생식물을 이식하려는 경우에는 환경부장관의 허가를 받아야 하고, 그 결과를 환경부장관에게 신고하여야 한다.
➡ [제1항 제3호, 제3항] 환경부장관의 허가를 받아 이식할 수 있으며, 제3항에 따라 그 결과를 환경부장관에게 신고하여야 한다.

⑤ [O] 야생동물이 2024년 7월 11일에 멸종위기 야생동물로 정하여진 경우, 2023년부터 2월 12일부터 그 야생동물의 박제품을 보관하고 있는 사람은 2025년 7월 11일까지 환경부장관에게 신고하여야 한다.
➡ [제4항] 2024년 7월 11일부터 1년 후인(초일 불산입) 2025년 7월 11일까지 환경부장관에게 신고하여야 한다.

2.

정답 ②

정답률 : 91 %

선택지 검토

① [O] 기술보증기금의 운영위원회는 위원장을 포함하여 11명의 위원으로 구성된다.
➡ [제3조 제2-3항] 제3항에 따르면 위원장은 기금의 이사장이 되므로 제2항에 규정된 위원의 총수인 11인이 운영위원회를 구성하는 위원의 총수이다.

② [X] 대한상공회의소 회장이 위촉한 위원은 대한상공회의소 직원을 대리위원으로 지정하여 직무를 대행하게 할 수 있다.
➡ [제3조 제4항] 제2항 제7호의 위원에 해당하며, 제7호의 위원에게는 제4항의 규정이 적용되지 않는다. 따라서 해당 기관의 직원을 대리위원으로 지정하여 그 직무를 대행하게 할 수 없다.

③ [O] 중소기업은행의 임원으로서 은행장의 지명에 의해 위원이 된 A가 7개월간 직무를 수행한 후 해촉되고 B가 그 자리를 대신하여 위원이 된 경우, B의 임기는 1년 5개월이다.
➡ [제3조 제5항] A는 제2항 제5호의 위원에 해당하며 임기는 2년이다. B는 보궐위원으로서 A의 임기의 남은 기간이 임기가 된다.

④ [O] 기술보증기금이 성립하려면 서울에서 설립등기를 하여야 한다.
➡ [제2조, 발문 단서] 본점의 소재지(서울)에서 설립등기를 하는 것이 기금의 성립요건이다.

⑤ [O] 중소벤처기업부장관의 위촉으로 위원이 된 금융회사 임원의 임기는 2년이며, 이 위원은 해당 금융회사의 직원을 대리위원으로 지정할 수 있다.
➡ [제3조 제4-5항] 제2항 제6호의 위원에 해당하며, 이 위원에게는 제4항과 제5항의 규정이 모두 적용된다.

3.

정답 ③

정답률 : 78 %

보기 검토

ㄱ. [O] 건강보험가입자 중 희귀질환자인 A가 속한 3인 가구의 20△△년 월평균 소득은 520만 원이고 재산이 2억 6천만 원이라면, A는 진료비를 지원받을 수 있다.
➡ 소득기준 : 3인 가구 중위소득의 150 % 미만 → 600만 원 미만
재산기준 : 3인 가구 재산기준 미만 → 2억 7천 5백만 원 미만
모두 충족하며, 건강보험가입자이므로 ① 요양급여 본인부담금에 해당하는 '진료비'를 지원받을 수 있다.

ㄴ. [O] 의료급여수급권자 중 희귀질환자인 B가 속한 2인 가구의 20△△년 월평균 소득이 400만 원이고, 재산이 2억 4천 5백만 원이라면, B는 간병비를 지원받을 수 없다.
➡ 소득기준 : 2인 가구 중위소득의 150 % 미만 → 450만 원 미만
재산기준 : 2인 가구 재산기준 미만 → 2억 4천 5백만 원 미만
재산기준을 충족시키지 못한다. 따라서 간병비를 지원받을 수 없다.

ㄷ. [X] 건강보험가입자 중 희귀질환자인 C가 장애인 등록을 했다면, 소득 및 재산기준을 충족하지 못하더라도 보장구 구입비를 지원받을 수 있다.
➡ [별표 2 지원조건] 소득·재산기준도 만족해야 한다.

4.

정답 ⑤

정답률 : 69 %

풀이

근거법		선거 종류	선거일	선거구·투표구역	특별정려금 지급기간
공직선거법	㉠	임기만료에 의한 국회의원 선거	4.15	전국	1.1. ~ 5.31.
	㉡	시장 재선거	4.15	경기도 안성시	1.1. ~ 5.31.
주민투표법	㉢	주민투표	12.10	충청북도 보은군	9.1. ~ 1.31.

- ㉠의 경우 모든 선거관리위원회 소속 공무원에게 특별정려금 지급
  ㉡의 경우 경기도 안성시 선거관리위원회 소속 공무원에게 특별정려금 지급
  ㉢의 경우 충청북도 보은군 선거관리위원회 소속 공무원에게 특별정려금 지급
- [제4조 제2항] ㉠과 ㉡은 기간이 중복되므로 둘 모두에 해당할 때에는 한 번만 지급.
- 20△△년 한 해 동안의 지급액을 묻고 있으므로 ㉢의 기간은 4개월만 인정.

공무원	소속	직급	월 지급액	지급기간	총액
A	중앙선거관리위원회	5급	150,000원	㉠ 5개월	75만 원
B	중앙선거관리위원회	6급	100,000원	㉠ 5개월	50만 원
C	경기도 안성시 선거관리위원회	5급	150,000원	㉠ + ㉡ 5개월	75만 원
D	충청북도 보은군 선거관리위원회	5급	150,000원	㉠ + ㉢ 9개월	135만 원
E	충청북도 보은군 선거관리위원회	9급	100,000원	㉠ + ㉢ 9개월	90만 원

참고

- [제△△조 관련] 법조문에서 기간을 나타낼 때 '3개월'이나 '3달'이라는 표현 대신 '3월'이라는 표현을 쓰기도 합니다. 기출문제에도 등장한 적이 있는 표현 방식입니다. 해당 표현이 '특정 월'이 아니라 '기간'을 의미하는 것임을 파악할 수 있어야 합니다.
  - 2007(무) 1번, 31번 : 송달 받은 날로부터 3월 이내에 …,
    항공기의 추락 후 6월간 …, 6월 이상의 공고를 ….
  - 2012(인) 5번 : 1단계 조사 판정일 이후 1월내에 ….
  - 민간 2011(인) 10번 : 결성신고일부터 6월 이내에 …,
    선거일 전 3월 이내에 생긴 때에는 선거일 후 3월까지 ….
- 마지막 조 제2항의 '… 2 이상의 선거 …'도 원문의 표현 그대로입니다.

5.

정답 ①

정답률 : 86 %

제시문의 이해

예포 발사 탄수	대한민국	미국	일본
21	원수	원수	원수
19	부통령, 삼부요인, 특명전권대사, 대장	총리, 대사	특명전권대사
17	참모총장, 중장	대장	대장
15	특명전권공사, 소장	중장	특명전권공사, 중장
13	준장	소장	임시대리대사, 소장
11	대리대사, 총영사	준장	임시대리공사, 총영사, 준장
7	-	영사	영사

선택지 검토

① [O] 미국의 경우, 외국의 영사에 대한 예포의 발사 탄수는 7발이다.
  ➡ [3문단 마지막, 표] 우리나라와 달리 7발을 발사하는 경우에 해당한다.
② [X] 우리나라의 해군이 조례포를 발사할 때에는 그 간격을 5초로 한다.
  ➡ [2문단 2문장] 조례포를 발사하는 경우에는 1분을 표준으로 한다.
③ [X] 우리나라의 경우, 외국의 준장에 대한 예포의 발사 탄수는 12발이다.
  ➡ [3문단, 표] 13발이다.
④ [X] 우리나라의 경우, 미국의 대통령이 사복을 착용한 경우에는 예포를 발사하지 않는다.
  ➡ [2문단 4문장] 무관(군인)인 수례자가 사복을 착용한 경우에는 발사하지 않지만, 문관인 경우에는 그렇지 않다.
⑤ [X] 영국은 왕실구역에서 예포를 쏘는 경우, 기본 발사 탄수에 21발을 추가하여 발사한다.
  ➡ [4문단 괄호] 왕실구역에 해당하는 경우 20발을 추가한다. 하이드파크의 경우 기본 21발에 20발을 추가한 것으로 이해할 수 있다.

6.

정답 ④

정답률 : 57 %

풀이

○ C는 A의 배수이고, B는 C와 D의 약수이다.
  → A < C, B < C, B < D
  C와 D는 공통인수(B)를 갖는다.
  →

	1	4	9	16	~~25~~	36	~~49~~	64	81
인수					~~5, 5~~	4, 9	~~7, 7~~	4, 16	9, 9

○ 공통인수(B)가 4인 경우 :

A	B	C	D
16	4	64	36

  → A + C > B + D
  → 이 경우는 아니다.

○ 공통인수(B)가 9인 경우 :

A	B	C	D
4	9	36	81

→

갑	을	병	정
2	3	6	9

  → A + C < B + D
  → 이 경우이다.

➡ 갑 + 정 = 2 + 9 = 11

7.

정답 ⑤

정답률 : 46 %

풀이

※ B ~ E는 모두 A보다 일찍 동호회에 가입했다.
- B와 D는 A를 형이라고 부른다.
  → B와 D는 A보다 학번이 낮고 나이가 적다.
- D는 B를 형이라고 부른다.
  → D는 B보다 학번이 낮거나 나이가 적다.

	A	B	?	?	D
학번	2016	2017	2017	2015	2018
나이	28	27	29	30	27
가입연도	2023	2021	2019	2020	2021

- E는 C를 형이라고 부른다.
  → 나머지 경우 중에서 학번이 낮고 나이도 적은 사람이 E이다.

	A	B	E	C	D
학번	2016	2017	2017	2015	2018
나이	28	27	29	30	27
가입연도	2023	2021	2019	2020	2021

8.

정답 ④

정답률 : 70 %

풀이

○ 취업활동계획서 평가 등급이 D인 丙은 제외하고, 나머지 3명만 비교한다.
  → 선택지 ③과 ⑤는 답이 아니다.

甲 : 100 × 0.4 + 70 × 0.5 + 85 × 0.1 + 5 = 88.5
乙 : 70 × 0.4 + 90 × 0.5 + 85 × 0.1 + 10 = 91.5
丁 : 100 × 0.4 + 90 × 0.5 + 95 × 0.1 + 0 = 94.5

○ 심사점수가 높은 乙, 丁이 대상자로 선정된다.

9.

정답 ⑤

정답률 : 83 %

선택지 검토

① 〔X〕 우유와 계란은 적정 칼로리와 영양소가 모두 함유된 완전식품이다.
➡ [3문단 1-2문장] 필요한 칼로리와 영양소가 모두 다 함유된 식품은 없다.

② 〔X〕 약간의 견과류와 동물성 기름 3큰술 정도에는 하루 권장 섭취량에 해당하는 충분한 필수지방산이 들어있다.
➡ [3문단 마지막] 필수지방산의 섭취를 위해 식물성 기름과 견과류의 섭취를 권하고 있다. 동물성 기름에 필수지방산이 포함되어 있다는 정보는 제시문의 어디에도 없다.

③ 〔X〕 도넛, 라면 등 트랜스지방이 포함된 식품은 암환자들에게 절대 금지된다.
➡ [4문단] 식사량을 채우기 위해서 환자가 원하는 경우에는, 너무 자주 먹는 것만 아니라면 허용될 수 있다.

④ 〔X〕 체중이 감소했다는 것은 체중 감소 당일의 칼로리 소비량이 칼로리 섭취량보다 많았다는 것을 의미한다.
➡ [2문단 1문장] 당일만의 문제가 아니라, 이미 며칠 전부터 소비량이 섭취량보다 많았다는 의미이다.

⑤ 〔O〕 국수 1/2공기와 빵 한 쪽을 먹으면 총 250 kcal 정도를 섭취하게 된다.
➡ [3문단 6문장] 빵 3쪽이 300 kcal, 국수 한 공기가 300 kcal이므로 옳다.

10.

정답 ②

정답률 : 80 %

풀이

○ [1문단] 암환자의 하루 권장 칼로리 섭취량
- 정상인 : 체중 1 kg당 30 kcal 이상
- 암환자 : (체중 1 kg당 30 kcal) × 1.2 이상

- 甲(145cm) : 표준체중 145 - 100 = 45kg
  → 45 × 30 = 1,350 kcal 이상

- 乙(170cm) : 표준체중 (170 - 100) × 0.9 = 63 kg
  → (63 × 30) × 1.2 = 2,268 kcal 이상

11.

정답 ⑤

정답률 : 94 %

선택지 검토

① 〔X〕 하천과 하천이 합류하는 지점에는 반드시 하천명표지를 설치하여야 한다.
➡ [제2항 제1호 단서] 「도로표지규칙」에 따른 하천표지가 설치된 경우에는 하천명표지를 설치하지 아니할 수 있다.

② 〔X〕 같은 장소에 여러 개의 하천표지를 설치할 수 없다.
➡ [제2항 제3호] 같은 장소에 2개 이상의 하천표지를 설치할 수 있다.

③ 〔X〕 미관형 하천명표지는 하천이용자가 많은 위치에 설치하며, 하천의 합류지점으로부터의 거리를 나타낸다.
➡ [제1항 제1호] 미관형 하천명표지는 하천의 이름을 나타낸다.

④ 〔X〕 A시와 B군의 경계지점에서는 둥근기둥형 하천거리표지를 설치해야 한다.
➡ [제2항 제2호 나목 단서] 행정구역 경계지점에는 사각기둥형 하천거리표지를 설치해야 한다.

⑤ 〔O〕 하천과 철도가 교차하는 부근의 하천이용자가 많지 않은 지역에는 일반형 하천명표지를 설치할 수 있다.
➡ [제2항 제1호] 하천이용자가 많지 않은 지역에는 일반형 하천명표지를 설치할 수 있다.

12.

정답 ②

정답률 : 72 %

풀이

사람	귀책사유	가입비(만 원)	계약 횟수(회)	만남 횟수(회)	환급·배상 총액(만 원)
A	사업자	100	10	0	100 + 100 × 20% = 120
B	사업자	50	5	1	50 + 50 × 20% = 60
C	소비자	100	5	2	$100 \times 80\% \times \frac{3}{5} = 48$
D	소비자	80	4	0	80 × 80% = 64

➡ A > D > B > C

13.

정답 ②

정답률 : 94 %

제시문의 이해

● 1문단

	봉작	곡식	포	저화	과전
공주 부마	종1품 위	88석	20필	10장	105결
옹주 부마	종2품 위	76석	19필	8장	85결
군주 부마	종3품 부위	67석	17필	8장	65결
현주 부마	종3품 첨위	60석	16필	6장	55결

보기 검토

ㄱ. [O] 세자 후궁의 딸과 혼인한 부마는 종3품의 첨위에 봉작되었다.

➡ [1문단 1문장, 3문장] 세자 후궁의 딸 = 현주. 현주와 혼인한 부마는 종3품의 첨위에 봉작되었다.

ㄴ. [X] 옹주와 혼인한 부마는 군주와 혼인한 부마보다 포 2필과 저화 2장을 더 많이 받았다.

➡ [1문단 4문장, 6문장] 저화는 8장으로 동일하게 받았다.

ㄷ. [O] 공주와 혼인한 부마는 현주와 혼인한 부마에 비해 과전 29만 평을 더 많이 받았다.

➡ [1문단 4-6문장] 1결 = 100부 = 5800평
공주 부마 - 현주 부마 = 105결 - 55결 = 50결
50결 × 5800평 = 290,000평

ㄹ. [X] 후궁이 낳은 아들과 마찬가지로 왕비가 낳은 아들도 7세가 되어서야 비로소 봉작될 수 있었다.

➡ [2문단 2-3문장] 왕비가 낳은 아들이 봉작되는 데에는 연한이 따로 없었다.

14.

정답 ①

정답률 : 69 %

풀이

	일	월	화	수	목	금	토	일	월
甲	T	F	T	T	T	F	F	T	F
乙	T	T	F	F	F	T	T	T	T

● 甲의 경우 어제와 그제의 참말/거짓말 조건이 달라야 한다.
→ 월요일, 화요일, ~~토요일~~
→ 이 중 토요일은 참/거짓이 반대로 나타나므로 제외한다.

● 乙의 경우 어제와 그제의 참말/거짓말 조건이 같아야 한다.
→ ~~월요일~~, 화요일, 금요일
→ 이 중 월요일은 참/거짓이 반대로 나타나므로 제외한다.

➡ 두 사람은 화요일에 만났다.

15.

정답 ②

정답률 : 65 %

보기 검토

ㄱ. [X] 주사위를 2번 던져 나온 숫자의 합이 8이라면 'MINE'이라는 단어를 만들 수 있다.

➡

M	I	N	E
2획	3획	2획	3획

글자의 개수가 4개인데 주사위를 2번 던졌으므로, 주사위를 한 번 던질 때마다 카드 2장씩을 뽑을 수 있어야 한다. 그리고 글자의 획수가 2획 2개, 3획 2개이므로 숫자 5가 2번 나와야 해당 글자들을 모두 고를 수 있다. 따라서 주사위를 2번 던져 나온 숫자의 합이 8인 경우에는 'MINE'을 만들 수 없다.

ㄴ. [O] 주사위를 4번 던져서 나온 숫자의 합이 13 이하라면 'NATURE'라는 단어를 만들 수 있다.

➡

N	A	T	U	R	E
2획	3획	2획	1획	2획	3획

글자의 개수가 6개인데 주사위를 4번 던졌으므로, 주사위를 던질 때마다 2장, 2장, 1장, 1장을 고를 수 있어야 한다. 이때 다음과 같이 숫자의 합이 13인 경우로 'NATURE'를 만들 수 있다.

	N	A	T	U	R	E	
	2획	3획	2획	1획	2획	3획	합
주사위 숫자	5		2	4	2	(4)	13
	5		2	1	5		13

ㄷ. [X] 주사위를 4번 던져서 나온 숫자의 합이 14 이상이라면 'SLEEPY'라는 단어를 만들 수 있다.

➡

S	L	E	E	P	Y
1획	1획	3획	3획	2획	2획

같은 글자를 중복해서 사용할 수 없으므로 'SLEEPY'는 만들 수 없다.

16.

정답 ⑤

정답률 : 48 %

제시문의 이해

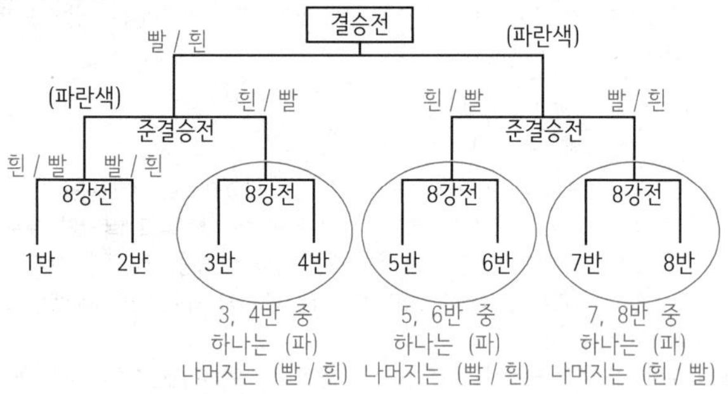

보기 검토

ㄱ. [X] 준결승전에서 빨간색 유니폼을 입은 반은 총 2개이다.

➡ 5 ~ 8반 중 준결승에 진출한 두 반은 준결승전에서 각각 빨간색과 흰색을 입었음이 분명하다. 그러나 3반과 4반 중 준결승에 진출한 반이 준결승전에서 빨간색과 흰색 중 어떤 색을 입었는지는 알 수 없다.

ㄴ. [O] 1반과 2반 중 하나는 첫 경기에서 흰색 유니폼을 입었다.

➡ 둘 중 한 반은 흰색, 다른 한 반은 빨간색을 입었고, 그 결과 승리한 반이 준결승전에서 파란색을 입었다.

ㄷ. [O] 8강전에서 3반이 흰색 유니폼을 입었다면 4반은 파란색 유니폼을 입었다.

➡ 옳다.

ㄹ. [O] 8강전에서, 5반과 7반이 서로 같은 색의 유니폼을 입었다면 6반과 8반은 서로 다른 색의 유니폼을 입었다.

➡ 5반과 7반이 서로 같은 색의 유니폼을 입었다면 그 색깔은 파란색이다. 그리고 준결승전에서 만나는 두 팀이 서로 다른 색을 입으려면 6반과 8반은 빨간색과 흰색을 각각 입어야 한다.

17.

정답 ④

정답률 : 50 %

풀 이

서로 상반되는 발언을 한 사람들을 찾아보자.

A : 나는 B와 C를 이긴다.
B : 나는 A와 D를 이긴다.
C : 나는 B를 이긴다.
D : C는 E와 비긴다.
E : 나는 B를 이기고 D는 B에게 진다.

거짓말을 한 사람(현무암을 가진 사람)은 2명이다.
A와 B, 둘 중의 한 사람 또는 두 사람 모두 거짓말을 하고 있다.

두 사람이 모두 거짓말을 하고 있다고 가정하고 나머지 C, D, E가 참말을 하고 있다고 가정하면, 다음과 같이 관계가 정리되며 여기에는 모순이 없다.

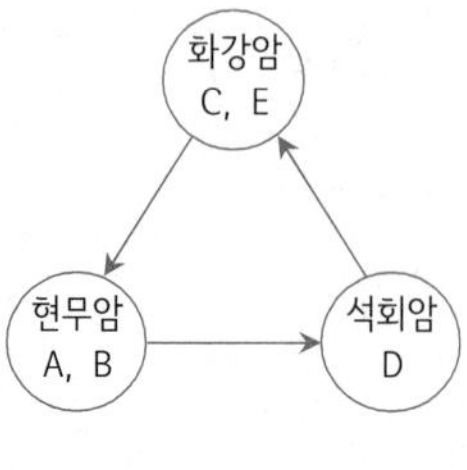

따라서 화강암을 가진 사람은 C와 E이다.

※ A와 B 중 한 사람만 거짓말을 하는 것으로 가정하면, 추론의 과정에서 모순이 있음을 확인할 수 있다.

18.

정답 ③

정답률 : 64 %

보기 검토

ㄱ. [O] $f(2 \times 3)$은 4개이다.

➡

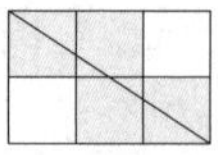

• 여기에서 $f(n \times (n+1)) = 2n$임을 추론하면 보기 ㄷ을 빠르게 처리할 수 있다.

ㄴ. [O] 세로 길이와 가로 길이가 모두 자연수 n으로 동일한 직사각형에서 $f(n \times n)$은 항상 n개이다.

➡ $f(n \times n)$은 정사각형의 형태이다. $f(2 \times 2) = 2$임을 확인한 후 추론할 수 있다.

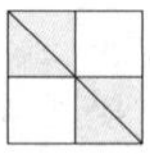

ㄷ. [O] $f(3 \times 4)$는 $f(3 \times 3)$의 2배이다.

➡ $f(3 \times 4) = 6$, $f(3 \times 3) = 3$

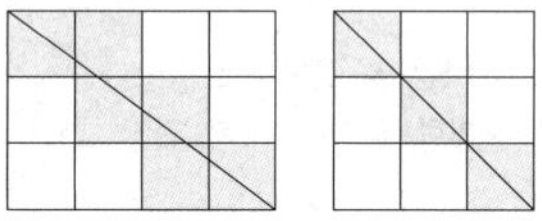

ㄹ. [X] $f(5 \times 5)$ + $f(5 \times 10)$ = 20이다.

➡ $f(5 \times 5) = 5$
$f(5 \times 10) = 10$ ∴ 15이다.

• $f(1 \times 2) = 2$, $f(2 \times 4) = 4$에서 $f(n \times 2n) = 2n$임을 추론하면 보기 ㄹ을 빠르게 처리할 수 있다.

19.

정답 ④

정답률 : 17 %

풀 이

● 개나 고양이 중 한 종류를 기준으로 하여 입원실 배정 방법을 생각하면 다음과 같다. 이때, 고양이의 가장 작은 번호가 개의 가장 작은 번호보다 큰 경우만 찾는다.(다음 단계에서 개와 고양이의 위치를 바꾸는 경우를 반영할 것이므로 중복을 방지하기 위해 이와 같이 한다.)

개	고양이	
1 3 5	2 4 6	2 4 7
1 3 6	2 4 7	2 5 7
1 3 7	2 4 6	-
1 4 6	2 5 7	3 5 7
1 4 7	불가능	-
1 5 7	2 4 6	-
2 4 6	3 5 7	-
2 4 7	불가능	-
2 5 7	불가능	-
3 5 7	불가능	-

→ 9가지

● 개와 고양이의 위치를 바꾸는 경우를 반영한다.

➡ 9 × 2 = 18가지

※ 동물의 크기순으로 배정하며 6마리 동물의 크기가 모두 다르므로, 같은 종류 동물의 배치 순서를 바꾸는 것은 고려할 필요가 없다.

20.

정답 ①

정답률 : 66 %

풀이

○ 1종류의 이동편의시설은 각각 3종류의 교통수단에 설치되어 있다.
○ 버스와 항공기에는 각각 서로 다른 2종류의 이동편의시설이 설치되어 있다.
○ 버스에는 수직 손잡이가 설치되어 있으며, 이것은 철도차량과 선박에는 설치되어 있지 않다.
→ 첫 번째 조건에 의해, 수직 손잡이는 항공기에도 없다. 그런데 제시문의 조건에 의해 설치된 교통수단이 3개가 되어야 하므로, 아래와 같이 된다.

		3	3	3	3
		휠체어 승강 설비	휠체어 보관함	장애인전용 화장실	수직 손잡이
2	버스				○
	철도차량				×
	도시철도차량				○
	광역전철				○
2	항공기				×
	선박				×

○ 도시철도차량, 광역전철에는 각각 1종류의 이동편의시설만 설치되어 있다.

		3	3	3	3
		휠체어 승강 설비	휠체어 보관함	장애인전용 화장실	수직 손잡이
2	버스				○
	철도차량				×
1	도시철도차량	×	×	×	○
1	광역전철	×	×	×	○
2	항공기				×
	선박				×

→ 교통수단별로 설치된 이동편의시설의 총 개수가 12개여야 하므로, 철도차량과 선박에는 각각 3개의 이동편의시설이 설치되어 있다.

		3	3	3	3
		휠체어 승강 설비	휠체어 보관함	장애인전용 화장실	수직 손잡이
2	버스				○
3	철도차량	○	○	○	×
1	도시철도차량	×	×	×	○
1	광역전철	×	×	×	○
2	항공기				×
3	선박	○	○	○	×

→ 버스와 항공기에 설치되 이동편의시설의 일부를 알 수 없다. 이 두 교통수단 중 어느 한쪽만 설치된 이동편의시설이 확정되면 나머지 한 쪽도 함께 확정된다.

선택지 검토

① [X] 철도차량과 선박에는 각각 2종류와 3종류의 이동편의시설이 설치되어 있다.
➡ 양쪽 다 3종류의 이동편의시설이 설치되어 있다.
② [O] 도시철도차량과 광역전철에는 같은 종류의 이동편의시설이 설치되어 있다.
③ [O] 버스에 설치된 시설물 종류가 모두 확인되면, 다른 교통수단에 설치된 이동편의시설의 종류도 모두 알 수 있다.
➡ 버스와 항공기에 설치된 시설물이 서로 다르다는 조건에 의해 모두 확인이 가능하다.
④ [O] 선박에는 휠체어 승강 설비가 설치되어 있다.
⑤ [O] 철도차량에는 휠체어 보관함이 설치되어 있다.

21.

정답 ④

정답률 : 80 %

풀이

● 첫날 전체의 1/3

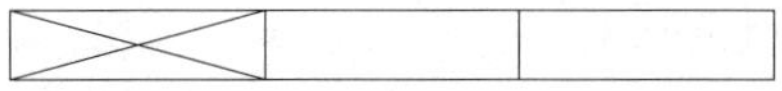

● 다음날 나머지의 1/2 + 2개

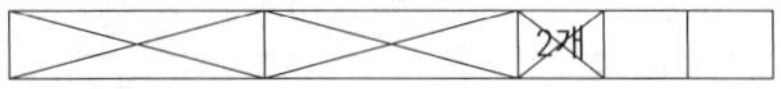

● 다음날 나머지의 1/2 → 최종 2개 남음

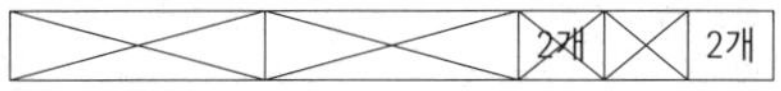

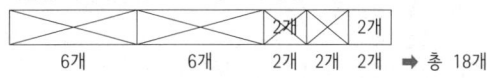

6개 6개 2개 2개 2개 ➡ 총 18개

22.

정답 ②

정답률 : 46 %

풀이 1 6월 □일부터 찾는 풀이

● 3월 2일 = 토요일
4월 2일 = 화요일
5월 2일 = 목요일
6월 2일 = 일요일 → 6월 24일 = 네 번째 월요일

➡ 네 번째 월요일이 6월 24일인 해를 찾으면 된다. 이때, '네 번째' 월요일을 찾으려고 할 필요는 없다. 6월의 날짜 수는 30일로 매년 동일하므로, 6월 24일이 월요일이라면 그날은 반드시 '네 번째' 월요일이다. 따라서 6월 24일이 월요일인 해를 찾는다.
2024년 6월 24일 = 월요일
2025년 6월 24일 = 화요일 (+1)
2026년 6월 24일 = 수요일 (+1)
2027년 6월 24일 = 목요일 (+1)
2028년 6월 24일 = 토요일 (+2)
2029년 6월 24일 = 일요일 (+1)
2030년 6월 24일 = 월요일 (+1) → 6월 24일 = 네 번째 월요일

풀이 2 6월 □일을 찾지 않는 풀이

● 3월 2일 = 토요일

➡ 3월 2일 이후의 날짜 수는 매년 동일하다.(윤년에도 마찬가지이다) 따라서 3월 2일이 토요일인 2024년의 6월 네 번째 월요일이 6월 □일이라면, 3월 2일이 토요일인 다른 해에도 역시 6월 네 번째 월요일은 6월 □일이다. 따라서 3월 2일이 토요일인 해를 찾으면 된다.
2024년 3월 2일 = 토요일
2025년 3월 2일 = 일요일 (+1)
2026년 3월 2일 = 월요일 (+1)
2027년 3월 2일 = 화요일 (+1)
2028년 3월 2일 = 목요일 (+2)
2029년 3월 2일 = 금요일 (+1)
2030년 3월 2일 = 토요일 (+1) → 6월 □일이 네 번째 월요일인 해.

23.

정답 ①

정답률 : 41 %

풀이

○ 말이 6번 자리에 도착하기 위해서는 1번 자리에서 오른쪽으로 5칸 이동하거나, 12번 자리에서 왼쪽으로 6칸 이동해야 한다.

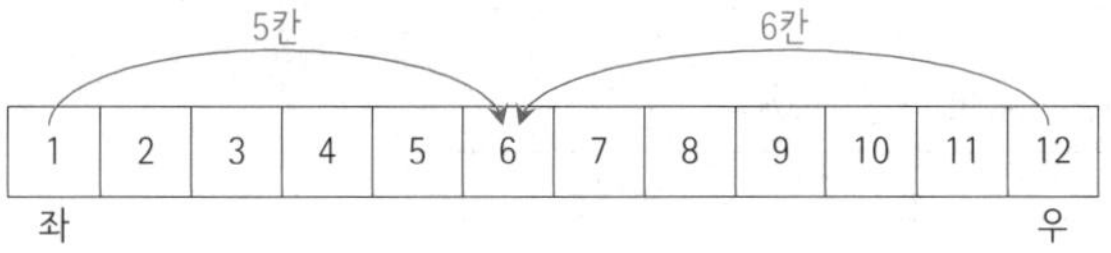

○ 즉, 말이 1번 자리에서 출발하여 6번 자리에 도착하려면 다음과 같이 이동해야 한다.
<경우 1> 1번 → 6번으로 총 5칸 이동
<경우 2> 1번 → 12번 → 6번으로 총 17칸 이동 (경우 1 + 12칸)
<경우 3> 1번 → 12번 → 1번 → 6번으로 총 27칸 이동 (경우 2 + 10칸)
<경우 4> 1번 → 12번 → 1번 → 12번 → 6번으로 총 39칸 이동 (경우 3 + 12칸)
<경우 5> 총 49칸 이동 (경우 4 + 10칸)
<경우 6> 총 61칸 이동 (경우 5 + 12칸)
<경우 7> …

○ 그런데, 말은 한 번에 4칸 또는 7칸만 이동할 수 있다. 따라서 4와 7을 여러 번 사용하여 모두 더했을 때 나오는 수가 위의 5칸, 17칸, 27칸, 39칸 등과 일치하는 경우에만 6번 자리로 이동할 수 있다.
이 중 가장 작은 것은 『4 + 4 + 4 + 4 + 4 + 7 = 27』이다. 즉, 4칸씩 5번 이동하고 7칸씩 1번 이동하여 총 27칸을 이동하면 최단거리로 6번 자리에 도착할 수 있다.

24.

정답 ③

정답률 : 52 %

풀이

● 날짜별 달의 겉보기 모양과 여행 불가능한 날, 여행의 최적 시기를 정리하면 다음과 같다.

월	화	수	목	금	토	일
1 (삭)	2 (삭)	3 (삭)	4	5	6	7
8	9 상현	10	11	12	13	14
15	16	17 망	18	19	20	21
22	23	24	25 하현	26	27	28
29	30	31	8/1 삭	2	3	4
5	6	7	8 상현	9	10	11
12	13	14	15 망	16	17	18
19	20	21	22	23 하현	24	25
26	27	28	29	30 삭	31	

25.

정답 ③

정답률 : 77 %

풀이

제시된 정보를 기준을 토대로 각 캠핑장의 점수를 정리하면 다음과 같다.

	A시와의 거리		데크 개수				고도		수영장		총점
			3인용		4인용						
청풍	205	3	21	2	15	5	320(-280)	1	O	3	14
명월	181	5	27	4	10	3	480(-120)	4	X	0	16
자연	311	2	19	1	19	6	580(-20)	5	O	3	17
푸른	381	1	23	3	26	7	870(+270)	2	O	3	16
바다	195	4	29	5	12	4	790(+190)	3	X	0	16

제 12 회

7급 PSAT 하주응 상황판단
실전 모의고사 정답 및 해설

7급 PSAT 대비 실전모의고사

상황판단영역

- 제 12 회 -

출제·해설 : 하 주 응

◐ 정 답

1	2	3	4	5	6	7	8	9	10
②	①	②	④	②	⑤	②	④	③	⑤
11	12	13	14	15	16	17	18	19	20
①	③	⑤	④	①	②	④	①	③	②
21	22	23	24	25					
③	⑤	④	④	①					

평균 정답률 : 68.08 %

1. TEXT 문제의 해설에서, 문단과 문장의 번호는 위에서부터 순서대로 세어 부여함.
2. 법조문 문제의 해설에서, 조(條)의 번호는 위에서부터 순서대로 제1조, 제2조, …로 표기함.

1.

정답 ②

정답률 : 92 %

선택지 검토

① 〔X〕 甲, 乙, 丙 세 사람이 각각 자신의 이름으로 동일한 내용의 청원서를 접수한 경우, 乙과 丙의 청원서는 반려된다.
➡ [제5조] 동일한 내용이긴 하지만, 서로 다른 사람에 의한 별개의 청원이므로 반복청원이나 이중청원에 해당하지 않는다.

② 〔O〕 행정기관의 부당한 처분에 대하여 행정심판에서 처분취소의 재결을 받아 구제절차가 종결된 경우, 해당 처분에 의한 피해의 구제를 요구하는 청원을 제출할 수 있다.
➡ [제2조 제2호, 제3조 제1호] 구제절차가 진행 중인 경우가 아니고, 공무원의 징계 요구는 청원사항에 해당하므로 가능하다.

③ 〔X〕 행정권한을 위임받은 법인의 행위에 대한 청원은 해당 법인의 사무소가 위치하는 곳의 관할지방법원에 제출해야 한다.
➡ [제4조] 청원서는 청원사항을 관장하는 기관에 제출하여야 한다.

④ 〔X〕 현재 시행되고 있지 않는 제도나 법령에 대해서는 청원을 제출할 수 없다.
➡ [제2조 제3-4호] 법령의 '제정'을 청원할 수도 있으며, 공공제도의 운영을 청원할 수도 있다.

⑤ 〔X〕 청원을 접수한 기관은 최대 5개월 이내에 처리결과를 청원인에게 통지하여야 한다.
➡ [제6조] 1회의 연장기간을 포함하여, 최대 150일 이내에 처리하여 결과를 통지하여야 한다. (150일과 5개월은 다르다.)

2.

정답 ①

정답률 : 95 %

풀 이

※ 피부양자이기 위한 전제조건 : 직장가입자에게 주로 생계를 의존할 것.

사람		직업, 소득, 관계 등	자격	적용 조문
A	본인	공무원	직장가입자	2조 2항
B	배우자	중등 교사, 교직원	직장가입자	2조 2항
C	장인	유공자등 의료보호대상자	대상 아님	1조 1항 2호 본문
D	장모	A의 배우자의 직계존속 또는 B의 직계존속. 소득 없음.	피부양자	1조 2항 2호
E	기혼자녀	소득 없음. 지역가입자 G에게 생계 의존.	지역가입자	2조 3항
F	미혼자녀	소득 없음. A와 B의 직계비속.	피부양자	1조 2항 3호
G	E의 배우자	소득 있음. 지역가입자	지역가입자	2조 3항, <상황>

3.

정답 ②

정답률 : 88 %

선택지 검토

① 〔X〕 낚시터업의 허가를 받으려는 수면이 3개의 시에 걸쳐 있다면, 낚시터업을 하려는 자는 해양수산부장관에게 허가를 받아야 한다.
➡ [제1조 제2항] 3개의 시 중 더 큰 면적의 수면을 관할하는 시장에게 허가를 받아야 한다.

② 〔O〕 낚시터업 허가에 필요한 모든 요건을 구비하였더라도 그 허가의 유효기간은 10년보다 짧을 수 있다.
➡ [제2조 제1항 단서] 유효기간을 10년 이내로 정할 수도 있다.

③ 〔X〕 낚시터업자가 거짓 정보를 제공하여 낚시터업 허가의 유효기간을 연장 받았다면, 丙은 6개월 이내의 영업정지 처분을 받게 된다.
➡ [제3조 단서, 제1호] 영업의 허가가 취소된다.

④ 〔X〕 낚시터업자가 3개월간 낚시터업 영업의 전부정지 처분을 받았다면, 영업정지 기간이 만료한 후에 유효기간 연장신청을 하여야 낚시터업 영업을 계속할 수 있다.
➡ 제2조의 유효기간 연장신청과 제3조의 영업정지는 서로 관련이 없다.

⑤ 〔X〕 낚시터업 허가 유효기간은 최초의 유효기간이 만료된 날부터 최대 2회, 총 10년 이내에서만 연장할 수 있다.
➡ [제2조 제2항] 최초의 유효기간이 만료된 '다음날'부터 매회 10년 이내에서 2회까지(최대 총 20년) 그 기간을 연장할 수 있다.

4.

정답 ④

정답률 : 86 %

제시문의 이해

전용실시권과 통상실시권 모두 특허권의 '일부 또는 전부'를 실시하도록 허용하는 것이다. 따라서 일부만 허용하는 전용실시권을 설정한 경우에도 다른 일부에 대해서는 실시권을 설정할 수 있다. 권리를 침해하는 것이 아니기 때문이다.
각 문단마다 '일정한 범위 내에서', '설정된 범위 내에서는', '동일한 내용의', '동일한 권리 범위의' 등의 유사한 표현이 반복되고 있음에 주의하자.

선택지 검토

① [X] 甲은 乙, 丙, 丁 3명 중 2명 이상에게 통상실시권을 설정해 줄 수 없다.
➡ [3문단] 통상실시권은 독점적 권리가 아니고 다수의 사람에게 동일한 권리범위의 통상실시권을 중복하여 허락할 수도 있다. 또한 권리범위를 다르게 설정한다면 당연히 여러 개의 통상실시권을 설정할 수 있다.

② [X] 甲이 乙에게 A의 생산에 대한 전용실시권을 설정해 준다면, 丙과 丁에게는 통상실시권만을 설정해 줄 수 있다.
➡ [2문단] 권리범위를 다르게 한다면 丙과 丁에게도 전용실시권을 설정해 줄 수 있다.

③ [X] 甲은 A의 사용에 대하여 乙에게는 전용실시권을, 丙에게는 통상실시권을 설정해 줄 수 있다.
➡ [2문단] 전용실시권은 독점적 권리이고 전용실시권이 설정된 경우에는 동일한 내용의 실시권을 중복해서 제3자에게 설정해 주어서는 안 된다. 이 경우, '사용'에 대한 권리의 독점을 乙에게 허용 했다면 丙에게는 통상실시권을 설정해 줄 수 없다.

④ [O] 甲이 乙에게 A의 생산에 대한 전용실시권을 설정해 준다면, 乙은 甲의 동의를 받아 丙과 丁에게 A의 생산에 대한 통상실시권을 설정해 줄 수 있다.
➡ [2문단 마지막] 전용실시권자인 乙은 (자신의 권리범위 내에서) 특허권자의 동의를 받으면 제3자에게 통상실시권을 허락할 수도 있다. 또한 통상실시권은 독점적 권리가 아니므로 丙과 丁 두 사람에게 설정되어도 문제가 없다.

⑤ [X] 甲이 丙에게만 A의 생산에 대한 전용실시권을 설정해 주고 다른 실시권은 설정하지 않았다면, A를 사용하는 丁에 대하여 丙은 甲의 동의 없이 그 사용의 금지를 청구할 수 있다.
➡ [2문단 마지막] 丁이 특허를 침해한 것은 맞지만, 'A의 사용'에 대한 권리를 침해한 것이지 'A의 생산'에 대한 권리를 침해한 것이 아니다. 즉, 丙의 권리는 침해되지 않았고, 丙의 권리범위 내에서는 丁에게 단독으로 침해의 금지를 청구할 이유도, 근거도 없다.

5.

정답 ②

정답률 : 90 %

선택지 검토

① [X] 우리나라의 예비군은 1961년에 창설되었다.
➡ [1문단 3문장] 1968년에 창설되었다.

② [O] 2025년 4월 6일에 군 복무를 마친 병사는 2033년 12월 31일까지 예비군 신분을 유지한다.
➡ [2문단 2-3문장] 2025년은 0년차이고 2026년이 1년차이다. 8년차가 되는 2033년 12월 31일까지 예비군 신분을 유지한다.

③ [X] 여군 하사로 군 복무를 마친 사람은 의무적으로 만 40세까지 예비군에 편입된다.
➡ [3문단 4문장] 여군 부사관의 경우, 본인이 지원하는 경우에만 예비군으로 편입된다.

④ [X] 중위로 군 복무를 마친 사람이 예비군으로서 훈련에 동원되는 기간은 병사로 군 복무를 마친 사람이 예비군으로서 훈련에 동원되는 기간보다 길다.
➡ [3문단 3문장] 장교 예비군도 병사 예비군과 마찬가지로 1년차부터 6년차까지만 훈련에 동원되며, 7년차부터는 훈련이 부과되지 않는다.

⑤ [X] 2024년 12월 31일에 군 복무를 마친 병사의 경우 2025년에는 예비군훈련을 받지 않는다.
➡ [2문단 2-4문장] 2020년 12월 31일에 군 복무를 마친 경우, 0년차 기간 없이 2021년이 1년차가 된다. 따라서 2021년에는 1년차 예비군훈련을 받는다.

6.

정답 ⑤

정답률 : 55 %

풀이

첫 번째(A)	두 번째(B)	세 번째(C)	모두 다른 수
제곱수	(B ÷ C)² = A		
4	2	1	○
4	4	2	×
4	6	3	○
4	8	4	×
9	3	1	○
9	6	2	○
9	9	3	×

㉠ 경우의 수 = 4가지
㉡ 993 - 421 = 541

7.

정답 ②

정답률 : 69 %

풀이

● 甲 :
乙 :

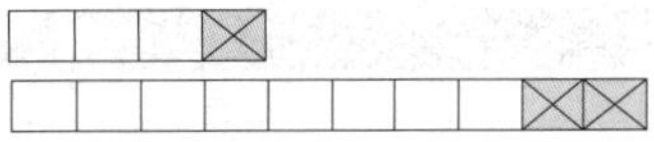

● 4와 10의 최대공약수는 2이므로, 甲의 쉬는 날과 乙의 첫 번째 쉬는 날이 겹치는 일은 없다.
→ 甲의 쉬는 날(4일)과 乙의 두 번째 쉬는 날(10일)만 겹칠 수 있다.
→ 4와 10의 최소공배수는 20이므로, 甲과 乙은 매 20일마다 만난다.
→ 365 ÷ 20 = 18 (…5)
➡ 1년 동안 총 18회 만난다.

8.

정답 ④

정답률 : 67 %

풀이

12.13.에 대출한 도서 A와 B는 12.27까지가 기본 대출기한이다(13 + 14 = 27).
그리고 2.13은 대출일로부터 두 달째이므로 62일이 경과한 때이다.
→ A는 62 - 14 = 48일 연체하였다. 4,800원
→ B는 1회 연장(-10일)하였으므로 38일 연체하였다. 3,800원

C와 D의 기본 대출기한은 2.11.까지이다.
→ C는 2일 연체이므로 연체료가 없다.
→ D는 3일 연체이다. 300원

➡ 甲의 연체료는 총 8,900원이다.

9.

정답 ③

정답률 : 86 %

선택지 검토

① [X] 비상근무는 상황에 따라 종류를 결정하여 국무총리가 발령한다.
➡ [제1조] 인사혁신처장이 발령한다.

② [X] 비상근무 제4호가 발령된 경우에는 공무원의 출장이 억제되지 않는다.
➡ [제3조] 출장은 비상근무의 종류와 관계없이 억제된다.

③ [O] 천재지변으로 사회불안이 조성되어 비상근무가 발령됨에 따라 기관의 장이 소속 공무원의 5분의 1 이상이 비상근무하도록 조치했다면, 해당 기관 소속 공무원의 연가는 중지된다.
➡ [제3조 제2호] 비상근무 제2호가 발령된 것이며, 이 경우 공무원의 연가는 중지된다.

④ [X] 비상근무의 발령에 따라 부득이한 사정이 있는 경우를 제외하고는 공무원의 연가가 억제되었다면, 비상근무 제3호가 발령된 것이다.
➡ [제3조 제4호] 비상근무 제4호가 발령된 경우에도 같은 조치가 취해질 수 있다.

⑤ [X] 비상근무의 발령에 따라 기관의 장이 소속공무원 200명 중 35명이 비상근무를 하도록 조치했다면, 비상근무 제2호가 발령된 것이다.
➡ [제3조 제2호] 비상근무 인원이 소속공무원의 5분의 1이 되지 않으므로 비상근무 제2호가 발령된 것이 아니다.

10.

정답 ⑤

정답률 : 67 %

풀이

전체 소속공무원의 수 = a명

53 ≦ a (전체 소속공무원의 수는 53명 이상)

0.2a ≦ 53 (53명은 전체 소속공무원의 20% 이상)

53 ≦ a ≦ 265 (전체 소속공무원은 53명 이상 265명 이하)

비상근무 제1호 → 소속 공무원의 3분의 1 이상이 비상근무

1/3 × 53 ≦ 1/3 × a ≦ 1/3 × 265

17.67 ≦ 1/3 × a ≦ 88.33

➡ 가능한 최솟값은 18명이다.

11.

정답 ①

정답률 : 88 %

선택지 검토

① [O] ○○도 내에 60개의 자치구·시·군이 있다면 도지사선거에 무소속후보자로 출마하고자 하는 사람은 최대 40개의 자치구·시·군에서 추천을 받을 수 있다.
➡ [제2항 4호, 제3항] 3분의 1(20개) 이상의 자치구·시·군에서 추천을 받아야 하고, 1개의 자치구·시·군에서는 최소 50인의 추천을 받아야 한다. 또한 추천인 수의 상한은 2,000명이다. 따라서, 40개의 자치구·시·군에서 각각 50인의 추천을 받을 때 최대 개수의 자치구·시·군에서 추천을 받는 것이 된다.

② [X] 비례대표도의원선거에 무소속후보자로 출마하려면 최소 100인의 선거권자의 추천을 받아야 한다.
➡ [제1항] 비례대표지방의회의원선거는 제외되어 본 규정의 적용을 받지 않는다.

③ [X] 전임 대통령의 임기만료 전 하야에 의한 대통령 선거에 출마하려는 정당의 당원은 후보자등록신청개시일전 30일까지 선거권자의 추천을 받아야 한다.
➡ [제1-2항] 정당의 당원은 무소속후보자로 추천받을 수 없으며, 궐위로 인한 대통령 선거의 경우 사유가 확정된 후 3일부터 추천을 받을 수 있다.

④ [X] 인구 1천 명인 ○○군의 지역구군의원선거에 무소속으로 출마하려는 사람은 선거권자 40인의 추천을 받아 후보자가 될 수 있다.
➡ [제2항 제5호] 인구가 1천 명인 경우, 50인 이상 100인 이하의 추천을 받아야 한다.

⑤ [X] 후보자등록신청개시일이 3월 14일(월)인 지역구시의원선거에 대한 추천장의 검인·교부신청은 3월 7일(월)부터 가능하다.
➡ [제2항 본문, 제4항] 추천장의 검인·교부는 후보자등록신청개시일전 5일부터 공휴일에도 불구하고 매일 신청할 수 있다. 따라서 3월 9일(수)부터 가능하다.

12.

정답 ③

정답률 : 95 %

풀이

○ 골프장 2명 : 과세대상(1명당 12,000원)
[제1조 제3항 제2호] 12,000원 × 2명 = 24,000원

○ 보석 목걸이 1개 : 과세대상 아님
[제1조 제2항 제1호 가목] 500만 원 기준 초과 0원

○ 고급 가방 1개 : 과세대상(세율 : 20/100)
[제1조 제2항 제1호 다목] 200만 원 기준 초과 20만 원
200,000원 × 20/100 = 40,000원

○ 휘발유 45리터 : 과세대상(리터당 475원)
[제1조 제2항 제2호 가목] 475 × 40 = 19,000원

➡ 개별소비세의 총액
24,000 + 40,000 + 19,000 = 83,000원

13.

정답 ⑤

정답률 : 78 %

<기상예보>의 이해

내일은 아침부터 전국 곳곳에 눈 소식이 있겠습니다. 강원 산간지방에는 많은 눈(적설량 10 ~ 30 ㎝ 미만)이 내리겠으며, 서울과 수도권지역은 다소 많은 눈(적설량 5 ~ 10 ㎝ 미만, 일반지역 대설주의보 기준, 대도시 대설주의보 기준 초과 대설경보 기준 미만)이 내리겠습니다. 동해안지역은 눈이 매우 조금(적설량 0.2 ㎝ 미만) 내리겠지만 대신 바람이 다소 강하게(풍속 9 ~ 12 m/s, 순간최대풍속 13 ~ 18 m/s) 불겠습니다. 밤부터는 동해 근해의 순간최대풍속이 50노트(kn)(= 25 m/s, 폭풍주의보 기준)에 이르는 경우도 있을 것으로 예상되니 야간에 출항하시는 어민들은 특히 주의하셔야겠습니다.

선택지 검토

① [O] 갑 : 서울에 대설주의보가 내려질 수 있겠구나.
➡ 다소 많은 눈 : 적설량 5 cm이상으로 대도시의 대설주의보 기준을 초과한다.

② [O] 을 : 강원 산간지방에는 눈이 10 cm 이상 쌓이겠네.
➡ 많은 눈 : 적설량 10 ~ 30 cm 미만

③ [O] 병 : 동해안지역에는 대설특보가 발효될 일은 없겠네.
➡ 매우 조금 : 적설량 0.2 ㎝ 미만. 대설주의보 또는 경보의 기준에 미달된다.

④ [O] 정 : 강원 산간지방에는 적어도 대설주의보가 내려지겠네.
➡ 많은 눈 : 적설량 10 ~ 30 cm 미만. 일반지역 대설주의보 기준에 해당하며 대도시의 경우에는 대설경보 기준에 해당하므로 옳다.

⑤ [X] 무 : 내일 밤에는 동해안에 폭풍경보가 발효되겠군.
➡ 50 kn = 25 m/s. 폭풍주의보의 기준에 해당한다.

14.

정답 ④

정답률 : 61 %

제시문의 이해

다음과 같이 4차 결정부터는 1 ~ 3차 결정의 패턴이 주기적으로 반복된다.

A의 예고	1차 결정 (= 4차 결정)		2차 결정 (= 5차 결정)		3차 결정 (= 6차 결정)		4차 결정 = 1차 결정		5차 결정 = 2차 결정	
	B	A	B	A	B	A	B	A	B	A
가위	바위	보	가위	바위	보	가위	바위	보	가위	바위
바위	보	가위	바위	보	가위	바위	보	가위	바위	보
보	가위	바위	보	가위	바위	보	가위	바위	보	가위

보기 검토

ㄱ. [O] A가 바위를 내겠다고 예고하고, A는 3차 결정에서, B는 6차 결정에서 각각 본인의 패를 최종 결정했다면 A가 승리한다.
➡ A가 바위를 내겠다고 예고한 경우, A는 3차 결정에서 바위를 내는 것으로 최종 결정하고 B는 6차 결정(= 3차 결정)에서 가위를 내는 것으로 최종 결정한다. 따라서 A가 승리한다.

ㄴ. [X] B가 5차 결정에서 본인의 패를 최종 결정하고 가위를 내서 승리했다면, A는 보를 내겠다고 예고했을 것이다.
➡ B가 5차 결정(= 2차 결정)에서 가위를 내는 것으로 최종 결정했다면, A는 가위를 내겠다고 예고한 것이다.
(참고 : 이때 B가 승리했으므로 A는 보를 냈을 것이고, A는 1차 또는 4차, 7차, 10차, …결정에서 본인의 패를 최종 결정했을 것이다.)

ㄷ. [O] A는 4차 결정에서, B는 2차 결정에서 각각 본인의 패를 최종 결정했다면, A가 무슨 패를 예고했든 상관없이 반드시 B가 승리한다.
➡ A의 4차 결정(=1차 결정) 결과는 순서대로 보, 가위, 바위이다.
B의 2차 결정 결과는 순서대로 가위, 바위, 보이다.
셋 중 어떤 조합이라도 반드시 B가 승리한다.

15.

정답 ①

정답률 : 48 %

풀이

- 문제 개수 = n개
  시험시간(분) = 3n분

시험 시작 후 40분이 지난 시점에 15번 문제의 풀이를 마쳤다. 이때 남아 있는 시험시간은 남아 있는 문제 개수의 4배였다.

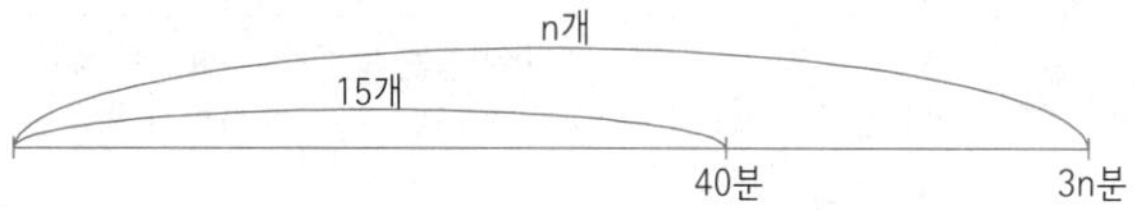

3n - 40 = 4(n - 15)
문제 개수 : n = 20개
시험시간 : 3n = 60분 = 1시간

16.

정답 ②

정답률 : 58 %

선택지 검토

A	B	C	D	E	F	G	H	I	J	K	L	M	N	O	P	Q	R	S	T	U	V	W	X	Y	Z	A	B	C	D	E	F
X	**Y**	Z	A	**B**	C	D	E	F	G	H	I	**J**	K	L	M	N	**O**	P	Q	R	S	T	U	V	W	X	Y	Z	A	B	C

② REMEMBER → OBJBJYBOX

① PCJCJYCP**D** → 원문A = 암호문D : UHPHPEHU**D**
③ MZHZHWZM**F** → 원문A = 암호문F : WJRJRGJW**F**
④ QDLDLADQ**B** → 원문A = 암호문B : SFNFNCFS**B**
⑤ NAIAIFAI**E** → 원문A = 암호문E : VIQIQFIV**E**

17.

정답 ④

정답률 : 53 %

풀이

1. 주어진 그림에서 5번 교차로에 4개로 가장 많은 수의 도로가 연결되어 있으므로, 5번 교차로에 카메라를 설치하는 경우와 설치하지 않는 경우 중 어느 경우가 더욱 적은 비용이 드는지 비교한다.
2. 설치하는 카메라의 개수를 최소한으로 하여 비용을 확인한 후, 다른 경우와 비교한다.

- 1번, 3번, 5번에 카메라 설치 → 40 + 43 + 72 = 155만 원 = 최소비용

18.

정답 ①

정답률 : 55 %

풀이

1. 2일 - 파일(가)에는 3개의 문서가 보관되어 있었다. 나머지는 정확하다.

		1일	2일	3일	4일
1개 이상	파일(가)		A, C, □		
2개	파일(나)	D, E			
1개 이상	파일(다)			F, G	A, B, C

2. 2일 - 파일(가)에 A, C가 있으므로, 1일 - 파일(가)에는 A, C가 들어갈 수 없다. 그리고 파일(나)에는 2개의 문서만 보관하므로 A, C는 1일 - 파일(나)에도 들어갈 수 없다. 따라서 A, C는 1일 - 파일(다)에 들어간다.

		1일	2일	3일	4일
1개 이상	파일(가)		A, C, □		
2개	파일(나)	D, E			
1개 이상	파일(다)	A, C		F, G	A, B, C
나머지		B, F, G			

3. 파일(가)에는 1일과 4일에 동일한 문서가 보관되어 있었다.
   → 4일 - 파일(다)에 B가 있으므로 1일 - 파일(가)에 B가 들어갈 수는 없다.
   → 파일(나)에는 2개의 문서만 보관되므로 4일 - 파일(가)에도 2개의 문서가 들어간다.
   → 1일 - 파일(가)에도 2개의 문서가 들어간다.
   → 1일과 4일은 보관 현황이 동일하다.

		1일	2일	3일	4일
1개 이상	파일(가)	F, G	A, C, □		F, G
2개	파일(나)	D, E			D, E
1개 이상	파일(다)	A, B, C		F, G	A, B, C

4. 3일에는 실수로 파일(나)에 3개의 문서를 보관했다.
   → 3일 - 파일(나)에는 D, E, F, G가 들어갈 수 없으므로, A, B, C가 들어간다.
   → 3일 - 파일(가)에는 D, E가 들어간다.

		1일	2일	3일	4일
1개 이상	파일(가)	F, G	A, C, □	D, E	F, G
2개	파일(나)	D, E		A, B, C	D, E
1개 이상	파일(다)	A, B, C		F, G	A, B, C

5. 2일 - 파일(나)에는 F, G만 들어갈 수 있다.
   2일 - 파일(다)에는 D, E만 들어갈 수 있다.
   나머지 B는 2일 - 파일(가)에 들어간다.

		1일	2일	3일	4일
1개 이상	파일(가)	F, G	A, C, B	D, E	F, G
2개	파일(나)	D, E	F, G	A, B, C	D, E
1개 이상	파일(다)	A, B, C	D, E	F, G	A, B, C

조언

- 4일 - 파일(나)에 보관된 파일들을 확인하는 즉시 선택지에서 ①과 ④를 정답 후보로 골라낸다. 그 이후의 작업이 버겁게 느껴진다면 선택지 ①과 ④에 적힌 것을 대입하여 조건에 위배되지 않는지를 점검하는 방법으로 정답을 찾을 수 있다.

19.

정답 ③

정답률 : 88 %

풀이

관광객	바구니	수확	가져간 사과
①	18	+ 18	- 20
②	16	+ 16	- 20
③	12	+ 12	- 20
	4		

➡ 처음 바구니에 담겨 있던 사과의 개수 = 18개

20.

정답 ②

정답률 : 45 %

풀이

○ 1개, 2개, 3개, 4개의 구슬을 서로 다른 사람들끼리 주고받을 때 나타날 수 있는 구슬 개수의 변화는 다음과 같다. (±1개, ±2개, ±3개)

→

변화		받은 개수 1	2	3	4
준 개수	1		+ 1	+ 2	+ 3
	2	- 1		+ 1	+ 2
	3	- 2	- 1		+ 1
	4	- 3	- 2	- 1	

○ 마야는 가영이에게 구슬을 주고 누군가에게 구슬을 받아서 최종 구슬 개수가 2개가 되었다. 네 사람이 원래 가지고 있던 최소 구슬 개수는 5개, 6개, 7개 8개인데, 이 중 ±1개, ±2개, ±3개의 변화로 2개가 될 수 있는 것은 '원래 5개'였던 경우뿐이다. 즉, 마야의 원래 구슬의 개수는 5개이고 가영에게 4개를 주었으며 다른 누군가에게 1개를 받아서 2개가 되었다.

○ 이때, 마야에게 1개를 준 사람은 나리이거나 다솜이다.

○ 이상의 사실과 그 밖의 가능한 사실을 일부 정리하면 다음과 같다.

	처음	줌		받음		최종
		상대	개수	상대	개수	
가영	8			마야	4	
나리	6 / 7		1 / 2 / 3		2 / 3	
다솜	6 / 7		1 / 2 / 3		2 / 3	5
마야	5	가영	4	나리/다솜	1	2

○ 다솜은 원래 6개 또는 7개의 구슬을 가지고 있었는데, 나리에게 1개를 주고 다른 누군가에게 2개나 3개를 받아서는 최종 구슬 개수가 5개가 될 수 없다. 따라서 마야에게 1개를 준 사람은 나리이다.

○ 다솜은 2개를 주고 3개를 받았거나, 3개를 주고 2개를 받았다. 즉, ±1개의 변화로 5개가 되었는데, 원래 7개였던 경우에서 이런 결과가 나올 수는 없다. 즉, 다솜의 원래 구슬 개수는 6개이고, 2개를 받고 3개를 주었다.
  → 이제 나머지도 모두 확정된다.

	처음	줌		받음		최종
		상대	개수	상대	개수	
가영	8	다솜	2	마야	4	10
나리	7	마야	1	다솜	3	9
다솜	6	나리	3	가영	2	5
마야	5	가영	4	나리	1	2

선택지 검토

① 〔O〕 가영은 다솜에게 2개의 구슬을 주었다.
② 〔X〕 나리의 최종 구슬 개수는 8개이다. ➡ 9개이다.
③ 〔O〕 나리는 다솜에게서 3개의 구슬을 받았다.
④ 〔O〕 마야는 원래 5개의 구슬을 가지고 있었다.
⑤ 〔O〕 마야는 1개의 구슬을 받았다.

21.

정답 ③

정답률 : 25 %

제시문의 이해

○ 각 CAF의 크기는 60°이다.

○ 점 B와 E, 그리고 F는 정삼각형의 동일한 한 변에 위치한다.

<경우 1>

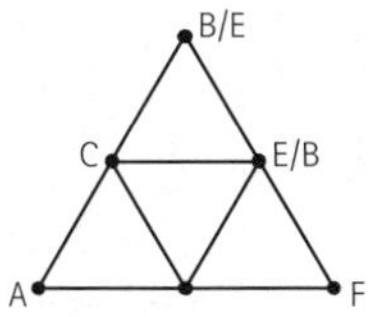

<경우 2>

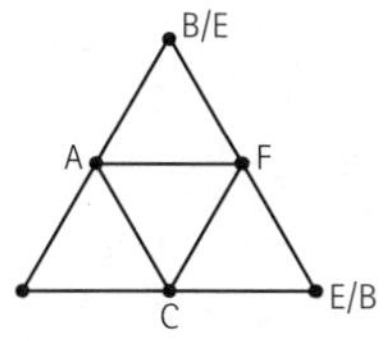

○ 각 EAF의 크기는 60°이다.

<경우 1>

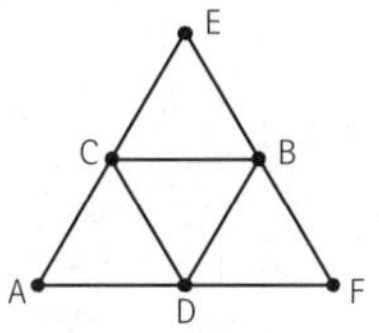

<경우 2>

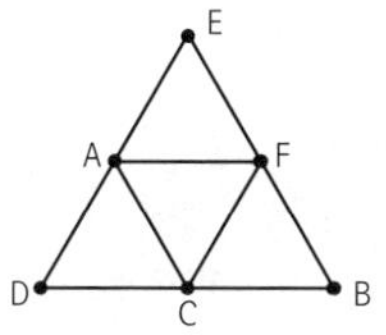

※ 대칭이동이나 회전 등을 고려하면 더 많은 경우가 있겠지만 점들의 상대적 위치는 동일하므로 대표적인 2가지 경우만 확인하면 위와 같다.

보기 검토

ㄱ. 〔X〕 각 DFE의 크기는 60°이다.

➡ [경우 2] 90도일 수도 있다.

ㄴ. 〔O〕 각 ABC의 크기는 각 AFB의 크기보다 작다.

➡ [경우 1] 각 ABC = 30도 < 각 AFB = 60도

[경우 2] 각 ABC = 30도 < 각 AFB = 120도

ㄷ. 〔X〕 직선 AF와 직선 CD는 평행하다.

➡ [경우 1] 평행하지 않을 수도 있다.

ㄹ. 〔O〕 점 A와 C, D는 같은 정삼각형의 세 꼭지점이다.

➡ 두 경우 모두에서 그렇다.

22.

정답 ⑤

정답률 : 62 %

풀이

○

1킨	× 20	1위날	× 18	1툰	× 20	1카툰
1일	→	20일	→	360일	→	7,200일

즉, 2021년 1월 1일 0시부터 시작하여 7,200일이 완성되는 시점을 찾는 것이다.

○ 2021년부터 윤년인 해는 2024년, 2028년, 2032년, 2036년, 2040년 등이다.

○ 평년(365일)을 기준으로 20년이 경과되면 7,300일이다. 1카툰은 여기에서 100일을 뺀 시점에 완성된다. 단, 중간에 윤년이 있는 경우 1일씩 추가되므로 추가된 만큼 더 빼 주어야 한다.

○ 2021년 1월 1일부터 20년이 경과된 시점은 2040년 12월 31일이다. 따라서 1카툰은 2040년 중에 완성된다. 이때까지 윤년은 총 5번 있으므로 2040년 12월 31일에서 105일을 빼주어야 한다.

○ 10월 1일부터 12월 31일까지가 총 92일이므로 9월의 30일에서 13일을 더 뺀 9월 17일 24시가 1카툰이 완성되는 시점이다.

23.

정답 ④

정답률 : 39 %

풀이

오른쪽으로 옮긴 횟수 = a / 왼쪽으로 옮긴 횟수 = b

● 첫 번째 경우 → 옮긴 사람 : 乙

a + b = 15

3a + 4b = 50 → a = 10 / b = 5

- 오른쪽 : 10회 - 30개
- 왼쪽 : 5회 - 20개

● 두 번째 경우 → 옮긴 사람 : 甲

a + b = 14

3a + 4b = 48 → a = 8 / b = 6

- 오른쪽 : 8회 24개
- 왼쪽 : 6회 24개

➡ 甲이 오른쪽으로 옮긴 조약돌의 개수 = 24개

乙이 왼쪽으로 옮긴 조약돌의 개수 = 20개

24.

정답 ④

정답률 : 25 %

※ 상황을 정리하면 다음과 같다.

	A	B	C	D	E
甲	○	~~○~~	×	×	~~○~~
乙	×	○	○	○	×
丙	~~○~~	○	×	○	×
丁	~~○~~	×	○	×	○
戊	~~○~~	○	×	×	○

※ 커플이 되지 못하는 경우는 다음의 2가지이다.

(1) 남녀가 적어낸 이름이 서로 일치하지 않는 경우 (불일치)

(2) 남녀가 적어낸 이름이 서로 일치하지만 우선순위에서 밀리는 경우 (후순위)

보기 검토

ㄱ. 〔O〕 여자 C와 E는 남자 甲의 이름을 적어내지 않았다.

➡ 남자 甲과 여자 A가 커플이 되었다. 여자 C와 E도 커플이 되었는데, 만일 여자 C 또는 E가 甲의 이름을 적어냈다면 '불일치' 또는 '후순위'가 되어 커플이 될 수 없었을 것이다. 따라서 여자 C와 E는 남자 甲의 이름을 적어내지 않았다.

ㄴ. 〔X〕 남자 乙과 여자 C가 커플이 되었다면, 여자 D는 남자 乙의 이름을 적어내지 않았다.

➡ 여자 D가 남자 乙의 이름을 적어냈지만 우선순위에서 C에게 밀려 커플이 되지 못했을 수도 있다.

ㄷ. 〔O〕 여자 D는 남자 丙의 이름을 적어내지 않았다.

➡ 남자 甲과 여자 A가 커플이 되었으므로, 남자 丙은 여자 B 또는 D와 커플이 될 수 있는 상태이다. 그런데 B와 D가 모두 커플이 되지 못했다는 것은 둘 중 아무도 丙의 이름을 적어내지 않았다는 것이다.

25.

정답 ①

정답률 : 87 %

풀이

○ 공통 : 0.33 × 2.2 × (자전거 무게 + 체중) = 0.726 × (자전거 무게 + 체중)

타이어 폭	타이어 적정 공기압 (PSI)	차이
20C	+ 63.33	+36.7
23C	+ 53.33	+26.7
25C	+ 43.33	+16.7
28C	+ 33.33	+ 6.7
32C	+ 41.67	+ 25

이렇게 정리해 두고 계산할 수도 있지만 다음의 방법이 더 편하다.

○ 공통적으로 곱해지는 0.33과 더해지는 수들(63.33, 33.33, 26.67 등)의 특징을 파악하여, 전체적으로 '3'을 곱한 후에 계산하여 비교한다. 이때 0.01의 오차는 무시한다.

타이어 폭	타이어 적정 공기압 (PSI)
20C	2.2 × (자전거 무게 + 체중) + 190
23C	2.2 × (자전거 무게 + 체중) + 160
25C	2.2 × (자전거 무게 + 체중) + 130
28C	2.2 × (자전거 무게 + 체중) + 100
32C	2.2 × (자전거 무게 + 체중) + 125

A. 타이어 폭이 23C이고 무게가 10 kg인 자전거에 몸무게가 60 kg인 사람이 타는 경우.
➡ 2.2 × 70 + 160 = 314

B. 타이어 폭이 28C이고 무게가 9 kg인 자전거에 몸무게가 71 kg인 사람이 타는 경우.
➡ 2.2 × 80 + 100 = 276

C. 타이어 폭이 32C이고 무게가 7 kg인 자전거에 몸무게가 53 kg인 사람이 타는 경우.
➡ 2.2 × 132 + 125 = 257

※ 타이어 적정 공기압이 가장 높은 경우부터 낮은 경우의 순서
A - B - C

MEMO

MEMO

MEMO

MEMO